大学生就业指导实训教程

主　编　李　莉
副主编　徐　建　王　佳
编　委　朱玉丽　崔晓玲

北京理工大学出版社
BEIJING INSTITUTE OF TECHNOLOGY PRESS

版权专有　侵权必究

图书在版编目（CIP）数据

大学生就业指导实训教程 / 李莉主编 . —北京：北京理工大学出版社，2015.2 （2020.2 重印）

ISBN 978 – 7 – 5682 – 0281 – 7

Ⅰ.①大… Ⅱ.①李… Ⅲ.①大学生 – 职业选择 – 高等学校 – 教材 Ⅳ.①G647.38

中国版本图书馆 CIP 数据核字（2015）第 028003 号

出版发行 / 北京理工大学出版社有限责任公司	
社　　址 / 北京市海淀区中关村南大街 5 号	
邮　　编 / 100081	
电　　话 /（010）68914775（总编室）	
82562903（教材售后服务热线）	
68948351（其他图书服务热线）	
网　　址 / http：//www.bitpress.com.cn	
经　　销 / 全国各地新华书店	
印　　刷 / 唐山富达印务有限公司	
开　　本 / 787 毫米×1092 毫米　1/16	
印　　张 / 19	责任编辑 / 张慧峰
字　　数 / 440 千字	文案编辑 / 张慧峰
版　　次 / 2015 年 2 月第 1 版　2020 年 2 月第 12 次印刷	责任校对 / 孟祥敬
定　　价 / 45.80 元	责任印制 / 马振武

图书出现印装质量问题，请拨打售后服务热线，本社负责调换

前　言

　　我国高等教育已经进入大众化发展阶段，目前我国的高等教育规模跃居世界第一，而由此也引发了大学生就业难等问题。高校毕业生就业问题逐年严峻。在我国的1 100多所（含独立学院）普通本科高校中，一般本科院校、科研院所和军事学院的初次就业率相对更低。而各地的调查显示，众多企业又难以找到所需的大量应用技术型人才。这一现象对高等学校尤其是地方性本科院校对大学生的就业指导工作提出了更高的要求，因此开展系统的大学生就业指导课程与实训显得尤为重要。

　　国务院办公厅在《关于切实做好2007年普通高等学校毕业生就业工作的通知》（国办发〔2007〕26号）中明确提出，要加强大学生就业指导，将就业指导课纳入教学计划。教育部办公厅印发的《大学生职业发展与就业指导课程教学要求》（简称《教学要求》）进一步明确了就业指导课程的教学目标、内容、方式、管理与评估。对于当今的大学生就业指导而言，树立以人为本的观念，结合转型期地方本科院校的发展要求，针对学生个体特征开展就业指导与实训势在必行。

　　本教材紧紧围绕《教学要求》，力求遵循高等学校就业指导课堂教学的一般规律，并充分考虑实践教学的普遍要求，增加了实训环节。教材共分为十个部分：绪论部分包括就业指导的概述、任务与意义。第二部分为求职前的准备。通过该部分的学习，可以使毕业生在开始求职前，把握就业形势与政策，了解就业工作程序，提高信息收集与处理的效率与质量。第三部分为树立正确的择业观。本部分分析影响大学生择业的相关因素，目的在于让大学生理性看待当前毕业生"就业难"的问题，指导学生确立正确的择业观念，并进行正确的自我认知与评价。第四部分为工作分析与求职材料的准备。通过该部分的学习，可以使学生学会制订求职计划，掌握自荐信和简历的写法与技巧，了解参加招聘会的注意事项。第五部分为面试与笔试。该部分的教学目的在于使学生了解用人单位招聘的程序及用人标准，学会面试过程中的基本礼仪，掌握面试和笔试的技巧及注意事项。第六部分为网络求职与师范生面试技巧。通过该部分的学习可以让学生熟练掌握网络应聘及师范类学生面试的方法与技巧。第七部分为职业资格及其认定。通过该部分的学习学生可以了解国家的职业资格证书制度，了解职业证书、职业技能鉴定的相关问题。第八部分为就业心理准备。通过该部分的学习可以指导学生做好就业心理准备，树立求职信心，掌握常用的心理调适方法，积极面对求职择业的挑战。第九部分为职业适应与发展。通过学习该部分可以引导学生做好进入职业角色的准备，了解职业人应具备的基本素养，实现从学生到职业人的转变，培养和加强可持续学习的能力，实现自我可持续发展，并学会有效地管理自己的职业生涯。第十部分为就业权益保护。该部分的设立是为了使学生了解就业过程中的基本权益与常见的侵权行为，掌握权益保护的方法与途径，维护个人的合法权益。教材还附有气质类型、性格类型、职业兴趣、职业价值观、职业能力等的相关测试方法及最新的相关就业政策。

  本教材第四、五、六、七章由李莉编写，第一章、第九章以及附录一由徐建编写，第三章及第八章由王佳编写，第二章及附录二由崔晓玲编写，第十章由朱玉丽编写，吕佳茵校对了全书。本教材的编写和出版得到了北京理工大学出版社的热情帮助和支持，还借鉴、参考了一些已出版的专著和教材的有关研究成果和资料，在此一并表示衷心的感谢！

  由于时间仓促和编者水平有限，书中难免存在错误和疏漏之处，敬请广大读者批评指正。

编　者

目　　录

第一章　绪论 ·· 1
　第一节　就业指导概述 ·· 2
　　一、就业指导的含义 ·· 2
　　二、就业指导的内容 ·· 2
　第二节　就业指导的意义 ·· 3
　　一、就业指导的任务 ·· 3
　　二、就业指导的意义 ·· 4
　本章小结 ··· 4
第二章　求职前的准备 ·· 5
　第一节　就业形势与政策分析 ··· 7
　　一、大学生就业形势的分析 ·· 7
　　二、大学生就业形势的展望 ·· 8
　　三、国家关于毕业生就业相关政策 ·· 9
　第二节　就业工作程序 ·· 10
　　一、高校就业管理的基本流程 ·· 10
　　二、政府毕业生就业管理部门的工作程序 ··· 11
　　三、用人单位的招聘流程 ··· 12
　　四、毕业生自身的择业流程 ··· 13
　第三节　获取就业信息的主要渠道 ·· 14
　　一、高校毕业生就业管理部门 ·· 16
　　二、政府就业工作部门 ·· 16
　　三、毕业生就业市场 ··· 17
　　四、网络搜索 ··· 17
　　五、新闻媒体 ··· 18
　　六、他人推荐 ··· 18
　　七、社会实践和教学实习单位 ·· 19
　第四节　就业信息的分析和使用 ·· 19
　　一、就业信息分析的原则 ··· 20
　　二、就业信息分析的内容 ··· 20
　　三、就业信息的使用 ··· 22
　本章小结 ·· 25

第三章 树立正确的择业观 ·· 26
第一节 影响择业的相关因素分析 ·· 27
一、外部环境因素 ·· 27
二、大学生自身的内部因素 ·· 30
第二节 确立正确的择业观念 ·· 33
一、正确对待就业与择业的关系 ·· 33
二、当前大学生的择业认知心理 ·· 34
三、当前大学生择业观念上存在的几个误区及原因 ······················ 36
四、确立正确的择业观 ·· 39
第三节 自我认知与评价 ·· 44
一、自我认知的含义与意义 ·· 44
二、自我认知的内容 ·· 45
三、自我评价的原则与方法 ·· 48
本章小结 ·· 49

第四章 工作分析与求职材料的准备 ······································ 51
第一节 工作分析与职业胜任 ·· 51
一、确定职业生涯目标 ·· 51
二、科学实际的工作分析 ·· 53
三、自我分析与职业胜任的匹配 ·· 55
第二节 求职计划与参加招聘会 ·· 58
一、制订求职计划表 ·· 58
二、参加招聘会的准备 ·· 61
第三节 自荐材料的准备 ·· 63
一、求职材料的准备 ·· 63
二、求职信的写法 ·· 65
三、简历的制作 ·· 72
第四节 中文简历范例及修改点评 ·· 81
一、中文简历两次修改案例 ·· 81
本章小结 ·· 89

第五章 面试与笔试技巧 ·· 91
第一节 面试过程中的基本礼仪 ·· 92
一、礼仪的含义 ·· 92
二、职业礼仪 ·· 95
三、基本求职礼仪 ·· 97
第二节 笔试与面试的技巧 ·· 100
一、用人单位招聘程序及用人标准 ·· 100
二、笔试的技巧 ·· 103
三、面试的技巧 ·· 107
本章小结 ·· 120

第六章　网络求职与师范生面试技巧 ……………………………………… 122
第一节　网络求职技巧 ……………………………………………………… 124
　　一、树立网络应聘的意识 …………………………………………………… 124
　　二、利用招聘网站搜集网络招聘信息 ……………………………………… 124
　　三、网络求职的几种方法 …………………………………………………… 125
　　四、网上求职要注意的问题 ………………………………………………… 125
第二节　师范生面试技巧 …………………………………………………… 126
　　一、师范生面试过程与技巧 ………………………………………………… 127
　　二、教师招聘面试时常见的问题 …………………………………………… 128
　　三、面试时的说课技巧 ……………………………………………………… 134
　　四、试讲制胜的相关问题 …………………………………………………… 139
　　五、注意事项 ………………………………………………………………… 140
本章小结 ……………………………………………………………………… 145

第七章　职业资格及其认定 …………………………………………………… 146
第一节　国家职业资格证书制度 …………………………………………… 147
　　一、职业资格证书 …………………………………………………………… 147
　　二、职业技能鉴定 …………………………………………………………… 148
第二节　教师资格 …………………………………………………………… 148
　　一、教师资格认定的条件与范围 …………………………………………… 149
　　二、教师资格认定的组织与内容 …………………………………………… 149
第三节　秘书资格 …………………………………………………………… 151
　　一、秘书资格认定的条件与范围 …………………………………………… 151
　　二、秘书资格认定的组织与内容 …………………………………………… 152
第四节　人力资源管理师资格 ……………………………………………… 153
　　一、人力资源管理师资格认定的级别与条件 ……………………………… 153
　　二、人力资源管理师资格认定的组织与内容 ……………………………… 155
第五节　心理咨询师资格 …………………………………………………… 156
　　一、心理咨询师的工作与考试介绍 ………………………………………… 156
　　二、心理咨询师资格认定的条件与鉴定方式 ……………………………… 158
第六节　会计师资格认定 …………………………………………………… 159
　　一、会计师资格认定的条件与范围 ………………………………………… 159
　　二、会计师资格认定的组织与内容 ………………………………………… 160
　　三、政策变化解读 …………………………………………………………… 160
　　四、就业前景分析 …………………………………………………………… 161
本章小结 ……………………………………………………………………… 162

第八章　就业心理准备 ………………………………………………………… 163
第一节　求职过程中常见的心理问题 ……………………………………… 163
　　一、大学生择业的心理特点 ………………………………………………… 163
　　二、大学生择业常见的心理问题 …………………………………………… 166

第二节 常用的心理调适方法 …………………………………………………… 171
      一、树立合理的职业价值观 …………………………………………………… 171
      二、调整择业期望值与心态 …………………………………………………… 173
      三、冷静客观地评价自己 ……………………………………………………… 173
      四、理性处理冲突 ……………………………………………………………… 174
      五、心理调节的方法 …………………………………………………………… 174
   第三节 培养健康的就业心理 ……………………………………………………… 175
      一、择业心理调节的必要性 …………………………………………………… 175
      二、大学生择业时应具备的心理素质 ………………………………………… 176
   本章小结 ………………………………………………………………………………… 178

第九章 职业适应与发展 ……………………………………………………………… 179
   第一节 从大学生到职业人的转变 ………………………………………………… 179
      一、认识职业角色与学生角色 ………………………………………………… 180
      二、大学生角色转换的常见问题 ……………………………………………… 181
      三、如何实现角色转换，适应社会 …………………………………………… 183
      四、职业角色的心理适应 ……………………………………………………… 184
   第二节 职业人应该具备的基本素养 ……………………………………………… 185
      二、不同专业类学生应具备的职业素养 ……………………………………… 187
   第三节 如何提升职业素养 ………………………………………………………… 190
   第四节 可持续学习能力的培养 …………………………………………………… 193
      一、认识可持续学习能力 ……………………………………………………… 193
      二、如何提高可持续学习能力 ………………………………………………… 193
   第五节 职业生涯管理 ……………………………………………………………… 195
      一、认识职业生涯规划 ………………………………………………………… 195
      二、如何管理职业生涯 ………………………………………………………… 196
   本章小结 ………………………………………………………………………………… 199

第十章 就业权益保护 ………………………………………………………………… 200
   第一节 求职中常见的侵权、违法行为 …………………………………………… 200
      一、在校大学生的劳动主体地位问题 ………………………………………… 200
      二、在校大学生的工伤纠纷问题 ……………………………………………… 202
      三、在校大学生签订劳动合同的效力问题 …………………………………… 205
      四、大学生考取村官的法律问题 ……………………………………………… 206
   第二节 就业协议签订流程和注意事项 …………………………………………… 207
      一、就业协议书的定义及意义 ………………………………………………… 207
      二、教育部关于《就业协议书》的要求 ……………………………………… 208
      三、《就业协议书》填写要求 ………………………………………………… 209
      四、《就业协议书》签订程序和注意事项 …………………………………… 209
      五、就业协议与劳动合同的区别 ……………………………………………… 213
      六、违约责任及毕业生违约的后果 …………………………………………… 214

第三节　劳动合同法与劳动合同 ………………………………………………… 217
　　　一、大学生就业需要掌握的法律 ……………………………………………… 217
　　　二、劳动合同法 ………………………………………………………………… 218
　　　三、劳动合同的订立 …………………………………………………………… 220
　　　四、劳动合同的解除 …………………………………………………………… 222
　　　五、劳务派遣问题 ……………………………………………………………… 223
　　　六、劳动合同的无效 …………………………………………………………… 225
　　　七、大学生签订劳动合同应注意的问题 ……………………………………… 228
　　第四节　社会保险的有关知识 …………………………………………………… 229
　　　一、社会保险概述 ……………………………………………………………… 229
　　　二、我国社会保险制度的主要内容 …………………………………………… 231
　　本章小结 …………………………………………………………………………… 234

附录一　心理测试 …………………………………………………………………… 235
　　一　气质类型测试 ………………………………………………………………… 235
　　二　MBTI职业性格类型测试 …………………………………………………… 239
　　三　霍兰德职业兴趣类型测试 …………………………………………………… 250
　　四　职业价值观测试 ……………………………………………………………… 264
　　五　职业能力测试五级量表 ……………………………………………………… 266

附录二　就业政策百问 ……………………………………………………………… 274
　　高校毕业生就业政策百问 ………………………………………………………… 274

参考文献 ……………………………………………………………………………… 290

第一章 绪 论

教学目标

学习完本章之后，要求学生能够达成以下目标：
1. 了解就业指导的含义与内容；
2. 掌握就业指导的任务与意义。

导入案例

面试中凭借两块钱进外企

在一次招聘会上，北京某外企人事经理说，他们本想招一个有丰富工作经验的资深会计人员，结果却破例招了一位刚毕业的女大学生，让他们改变主意的起因只是一个小小的细节：这个学生当场拿出了两块钱。

人事经理说，当时，女大学生因为没有工作经验，在面试一关即遭到了拒绝，但她并没有气馁，一再坚持。她对主考官说："请再给我一次机会，让我参加完笔试。"主考官拗不过她，就答应了她的请求。结果，她通过了笔试，由人事经理亲自复试。人事经理对她颇有好感，因为她的笔试成绩最好，不过，女大学生的话让经理有些失望。她说自己没工作过，唯一的经验是在学校掌管过学生会财务。找一个没有工作经验的人做财务会计不是他们的预期，经理决定收兵："今天就到这里，如有消息我会打电话通知你。"

女大学生从座位上站起来，向经理点点头，从口袋里掏出两块钱双手递给经理："不管是否录取，请都给我打个电话。"经理从未见过这种情况，问："你怎么知道我不给没有录用的人打电话？""您经理刚才说有消息就打，那言下之意就是没录取就不打了。"经理对这个女大学生产生了浓厚的兴趣，问："如果你没被录取，我打电话，你想知道些什么呢？""请告诉我，在什么地方我不能达到你们的要求，在哪方面不够好，我好改进。""那两块钱……"女大学生微笑道："给没有被录用的人打电话不属于公司的正常开支，所以由我付电话费，请您一定打。"经理也笑了："请你把两块钱收回，我不会打电话了，我现在就通知你：你被录用了。"

从案例中我们可以得到哪些启示呢？

这些面试细节反映了她作为财务人员具有良好的素质和品格。人品和素质有时比资历和经验更为重要。

第一，她一开始便被拒绝，但却一再争取，说明她有坚毅的品格。财务是十分繁杂的工作，没有足够的耐心和毅力是不可能做好的；

第二，她能坦言自己没有工作经验，显示了一种诚信，这对搞财务工作尤为重要；

第三，即使不被录取，也希望能得到别人的评价，说明她有直面不足的勇气和敢于承担责任的上进心。员工不可能把每项工作都做得很完美，企业能接受失误，却不能接受员工自满不前；

第四，女孩自掏电话费，反映出她公私分明的良好品德，这更是财务工作不可或缺的；

第五，在求职面试中要注重细节，讲究技巧与方法，端正心态，充分展示自己的才华，才能在求职大军中获得一席之地。

第六，接受全面的就业指导，这会使你掌握求职的技能与方法，获得求职成功。

第一节　就业指导概述

一、就业指导的含义

就业指导可分为狭义和广义两大类。狭义的就业指导，是指给要求就业者传递就业信息和就业经验，提供就业意见，做求职者和用人单位沟通的桥梁。广义的就业指导，是指立足于求职者职业生涯的和谐发展，包括人力资源市场调查，预测社会需求量，汇集和传递就业信息，求职者自我评估，培养劳动技能，组织劳动力市场以及推荐、介绍、组织招聘等与就业相关的综合性社会咨询、服务活动。在我国，就业指导还包括就业政策导向，以及与之相应的思想教育工作，其目标是使无业者有业，有业者乐业。

我国的就业指导部门包括学校、社会机构及团体、政府的人力资源和社会保障部门。2009年，我国人力资源保障部机构调整后，明确了高校大学生就业指导的责任界限：大学生在校期间的就业指导以教育部门为主，毕业离校后以各级人力资源和社会保障部门为主。目前，我国的大学生就业指导工作进入了以高校、政府为主，社会分担，全员关注的新阶段。

二、就业指导的内容

大学生就业指导，是以提高大学生就业能力为核心，以实现大学生高质量就业为目的，贯穿大学教育全过程的教育引导，包括以下几方面的内容：

（1）就业形势指导。

就业形势是大学生就业时面临的总体就业状况，包括社会需求情况、求职者规模情况、供需比例、薪酬行情等方面。就业形势指导是为了指导学生在毕业求职前，准确把握和理智认识就业形势，了解就业工作程序，提高信息收集与处理的效率与质量。

（2）择业观念指导。

帮助毕业生分析影响大学生择业的相关因素，树立正确的择业观；引导毕业生从实际出发，主动服从社会和国家的需要，把个人的理想与国家和社会的需求结合起来，避免和纠正择业时的短期行为，抵制眼前功利的诱惑，真正做到以事业为重，以国家利益为重，勇于到基层建功立业；帮助毕业生树立高尚的求职道德，正确处理社会需求与个人理想、成才与发展、事业与生活、集体与个人、他人与自我的关系，提高思想境界，以积极的态度择业，进而在工作岗位上充分实现其自身价值。

（3）应聘实务指导。

指导学生正确地认识自己的择业条件，准备好求职材料，直面求职；使学生掌握求职的相关礼仪、自我推荐的方式、应聘的技巧，了解面试的基本形式和要求，把握笔试的类型和注意事项，提高求职的成功率。

（4）就业心理指导。

心理指导是指通过就业心理辅导与咨询，消除毕业生在就业择业时出现的消极心态，如担心焦虑、消极依赖、怯场害怕等心理，指导学生做好就业心理准备，树立求职信心，掌握常用的心理调适方法，积极面对求职择业的挑战。

（5）职业适应指导。

大学毕业生刚刚结束学习生涯步入社会，由于环境发生了变化，在行为习惯和思维习惯上都需要一个适应的过程。因此需要指导学生进行职业适应，引导学生做好进入职业角色的准备，使其了解影响职业发展的因素，实现从学生到职业人的转变，并学会有效地管理自己的职业生涯。

（6）就业权益指导。

即将步入社会的大学毕业生，往往社会经验不足，自我保护意识较差，而由于就业竞争激烈、就业市场不够规范等多种原因，会致使一部分毕业生在求职择业的道路上遇到各种各样的"陷阱"。因此，要加强大学生就业权益指导，使学生了解就业过程中的基本权益与常见的侵权行为，掌握权益保护的方法与途径，维护个人的合法权益。

第二节　就业指导的意义

大学生是国家宝贵的人力资源财富，积极开展大学生就业指导，有利于全面提高学生的素质，帮助和引导学生根据自身特点和社会职业的需要，选择最能发挥自身才能的职业，全面、迅速、有效地与工作岗位结合，实现其人生价值和社会价值。因此，大学生就业指导无论是对社会和用人单位，还是对高等院校和毕业生个人，都具有十分重要的现实意义和深远的历史意义。

一、就业指导的任务

就业指导的任务主要有以下几个：

（1）指导学生充分了解自我。

通过开展就业指导，帮助大学生充分了解自我，包括个人的职业兴趣、性格、能力和价值观等，从而对自己有个全面、客观、理性的认识，进而以就业为导向，进一步提高个人的就业技能，加强就业心理调适，树立科学的择业观念。

(2) 帮助学生全面了解职业世界。

通过开展就业指导，帮助大学生掌握职业世界的方法和技巧，使大学生及时了解就业形势，获取职业信息，掌握职业的分类以及岗位的内容、所需的知识、能力和要求，拓宽就业机会和学习范围，帮助学生转换社会角色，学会保护就业权益。

(3) 实现人职匹配，达到高质量就业。

实现高质量就业，是就业指导的最终任务，也是检验就业指导质量的最重要的体现形式。通过开展就业指导，帮助学生根据自身情况选择最适合自己的职业，也就是通常我们所说的人职匹配，从而完成大学生最终高质量就业的任务。

二、就业指导的意义

开展就业指导的意义主要有以下几点：

(1) 有利于促进大学生全面成才与发展。

求职的过程是毕业生与用人单位沟通的过程。这个过程体现的是大学生的职业素质是否可以得到用人单位的认可。通过就业指导，大学生可以学会通过自我分析与对职业的探索，不断发现自身与职场要求存在的差距，从而不断完善自我，全面成长与成才。

(2) 有利于帮助毕业生掌握求职策略，促进顺利就业。

就业指导可以帮助学生正确把握就业形势和用人趋势，了解和熟悉相关就业政策和就业信息；可以向学生介绍如何准备求职材料，掌握求职相关礼仪，了解面试的基本形式和要求，以及笔试的类型和注意事项；可以帮助大学生以正确的价值观、道德标准和行为规范参与求职活动；可以对大学生进行求职心理辅导与咨询，帮助大学生缓解就业压力和减轻心理负担，提高求职的成功率。

(3) 有利于实现高等教育的目标，达到人才资源的合理配置。

一方面通过开展就业指导工作，高校能更准确地了解社会对专业、对人才的需求情况，了解社会对毕业生的素质要求，有利于高等学校调整教学计划和专业结构，提高教育教学质量和办学效益；另一方面，通过就业指导，学生可以充分了解社会对人才的需求情况，找到最能发挥自己才能的位置，实现人尽其才，才尽其用，达到人才资源的合理配置。

本章小结

本章重点对大学就业指导的内涵与内容、就业指导的任务与意义进行了介绍。通过本章的学习，希望同学们能对就业指导课程有个总体的认识，了解其开设的意义，做好听课前的相关准备，尽早进入课程状态。

复习思考题

1. 大学生就业指导的内容有哪些？
2. 大学生就业指导的意义是什么？

第二章　求职前的准备

教学目标

学习完本章之后，使学生能够达成以下目标：
1. 了解就业形势；
2. 掌握就业政策；
3. 了解高校就业管理部门的基本流程和用人单位的招聘程序；
4. 了解大学生自身择业的具体过程；
5. 掌握获得就业信息的主要渠道；
6. 掌握就业信息的分析和使用方法。

导入案例

梦想，在基层起航

2013年，25岁的魏相飞毕业于鞍山师范学院社会体育专业，凭借着对农村工作的满腔热情，他参加了全省村官选拔考试。当年11月，魏相飞以优异的成绩通过考试并担任碱厂镇胡堡村主任助理。自此，他开始了自己的"村官"路，梦想开始扬帆起航。

孵化梦想，真情融入农村

"社会主义新农村建设需要当代青年大学生，到农村这片广阔天地扎根，也能更好实现自己人生价值。"魏相飞是这样看待农村工作的，这也是他当初选择走上村官之路的真实想法。

魏相飞说："我在大学的时候就有创业的想法了，但是真正让我实现梦想的地方不是校园而是农村。"2012年6月，辽宁省第八届"挑战杯"大学生创业计划竞赛中，魏相飞设计的以黑木耳种植为主的康态绿色农牧业发展有限公司项目书获得了三等奖。而今，魏相飞成为了一名村官，兴奋之情溢于言表，因为他终于有了将梦想孵化成现实的土壤了。

"既然选择做了村官，就必须在村官的岗位上有所作为。"任职后，魏相飞在做好各项村务工作的同时，进村入户与百姓攀谈，倾听百姓对发展经济的诉求。经过3个月的调查研究，魏相飞发现，村里的主要劳动力普遍外出打工，留守妇女在家无事可做，结合胡堡村人多地少、气候湿润的实际情况，他开始有针对性地搜集资料，分析对比优势项目。通过网络、电视、报刊、实地调研等方式，魏相飞认为黑木耳种植项目正好适合这个村。随后，魏相飞又综合村情、市场、资金、技术、销售等因素，最终决定在胡堡村发展东北黑木耳种植产业。

"在乡亲们眼里，我就是一个孩子，要想让乡亲们跟我一起做项目，自己不先做出点儿样子当然不行。再说，我也必须让自己成功了以后才能放心地让乡亲们加入，感觉压力挺大的。"干给农民看、带着农民干、帮着农民富是魏相飞的创业动力，他希望通过自己的创业实践，影响一批人，带动一班人，致富一村人。

要将梦想变为现实，魏相飞首先要解决资金问题，他将大学四年在校园里开小店攒下来的17万元家底儿全部投入到这个项目里，"拼了，呵呵。"魏相飞笑着说。

黑木耳的前景是非常好的，它营养价值高，投资小，见效快，土地利用率高，特别是具有管理方便、技术相对成型等特点。但是菌种的选择也非常重要，为此，魏相飞去过吉林、抚顺等地参观取经，也寻求过县农业技术推广中心的帮助，多方奔走之后，他终于选好了优质的菌种。

2014年2月12日，魏相飞取得了营业执照，成立本溪市广成农业开发有限公司。在村里的帮助下，他租赁了胡堡村废弃多年的原村小学作为种植基地和办公室，又雇了几名村里的留守妇女，在自己工作的时候帮着看管这些菌棒。就这样，魏相飞将大学时的梦想播撒在胡堡村，并开始等待它的萌芽……

刻苦钻研，梦想开始起航

魏相飞生在农村，对农村有着很深厚的感情，但上学后一直在城市生活，农村工作对他来说又是陌生的，尤其是自己所学专业跟种植木耳毫无关系，可以说是半路出家。于是，魏相飞每天只要有空就会翻阅相关书籍，上网查资料，看教学视频，经常到了半夜都不休息。每到周末，他便会去县里种植木耳的农户家里唠唠，学习经验，请教问题，为了能学好木耳种植技术，魏相飞还经常向县农业技术推广中心主任李玉德请教。

在黑木耳催芽阶段，魏相飞发现本来应该洁白无瑕的菌丝有些发黄，魏相飞百思不得其解，于是他便向李玉德主任请教，在李主任的帮助下，魏相飞调整了水量，菌丝发黄的问题也得到了解决。魏相飞高兴极了，除了每天到地里照顾他的木耳以外，他的另一项重点工作就是开发这些木耳的销路了。魏相飞说："我的木耳是大家精心培养的结果，符合绿色食品的标准，将来做成精品礼盒上市，让大家吃得放心。"现在，魏相飞精心种植的木耳长势喜人，有许多村民前来参观，有的还说想要加入进来和他一起干。目前，魏相飞已经与多家超市、山货庄达成了销售意向，等到木耳收获的时候，他也能收获到木耳种植的第一桶金了。

矢志不渝，带动村民共富

"都说不想当将军的士兵不是好士兵。在黑木耳种植方面，我也不想就这样满足现状，停滞不前，因为我的目标是让胡堡村的村民都能参与进来，为村民提供更多的就业机会，带动村民共同致富。所以我必须要扩大规模，把食用菌食品深加工项目作为发展目标，加大宣传推广力度，努力发展地方食用菌产业。"

在征求了县农业技术推广中心主任李玉德的建议后，魏相飞决定待时机成熟便进行黑木耳深加工的尝试，将黑木耳做成罐头，根据不同年龄、不同需求做出不同口味、不同类型的罐头食品。黑木耳罐头营养丰富，口味独特，作为地方土特产品一定会受到人们的喜爱，而且罐头食品保质期长，易于运输，提升了农产品附加值和经济效益，这让魏相飞看到了黑木耳食品深加工的良好前景。

提到月饼，我们会想到"稻花香"；提到旗袍，就会想到"瑞蚨祥"。魏相飞说，他最大的愿望就是将来胡堡村的木耳罐头能像这些中华老字号一样闻名中外，走进千家万户。希望胡堡村的人们也都能因此富裕起来，外出打工的青年们纷纷回到家乡，以在村企工作为骄傲，投身到家乡的开发建设中。

农村，是一片广阔的天地。在这片天地里，魏相飞将富民梦视为自己的奋斗目标，并让梦想在基层起航远行。任职村官以来，他通过自己的艰辛努力，用青春和热情改变着农村的面貌、改善着农业现状，服务了一方水土，造福了一方百姓！

面对择业，大学生的心理是复杂而多变的。一方面为自己即将走向社会，期望找到自己心仪的工作，实现自己的人生价值而感到由衷的高兴；另一方面也常常表现出迷茫，担心找不到适合自己的工作。所以求职前要做好充分的准备，正确认识面临的就业形势，了解就业政策，知道通过什么渠道收集有效的就业信息，并学会合理运用。

第一节　就业形势与政策分析

在我国高等教育进入大众化的时代，大学生就业面临着前所未有的竞争和挑战。现如今大学生这种特殊"商品"的价值和价格都在发生变化，大学生就业难是不争的事实，毕业即失业也显得极为平常。但是，是不是因此就要悲观失望，进而对自己就业择业和人生发展失去信心，这显然是不需要回答的。那么，对当前就业形势如何判断，如何去把握，以至于如何去做出选择，值得大家认真思索。

一、大学生就业形势的分析

目前大学生面临的就业形势主要有：

（1）大学生供给增多，总量压力不断加大。

每年有数以百万计的大学毕业生步入劳动者行列，教育的快速发展使我国从人口大国转变为人力资源大国。大学毕业生总量的增大，是近几年高校扩招的结果，也是我国高等教育和社会发展的标志。然而，毕业生人数的逐年增加也带来了就业压力地进一步增大。我国每年新进入人力资源市场的劳动力达到1 500多万人，加上900万失业人员和因为结构调整、节能减排等因素导致的新产生的失业人员，全国城镇需要安排就业的总人数超过2 400万人。从当前的社会需求来看，由于受经济增速放缓、事业单位改革等多方面因素的影响，高校毕业生就业的岗位需求没有增加，有些行业还明显减少，供需矛盾加剧。

（2）结构需求矛盾突出，专业技术人才缺口严重。

目前，高校的专业设置与市场需求不匹配、毕业生就业期望值与用人单位岗位需求不合拍，导致高校毕业生就业结构性矛盾比较突出。从省内院校分专业就业情况来看，土木工程、自动控制、机械电子、建筑学等专业需求量大，但人才资源相对紧缺；哲学、行政管理、汉语言文学、工商管理等专业，由于毕业生总量较大，就业率相对较低。

我国专业技术人才总量还处于供不应求的局面。专家预测：未来几年里，总劳动力富余,专业技术人才缺口不小,农业缺218万,工业缺1 220万,第三产业(含工程、服务、财经等领域)缺口325万。另外,社会对学历要求的结构化矛盾仍然十分突出:一方面,社会上专业技术人员缺乏,一线的技术工人是最稀缺的人力资源群体,高级技工岗位供不应求;另一方面,人力资源市场上许多企业对人才需求定位偏高,对毕业生学历要求越来越高。

(3) 基层人员呈最大缺口。

我国西部地区、中小城市、中小企业、乡镇基层、城市社区以及企业内部的基层职位的人才和人员十分缺乏。一些企业基层员工的离职率很高、收入低和职业发展空间有限,使得基层员工的招聘特别棘手。资料显示2010年166家大中型企业,大多表示最难招聘到位的是技术人员,其次是生产工人,再者是销售人员。

(4) 校园人才需求出现新态势。

第一,入校招聘时间的大幅度提前。越来越多的企业进入到高校直接选拔优秀毕业生,人才竞争日趋白热化。

第二,整体形势供需两旺,专业供求基本平衡。企业需求强势递增,同时高校扩招影响也逐渐明显,每年大批量的大学生涌入人才市场,不断冲击同类人才的市场价格。学生选择面继续大幅度拓宽,可供企业、单位选择的人群更广,选择阶梯和人才梯度越发清晰。

第三,少数专业生源的社会需求旺盛,但优秀生源供给不足。一些看来较为冷门、从业人员较少的专业,反而就业较为容易,发展也较为平稳。

二、大学生就业形势的展望

(1) 就业需求在结构性方面有变化。

随着国家和地方经济增长进入新常态,宏观就业压力不减,大学生就业需求在结构性方面有变化,民营中小企业、二三线城市需求明显上升。此外,随着国家最近推出的国际经济发展战略,如"一带一路""互联互通"、亚太自由贸易区等,外语外贸类、机械类、铁路类专业需求可能会有所增长。

(2) 政府机关及事业单位仍是择业热点。

在当前经济环境下,政府机关、行政事业单位和国有企业收入和就业状态稳定,成为了当下择业首选。近几年的调查数据显示,每年都有百分之三十多的受访毕业生择业首选政府机关或行政事业单位。一些受访毕业生表示,由于全球经济形势疲软,部分外企为节省开支而削减员工规模,部分老牌外资企业优势弱化。这些因素使得毕业生对外资企业工作的稳定性有所担忧。由于"金饭碗"让众多高校毕业生趋之若鹜,学生更倾向于到政府机关或行政事业单位工作,但目前政府机关、行政事业单位招聘加大了对应试者基层工作年限的要求,导致部分没有基层工作年限要求的岗位竞争异常激烈。可见,传统的就业观仍然对高校毕业生的择业方向产生着重要的影响。

(3) 到基层工作将成为就业的新热点。

国家大学生志愿服务西部计划已经实施了九年,全国许多省份也实施了地方大学生志愿服务计划。由于政策的推动,越来越多的大学生选择到基层去服务社会、锻炼自己。辽宁、河南、河北等省份还实施了"一村一名大学生计划",取得了很好的成效。随着宣传的不断深入，越来越多的高校毕业生到基层从事工作。同时，城镇人口饱和就业岗位的有限也将促进高校毕业生到基层、到农村、到西部去开拓自己的事业。经过实践证明，有基层工作经验的人员在今后工作岗位中会有更广的发展空间。因此，今后一段时间内，到基层工作必将成为高校毕业生就业的一个主要方向。

（4）择业地点重心将发生转移。

改革开放以来，"孔雀东南飞"的现象一直持续着。东南沿海及大城市涌进的人才逐年递增，竞争压力也随之增长。在就业高压力下，高校毕业生开始将目光转向中西部、小城市及农村，因为那里有较广的发展空间。随着东部沿海及大城市岗位需求的饱和，国家鼓励高校毕业生到中西部、基层就业。这必将促进高校毕业生就业地点重心的转移。

（5）自主创业将成为新的就业增长点。

这些年来，政府和社会都把鼓励大学生自主创业作为一个解决就业难的突破口，搭建三个平台扶持大学生创业。一是搭建创业扶持平台，为高校毕业生创业提供场地支持。进一步放宽市场准入条件和经营场所限制，凡法律法规和政策未禁止的行业和领域均向创业的高校毕业生开放，并对进入创业基地的企业提供房租补贴、经营场地补贴、设施补贴等，以增强创业企业的经营管理和市场竞争力，提高创业稳定性。二是搭建创业资金平台，为高校毕业生创业提供财力支持。各省市政府纷纷设立高校毕业生创业专项基金，主要包括用于扶持高校毕业生创业的小额贷款担保基金、创业实体场所租赁费补贴和创业宣传及奖励等，切实解决毕业生创业资金短缺的问题。三是搭建创业服务平台，为高校毕业生创业提供能力支持。坚持以创业带动就业的工作思路，建立创业服务中心，完善创业服务体系，及时为高校毕业生提供政策咨询、专家指导、项目推介、项目论证、开业指导和贷款扶持等"一条龙"创业服务；积极为有创业愿望和能力的高校毕业生开展创业培训、创业指导服务。以创业指导专家授课和实地观摩等方式开展内容丰富的创业培训，切实提高创业能力和创业成功率。同时，积极做好跟踪服务，为高校毕业生创业人员解决在实际创业中遇到的困难和问题。

三、国家关于毕业生就业相关政策

现阶段我国普通高校毕业生就业坚持公开、公正、择优、自愿的原则，实行"市场导向，政府调控，学校推荐，学生与用人单位双向选择"的基本制度。

（1）鼓励高校毕业生到基层和艰苦地区工作。各级政府要为高校毕业生创造工作条件，鼓励大学生到城市社区和农村乡镇基层单位，从事教育、卫生、公安、农技、扶贫和其他社会公益事业。相关政策包括在艰苦地区工作2年或2年以上者，报考研究生的，应优先予以推荐、录取；报考党政机关和应聘国有企事业单位的，同等条件下，应优先录用。

（2）党政机关录用公务员和国有企事业单位新增专业技术人员和管理人员，应主要面向高校毕业生，公开招聘，择优录用。

（3）鼓励各类企事业单位，特别是中小企业和民营企事业单位聘用高校毕业生，政府有关部门要为其提供便利条件和相应服务。对企业跨地区聘用的高校毕业生，省会及省会以下城市要认真落实有关政策，取消落户限制。

（4）自主创业和灵活就业。凡高校毕业生从事个体经营的，除国家限制的行业外，自工商部门批准其经营之日起1年内免交登记类和管理类的各项行政事业性收费。有条件的地区由地方政府确定，在现有渠道中为高校毕业生提供创业小额贷款和担保。

（5）为毕业生办理户口和人事档案手续提供便利。对毕业离校时未落实工作单位的高校毕业生，本人要求户口和人事档案保留在学校的，按规定保留两年。在此期间，档案管理机构对保管其档案免收服务费用。本人要求将户口转回入学前户籍所在地的，公安机关应当按照户籍管理规定为其办理落户手续。人事、教育部门所属人才交流服务机构负责办理相关手续，人事部门所属人才交流服务机构免费提供人事代理服务，本人落实工作单位后，公安机关按有关规定办理户口迁移手续。

（6）未能就业并要求就业的高校毕业生，可持学校证明到入学前户籍所在城市或县劳动保障部门办理失业登记。劳动保障部门所属的公共职业介绍机构和街道劳动保障机构应免费为其提供就业服务。对已进行失业登记的高校毕业生，有条件的城市、社区可组织其参加临时性的社会工作、社会公益活动，或到用人单位见习，并给予一定报酬。对于因患病等原因短期无法工作并且无生活来源者，由民政部门参照当地城市低保标准，给予临时救助。此项费用由地方财政列支。

（7）解决高等职业学校（大专）毕业生就业难问题。对就业困难的应届高职（大专）毕业生，由劳动保障、人事和教育部门共同实施"高职（大专）毕业生职业资格培训工程"，对需要培训的应届高职（大专）毕业生进行职业技能培训和职业技能鉴定。培训费由教育系统承担，职业技能鉴定费由劳动保障部门给予适当减免。

第二节 就业工作程序

一、高校就业管理的基本流程

（一）毕业生资格审查

毕业生资源统计工作一般在每年的9月份开始进行。资源统计内容包括毕业生毕业专业、姓名、性别、政治面貌、家庭所在地、培养类别等。资源统计是一项十分重要和严肃的工作，既不能有丝毫差错又不能弄虚作假，凡是属于国家正式派遣的毕业生都必须是招生时列入国家任务计划内招收的学生。毕业生资格审查工作在每年12月份左右完成，主要从毕业生德育、智育、体育等三方面进行审查并判定其是否符合毕业条件。对于不符合学校学籍管理有关毕业条款的，给予结业处理。（结业生落实到就业单位后同样可以派遣，只是派遣证上要注明"结业"字样）

（二）发布生源信息，收集就业信息

在进行毕业生资格审查的同时，学校还着手制定毕业生的专业介绍。专业介绍从所设专业、培养目标、专业内容、课程设置（专业课、基础课、选修课）、工作领域、专业前景等方面对应届毕业生的所学专业进行全面介绍。这是向用人单位提供的基础材料，主要是让用人单位对所需要专业的毕业生情况有所了解。毕业生也可通过专业介绍方式广泛收集就业信息，并积极了解各地区的就业政策，加强与用人单位的联系。

（三）发放就业相关资料

学校的毕业生就业部门将向通过毕业生资格审查的毕业生发放《毕业生推荐表》和《全国普通高等学校毕业生就业协议书》（以下简称《就业协议书》）。其中《毕业生推荐表》每人一份，是学校对毕业生综合情况的证明。由于毕业生在找工作时尚未毕业，所以《毕业生推荐表》也是证明毕业生身份的有效证件。《就业协议书》是为了明确毕业生、用人单位、毕业生所在学校三方在毕业生就业工作中的权利和义务，经协商签订的法律文书，是劳动合同的一种特殊形式，具有法律约束力。同时，《就业协议书》是学校派遣毕业生的依据，是毕业生办理个人档案和户口的依据，毕业生必须妥善保管，如有遗失需按有关规定到就业管理部门办理相关手续。

（四）就业指导

就业指导已贯穿到大学生学习的全过程。对低年级进行的就业指导主要涉及职业生涯指导和就业素质教育，而各高校对应届毕业生进行的就业指导，主要为择业求职指导，包括形势分析、政策指导、信息指导、心理辅导、面试指导等，目的是帮助毕业生根据自身的特点和社会职业的需求，选择最能发挥自己才能的职业，全面、迅速、有效地与工作岗位结合，并帮助大学生在今后的职业生涯中实现自己的人生价值和社会价值。

（五）供需见面和双向选择

供需见面和双向选择活动是毕业生落实就业单位的重要方式。高校的就业管理机构在每年的10月份至下一年的6月份，采取多种形式召开由学校和用人单位参加的"供需见面、双向选择"大、中、小型招聘会，为毕业生求职择业创造条件、提供服务。毕业生在学校的指导下可直接参加这类活动。经供需见面和双向选择，毕业生与用人单位达成意向后，应签订毕业生《就业协议书》，作为毕业生派遣报到就业的依据。

（六）制订就业方案

每年3—6月，高校就业管理部门都要审查《就业协议书》是否合法有效，手续是否齐全。每年的6—7月，毕业生所在高校的就业主管部门要根据学校、毕业生和用人单位三方签订的《就业协议书》制订就业初步方案，经毕业生本人核对、确认就业初步方案后形成就业方案，然后到省就业指导局打印《全国普通高等学校本专科毕业生就业报到证》（以下简称《报到证》）。

（七）派遣、报到接收工作

学校派遣毕业生的时间一般在每年的6月底—7月初。派遣毕业生统一使用《报到证》。公安部门凭《报到证》办理户口迁移手续。毕业生持《报到证》和户口迁移证到工作单位报到，用人单位凭《报到证》予以办理接收手续和户口关系。毕业生报到后，用人单位应根据工作需要和毕业生所学专业及时安排工作岗位和岗前培训等。

二、政府毕业生就业管理部门的工作程序

（1）教育部对年度国民经济发展和国家重点建设工程情况开展调查研究，制定相应的

政策，从而确定年度的就业工作意见。各省、自治区、直辖市、中央各部委按照文件精神制定出本地区、本部门所属高校毕业生就业工作的具体意见。这项工作，一般在毕业前的半年内基本完成。

（2）教育部在每年的10月份左右向各地区、各部门提供下一年度的毕业生资源情况，包括毕业生所在的学校、所学专业以及毕业生的来源地区等，并适时组织毕业生供需信息交流工作。

（3）各地区、各部门和各高校的就业管理机构在每年的11月至下一年的五月份，采取多种形式召开由学校和用人单位参加的"供需见面、双向选择"大会和开办毕业生就业市场，为毕业生求职择业创造条件，提供服务。毕业生在学校的指导下可直接参加这类活动。

（4）各高等学校在完成全部教学计划以后，按照国家统一要求，一般从7月1日开始根据就业方案为毕业生发放报到证，并办理离校手续。

（5）毕业生报到工作结束后，各级就业管理机构对当年毕业生就业情况进行总结。教育部汇总全国毕业生就业建议方案并连同毕业生就业情况报告上报国务院。

三、用人单位的招聘流程

一般而言，用人单位的招聘活动要经历如下程序：

（一）需求和招聘计划

用人单位根据自身的建设和发展状况，确定当年需要招聘毕业生的岗位、人数和条件等，同时将根据要求制定详尽的招聘计划。

（二）发布就业信息

用人单位在确定了需求信息后会及时向外发布，以传递给大学生。其主要渠道有：
（1）到政府教育主管部门所属高校毕业生就业指导中心登记；
（2）到高校毕业生就业工作部门登记；
（3）在自己的网站上发布信息，供学生上网浏览；
（4）通过电视、报纸、广播等媒体发布需求信息。

（三）举行单位信息发布会

为在大学生中进行广泛宣传，一些用人单位（主要是企业单位）还会到学校举办单位说明会，介绍单位的发展建设情况、人才需求情况及发展机遇、用人制度和企业文化等，并回答大学生们关心的各种问题。单位说明会是大学生全面了解招聘单位的好机会。

（四）收集生源信息

用人单位要招聘到优秀大学生，需要广泛收集学生信息。收集学生信息的主要渠道有：
（1）从政府教育主管部门所属高校毕业生就业指导中心及学校就业工作部门获取学生信息；
（2）参加供需洽谈会、招聘会或通过就业市场收集学生信息；
（3）在网站上收集学生信息；
（4）通过毕业生的自荐获取学生信息。
（5）通过报纸杂志等媒体上刊登的"求职广告"获取学生信息。

（五）分析生源资料

对收集到的学生信息进行分析处理，初选出符合自己条件的学生，以便进行下一轮筛选。一般而言，用人单位注重的学生资料包括性别、专业、知识水平、综合能力等要素。

（六）组织笔试

为了考核学生是否具有在本单位工作所需的基本知识、能力和素质，一些用人单位会以笔试的形式选拔学生。笔试的时间、地点、出题范围，用人单位会提前通知。

（七）组织面试

面试是许多用人单位考核学生综合素质的最后一关。有的用人单位还要组织几次面试，每次面试的参加人员及考核的侧重点是不同的。

（八）签订协议

用人单位经过各项考核后，决定录用毕业生，这时必须签订《就业协议书》。有些用人单位会同时与毕业生签订《劳动合同》，明确双方的责、权、利。

（九）办理就业管理部门的相关手续

用人单位根据招聘要求，需提前办理需求信息登记，公布招聘信息。办理信息登记有助于政府宏观掌握社会需求状况，有效防止不法单位对就业市场的干扰，保证毕业生和用人单位在公开、公正、公平竞争的条件下双向选择。

（十）上岗培训

每一个用人单位对新员工都有一套培训计划。培训的内容因用人单位而异，但其目的都是相同的，即通过培训让毕业生在入职前对公司有一个全方位的了解，认识并认同公司的企业文化，坚定自己的职业选择，理解并接受公司的规章制度，明确自己的岗位职责、工作任务和工作目标，掌握工作要领、工作程序和工作方法，以便尽快适应新的工作和生活环境。

四、毕业生自身的择业流程

（一）了解国家和省、市有关毕业生的就业政策

教育部每年都根据国民经济发展和国家重点建设情况、国家大的政策及相关因素制定当年的就业工作意见。各省、地区，各部门、高校也会结合实际据此制定相应的政策、意见或细则。毕业生应按照这些政策来规范自己的求职择业活动。除了学校通过就业指导课、就业指导讲座等向毕业生公布、宣传国家、省及有关地区、部门的就业政策，毕业生也应在面向社会求职择业时主动地向学校或通过网上查询或用书信、电话等形式了解当年国家、地区、部门在毕业生就业方面的具体政策和规定。

（二）做好心理准备，确定择业目标

做好充分的心理准备，是保证求职成功的基础。要明确自己的择业目标和职业理想，并现实地考虑自身条件，通过冷静思考和分析后确立自己可能实现的目标。从大的范围来说，大学毕业生首先需要确定的择业目标包括择业的地域、择业的行业范围和择业的单位。

在择业取向上，要遵循有利于发挥素质优势，有利于发展成才，有利于顺利就业的原则。

（三）自己收集需求信息并做出择业决策

毕业生应当及时地、全面地收集和掌握有关就业信息，了解用人单位，并经分析、筛选整理后制定择业目标。做出择业决策后应积极行动，把握机遇，实现自己的愿望。择业决策一般应遵循社会需求、政策约束、学以致用、扬长避短、有利于事业发展、分清主次等原则。同时毕业生也应树立超越所学专业择业的观念。这就需要努力使自己成为"一专多能"的通用型人才，以适应社会对各类人才的需要。当然，毕业生确定目标，往往有较强的主观性，而有时就业机遇也会随着时间推移不断发生变化。因此，如不能一次到位确定就业单位，就应该认真咨询和分析，并对择业目标及方案做出及时的调整。

（四）自荐应聘

应聘主要有两种形式：一是毕业生本人去用人单位面试、应试；另一种是在学校和省、市毕业生就业主管部门举办的毕业生就业市场应聘，与用人单位供需见面、双向选择。另外，毕业生还可以将自己的自荐材料通过邮寄等方式寄给用人单位，用人单位亦可依据此材料决定是否通知毕业生参加笔试或面试。

（五）参加笔试和面试

不少用人单位在招聘过程中，采用笔试的方式考核应聘者的知识、能力与素质。毕业生必须认真对待笔试。面试也是众多用人单位考核大学毕业生综合素质的重要手段。通过面对面的沟通、交流，用人单位可以了解大学生的表达能力、思维能力、仪容仪表，以及对一些问题的看法和其他一些不能通过笔试反映出来的综合素质。

（六）签订协议书

毕业生与用人单位签订由教育部统一制定的《就业协议书》（一式4份），该协议书明确规定了学校、用人单位及毕业生本人三方面的责任、权利与义务。

（七）等待签发就业报到证

毕业生与用人单位签订，并经学校、政府毕业生就业主管部门的签证审核批准后，纳入当年毕业生就业方案，于6月末至7月中旬由学校集中到省相关部门办理毕业生就业手续。毕业生领取就业报到证，办理离校手续。

第三节 获取就业信息的主要渠道

教学案例 2.1

小娟的困惑

王晓娟是某大学计算机系的毕业生。近几年王晓娟所在大学计算机系的毕业生就业情况相当不错，王晓娟在入学时就有所耳闻，为此还沾沾自喜。

第二章 求职前的准备

2014年即将面临毕业的三月份,身边的同学开始陆续签约,王晓娟开始着急,自己怎么都不知道同学签约的这些单位何时到学校举办的招聘会。王晓娟想这些同学可能是利用家里的关系找到的工作,或者是学校的老师把这些信息截留了,给这些同学开了后门。于是,她到学校的招生就业处去咨询,才发现原来不是那么回事。这些单位虽然没有在学校开招聘会,但通过其他渠道发布了就业信息。就业导师建议她通过多种渠道收集就业信息,并学会合理地分析和运用就业信息。

王晓娟经过咨询后,开始根据就业导师的建议,结合自己的求职意向有针对性地搜集就业信息。此时才发现自己已经错过了许多机会。

教学案例 2.2

河南百余名大学生被黑中介骗至上海打工

100多名河南新乡市的大学生暑假来沪打工,不料当初信誓旦旦的中介无法兑现承诺,将他们撂在了陌生的地方。昨天,经历了钱花光、工作无着落、中介又"躲猫猫"的遭遇后,学生们无奈报警求助,并致电本报962288热线讲述此事。

来自河南新乡的大学生小官告诉记者,暑假前,有中介在学校里发布招工广告,声称可以带学生们到上海的知名企业打工,只要交200元路费和体检费,再签一份实习协议就行了。"当初中介打包票说,不行的话会全额退款,再送我们回来。"

6月25日晚,小官和100名大学生乘上了开往上海的大巴。第二天上午抵沪。当晚,中介将他们安排进松江车墩镇的一家小旅馆。100多人将整个旅馆挤满了。27日上午,学生们得知原先安排的工厂已经招满,中介要给大家换厂。学生们又被分成两批,一批留在松江,另一批人前往金山枫泾地区。

"我到金山又莫名其妙住了一晚,到现在中介也没有给我们任何解释。"昨天,小官告诉记者,"同学们来上海只能干等,中介始终未露面,打电话过去也只得到'领导在开会'的回复。由于大家随身只带了几百元现金,即将花光,大家都慌了神。我们都准备回河南了,但一定要找中介要个说法。"目前,小官等人已报警寻求帮助。

昨天下午,记者从金山警方处了解到,接到学生报警后,他们已赶赴现场调查,并陆续联系车辆,将受骗学生送回河南。

(摘自新浪新闻中心2011年6月30日报道)

收集就业信息是大学生求职择业前的一项重要任务。往往高质量的就业信息存在于广泛的信息之中。职业信息是广泛的,并不仅仅限于需求数量的概念,还包括对人的素质要求的质的概念以及需求单位的隶属关系、单位的性质(指全民所有制单位、集体所有制单位或私营、合资企业、政府机关等)、人才结构、发展前景等。因此,必须充分利用各种渠道、运用各种手段准确地收集与择业有关的各种信息,为择业决策做好充分准备。这里介绍几种获取信息的渠道供毕业生在实践中参考。

一、高校毕业生就业管理部门

从目前就业机制看，学校是连接毕业生与社会的桥梁。学校的毕业生就业指导部门通常与各级主管毕业生就业工作的部门和社会各界间保持着广泛而密切的联系，每年都会及时向有关劳动和人事部门及用人单位发函征集用人信息；同时，经过多年的工作实践，与有关单位建立了长期的协作关系，每年都会为毕业生提供大量就业信息。这一特殊性使它对就业信息的占有量大于其他任何一个部门，同时其掌握信息的准确性、权威性也是无可比拟的，全国各地各行业的就业政策，在它这里都有较完整的收集。校内主管部门发布的需求信息，多为用人单位直接对学校的专业设置而来，有很强的可信度，对毕业生来说是主要的信息来源。

通过就业指导中心就业有以下几个特点：

（1）针对性强。

学校就业指导中心发布的就业信息，多是用人单位根据高校的专业设置，向上级人事部门申报用人计划，然后向学校发布的需求信息，因此这些信息完全是针对该校应届毕业生的，专业对口性强。而人才市场、网络、报刊等渠道发布的需求信息，多是面向全社会，其中很多用人单位都倾向于聘用有工作经验的人。

（2）可靠性大。

高校就业指导中心在向学生公布用人单位的需求信息之前，往往会对用人单位的资质进行审核。很多高校实行了用人单位需求信息登记制度，即用人单位需到就业指导中心或其他代理点办理"用人单位需求信息登记"手续。办理时，为了确保所登记信息的有效性，需携带有效的材料，并且用人单位需每年办理一次登记手续。信息的准确性和可靠性是其他渠道信息所不能比的。这能在很大程度上帮助涉世不深的大学毕业生们避免上当受骗。

（3）时效性强。

高校就业指导中心发布的就业信息，往往都是最新的、最及时的招聘信息，而不会是过期的需求信息。这种时效性能帮助毕业生掌握第一手的求职资料。

（4）成功率高。

高校就业指导中心发布用人单位招聘信息和组织招聘洽谈会的时间，往往在省、市应届大中专毕业生大型招聘会之前。在这段时间里，用人单位的需求信息不仅数量多，而且很集中。一般而言，只要大学生专业对口，并能在用人单位的考核中有突出表现的话，在学校的招聘洽谈会上，毕业生便能顺利地与用人单位签订就业协议书。

（5）提供就业相关信息。

高校就业指导中心会根据上级有关部门的精神和指示，发布各种新的就业政策和规定。大学生可以通过就业指导中心了解本年度当地就业的动态变化及各种就业信息。

二、政府就业工作部门

各省、市、区大多建立人才交流中心、各类劳务市场就业咨询机构，这是横向搜集信息的主渠道。人才交流中心的主要任务是收集发布人才供求信息，办理人才交流登记，为用人单位招聘人才和个人求职提供良好的中介服务。这类中心由地方政府职能部门负责管理，其服务比较规范。通过它获得的信息会比较准确，就业的成功率较高。

三、毕业生就业市场

就业市场主要包括：大中专毕业生就业市场、各地方主管部门兴办的各类人才市场、劳动力市场。就业市场会不断收集用人单位的需求信息，定期举办人才交流会。进入就业市场，不仅可以收集到有关的就业信息，了解到许多不同的机构以及其所招聘的职位，而且可以获得极好的面试锻炼机会。毕业生通过与感兴趣的用人单位的交流，也会获得许多意想不到的信息。

毕业生就业市场是大学生求职择业的一条重要渠道。选择该渠道的优势在于，一方面，大学生可以通过与用人单位的直接交流，来获取较报纸、网络等渠道更为丰富和全面的信息；另一方面，在这种面谈过程中，大学生也获得了一次非常好的锻炼面试技能、增强面试信心和审视自身优缺点的机会。此外，大学生还可以从人才市场的大量信息中了解就业形势和紧缺职位，从而有利于毕业生灵活地做好就业决策。事实上，有不少毕业生是通过这种渠道落实工作单位的。大学生可以通过学校的就业指导中心或新闻媒体，获得各种招聘会的具体信息。

四、网络搜索

随着信息时代的到来，计算机网络的应用已经越来越普遍。通过网络求职是近年来才兴起的人才交流方式，对许多求职者特别是高校应届生来说并不陌生。网络人才交流，是通过先进的高科技手段，将求职信息及招聘信息在网上公开，用人单位和求职者可以通过网络互相选择、直接交流。网络人才交流最大的优势在于即使求职者身在异地也能获得大量招聘信息及就业机会。网络人才交流突破了人才信息与招聘信息沟通的种种限制，实现了跨时空界限、打破单向选择的传统人才交流格局。网络人才交流，讲究的是规模效应，其信息容量之大是其他人才交流方式所不能比拟的。毕业生不仅可以自由地从因特网上取得各种职业信息，而且还能利用因特网把自己的求职信息发布出去。以下是求职过程中经常用到的网站：

（1）政府公共就业服务机构网站。如国家人力资源和社会保障部官方网站、教育部就业信息网、北京高校毕业生就业信息网、上海高校毕业生就业信息网等网站，这些网站的信息具有非常高的可信度且招聘岗位质量较高。

（2）专业招聘网站。如智联招聘、中华英才、前程无忧等。这些网站招聘信息量大，但同时求职者众多，因此获得面试机会的概率较低。

（3）综合型网站。如新浪、搜狐、网易等。这些知名网络媒体都开辟了招聘版块，提供的信息也具有很高的可信度。

（4）行业人才网。各行业人才交流中心，如建设部人才交流中心、国土资源部人才交流中心、社科院人才交流中心等。这些行业性网站提供的很多都是本行业的用人需求。这些网站的主办单位都是事业单位，可信度很高，毕业生可以放心登录。

（5）院校就业信息网。毕业生所在学校和院系提供的就业信息，通过本校就业信息网来发布，由于针对性强，因此成功率较高。

（6）企业自身网站。一些企业在自己的网站上会及时发布本单位的招聘需求，同学们要有选择地浏览获取。一般大型用人单位往往选择在自己的网站发布招聘信息。

五、新闻媒体

在传媒业高速发展的今天，通过报纸、杂志、广播、电视等媒介获取需求信息，已经成为一种较有效的途径。越来越多的报纸杂志、电视栏目关注就业，尤其关注大学生就业。有些媒体还专门开辟出了"人才市场分析""择业指导""政策咨询"等栏目，为人们的求职择业提供指导帮助。如《大学生就业》等，每期都刊载有数量不等的招聘信息，除此以外，还辟出"择业指导"和"政策咨询"等专栏，为毕业生就业提供指导。

六、他人推荐

在寻找就业信息的时候千万不要忘记了周围的亲戚、朋友，以及朋友的朋友，也许他们会给你提供一些机会。实际上大多数用人单位更愿意录用经人介绍和推荐进来的求职者。他们认为这样录用进来的人比较可靠。如果有这种机会最好不要放过。从另一方面来讲，招聘单位每天收到数百封求职信函，而且这些求职信函在内容上并无太大的差别，所述的求职资格和工作能力也都相差无几，谁也不比谁更为突出。那么招聘者面对如此众多的区别不明显的陌生人，能有什么更好的方法分辨出究竟谁强谁弱呢？所以，在求职中，想要让用人单位更多地注意你，就必须想些切实可行的办法。比如，在关键时候找个"关系"帮你推荐一下，也许是最为有效的。当然，关系要靠自己去发掘，途径也应该正当，切不可不择手段。

一般可以为你提供信息的主要有以下几类人：

（一）家长亲友

他们都相当关心毕业生的就业问题，又来自社会的各个方向，与社会有多种联系，因而可以从不同渠道带来各种用人单位的需求信息。家长亲友提供的职业信息主要来源于其个人的社会关系，相对固定，也有相当大的局限性。一般不反映职业市场的实际供求状况，也往往不太适合那些专业比较特殊、学生本人就业个性比较强或具有某些竞争优势（如学习成绩优秀、共产党员、学生干部、有一技之长的学生等）的毕业生。但信息的可靠性比较大。传递到毕业生本人的职业信息，一旦被接受，转变为就业岗位的可能性也比较大。事实上，毕业生由家长亲友提供的职业信息的数量和"质量"有很大的个人差异。对某些毕业生来说，家长亲友提供的职业信息是其主要的选择；而对另一些毕业生而言，则可能只是聊胜于无。

（二）学校的教师或导师

由于本专业的教师比一般人更了解本专业毕业生适合就业的方向和范围，同时在与校外的研究所、企业、公司合作开发科研项目和教学活动中，对一些对口单位的人才需求信息了解得也比较详细,因此,毕业生可以通过专业教师获得有关这些企业的用人信息,从而不断填充自己的信息库,而且可以直接找他们作为推荐人或引荐人。

(三) 自己的校友

校友提供的职业信息的最大特点是比较接近本校的实际情况。近几年毕业的校友更有着对职业信息的获取、比较、选择、处理的经验和竞争择业的亲身体会,这比一般纯粹的职业信息更有参考、利用价值。

七、社会实践和教学实习单位

社会实践是大学生自我开发职业信息的重要途径。在社会实践的过程中,通过自己的努力赢得用人单位的好感、信任,取得职业信息甚至直接谋得职业的大学生不乏其人。因此,大学生在各种社会实践活动中,在了解社会,提高思想觉悟,培养社会能力的同时,要做一个善于收集职业信息的有心人。通过社会实践和教学实习等活动去了解这些单位的需求信息和对毕业生的具体要求,并在实践过程中弥补自身的不足。这样获得的信息准确、可靠,毕业生与单位间又有一定的沟通基础,故成功率较高。一些毕业生就是在实习中获得这种准确、有效的信息而顺利实现就业的。作为一名毕业生尤其应当重视毕业实习,这也许会是你通向成功就业大门的钥匙。

第四节 就业信息的分析和使用

教学案例 2.3

"假招工"

招聘会上人山人海。在某一企业展台前,小方从人群中挤入,将自己的自荐材料递上去。而收下材料的人看起来像这家企业的老总。

挤出人群后,小方满怀希望地等回音,却一直杳无音信。后听其他应聘过这家单位的人讲,其实该企业根本就不缺人,只是借这场有影响力的大型招聘会做宣传,扩大知名度。

教学案例 2.4

"赔了培训费再辞职!"

王小姐在某公司找到一份工作。在试用期初,公司组织王小姐等新员工参加公司自行筹办的技术培训班。但是,整个试用期内,王小姐和同期被录用的其他员工都没有被安排上班,理由是单位当前根本没有空缺岗位,工资待遇也因此没有着落。为此,王小姐向该公司提出辞职。但该公司却要求其赔偿公司培训费5 000元。王小姐不得不赔偿培训费。

以上两个案例中，小方和王小姐之所以被骗，都是因为没有注意就业信息的采集和筛选，轻易相信对方，再加上没经验，导致最终上当受骗，甚至遭受钱财的损失。因此，做好就业信息的整理与分析，是成功就业的关键。

一、就业信息分析的原则

大学生在通过各种渠道搜集到就业信息之后，不要急于求职，而是要先对信息进行整理、筛选和分析，剔除无效甚至虚假的信息，根据自己的实际情况，有选择、有侧重地参加应聘活动。这是就业信息搜集和运用过程中十分重要的一个环节。大学生在进行就业信息分析时要注意把握以下原则：

（1）目标性原则。目标性原则要求求职者首先必须对自己的职业生涯有一个初步的规划，在此基础上再去搜集有关的就业信息，要求以小放大，避免打游击战，集中力量向制定的目标前进。

（2）计划性原则。搜集就业信息必须制订相应的计划，确定搜集范围，分区域、分门类进行搜集，既要广撒网又要兼顾重点，讲究策略，要根据就业信息的反馈及时调整计划。

（3）连续性、系统性原则。求职者要想获得最终对自己有价值的信息，就得做个有心人，综合灵活运用各种信息渠道，完整地、连续地收集大量零散的资料，并注意把握整体与部分、部分与部分间互相依存、互为因果的密切联系。

（4）价值性原则。价值性原则要求求职者要根据信息的时间（When）维度（时效性）、信息的内容（What）维度（真实性与准确性）、信息的形式（How）维度（完整性和呈现性）来衡量就业信息的价值。

（5）二八定律。一方面从信息的传递角度看，毕业生搜集的就业信息大约80％来自学校渠道或官方渠道；另一方面从信息的传播范围来看，所搜集的信息80％是来自公开信息渠道。

综上所述，就业信息有多种来源，各种来源的信息也是互补的。每个信息渠道各有特点，毕业生要熟悉掌握，灵活运用。在搜集信息的过程中，要注意投入和产出的关系。不同类型和不同层次的求职者，应当尽量选择适合自己的求职信息的收集渠道，以降低求职成本。

二、就业信息分析的内容

就业信息一般包括招用工企事业单位的资产性质、单位现状、发展规模、发展前景，招用工岗位的专业要求、岗位描述、用人单位对招聘人员的相关要求及福利待遇等。

分析就业信息有三层含义：

（一）分析信息的真伪

一般来说，真实可靠的招聘信息都是经劳动、人事部门核实的，然后通过高校就业指导中心向毕业生发布，或由人才市场电子信息屏及招聘信息橱窗公开发布，或在正规报刊、广播、电视、网站等媒体上发布的信息。一个比较好的就业信息应包含以下要素：

（1）企业介绍。包括企业的全称、性质、业务经营范围、发展实力及远景规划等相关情况。

（2）详细的职位说明。包括岗位职责、工作环境、工作条件、对从业者学历或职业技能等的要求，还包括对从业者政治思想、道德品质、工作态度等方面的要求。

（3）福利待遇。包括每月薪资水平、薪酬计算办法、办理何种保险、是否享受公费医疗等。

（4）申请方式。说明应聘者可以通过何种方式来申请职位，是亲自申请、电话申请还是投递简历等。

（5）联系方式：注明企业的联系电话或是邮编、地址，及附近的交通线路。

例如，一则招聘广告上写道，"高薪诚聘：软件工程师，2名。要求：本科毕业，英语六级以上，三年以上工作经验。简历、照片请寄往'上海××路××号××先生（收）'，合则约谈，恕不退件。"该招聘广告存在以下缺陷：其一，没有给出该岗位的具体职责，让应聘者无法判断本人到底是否适合该岗位。因为软件工程师有很多种，例如，做单片机应用软件设计的软件工程师，可能就不会做数据库软件设计。其二，"备历"是指准备学历还是简历或二者皆备？是准备原件还是复印件？并未清楚地说明。其三，未说明劳资制度和工资待遇。其四，联系方式不明确，只有招聘地点。面对这样的招聘信息，大学生一定不要急着去应聘，要通过各种方式先打探虚实，确认信息可靠后再投简历。

（二）抓住信息的关键点

经过整理和筛选之后，对于那些真实、可靠的信息，大学生要善于抓住其关键点。这些关键点包括以下几个方面：

（1）用人单位的准确全称。

（2）用人单位的所有制性质和规模。

（3）用人单位的人事管理权限，即它所隶属的上级主管部门。

（4）用人单位的使用意图、具体工作岗位和对所需人才的具体要求。了解这些信息是为了更好地对照自己的条件，准备求职资料，为求职成功做充分的准备。

（5）用人单位的各种联系方式，如电话、网址、人事部门联系人的邮箱、通信地址等。

记住网址可以让求职者按址索迹，深入了解对方的具体情况。对于自己特别重视的用人单位的联系方式要铭记在心或存入手机，如果有面试电话，则一看号码便知是哪家用人单位在约自己，从而进行良好的沟通。此外，投递简历几天之后可以打电话询问对方是否收到了简历。

（6）用人单位的其他招聘职位。大学生不能仅把目光锁定在某个职位上，"一叶遮目，不见泰山"，用人单位的其他招聘职位也要关注一下，那里可能有更适合你的工作。

（7）用人单位实际招聘人数的多少。对于招聘人数非常少，竞争力非常大，又很有可能存在"关系户"或"内定"情况的单位，不妨抱着拼拼看的态度。如果求职失败，那么就当做是为自己争取了一次求职面试的锻炼机会。

（三）分析信息传递的内在含义，及自身的适合程度

对于自己感兴趣的用人单位，大学生要仔细研究其招聘信息，认真分析信息中传递出来的内在含义或潜台词，冷静地思考用人单位到底想要招聘什么样的人。比如，如果招聘

信息中要求"能吃苦耐劳",这可能意味着工作之后也许会经常加班或出差,或者一个人要能独挡几面,所承担的工作量很大,而能做到这一点的人也就会有更多的提拔和晋升的机会;如要求"要有良好的组织能力",这往往意味着要求求职者具备良好的语言表达能力、组织协调能力、随机应变能力,而对于只懂技术,不善表达,习惯于被领导的人来说这个职位就不太合适;如果要求"要有创造力",这可能意味着要求求职者具有较强的发散思维的能力,能独辟蹊径地提出新颖的、有价值的观点和意见,这有可能是个设计或策划的岗位;如果招聘信息中要求"精通某项操作",这就要求求职者必须是这一技术领域里的专家和高手,而不能只停留在会操作、懂得、熟悉的水平,求职者在个人简历中就要重点突出这一块;如果要求"较强的语言文字功底",这可能意味着对方要招聘一个从事文书工作的人才。

分析了招聘信息的"弦外之音"后,要进一步分析自身的条件与用人单位的要求是否符合,或在多大程度上符合。大学生不妨先思考以下这些问题:

(1) 我应聘这个职位的优势、竞争力是什么?
(2) 我的个性怎样?该工作岗位是否符合我的个性?
(3) 跟岗位相关的专业理论知识和技术能力有哪些?
(4) 该工作是否可以挖掘和提升我的能力?
(5) 哪些是别人做不到而我做得到的?我用什么去说服用人单位录用我?

好的招聘信息并不一定是对自己最有用的信息,只有用人单位招聘的职位和要求与自己的条件相符或相近时,应聘求职才会有较大希望。也就是说,适合自己的才是最好的。

(四) 分析信息是否有利于自己的发展

大学毕业生不能为了就业而就业,求职的时候还要仔细分析用人单位的招聘信息对自己的长远发展是否有利。对于那些新经济领域里的正处于成长发展期,且前景良好的产业,要给予更多的关注。而对于一些"夕阳"产业,或受市场冲击较大的行业的招聘信息,要谨慎对待,因为即便求职成功,对自己的长期发展也是不利的。此外,不同的地区有不同的经济发展趋势,大学生要了解不同地区的宏观经济发展规划,并预测这种经济发展趋势所需要的人才类型,从而更好地就业。

三、就业信息的使用

就业信息的运用是指对经过求职者理解并加工处理后的信息的一个转换过程,即依据信息进行择业的过程。毕业生要学会合理、充分地利用这些有效信息。就业信息的使用必须做到:对经过自己的思考而筛选出来的有效信息,要学会合理、充分地利用,这样才能把信息的无形价值转换成实实在在的成功择业收益。在就业信息的运用上,大学生要把握好以下几点:

(一) 注意信息的时效性

就业信息有很强的时效性,又为众多求职者所共有,因此需求信息一旦选定,就要及时主动与用人单位主管人员联系,不要犹豫不决,更不能守株待兔,否则"机不可失,时不再来"。应主动询问面试的方式、时间、地点和要求,并准备好一套自己完整的求职材料,使需求信息尽早变成供需双方深度沟通的重要桥梁。根据筛选出来的需求信息的要求对照检查自己的不足,及时调整自己的期望值以及智能结构。这一做法尽管在毕业前的有限时间内有些仓促,但无动于衷依然故我的做法却是绝对错误的。因为你现在缺少的是在你今后必须补上的。记住犹豫不决会使你痛失良机。

(二)把握适度性原则

很多大学生在求职择业时,会格外看重岗位的薪资、层次和类别,甚至会选择一个薪资较高、压力过大、自己并不适合的工作,而放弃一个待遇一般、却适合自己,并大有发展前景的工作。把握适度性原则有两方面的含义,一方面指的是自己的个性、需求等情况与职业要求相符合;另一方面指的是通过自己的努力能够胜任所从事的工作。如果工作难度过高而自己的能力很难胜任,那么今后在职场就会力不从心、压力重重,从而产生强烈的挫败感,进一步导致工作效能低下。而如果工作难度过低,大学生在步入职场之后,就会有一种大材小用、单调乏味、英雄无用武之地的感觉,久而久之,便失去工作的积极性和热情。因此,大学生在分析、应用招聘信息时,要从自身的实际情况出发,用客观、全面和发展的眼光来看待职业和岗位。记住,适合自己的才是最好的。

(三)灵活运用信息

用人单位虽然对所招聘的人员有专业、能力、生理条件等各方面的要求,但这种要求也并非是一成不变的。尤其是有些招聘信息上写着"一般需要具备"或"特殊情况下可放宽"等语句的时候,说明招聘单位在留有余地,因此即便不完全符合其用人条件,也是可以尝试投递简历的。最好的情况就是,让用人单位相信自己是属于"特殊",而不是"一般"。这就要求在个人简历中展示出"不一般"的才能、经历和水平。

在就业信息面前,大学生需要冷静地、认真地分析自己的优势和劣势,不要因某个次要条件达不到用人单位的要求而轻易放弃,要保持灵活的大脑,更要相信自己的实力,去努力尝试和争取,可能会有意外的收获。

(四)参照信息完善自己

在搜集了大量的求职信息之后,大学生便可以从这些信息中分析、总结出用人单位对人才的整体要求,或者多数用人单位都比较看重的素质和能力,再对照自己,便能更清楚地从中发现自己求职择业时的长处和不足,从而扬长避短,或者参照信息不断发展和完善自己,这会对今后的求职和工作大有帮助。

事实上,对于大学生来说这项工作要及早开始。在大学读书期间,就要做个有心人,经常浏览学校就业指导中心的网站,经常与毕业班的学长或已经毕业的校友交流,多寻找机会参加一些与专业相关的兼职工作,这样才能对"市场"需求有更深入的了解。很多大学生在多次"碰壁"之后,感叹地说"原来用人单位都喜欢要有工作经验的人"。大学生不要做个只会读书、只会考试的人,而要做一个半社会化的人,多与社会接触,为自己积攒工作经验。不要在临近毕业的时候才去探究、总结招聘信息以及社会对人才的素质要求。这样的话,就会耽误很多发展和完善自己的最佳时间,最终导致不断的失败。

(五)共享信息资源

在自己获取的就业信息中,有的对自己并无直接用处,但可能对他人有用。遇到这种情况,大学生应主动地将这些信息提供给他人,避免信息资源的浪费。这样做可以帮助别人，而当被帮助的人在获取了对自己有益的信息时，也会及时地将获得的信息反馈给你。从这种角度来说，帮助别人也等于帮助了自己。

阅读资料 2.1

招聘常用策略

1. 将岗位头衔"美容"的招聘

卖保险的喊成"财务规划师"或"理财顾问"，销售英语软件的美其名曰"语言教育顾问"，最有杀伤力的也是最隐蔽的是"储备干部"头衔，吸引了无数应届大学生为之竞折腰。之所以这样做，主要是因为岗位工作内容或岗位薪酬缺乏吸引力，用"美名"可以诱骗到一些单纯的廉价劳动力。

2. 除了"董事长"和"总经理"，一个公司内的其他岗位都"奉献"出来的招聘

这种招聘其实是为了壮大声势，本来只有几个岗位空缺，但为了显示自己"财大腰粗"就激动地把所能想到的岗位都添了上去。

3. 岗位薪酬不说月薪说年薪

或者月薪模模糊糊一个大范围，或者"月/年薪"前边还加有"……者"定语的招聘。"优秀者"和"努力者"是常用的前缀定语，岗位多数是销售岗位，如证券公司或黄页公司的电话营销岗位。对于这种岗位，应聘前自己要掂量好。据了解，迫于找不到工作而选择这种工作的人，99%会在三个月内因为业绩不好拿不到糊口钱而自动离职。

教学案例 2.5

高薪诚聘

××证券股份有限公司上海分公司是一家拥有 500 人以上的大规模证券公司，目前注册资本 38 亿元，公司所属的 2 家子公司、5 家分公司、19 家区域营销总部及所辖的 108 家营业部分布于全国 28 个省、自治区、直辖市、特别行政区。历年来，公司以丰富的文化、专业的技术、创新的精神、周到的服务在业内树立了良好的口碑。

现由于公司发展的需要，特聘请客户经理若干名。岗位职责：

1. 通过银行、社区等渠道开发客户，销售各类证券金融产品；
2. 开发、维护银行等渠道关系，推进银证合作业务；
3. 为客户提供投资建议和基础服务。

要求：

1. 本科以上学历，35 岁以下，男女不限；
2. 通过证券从业资格或经纪人资格考试；
3. 为人诚实，亲和力强，积极向上，乐观主动；
4. 学习能力强，沟通能力佳，敬业爱岗，有团队合作精神；

5. 有金融从业经历或具有营销工作经验者优先。

应聘者经公司培训考核后，一经录用，待遇从优。签订长期劳动合同，缴纳五险一金；提供完整的专业培训计划；享有广阔的职业发展前景。凡有志者，请将个人资料（学历复印件、身份证复印件、简历、工作业绩、一寸近照一张、联系电话等）寄至本公司行政人事部。初选合格者即通知面试，未接通知者应聘材料恕不退还。欢迎全国精英来信应聘。××证券股份有限公司上海分公司将为您提供创业沃土，共图公司大业。

地址：上海市××区××路××号。
邮编：××××××。
联系人：李先生。手机：××××××。邮箱地址：××××××。
请分析上面这则招聘广告所传递的信息。

本章小结

本章重点对大学生的就业形势进行了分析，并对大学生的就业政策、大学生收集就业信息的渠道、分析和使用就业信息的方法进行了介绍。通过本章的学习，学生应该了解目前的就业形势，熟悉国家的就业政策，掌握就业工作程序；还应该学会通过多种渠道收集就业信息。应重点掌握就业信息整理、分析的方法，将适合自己的有效信息运用到求职择业中去。

复习思考题

1. 面对当前的就业形势，你做了哪些准备？
2. 大学生自身的择业程序有哪些？
3. 大学生收集就业信息的渠道有哪些？
4. 大学生就业信息分析的内容有哪些？

第三章 树立正确的择业观

教学目标

通过本章的学习，使学生获得以下知识和技能：
1. 了解大学生就业过程中常出现的状况，并能客观地予以分析和判断；
2. 理性地看待毕业生"就业难"的问题，并能树立信心，正确对待；
3. 形成正确的择业观。

导入案例

进入职场的姿态

本恩原来在一家研究所工作。该研究所由于经营不善将其解聘。面对失业，他给一家大公司写信求职："我有加州理工大学物理学博士学位，我的研究成果被广泛应用到宇宙飞船、人造卫星和航天飞机上。"信很快被退了回来：请另谋高就。本恩没有灰心，接着写了第二封信："如果你们需要，我将竭诚为贵公司服务。"这封求职信也被退了回来：本公司暂不缺人，以后需要时我们会及时与你联系。接着本恩写了第三封求职信："如果研究工作不缺人的话，我可以干冲洗汽车、打扫卫生之类的活儿。我会用搞科学研究的那种严谨态度和一丝不苟的作风去干好它们。"这封信发出去第5天，他就接到该公司的电话："请你速来报到。"到职后，果然如他自己所承诺的那样，上任后冲洗汽车、打扫卫生非常认真，赢得了上上下下的好评。这时公司根据他的特长和学历，调他到研究机构工作。在新的岗位上他如鱼得水，很快拿出了几项成果，为公司赢得了巨额利润。

思考与讨论

你认为本恩成功就业的因素有哪些？他的三封求职信反映出他的哪些变化？

第一节 影响择业的相关因素分析

一、外部环境因素

外部环境因素是指对大学生择业产生影响的外部因素，包括社会环境和社会心理环境两部分。

（一）社会环境

社会环境是由政策环境、经济状况、产业结构等所形成的就业社会氛围。

1. 政策环境

大学生就业政策是国家为实现一定时期的路线、方针而制定的高层次人力资源配置的行动准则，体现了一定时期社会发展的需要，具有一定的导向性、调控性和约束性，是大学生就业过程中应遵循的基本规范。我国大学生就业制度经历了一个不断发展和改革的过程。其间，有关政策也作了相应的调整。

在统包统配的就业制度条件下，人才资源分配的方式同其他经济资源配置的方式一样，都遵循着一元化的计划模式。毕业生虽然在国家下达的分配计划内有一定选择个人意愿的权利，但最终必须服从国家、学校制订的调配方案。在这样的政策条件下，毕业生是依附性就业。就政策特点来说，它的调控性和约束性极强，其导向性主要是通过思想政治教育和学生自觉服从社会需要的主导就业观来实现的。在今天看来，这样的政策一定程度上忽视了学生个人的择业意愿，且易导致人才资源配置失当。但是，在当时的历史条件下，有其存在的合理性，是与当时的经济体制相配套的，也曾经为社会经济的发展起过重要的作用。

当前，在社会主义市场经济条件下，高等教育适应市场经济发展的契合点，首先表现在毕业生就业这一环节上。现在正在运行的毕业生就业制度是在国家就业方针、政策指导下，毕业生和用人单位双向选择的制度。

虽然毕业生有自主择业的权利，但不是说就业政策就失去了导向、调控、约束的功能。用人单位也有自主用工的充分权利。因此毕业生自主择业不是毕业生的一厢情愿或随心所欲而是双方的互相选择。双向选择是选择与被选择的关系，是主客体的辩证统一。选择的双方不是谁必须服从谁的问题，而是双方在相互满足对方需要基础上而达成的一种契约关系。既然是契约关系，就摆脱不了政策的导向、调控和约束。譬如挑选毕业生单位的劳动用工政策、吸引人才的政策、发达地区和中心城市的进人控制政策等，都将对毕业生择业产生重要的制约作用。

除此之外，还有人才流动、工资制度、公务员制度等的调整，都会对大学生就业产生直接或间接的影响。

2. 经济环境

一个国家、一个地区在一定时期内的经济发展状况，直接制约着人们的劳动就业状况，自然不可避免地影响着大学生的职业选择。

（1）从整个国家的范围来看，经济的发展和科学技术的进步，劳动生产率的提高，职业演化速度的加快，就业岗位的增加，都将为大学生提供广阔的就业平台；相反的，则会造成大学生就业的困难。

（2）产业结构的调整和发展必然促使某些行业发生变化，影响大学生的职业选择。一方面，由于第一、第二产业比重的下降，第三产业比重的增加，促使从业人员的分布格局发生变化，形成劳动力的流动；另一方面，由于市场经济的作用，一些行业、职业之间的收入差距逐渐拉大，各类职业的经济和社会地位也发生了变化。原来社会地位高的，其经济收入不一定高；相反，现在经济收入较高的，其社会地位不一定高。这些变化自然影响着大学生的职业选择。

（3）由于国家区域性经济发展的不平衡，往往使经济发展速度快的地区成为大学生择业的热点，而相对贫困的区域则成了就业的"低洼地带"。

3. 重视人才和对人才要求不断提高的环境

伴随着知识经济时代的到来，重视人才资源、货币资本和物质资本已成为社会各界的共识，学习型社会、学习型组织的氛围正在形成。一方面，各地纷纷出台了各种各样的引进人才政策，构筑人才高地，为大学生就业与创业创造了良好的社会环境；另一方面，各地也纷纷提高了引进人才和吸引毕业生的层次和质量要求，譬如外语等级、计算机等级等要求。

（二）社会心理环境

社会心理是指一定时期内，人们普遍流行的精神状态，包括人们的需求、愿望、情感、情绪、习惯、道德风尚、审美情趣等，反映在人们的意识之中，左右着人们的行为选择。影响大学生就业的社会心理环境主要有传统的就业习惯思维和现代流行的就业意识等。影响大学生就业的社会心理环境因素是多方面的，其中社会时尚，老师、家长和亲友的意见，传统的性别观念等更不容忽视。

1. 社会时尚

社会时尚就是在社会中流行一时的风气或风尚。它是一种非常规的集体行为模式。社会时尚的影响在人们生活中是十分普遍的。它既可以发生在如衣着、服饰等日常生活之中，也可以发生在娱乐、语言表达等人们的社会活动之中，更可以发生在政治、道德、宗教、教育等社会意识形态之中。由于时尚具有的时髦性、时热性、时狂性的特点，因此时尚对人们的行为取向、职业选择影响非常大。譬如前几年出现的大学生择业中的大城市热、三资企业热、"孔雀东南飞"以及当前的考公务员热、考研热等。时尚又与社会舆论紧密地联系在一起。时尚能形成较为集中的舆论和热门话题。反过来，舆论或热门话题又促进或阻碍社会时尚，引导时尚运动。健康的时尚，会激发人们的责任感和使命感，形成正向行为导向；非健康或带有偏见的时尚，则会造成人们思想意识的狭隘和行为取向的偏差。大学生择业过程中就十分容易形成诸如从众、攀比、自卑等心理倾向，从而导致盲动的行为。

2. 家长和亲友的意见

由于我国传统观念的影响，子女与家长之间依赖与被依赖、控制与被控制性比较强。在大学生择业问题上，有的家长怕子女缺乏经验，生活阅历浅，控制子女的择业行为，过多干涉子女择业选择；有的学生缺乏自主勇气，依赖于家长的经验，选择什么样的就业岗位由家长做主；有的家长则是支持和鼓励子女主动择业，自己做主，并提供参考意见。这几种影响方式对大学生择业所产生的结果是截然不同的。尤其是那些年龄较小、依赖性比较强的大学生受家长影响程度更强。也有的学生会通过有较大影响的亲友帮助决策，根据其认同与否来决定自己的择业去向。

3. 老师的意见和看法

在过去的计划经济条件下，学生的就业去向是在辅导员、班主任和其他教师的共同参与下决定的。老师的意见和看法在学生就业问题上起着十分重要的主导作用。当前，尽管这种情况已经不复存在，但老师的意见和看法仍然会对学生就业起到重要的影响。譬如教师对某种专业、某项工作的认同与否，教师平时的思想教育与就业指导等都将直接或间接地影响学生的择业行为。然而，任何教师的意见和看法都或多或少地带有个人的主观色彩，所以，不同择业观的教师对学生就业的影响结果的差距是很大的。

除此之外，还有传统的性别观念等都会对学生就业带来许多影响。有些女生就会产生对于某些岗位不如男生有优势的思维定式；有些用人单位从本部门的利益出发，不愿意接收女毕业生。尽管因为男女性别差异必然导致劳动能力和工作时间等方面的差异，但应当说，除了某些特殊的职业岗位外，女生仍然具有广阔的职业领域，不必人为地给自己太大的心理压力。

总之，尽管在择业问题上每个人都将受到社会因素的影响，但都应确立起主体意识，养成科学的思维方式，对自身的条件和社会需要做出正确判断，摆脱对家长的依赖，更要克服人云亦云的心态，树立自主、自立、自强的就业观念，增强自信心，努力提高自身素质，主动迎接挑战。

阅读资料 3.1

李开复：我很惊讶大学生找工作得问家长

今年9月，刚刚辞去谷歌全球副总裁、大中华区总裁的李开复博士，又创立了旨在培育创新人才和新一代高科技企业的创业平台——创新工场。几个月来，李开复奔赴全国各地，四处招贤纳才。在三四十名得到面试通知的大学生中，一些人的求职理由让他感到非常惊讶。"我父母觉得我跟着李开复干就对了！""我父母觉得我应该去家跨国公司工作。""我父母希望我待在上海。""来应聘到底是你的决定还是你父母的决定？"听完这些大学生的回答，李开复感觉很无奈，便跟他们说："我来发一封 E-mail 跟你的父母沟通一下吧。""对不起，我的父母不会用 E-mail。"不会用 E-mail 的父母，居然告诉孩子应该去哪一个互联网公司工作，这不是很奇怪的事吗？11 月 14 日，在第二届新东方家庭教育高峰论坛上，李开复跟大家分享了他最近的一些经历，并郑重地告诉在座的家长，在严管压力下长大的孩子，虽然听话，但最后可能会失去管理自己的能力，甚至没法独立。他建议，在家庭教育中，家长对孩子要多信任、多放权、少严管、少施压。在当今时代，家长可能不懂下一代，不清楚孩子自己希望成为一个什么样的人。此外，如果家长帮孩子做了太多的决定，会让孩子形成一种心理：反正有父母帮我做决定，这不是我的责任。当他有一天需要面对独立，他的路会走得非常艰难。"我常常在大学演讲时听到学生举手问，你总告诉我们要追随我心,可我不知道我心是什么。你总告诉我们要学自己有兴趣的东西,但是我不知道自己的兴趣是什么。"李开复认为,过于严格的管教,已经使得一些从小生长在被动环境里的孩子,被培养成机器。他们听不到自己的声音,找不到自己的兴趣,不知道自己将成为什么样的人。李开复也承认,在实施家庭教育的过程中,每个人都会犯错,都会有管得太多的时候,但关键是要让孩子知道,最终的决定权掌握在他们自己手中。

二、大学生自身的内部因素

大学生自身的内部因素对大学生的择业也有重要影响。个人成长环境与个体素质状况的不同,也会导致不同的人有不同的择业观。

(一)个人成长环境

个人成长环境主要是指所受教育的环境,其领域是十分广泛的。事实上,社会上的一切教育活动都会给受教育者产生某种积极或消极的影响。一切教育形式所产生的结果,大都能反映在学生的素质以及他们的择业意识、择业行为上。这里,我们着重探讨家庭教育、大学前教育、大学教育等几个方面的影响。

1. 家庭教育

家庭是社会的细胞。父母是儿童的第一任教师。父母的教育方式及家庭气氛对儿童的成长起着重要的作用。美国临床心理学家安妮·罗欧从1951年开始采用谈话、测验和了解个人生活史等方法来研究杰出的物理学家、生物学家和社会科学家的个人发展史及其人格特征,发现他们早期所受的不同抚养方式,影响着其追求的职业类型以及在所选择的领域中可能达到的水平。罗欧把家庭抚养方式分为三种类型,即情感关注型、回避型和接受型。情感关注型的抚养方式又分为溺爱型和严格型两种。溺爱型父母对子女娇养,他们充分满足儿童的生理需要,鼓励其依赖和限制其探索行为;把子女看做或设想为"天才"的严格型家长,对子女要求严格,通常按完美的计划对其进行严格训练。回避型的抚养方式又分为拒绝型和疏忽型。拒绝型的父母对子女的生理需要是关心的,但对其内在的情感要求不能满足;疏忽型的父母在一定的限度内忽视子女生理的要求。接受型的抚养方式又分为随意接受型和抚爱接受型。随意接受型的父母对子女需要的接受具有随意的性质,抚爱接受型的父母不干涉而且促进儿童的才能和独立性的发展。在职业选择上,在情感关注型家庭中成长的人,自我意识不强,经常会意识到别人的态度和意见。这类人往往需要定向于人的工作。在回避型家庭中成长的人,可能形成一种对别人强烈的防御意识。他们可能不愿与人打交道,往往需要定向于物的工作。在接受型家庭中成长的人,可能定向于人,也可能定向于物。罗欧的观点虽然是以杰出人才为研究对象而提出的,具有不完整性,但仍有一定的代表性。家庭的教育方式对子女性格、爱好、兴趣等的培养和熏陶,直接影响到其职业能力的发展。

2. 学校教育

大学前的学校教育主要有幼儿园、小学、初中、高中等几个阶段。大学以前的教育是基础教育,亦是基本素质教育。但在我国由于高考指挥棒的作用,在一定程度上,教师把基础教育变成了一种应试教育,紧紧围绕考试来设置教学内容和进行教学活动,学生也以应试的学习方式来接受教育,造成了学生知识结构不合理,学习的主动性不够,养成了一种依附性的学习习惯，这直接影响到后期的发展。在我国还有一种情况，就是农村和城市的差别较大。由于多数农村的教学条件较差以及环境的影响，农村学生的知识面、思想观念、思维方式以及对事业的期望同城市的学生相比具有一定的差别。对于大学前的教育所形成的差异性，在大学阶段，不同的人会有不同的改变。

3. 大学教育

大学教育是按照专业门类来培养学生适应职业需要的基本素质和能力的过程。这一过程是通过基础课、专业基础课的教学或其他教育活动，使学生从某一专业的逻辑起点达到能够解决该专业一定问题的理论和技术水平，从而形成适应某种职业需要的专业特长。也就是说，大学生所受的专业教育直接制约着其职业适应的范围。如果大学生所学的专业面较窄，其职业适应的范围就小；反之，职业适应的范围相对宽广。因此，近年来，各高校不断地根据社会职业的需要来设置专业或对业已形成的专业结构进行调整，扩大学生的就业范围，增强适应能力，并针对毕业生知识面较窄、知识结构不合理、动手能力不强、组织管理能力不高等问题，努力通过改革教育模式和教学内容来培养专才与通才相结合、文理交叉、工管相兼的复合型人才。为此，相应地建立起一套行之有效的机制，如主辅修制、双学位制等。这些都为有效扩大学生的专业面、提高学生的综合素质创造了有利条件。随着高校招生和毕业生就业制度改革的深入和学分制的施行，满足学生专业志愿和扩大其职业适应领域等方面的情况，会得到更好的改变。

社会教育及自我教育也会对大学生择业产生一定的影响。我们应该认识到，大学生所受的不同层面的教育和大学期间不同阶段的教育（如专业教育、思想教育、就业指导等），都具有互补性。前一阶段所受教育的欠缺，可能在后一阶段得到补充；各种教育内容的相互交叉和渗透，可以促进整体素质的提高。因此，大学生应自觉认识自己成长的家庭环境与受教育的条件对其个性形成的影响，并通过主观的努力，改变对自己不利的因素，全面提高自身素质，为求职择业创造更加有利的条件。

（二）个体素质状况

当今世界科学技术飞速发展，社会生产发生翻天覆地的变化。与此同时，各类现代职业对就业者文化素质和合理的知识结构的要求也愈来愈高。就知识结构而言，不仅对知识技能共性的要求愈来愈多，而且对就业者知识和技能的适应性要求也愈来愈高。

1. 不同类型的职业对求职者知识结构的共性要求

（1）宽厚扎实的基础知识。

基础知识是知识大树的躯干，是知识结构的根基。大学毕业生无论选择何种职业，也不管要向哪个专业方向上发展，都少不了宽厚的扎实的基础知识。就像万丈高楼平地起，全靠基础来支撑。特别是随着科技和经济的高速发展，社会中的产业、行业、职业结构调整的速度必然加快，大学毕业生在择业、就业上已不必非要从一而终，职业岗位随时变动的状况不可避免。要适应这种变化，必须靠扎实宽厚的基础知识。温州大学原名誉校长、著名数学家苏步青院士曾讲过一段极为深刻的话："现在的学生一进大学即分系、分专业，由于急于求成、急于专业化，学生仅学到本专业的一些基础知识，只能单打一，造成将来毕业后适应性很差，只会守住自己的'小摊子'，换一个方向（更不要说换专业）就晕头转向，不知所措，这怎么能适应四化建设的需要呢？大学教育的根本点，是要扩大学生的知识面。把基础知识面拓得尽可能宽一点，这样学生就有了后劲。"步青院士的这段话是很有见地的。

（2）广博精深的专业知识。

大学毕业生是将要从事专业性较强工作的高级专门人才。专业知识是知识结构的核心部分，也是科技人才知识结构的特色所在。无专业特色，也就不能称为科技人才。所谓广博精深，是指大学生对自己所要从事专业的知识和技术具有一定深度的掌握，一定范围的了解，有质和量的双重要求，并且对概念体系、理论体系、研究方法、学科历史和现状、国内外最新信息等都要所了解和把握。同时，对其专业临近领域的知识也要有所了解和熟悉，并善于将其所专的领域与其他相关知识领域紧密联系起来。专博相济，专深博广，已成为当前对人才素质的重要要求。高等学校通过"双学位班""第二学位""主辅修制"等培养的复合型大学生正成为社会所急需的人才。

（3）大容量的新知识储备。

现代各类职业都要求从业者的知识"程度高、内容新、实用强"。"程度高"是指知识层次高，知识面广；"内容新"是指从业者的知识结构中应以反映当今科学技术发展状况的新知识、新信息为主；"实用强"是指从业者的知识在生产、工作中有很强的实用价值。反映上述要求的一个很明显的例子是，目前用人单位普遍要求毕业生具有高学历，能够熟练地运用一门外语和使用计算机。此外，毕业生如能掌握一技之长，诸如书法、绘画、驾驶、公关等也将增加其求职的成功率。

2. 不同类型的职业对求职者知识结构的特殊要求

（1）管理类职业的要求。

管理类职业主要包括国民经济管理、企业管理、金融管理、财政管理、外贸管理、行政管理等社会工作。选择此类职业为自己目标的求职者，在其文化素质上除了具备上述那些共性的要求外，根据管理职业的实际需要和管理科学的发展规律，还必须很好地掌握党的方针政策，掌握基本的法律知识。在其知识结构中，管理理论和知识要求占较大的比例。除此之外，还应了解税务、工商、外贸的管理知识。在知识结构上一般要求具有"网络型"的结构。

（2）工程类职业的要求。

工程类职业的范围包括各行业中从事工程技术应用工作的职位。它要求就业者牢固掌握所学的专业知识，具有较高的现代专业理论水平，在实际工作中能熟练地掌握并运用应用技术知识，同时要具有一定的管理知识。

（3）科研类职业的要求。

该类职业主要指基础理论研究、信息情报研究、学科应用技术研究等职业。该类职业要求从业人员具有丰富、坚实的专业基础知识，掌握严谨的科学研究方法并能将其运用于实际研究中，掌握大量本专业的当代研究的前沿信息，熟练掌握本专业的各种实验方法和调查方法并能将其运用于实际工作中。在知识结构上一般要求具有"宝塔型"的结构。

（4）教育类职业的要求。

教育类职业的范围包括大学教师、中学教师以及各类职业教育教师、培训教师等。这类职业的特殊性决定了从业者要具备以下条件：掌握辩证唯物主义和历史唯物主义的基础理论和深厚扎实的专业知识，熟悉本专业最新研究成果及其发展趋势，了解与本专业相近的新兴边缘学科或交叉学科的情况，具有较高的文化素养，达到真正的"博学"。此外，还要掌握教育科学的相关知识（包括教育学、心理学、教育心理、教材教法等）。该类职业要求就业的知识结构为"网络型"。

以上仅仅介绍了四种类型职业对求职者文化素质的特殊要求，其他类职业也有着各自不同的特殊要求。大学生应当根据社会需要，结合个人专长，充分了解各种职业对求职者知识结构的特殊要求，在就业前和就业后注意确立和调整自己的知识结构，并使之日趋合理，日益完善，为成才奠定坚实的基础。此外，动手能力、解决实际问题能力等也越来越受到重视。

教学案例 3.1

王某的选择

王某，1994 年毕业于某大学外语专业。她学习成绩优异，各方面素质良好，大学期间通过了专业英语八级考试，但性格相对内向，不善言谈交际。毕业之后，在父母和亲友的劝说下，她放弃了原本想担任一名外语翻译人员的愿望，而去某市重点中学做了一名外语教师。尽管，作为重点中学的外语老师，深受周围同学的羡慕，也为父母增添了许多光彩，但不善言谈的她并没有从优越的岗位上获得事业的幸福和满足感。2000 年，她毅然辞去了教师职业，走出国门，成了一名优秀的翻译工作者。

第二节　确立正确的择业观念

一、正确对待就业与择业的关系

我国大部分高校实行在国家方针政策指导下通过毕业生就业市场自主择业的就业制度。自 2002 年 3 月国务院办公厅转发了教育部、公安部、人事部、劳动部《关于进一步深化普通高等学校毕业生就业制度改革有关问题的意见》，明确提出了建立"市场导向、政府调控、学校推荐、学生与用人单位双向选择"的就业机制，努力实现高校毕业生的充分就业。目前，我国高校毕业生就业制度已经是全面实施双向选择、自主择业的就业制度。那么就业与择业究竟是什么样的概念，它们之间又有什么关系呢？

（一）就业、择业的含义

（1）就业。就业一词的基本含义是"得到职业，参加工作"。传统观点认为，就业是指劳动者获得特定的社会工作岗位并从事一定的社会劳动的过程。究其根本，就业是指劳动者同生产资料相结合，从事相对稳定的社会劳动并取得劳动报酬或经济收入的过程。同时，就业就会取得劳动报酬或经济收入，而劳动报酬或经济收入正是劳动的社会价值体现。

以上分析表明，就业应具备三个基本条件：第一要从事社会劳动；第二要得到社会承认；第三要有报酬或收入。凡具备这三个条件者，就算已经就业。

(2) 择业。择业即职业选择,是指劳动者依照自己的职业期望和兴趣,凭借自身能力挑选职业,使自己能力素质与职业需求特征相符合的过程。职业选择受劳动者自身条件和职业要求的限制,不能任意进行。一方面,劳动者不可能具有从事一切职业的能力与兴趣;另一方面,各项职业由于各自的劳动对象、手段、劳动条件和作业环境的不同,对劳动者能力也有相应的特定要求。可以说,职业选择是劳动者与职业岗位互相选择、互相适应的过程,是劳动者作为主体选择职业的过程,同时又是职业选择劳动者的过程。这一过程在人们的职业生涯中可能会不止一次地发生。

(二) 就业、择业的关系

就业与择业之间是密切联系、协调统一的。就业一词偏重于经济意义,偏重工作体制和制度。就业与择业有类似之处,都是社会劳动分工的必然结果。随着社会的发展和进步,人类对主观世界和客观世界的认识与改造不断深入,社会就业机会不断增多。在社会上,人们要生活就得就业,而就业离不开求职择业。择业是人们就业之前的一种准备过程,离不开人们的主观努力,而就业是人们最终要达到的目的。所以,对劳动者来说,择业是手段,就业是目的。

  二、当前大学生的择业认知心理

(一) 大学生的择业认知状况

大学生的择业认知心理指的是大学生在选择职业的过程中,对自己、对职业、对社会的与择业有关事物的认识、了解以及选择职业过程中的推理与决策。大学生的择业认知心理对选择职业有着重要的影响,甚至是决定性的影响。通过对调查资料的分析,可以看出目前大学生的择业认知状况有以下一些特点:

(1) 大学生自我评价较高,客观上不能全面认识自己,同时由于缺乏科学认知的方法和手段,多数大学生对自己的职业兴趣、气质、性格、择业能力并不了解。

(2) 大学生对职业的了解存在着局限性和片面性,缺乏全面了解职业的渠道。所谓职业,就是在社会分工基础上形成的能使他们获得较为稳定的经济收入并需要特定的行为规范和知识技能的连续性活动。职业具有规范性,其规范包括正式职业规范和非正式职业规范。正式职业规范包括职业道德规范、各种规章制度、规定说明。非正式职业规范是对求职人员的一个潜在要求,包括衣着装饰、礼仪习惯、劳动素质、就业意识等方面的要求。如果求职业者都能熟悉多种职业规范,显然可以把握更多就业机会。而大学生在毕业之前其社会经历主要是在学校,因而了解职业的机会和可能性较小,直接的亲身感觉就更少了。多数学生对职业的认识仅靠他人的舆论。因此,什么职业"热"就向往什么职业的现象在大学生中具有普遍性。

(3) 大学生对社会的了解存在着较多的想象成分,对影响择业的因素认识不足。大学生受年龄和阅历的局限,对社会的了解没有全面、实际的体验。因此,在择业的思维认识过程中,对社会的就业形势、就业环境、就业政策等缺乏全面、正确的了解。有的把社会想象的比较美好,对社会的复杂程度及影响就业的因素知之甚少,因而其个人的择业期望值往往偏高,脱离了社会的实际需求;有的把社会不利于择业的因素看得太重,并且以点看面，进而认为社会太复杂，择业很困难，想找到理想职业就更难；还有的同学对社会无全面了解，这类学生既看不到有利于就业的社会因素，也不了解不利因素，因而在择业认识方面是随大流。

（二）大学生的择业心态

大学生的择业心态是指大学生对于职业选择的心理状态，主要表现有两个方面。

（1）大学生的择业意识普遍较强。高校实行"双向选择"的毕业生就业制度使得在校大学生对就业问题表现出积极的关注。具体表现在关注的程度强烈、内容广泛、形式明确、择业时间提前。在20世纪80年代后期，毕业班的学生在离毕业两三个月的时间才逐渐关心毕业去向问题。90年代初是最后一个学期才开始关注毕业去向。而近几年不仅在最后一学年甚至在入学时就开始关心毕业后的就业问题。年级越高，对择业的关注程度越高。他们不仅会了解就业政策、规定，而且会关注社会对大学生的需求形势、对专业的需求状况、各类职业的基本情况，以及如何准备参加"双向选择"等具体内容。

（2）大学生的择业期望呈现多种矛盾。在就业制度上，既愿意走向人才市场，又希望政府能保证就业。现在有不少大学生对"祖国的需要就是我的志愿"的意识很淡薄，认为在就业问题上，应该无条件、无限制地让毕业生走向人才市场，通过双向选择来满足自己的择业需要和职业兴趣，而不应有任何约束和限制。同时，也有部分学生还希望国家和政府应提供保护措施，即如果选择不到就业单位，国家还应安排就业，不能出现大学生的待业现象。在择业竞争意识上，既想主动竞争谋取理想职业，又担心竞争失败，遭受挫折。多数同学都具有积极主动的竞争意识，想通过个人的努力获得理想的职业，但同时也有不少学生对凭自己的知识、能力在社会上进行择业竞争缺乏足够的信心。还有的大学生认为社会还未形成平等的竞争机制和环境，因此既想积极竞争又担心不能公平竞争的心理现象比较突出。在专业与职业的关系上，既想发挥专业特长，又有放弃专业，准备改行的心理准备。而准备改行的学生除了兴趣发生变化的原因外，更主要的是受社会对不同专业的需求量不一样的影响。在择业环境中，既反对拉关系、走后门等不正之风，又积极找关系、托人情，希望能找到好的接收单位。由于社会用人制度的不完善，现在还存在优生不能优分，少数成绩差的学生因某种特殊原因而就业单位好于成绩好的学生的现象。这除了生源、专业、性别等原因外，也不排除不正之风的影响。所以多数大学生尽管对此有意见，但都想找门路、托关系，以求得一个理想的职业，由原来的反对凭关系找单位变为拉关系找单位。

（三）大学生的择业价值取向

大学生从自己的需要出发，对某种职业形成的于自己有用或无用，重要或不重要，好或不好，有利或无利等的较稳定的评价，就构成大学生的择业价值取向。

由于每个学生的要求、思想观念、生活阅历、家庭环境、兴趣爱好等方面的不同，其择业价值取向也存在着差异。从大学生群体来讲，因时代不同、地域不同等原因也会出现择业价值取向的不同。根据调查资料分析，当代大学生择业价值取向主要有四个特点：

（1）在价值主体上个人取向增强。当代大学生在职业追求上更多地看重职业的个人价值，很少考虑职业的社会价值。这是价值取向上的一种失衡，是很值得我们注意的问题。

（2）在价值目标上注重经济价值。毕业生在择业时，把经济收入因素放在重要的位置，而对未来专业知识的发挥却看得较轻,甚至不顾,这反映出大学生在择业价值取向上首先追求经济利益。

(3) 在地域选择上,普遍向往经济发达地区,而不愿到边远贫困地区工作,这加剧了艰苦贫困地区人才缺乏的状况。其普遍趋势是边远地区的学生向往内地,内地的向往沿海地区,农村的向往城市,中小城市的向往大城市。

(4) 在对行业的选择中,尽管对行业选择上可能因各地经济发展状况不同而有一定的差别,但总的标准是大都把经济利益、个人发展、社会地位等几个方面作为重要因素来考虑。

三、当前大学生择业观念上存在的几个误区及原因

(一) 当前大学生择业观念上存在的心理误区

心理误区是指人在心理上,特别是认识和人格上陷入无出路而又不能自拔,且本人对此又缺乏意识的状态。研究结果显示,大学生在求职择业中常见的心理误区有:

(1) "选择的自由度越大越好"。

一部分学生认为,既然现在是社会主义市场经济了,就业政策就应该是完全的市场政策,供需双方完全可以自由交易、自由成交。自由度越大,毕业生与用人单位"双向选择"的空间就越大。"我愿选择哪里就选择哪里""哪里选择我,我都可以去"。他们抱怨改革的步子太慢,埋怨"一定范围内的双向选择"实际是给人限定了框框,他们期望一种无拘无束的选择空间。他们并不知道,就业制度的改革是要和劳动人事制度、招生制度和户籍制度的改革配套进行的,是需要逐步推进和实施的,是需要经过一个历史过程的。

(2) "我不能比别人差"。

大学生参加大规模的洽谈会经验不足,造成他们在这种场合中衡量得失,尤其是评价自己的价值能否得到承认的最常见办法是互相攀比,比谁去的单位效益好、知名度高等。他们在心理上总抱有一个念头就是"我不能比别人差""我不能不如人"。尤其是学习稍好一点的学生更是如此。于是在选择中,攀比忌妒、强求心理平衡,总是把比别人强作为标准,"这山望着那山高,这花看着那花俏"。结果,导致不从实际出发,延误了良好的时机。

(3) "过去我事事顺利,择业也依然会顺利"。

现在的大学生一般都是在顺境中成长起来的,他们从校门到校门,没有经受过大的坎坷和复杂的经历,更没有经受过真正的挫折。因此,一些学生就认为,既然我过去事事顺利,这次择业依然应当顺利。他们盲目乐观,过于自信,不做认真的心理准备,结果往往是在择业中碰壁,自此意志消沉,一蹶不振。

(4) "大多数人钟情的一定是好工作"。

对于选择工作单位,一部分学生自己毫无主见,总是随波逐流,看大多数人选择哪里,自己就选择哪里;大多数人往哪里挤,自己也往哪里挤。他们认为,大多数人钟情的,一定是好工作,大多数人选择的,一定没错。结果,人云我云,不加思索,盲目跟着大多数人走,忽视了自己的特长,丧失了最能发挥自己特长的机会。

(5) "要去就去沿海城市或大城市"。

一部分学生面对择业认为,要去就去沿海城市或大城市。在他们看来,在沿海城市可

以挣到大钱，到大城市会有更多的发展机会。他们宁肯到沿海城市或大城市改行，也不愿在当地或到边远地区干自己的专业，宁要大城市一张床，不要边远地区一套房。他们选择的目标不是深（圳）、珠（海）、广（州）、（海）口，就是天（津）、南（京）、（上）海、北（京）。他们很少考虑自己事业的发展和能力的发挥，更少考虑国家的需要。

（6）"选择单位就看实惠不实惠"。

由于受市场经济大潮的影响，一部分大学生择业时只顾眼前利益，过分注重经济效益，讲究实惠，忽视个人的发展。在与用人单位洽谈时，有些毕业生首先问及的是单位的效益如何，待遇怎样，住房能否落实，奖金是否高，而对自己的发展前景不加考虑，对用人单位的培训条件，继续教育计划极少问津。有的同学认为"前途、前途、有钱就图""对不对口无所谓，只要能挣大钱"，因此在择业中表现出急功近利的趋势，这让用人单位很反感，使得一些学生虽各方面条件不错，却被用人单位拒之门外。

（7）"求职的竞争就是关系的竞争"

有些大学生认为，择业的竞争不是求职者素质的竞争，而是关系的竞争，看谁的关系硬，看谁的关系起作用。于是，这些学生不把立足点放在自身努力上，而是投机钻营、找关系、托门子、递条子，甚至不惜代价，重礼相送，用庸俗化的态度对待择业，自己反对不正之风，又用不正之风的一些手法对待择业，使公正、公平、公开的竞争原则受到了损害。

毕业生就业制度的改革，正在为广大学生择业提供公开、平等的竞争环境。这使毕业生在择业上有了更大的自由度和更多的选择机会，他们已经认识到在社会主义市场经济条件下，竞争意识已渗透到社会生活的各个方面，没有竞争意识是不行的。他们也同样认识到，人生如果不通过竞争，就不可能成就事业。但也有一些大学生感到不适应，缺乏竞争的勇气，长期形成的"等""靠""要"的依赖心理一时还难清除。面对竞争，他们顾虑重重，还有的认为社会上存在不正之风，竞争不是公正、平等的，自己肯定难以成功等。一些毕业生在择业过程中遇到困难，就一蹶不振、压力重重、失去了竞争的勇气。

（8）"首次就业事关一生命运"。

有些学生受传统择业观的影响把初次择业看得过重。在他们看来，选择一个单位就预示着自己"嫁"给了这个单位。嫁鸡随鸡，嫁狗随狗。自己将在这个单位厮守终身，单位好了，自己就好，单位不行了，自己就跟着倒霉。因此，他们觉得首次就业关系一生命运。他们看不到人才流动制度改革的悄然兴起，看不到新的择业观正在进入人们的头脑，看不到越来越多的人正是通过流动才寻找到最能发挥自己才能的岗位的。

（二）择业误区产生的原因

面对日益激烈的就业市场，毕业生在择业过程中难免会走入这样那样的误区。根据调查分析，我们认为大学生产生这些择业误区的原因主有以下几个方面：

1. 不能正视社会现实，缺乏社会适应能力

（1）不能正视社会现实。

随着高校毕业生就业制度改革的不断深入，"统包统分"的就业模式已被打破，取而代之的是在国家分配方针、政策、原则的指导下，毕业生自主选择职业，用人单位择优录取的毕业就业制度。这种制度给大学生提供了充分的选择职业的权利。但是市场竞争的加剧、国企的不景气、机关精简亮起红灯、下岗职工剧增、遭遇人才高消费和大学生招生规模的激剧扩大等却导致了毕业生人数大增,这就使得就业形势更加严峻。同时,由于我国目前生产力水平还比较落后,社会为大学生提供的工作岗位也不可能使所有人满意,尤其是社会上还存在着一些不公平、不合理甚至是腐败、丑恶的现象,使得充满理想抱负和追求的大学生感到失落、无助、困惑甚至不满等。学校教育与社会现象产生的巨大反差,影响着毕业生的情绪和心理,这就更加需要大学生了解社会,正视社会现象。作为即将走上社会的毕业生,应了解国家关于就业方面的方针、政策,了解社会需求信息,了解用人单位对大学毕业生的要求,在政策范围内根据个人的意愿选择职业。

总之,用人单位对毕业生的要求越来越"苛刻",对毕业生个人素质的要求也越来越高。因此,大学生们要正确认识社会,了解就业形势,现实地设定自己的社会位置,排除各种干扰,从实际出发,争取早日就业成才。

(2) 不能适应社会,树立正确择业观。

对大学生来说,适应社会就是不悲观,不彷徨,积极培养自己的竞争意识,树立正确的择业观念,充分运用自己所学的知识,发挥个人优势,并根据社会需要,调整自己的择业期望值,优化心理素质,不断增强社会适应能力。

正确的择业观是适应社会的核心内容,只有观念正确,适应社会才能成为可能。树立正确的择业观念应符合"发挥自身优势,服从社会需要,有利发展成才"的原则,即:择业要有利于发挥自身的素质优势;应把社会需要作为出发点和归宿,以社会对个人的要求为准绳,去认识和解决择业,进而决定自己的职业岗位;不要被社会时尚、经济利益、从众心理等因素干扰,树立以事业为重的思想,分析利弊、分清主次、合理取舍、考虑选择的职业要有利于发展成才。

2. 不能客观地分析自我,自我认识不足

有无良好的自我概念,这是一个人的心理健康的基础,也是健康择业心理的核心。良好的自我认识,是指人们应该对自己有一个全面恰当的认识,即了解自己的理想、自己的价值,同时也了解自己的特质,即个人的气质类型、兴趣爱好、能力倾向等。拥有良好的自我概念,就可以在选择职业时,选择那些符合自己的价值观需要,与自己的个性品质及能力相适应的工作,从而在工作中更有效地发挥个人潜能,实现自我价值。

作为大学生,特别是即将毕业的大学生,其自我认识与中学生相比是丰富而深刻的。他们相对能从更广更深的角度去认识、评价自己,但他们尚未成熟,自我认识往往要高于或低于实际的自我或别人的评价。这种自我认识的偏差,在择业时常会导致期望值过高或自信缺失、自卑畏缩,最终影响择业的顺利成功。因此,对于即将走上工作岗位的大学生,对自己要有一个正确的认识,要了解自身的气质、性格、兴趣、能力等特征。只有对自己有一个实事求是、恰如其分的评价,才能在择业的过程中,将良好的主观愿望与客观的实际情况结合起来,获得最后的成功。

3. 职业信息缺乏,造成择业心理错位

从本质上说,毕业生在择业中出现的许多不适应现象,不健康心理都与择业观不正确有关。而观念不正确则通常是由信息不畅造成的,特别是职业信息的缺乏。对职业信息的不了解,使大学毕业生很难恰当地找到自己的职业定位。有的只好盲目地追求当下时髦的职业,从而造成许多不必要的心理困惑和迷惘。目前,高校的职业指导工作还相当薄弱,还不能给大学生提供系统的职业信息。学生无法根据琐碎的材料判断出由于行业结构、职业结构、劳动力结构的变化所带来的人才市场对人才的基本要求的变化。学生因此无法确定自己的努力方向，求职前不知具体的学习目标。因此可见，不充分的准备会使学生在双向选择中处于劣势，处于被动地位，因而感到迷惘，没有信心。

4．决策技能不足，应对能力不够

决策反映了我们的自我概念。决定的做出是基于这些组成自我概念的信仰、态度和价值观。而信仰、态度、价值观的形成又受我们在家庭、学校、社会中所接受的信息和行为的影响。另外，做决定的态度和效率还取决于我们对自己获取成功的技巧和能力的自信度。由于毕业生对自我了解不够，对相关信息掌握不多，对职业决策没有充分的自信心，不知道自己适合什么或者不知道自己能干好什么职业。做决定的焦虑，大部分来自于对选择的"不确定"和对选择项目的"难取舍"。对于未来诸多变量的难以掌握，以及"鱼和熊掌难以兼得"的困扰，使决策的历程充满了压力感与无助感。一部分毕业生由于缺乏社会经验，心理上还没有完全成熟，经济上还不能完全独立，社会角色和社会地位还没能确立，就导致他们在面对复杂的环境时常常心中无数，不知所措，在择业决策上，独立性不够，难以摆脱依赖心理，不能积极主动地通过自我努力来取得择业的成功。选择职业本身就是一项工作，特别是在执行实施时，往往容易因为缺乏必要的应对措施或应对能力，而造成择业的失败。这会给择业者带来挫败感。如对于被称为求职应聘敲门砖的——"个人简历"，由于其中的自荐方式不当，材料不充分，或无针对性，不能恰当地、实事求是地表达、介绍自己，没有显示出自己的魅力，从而痛失良机。加强对毕业生的应聘技巧和能力的训练、培养势在必行。另外，面试技巧欠缺，也是产生毕业生择业时紧张害怕的一个重要原因。

求职择业是一场激烈的竞争，大学生只有树立良好的择业心态，正确认识自己，以积极主动的状态参与竞争，才能在竞争中充分展示自己，获得成功的机会。

教学案例3.2

小李，2005年毕业于某校市场营销专业。他家境十分优越，父亲的自办企业年产值在1亿元以上。他在校期间月消费2 000余元，有自备车。毕业之后其父曾要求他到自己的企业工作，但有一个条件是必须从一线的工人做起。小李深感不解，没做两天就怄气离开了该厂。辞职之后，小李曾找到过3份工作，但月薪均在1 000余元，还不够他一周的花费，而且工作非常劳累。据了解，小李至今仍处于无业的流浪阶段。

四、确立正确的择业观

传统的就业观念认为，就业的标志是劳动者必须在某一固定的岗位上工作。就业的概念是刚性而狭义的。而新时期的就业观则认为，如果一个人能在发挥自己能力与才干，同时又能服务于社会的岗位（这一岗位可以是固定的，也可以是非固定的）上工作，就是就业。就业的概念是远而广泛的，具有很大的可变性、可塑性和流动性。由于职业的变迁、产业结构的调整以及就业市场的变化，广大毕业生必须认清形势，顺应潮流，转变观念，确立科学正确的择业观念，以求得更好的发展。

（一）勇敢面对竞争的观念

社会主义市场经济最显著的特点之一是竞争。没有竞争，整个市场就失去了活力，经济也就不能很好地发展，社会也就难以前进。竞争可以发扬人们自立、自强、自主的精神，调动人的内在潜能，增强工作和社会实施的能力。因此，竞争意识是现代人必备的素质之一。大学生就业市场同样存在着激烈的竞争。首先，体现公平，有利于选择人才；其次，提供实力较量，有利于人尽其才，优胜劣汰。同时克服了旧体制的弊端，使得毕业生在就业中由被动变为主动，调动了个人通过竞争，寻求理想职业的积极性。面对就业竞争的形式，大学生应当摆脱被动依赖、消极等待的状况，敢于竞争，树立"爱拼才会赢"的观念，做好多方面的竞争准备。

1. 树立强烈的竞争意识

全国每年都有上百万的大学毕业生在短短几个月的时间内集中实现就业，这对每一个毕业生来说都存在着一定的压力。如果没有强烈的竞争意识，不能把外在的压力转化为内在的动力，没有主动竞争的思想准备和积极参与应聘的行为，显然是难以顺利就业的。人才市场上的供求关系总会存在这样或那样的一些不平衡之处，同一种职业往往有较多的择业者期望获得，择业者要想实现自己的期望目标唯有通过竞争。

2. 培养雄厚的竞争实力

大学生要想在就业竞争中获得成功，仅有竞争意识是远远不够的，还必须具备雄厚的竞争实力。竞争实力是综合素质的体现，包括思想品德素质、专业素质、文化素质、身心素质等。竞争实力是在大学生活的过程中逐渐培养和塑造而形成的。在公开、公正、公平的竞争原则下，竞争实力就是个人实现择业理想的资本。

3. 坚持正确的竞争原则

就业竞争是现实的，有时也是无情的，但竞争应当遵循符合道德规范的正确原则。竞争应坚持公开、公正、公平的原则，而不是尔虞我诈、相互诋毁、弄虚作假、瞒天过海。大学生在就业竞争面前，要保持自己的人格尊严，诚实守信，凭自身的竞争实力并运用恰当的竞争技巧去赢得用人单位的青睐。

4. 保持良好的竞争心态

有竞争就有风险。参与竞争就难免要经受挫折。对于处于就业竞争中的大学生来说，尤其要注意提高遭受挫折后的心理承受能力，把挫折看成是锻炼意志、增强能力的好机会。要保持良好的竞争心态，主动摆脱受到挫折后的颓丧情绪，认真分析失败的原因，调整自己的心态和择业目标，鼓足勇气，争取新的机会。决不能因此而灰心丧气，一蹶不振。

（二）正确对待待业的观念

随着毕业生就业制度的改革，部分毕业生不能及时落实就业单位，出现短期待业的现象是不可避免的现实。

少数毕业生的短期待业，首先是选择性待业。出现这种现象的主要原因有：

（1）少数毕业生就业期望值居高不下，在择业时，不但要求工作单位地区好，而且效益也要好，导致一些所谓好单位和好地区人满为患；一些条件相对较差的单位和地区，虽求才若渴却少人问津。期望过高就使得有些毕业生错失良机，造成待业。

（2）有些毕业生对自己要求不严，学习态度不端正，学习动力不足，认为学好学坏一个样，不珍惜在校的学习机会，导致学业不佳，甚至不能毕业。这类学生毕业后在竞争中必遭淘汰。

（3）有些毕业生各方面都比较优秀，但缺乏一定的就业技巧和能力，不能及时主动推销自己，导致暂时失去机会。如某校某专业应届的一名尖子毕业生，经校方多次推荐仍不能落实单位，原因就在于她本人只会被动接受推荐，不懂得如何适当推销自己。

（4）原来接收毕业生的主渠道国有企业正在进行改革，其吸纳能力明显减弱，而部分毕业生的就业观念还没有及时转变，仍抱定只有去国有企事业单位才算就业的观点，这必然会使得就业的路越走越窄。

其次是结构性待业。出现这种现象的主要原因有：

（1）人才需求高层次化。即社会对毕业生的需求层次提高，质量要求提高，数量减少，且毕业生人数逐年增加。许多用人单位只愿接收研究生、本科生，对专科生需求不多，于是导致专科生就业相对较为困难。

（2）部分专业设置不科学，专业口径过窄。有的专业方向单一，与当前社会要求一专多能的复合型人才不符。如果学生本人不主动完善自己的知识体系，培养自己的综合素质，也将造成就业困难。

（3）学校招生与毕业生就业未能很好地结合起来，造成学科之间、专业之间发展不平衡。部分专业如文史哲、地质等的供应量明显高于需求量。因而造成这些专业毕业生的就业困难。针对上述情况，一方面需要高校主动适应社会的需要，调整培养层次，改善专业结构，提高培养质量；另一方面也需要社会用人单位按照科学合理的人才结构配置来决定需求层次，尽量避免不顾实际需要而对人才层次盲目攀高的倾向。与此同时，需要大学生在观念上必须适应新的情况并做出相应的调整。

双向选择的就业模式增加了毕业生和用人单位的选择自主权，同时也难免出现毕业生想去的单位进不去，用人单位想要的毕业生要不来的现象。因此，每年全国数百万毕业生中有少数毕业生一时落实不到岗位是很正常的现象。不管是何种原因造成的暂时性待业，我们都应该正确对待。

（三）树立合法有序的职业流动观念

打破一步到位，一次定终身的旧的就业观。中国人向来视稳定为生活的重要条件。在计划经济条件下，一次就业定终身的观念，经过历史的积淀便形成了具有普遍性的就业心理。而现代社会为人们提供了独立发展的空间，市场优化配置资源的方式是合理流动，人力资源同样也要流动。社会不再有从一而终的职业，而是要通过公开、公平的竞争，不断优化人力资源的配置，同时在经济运行过程中，兼并、联合、重组、破产、分流等现象会时有发生，所以大多数人企求的一次就业定终身不现实。毕业生不必急于在短时间内找一个固定的"铁饭碗"，要学会在人才流动中寻求生存发展。人事代理制度的不断完善，为毕业生的流动就业创造了条件。近年来，一部分毕业生，特别是部分专科毕业生，不再强求找一个固定的就业单位，而是毕业时将户口迁回生源地，把档案托管在工作地人才交流中心，哪里找到岗位就在哪里就业。因此，大学生要树立不断进取的职业流动观念，并学会在流动中发现机会、抓住机会、把握机会。

（四）树立自主创业和终身学习的观念

自主创业是指毕业生不参加传统意义上的就业，通过采取单干、合伙等方式创办公司和其他事业单位，从事技术开发、科技服务以及其他经营活动来创造就业岗位，并依法获得劳动报酬的就业方式。自主创业给最具创造力和活力的大学生提供了就业和深造以外的

"创新之路"。诚然,自主创业具有一定的风险,但是,随着我国政治、经济、文化和高等教育制度的不断改革,自主创业将是一个必然趋势。国家提倡发展私营经济,鼓励自主创业,而作为先进生产力的代表之一的大学毕业生更是应该成为自主创业、努力创造就业岗位的领头羊。

大学生无论是自主创业还是求职择业,在以后的职业生涯中都必须牢固地确立终身学习的观念。这是因为:随着知识经济和信息化社会的到来,大学毕业生必须不断学习新知识才能适应社会发展的需要,否则只会被社会无情地淘汰。大学毕业之后的延伸学习和重新学习,对于选择及重新选择职业岗位和取得职业成就,与学校教育相比无疑具有同样重要甚至更为重要的意义。

(五)树立到基层、农村就业的观念

农村是广阔的天地。我国农村人口占全国人口的70%以上,中国的现代化建设离不开农村的现代化,"科教兴国"的战略,不能不包括"科教兴农"。改革开放以来,我国农村的社会、经济、文化发生了翻天覆地的变化,创造了大量的就业机会,这就迫切需要大量优秀毕业生投身于农村的广阔天地,传播星火科技,带领农民致富,发展农村经济。同时,农村的广阔天地也为大学生施展才华、实现理想创造了条件。如果毕业生只是留在城市就业,那么,就业的路子就会越走越窄。从现实的发展上看,中国的高等教育已趋于大众化,既不能只靠城市生源,也不能使学生仅在城市就业。农村的经济与社会发展,也需要并能容纳更多的高校毕业生就业。具有创业精神和创业技能的高校毕业生到农村求职,更有可能成为新的工作岗位的创造者。2006年,中央作出了建设社会主义新农村的决策,提出了许多鼓励高校毕业生下基层、到农村、到艰苦地方就业的优惠政策。当前,不少省市提出的"村村有大学生"计划就是一个很好的例子,为高校毕业生拓宽就业面提供了政策支持。曾被评为全国十大杰出青年的北京大学经济学毕业生吴奇修大学毕业后不留北京、不留机关,而是回到生源地工作,后来又回到村里当了党支部书记,带领农民积极致富,使该村总产值年年创出新高。不仅实现了自己的人生价值,而且带领一个村的农民都富裕起来。因此,一定要转变择业中盲目攀比的观念,切不可忘记自己的实际情况,去追求"三高六点"式的职业(三高即起点高、薪水高、职位高;六点即名声好一点、牌子响一点、效益高一点、工作轻一点、离家近一点、纪律松一点),而应根据自己的爱好、特长,选择较适合自己的职业,从最基本的一步一步做起。

(六)树立发挥专业所长,兼备综合素质的观念

专业对口,当然更容易发挥专业所长。在大学生就业市场里,常能看到不少毕业生为了各种各样的原因盲目放弃专业,比如只要能留在大城市,让我干什么都行,或是盲目追求热门职业而忽视专业特点。在一家公司办公室做文秘工作的小何感慨地说:"想当初为了留城放弃了自己喜欢的专业,现在真是后悔莫及。想要转回原来的专业,谈何容易啊!"他告诫师弟、师妹们,在就业选择岗位时,一定要慎重考虑。现代科技发展使知识更新周期大大缩短,在某些专业,如果改行一两年后想回流再重操本业是相当困难的。专业知识是一个人知识结构的主干,是知识体系的主体,而专长则是知识的适应性及所具专长的扩展面。因此,毕业生择业时首先要考虑所学的专业,根据专业特点谋求职业,以做到专业特点与职业要求相匹配,发挥专业优势。想放弃专业的毕业生应该权衡利弊。目光短浅,只

顾眼前而不考虑自己的专业特长和自己对专业的爱好的行为，是不可取的。事实上，大学教育只是一种基础教育，毕业生能掌握的只是专业的基础性内容。不扩充自己的知识面，不注重培养自己的能力是难以成功就业的。

但是，由于受"统包统配"就业模式和思想的影响，不少用人单位、毕业生、政府和高校仍信奉专业对口的原则，结果导致高校专业设置越来越多，划分越来越细，许多毕业生专业口径狭窄，不能适应工作的需要和社会的发展。现在，越来越多的人认识到一味强调专业对口并不现实，高校也在逐步减少专业设置和拓宽专业面。但许多毕业生还是死守专业对口这一信条，使得自己在激烈的市场竞争中失去很多良机。事实上，有些用人单位更加注重毕业生的综合素质和能力。他们坚持这样的理念，只要给每位毕业生以同等的机会，他们都会尽力做得最好。事实证明这是科学、明智的用人之举。现在有越来越多的用人单位不是一味注重毕业生的专业是否对口。毕业生应该善于把握这种机会。当然，发挥专业所长，也有策略的问题。如某重点大学计算机专业硕士毕业生小王，毕业以后，没有直接去城市从事如日中天的计算机行业。他看好装修行业，于是找了几个志同道合的人创办起一个小的装修公司。公司经营得法，效益良好。赚了钱以后，他又开了一家计算机公司从事软件开发。两家公司经营状况都不错。在实践中，他发觉自己在经济管理方面的不足，又萌发继续充电的念头，考回母校攻读经济管理专业博士。

机遇总是青睐有准备的头脑，最好的职业并非总是由最佳的人选取得，却总是由准备得最充分的人获得。毋庸讳言，高校毕业生就业形势越来越严峻已成为全社会普遍关注的热门话题。过去那种"皇帝的女儿不愁嫁，一次就业定终身"的局面已成历史。有人据此认为：中国的人力资源过剩，大学生毕业找不到令人满意的工作。我们认为：高校毕业生就业难，固然有经济体制、经济结构和经济发展水平等的影响，但毕业生自身错误的择业观念的从中作祟也是不可忽视的因素。大学毕业生们要在变革迅猛、竞争激烈的当代社会中找到合适的位置，充分发挥自己的聪明才智，最重要的是要做好充分的思想准备，克服择业中的攀比心理、不平衡心理、自卑心理、依附心理，优化知识结构，提高能力素质。转变择业观念，树立有较强适应性的就业观，并以此为基础，才能坚定为中华民族的伟大复兴艰苦创业的信念。唯有如此，大学毕业生在走向社会时，面对的无论是社会巨变的惊涛骇浪，还是优胜劣汰的激流险滩，都能够搏击自如、游刃有余。

阅读资料 3.2

90 后大学生的新择业观

就业选择不走寻常路

毕业于广东某理工类院校市场营销专业、90 后的段晓辉如今是广州一家铝合金门窗厂的个体户老板。2013 年毕业后，他成为当地一家公司的外贸白领，但很快辞职去开淘宝店；仅仅过了三个月，他发现淘宝的生意也不好做，于是在一位亲戚的带领下，入行从事了现在这个行业。

"在这个行业里，绝大多数都是初中或高中毕业的，像我这样的大学生干这行，算是比较另类吧，但我肯定不是唯一一个，将来肯定会越来越多。"段晓辉扶了扶眼镜片谈道。在他看来，大学里学到的知识并没有荒废，如今在实际工作中他能说出控制成本、绩效管理、差异化竞争这些理论。

对于即将在2014年毕业的90后李强来说，在择业观上同样有一些奇怪的想法。最开始时，他打算接手学校附近的一家快递公司，甚至连合作伙伴、转让资金都找好了，但最后关头却放弃了，因为他发现，现在做快递"就是一个坑"。再次见到李强时，他又有了一个另类的想法，准备和几个同学一起回河南老家养蝉蛹，他觉得如果把它卖到大城市的餐馆或者加工成即食食品，应该很有前景。

事实上，现在的90后在就业时，一些另类的就业途径正悄然兴起，而且成为他们的新选择。当保安、卖煎饼、当掏粪工、当油漆工、当入殓师……随着公开报道的案例越来越多，这些与"大学生"身份看起来关系不大的职业，如今正被越来越多的"90后"践行着。

多元就业更接地气

"许多90后毕业生不再愿意循规蹈矩地步入职场，而是选择五花八门甚至有些另类的工作岗位，其实体现出了一种多元化的就业观，这种就业观是很务实的，也是十分接地气的。"中央民族大学经济学副教授萨茹拉认为，"这种多元化就业观念除与90后的个性有关外，也与当前整个就业环境严峻和就业结构失衡有关，即使90后们愿意去干一份体面的工作，也不会有那么多可供满足的就业岗位。"

"对于这种现象，整个社会应该以一种宽容的姿态来对待，多给他们一些支持和理解。"萨茹拉认为，"现在整个社会也正越来越多元化，多一种就业选择，也就意味着多一种尝试的可能。毕业后差不多还有40年的职业生涯，即使现在从事一些另类职业丰富人生阅历，短短几年的从业经历相较于几十年的职业生涯，真的算不了什么。"

文章来源：北京商报

第三节　自我认知与评价

一、自我认知的含义与意义

（一）"自我认知"的概念

所谓"自我认知"，就是人在社会实践中对自己的生理、心理、能力以及自己与周围事物的关系进行认识和评价。也就是个体本人客观地认识自己，理性地评价自己，正确地定位自己。通俗地讲，就是你如何看待你自己。自我认知包括自我观察、自我体验、自我感知、自我评价等。

（二）自我认知的意义

自我认知的目的就是经过社会生活的实践与体验，使自我适应社会，整合于社会，寻求自我实现。其意义在于以下几点。

（1）自我认知是人自主、自立、自觉、自由的存在的标志。

自我认知是人对自己的存在及其意义的肯定，是对人的主体性及人的本质力量的意识和觉醒，是人对自己同外界关系的认识和评价，是人类特有的能动性。它体现着人的本质特征，标志着人是自主、自立、自觉、自由的存在。

周恩来在他的《觉悟》一文中指出，人能够知道自己，是人的觉悟的起点，是人在世界上同一切生物最大的区别。人有了自我认知，发现了自我的这种觉悟，有了对人在宇宙间地位和作用的自我肯定，才能意识到人的责任和使命，才能产生远大的理想和抱负。所以，自我认知标志着大学生开始成为一个自立、自为、自觉的人，成为认识的主体和实践的主体。

（2）自我认知是培育健康的自我意识的核心和自我实现的基础。

自我意识是人人都有的一种意识形态和精神生活，是不容回避的客观存在。不管我们是否真正了解，每个人心里都有一副自己的画像。或许它模糊不清，但却是存在的。美国一位著名的心理学家曾说过，就我们自身而言，自我的一项观念或信念一旦绘进这幅画，这观念或信念就变成了真的。我们不但不会去怀疑它的作用，反而会按着这个似真的观念或信念去行事。简而言之，你将遵照你自以为是什么样的人而行事。正确的自我认知可以培育健康的自我意识。

（3）自我认知是正确对待就业环境的需要和立志成才的动力。

当今社会的就业环境是一个千姿百态、错综复杂的动态复合体。既有激烈的竞争，又有友好的合作；既有风和日丽的艳阳天，又有黑云密布的阴雨日；既有"春风杨柳千万条"的愉悦，又有"紫塞三春不见花"的荒凉；既有"山重水复疑无路"的艰险，又有"柳暗花明又一村"的阳光。

青年人处在人生的多梦季节，对未来怀有美好的憧憬，总是不断地为自己设计着明天的梦。而明天是连着今天的，要想美梦成真，就要对自己有一个正确的认知，并根据自己的实际情况，规划自己的人生。通俗地讲，就是要首先"知道自己能吃几碗干饭"，然后"点饭菜"。人作为主体的根本特征，就在于人的劳动和实践活动具有自觉的能动性、创造性和自主性。实践证明，只有借助于对自我的科学认知和把握，借助于对客观事物的具体分析，正确选择自己的人生目标，善于把自己的命运和社会的前途结合起来，合理设计人生道路的人，才能发挥这种能动性、创造性和自主性。实践还证明，人对自我的认知越深刻，就越能挖掘自己的潜能，越能最大限度地发挥人的本质力量。这样，才能够以一个强者的姿态，带着不可匹敌的自信，投身到就业市场的激烈竞争中去。

二、自我认知的内容

自我认知包括的内容很多，如兴趣、人格、能力、价值观、家庭情况、健康状况等，但其中有四个因素是大学生进行生涯决策时最需要考虑的，即兴趣、性格、技能和价值观。下面，我们将对兴趣、人格、能力和价值观对增进自我了解和进行生涯规划是如何起作用的进行逐个讨论。

（一）兴趣

兴趣是一个人积极探索某种事物的认识倾向，是引起和维持注意力的一个重要的内部因素。许多研究表明，我们在选择职业生涯时，不仅需要知道自己有能力从事什么样的工作，也需要知道自己对哪类工作感兴趣。只有将职业和兴趣结合起来考虑，才有可能取得职业生涯的成功。美国曾对2 000多位科学家进行调查，发现很少有人是出于谋生的目的而工作的，因此我们可以说他们大多是出于个人对某一领域问题的强烈兴趣而忘我地工作，他们的成功是与他们的兴趣相联系的。

职业兴趣是指人们对某种职业或工作所抱态度的积极性，是有关职业偏好的认识倾向。职业兴趣是一个多维的概念，人们对某项职业有兴趣，可以是对该职业工作过程本身有兴趣，也可以是对由这项职业带来的各种功利感兴趣。但如果仅对后者感兴趣，那么这种兴趣是短暂的。只有对工作本身的兴趣才是长久和可贵的，才是我们需要的职业兴趣。

著名科学家丁肇中教授经常在实验室连续工作几天几夜，有人问他苦不苦，他回答说："一点也不苦。正相反，我乐在其中，因为我喜欢探索物质世界的秘密。兴趣比天才更重要。任何科学研究，最重要的是对于自己所从事的工作有没有兴趣。换句话说，也就是有没有事业心。"事业心就是在兴趣基础上发展起来的志趣。有了兴趣，即使是枯燥的工作也会变得丰富多彩，并可以不断开发潜能，使工作高质高效地完成。

美国职业指导专家约翰·霍兰德将人的职业兴趣分为实用型（R）、研究型（I）、艺术型（A）、社会型（S）、企业型（E）和事务型（C）等6种，霍兰德用六边形模型来表示6种职业兴趣类型的相互关系，如图3-1所示。

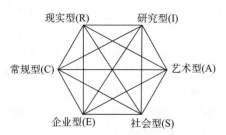

图3-1 霍兰德职业兴趣类型相互关系

如图3-1所示，在六边形上相邻或相近的两类职业类型相似性最大，例如，企业型与社会型。其次，六边形上对角线最长的两类职业类型相似性最小，如实用型与社会型，或者事务型与艺术型。大多数人都属于6种职业类型中的一种或两种以上类型的不同组合。

（二）人格

人格是一个人长期稳定的、习惯性的思维方式和行为风格，是构成一个人的思想、情感及行为的特有统合模式。这个独特模式包含了一个人区别于他人的稳定而统一的心理品质。狭义的人格是指个性中除能力以外的部分，包括需要、动机、兴趣、态度、性格、气质、价值观、人际关系和情感等特质等，其中气质和性格是构成人格的重要组成部分。一般来说，人格特征并没有好坏之分，但对于特定的职业来说，不同的人格特征还是有"优劣"之分的。如"外向"这一人格特点，外向的人比较适合从事营销、咨询等工作，而不太适合从事电话接线员、出纳、化验员等工作。

1959年，美国职业指导专家约翰·霍兰德在研究中发现，不同的人具有不同的人格特征，不同的职业对从业人员有不同的人格特征要求。例如，营销人员要相对外向、灵活，善于关注外部变化；研究人员则相对要稳重、关注内在观念；记者、演员、作家要求灵活，有创意；会计、编辑、化验员要求严谨、稳定；作为一名教师应具备热爱学生、工作热情、负责、正直、谦逊、以身作则等良好品质；作为医生则要求有救死扶伤的人道主义精神、富有同情心和责任感、具有一丝不苟的工作态度等。由此，他指出人格（包括价值观、动机和需要等）是决定一个人选择何种职业的一个重要因素，并提出了著名的职业性向理论。

（三）能力

所谓能力是指人们在认识世界和改造世界的过程中通过教育和实践活动发展起来的一

种力量。它是在知识及其他素质的基础上，经过不断地实践所表现出的多种技能的整合力。其大小直接影响活动的效率，是活动顺利完成的最重要的内在因素。

能力可分为实际能力和潜在能力，也可分为一般能力（智力）、特殊能力和社会智力范畴的能力。例如，观察力、记忆力、理解力、想象力、注意力等属于一般能力，是人们从事一切需要一定智力水平活动的必要条件；而节奏感、色彩鉴别能力、空间判断能力、数字计算能力、专业技能等属于特殊能力，是从事不同职业的不同要求。对于从业者来说，还存在社会智力范畴的能力，包括组织协调能力、沟通能力、计划能力、决策能力、说服能力和领导能力等。我们现在常说的就业竞争力可以从两个方面去理解，一是以敬业精神为核心的人文素质，一是以职业技能为核心的职业素质。

社会上的任何一种职业对从业者的能力都有一定的要求，每一项工作能否做好，都取决于一般能力、特殊能力和社会智力的结合。如会计职业，要求从业者必须有较强的计算能力，自律性强；而网络新闻编辑必须有较强的新闻敏感度，良好的采、写、编撰能力和网络编辑技术等；工程技术人员必须有较强的实操能力，并具备筹划、设计、组织实施以及解决各种工程技术实际问题的能力等。如果缺乏自己意向选择的职业所要求的特殊能力，就难以胜任工作。所以，求职者在选择职业时绝不能好高骛远或单从兴趣出发，要实事求是地评估一下自己的学识水平和职业能力。只有这样才能找到"有用武之地"的合适工作。

能力直接影响活动的效率，是活动顺利完成的个性心理特征。高职院校的培养目标是高技能的应用型人才，为此，高职高专学生在培养自身综合素质时，更要注重专业技能尤其是动手能力以及社会智力范畴的能力的培养。

（四）价值观

任何人，无论正在做任何事，其最终目标都是追求人生的成功、快乐。人生怎样才是成功、快乐的呢？其实每个人生活的每一天、每一刻，都有一些他很在乎、认为很重要、很想得到的东西。这些东西被称为价值。我们常对在就业决策上感到困惑的同学问同样的问题："你在工作中最想得到什么？最在乎什么？"回答多种多样，如高收入、稳定、学习和培训机会、别人对我的肯定、良好的环境等。不同的人有不同的取向，这些在工作中对你来说很重要或你很想要的东西，就是你的职业价值观，也称工作价值观或择业观。人们在很多时候要在得与失中做出选择，而左右你选择的就是你的价值观。

我们可以把职业价值分为内在和外在两种。内在的价值涉及一个人所做工作的内容；外在的价值指的是外在的一些因素，如薪酬、工作地点及环境。通常价值观是后天习得的。一般来说，一个人的职业价值观形成之后，就会在较长的时间内发挥其导向和动力作用，产生"想做某事"或"不想做某事"的感觉，具有相对稳定性。职业价值观也是社会现象的反映，因此必然随着社会的变化而变化，折射出时代的变迁。因此不同的时代，不同的制度环境下，人们会有不同的职业价值观。即使是在相同的年代，同一地区的人也会因各自的成长环境、家庭背景、教育程度、性别、个性追求等差异，而各有所好，表现出不同的价值观。例如，有些人认为工作有挑战性、发展潜力大、公司名气大和薪水高就是好工作；而有些人却认为工作稳定、工作环境好、公司名气大、人际关系融洽才是好工作。

职业研究机构和职业专家通过调查研究对职业价值观进行了若干分类。如美国心理学家马丁·凯茨找出了10种与工作有关的价值观。它们可以帮助一个人澄清在某个工作中所能得到的回报和满足：

（1）高收入：指除有足够生活的费用之外还有可以随意支配的钱。

（2）社会声望：指是否受到人们的尊重。

（3）独立性：指在职业中有更多的可以自己做决定的自由。

（4）帮助别人：愿意把助人作为职业的重要部分，帮助他人改善其健康、教育与福利。

（5）稳定性：在一定时间内始终有工作，不会被轻易解雇，收入稳定。

（6）多样性：所从事的职业要参与不同的活动，解决不同的问题，有变化的工作场所，可以结识新人。

（7）领导力：在工作中可以控制事情的发展，愿意影响别人，承担责任。

（8）在自己感兴趣的领域中工作：坚持所从事的职业必须是自己感兴趣的领域。

（9）休闲：把休闲看得很重要，不愿意让工作影响休闲。

（10）尽早进入工作领域：涉及一个人是否在意进入工作领域的早晚，是否希望通过较少的时间和不支付高等教育的费用而尽早进入工作领域。

在择业时，一个人看重什么价值，事实上是一个比较难以确切回答的问题。有人追求优厚的收入和福利待遇；有人钟情于社会地位高的职业；有人喜欢工作环境轻松愉快的职业；更多的受过高等教育的年轻人仍然把能否充分发挥自己的才能视为择业的第一标准。职业价值观往往决定了人们的职业期望，影响着人们对职业方向和职业目标的选择。

价值观对人的一生有着重要的影响。当人们按照自己的价值观生活时，会有最大程度的满足感。对自己的价值观有清楚认识的人，在进行职业生涯规划时比较容易做出决策。然而，看重什么样的价值，又或者说大学生要培养什么样的价值观，依然要考虑社会对这种价值观的认可程度，否则就无法找到实现自我价值的载体。

三、自我评价的原则与方法

自我认知是建立在自我观察与自我分析的基础上对自身的全面评估，要做到客观、实际，需要有正确的自我认知的方法。自我认知的方法很多，一般来讲，主要有以下几种。

（一）反思自省法

反思自省法就是通过自我反思、自我反省、自我总结、自我分析、自我评价的方法认知自我，即把自己作为一个认识的对象，像对待客观事物一样去观察、思考、分析、评价。例如，对一段时间内自己的状况进行反思反省，找出积极的因素和存在的问题，进行分析，进而评价自己；对自己的行为效果进行反思反省，即通过对做某件事后自我预期效果与行为效果之间的比较，找出积极因素和存在问题，进行分析，进而评价自己；对自己过去的思想、行为进行系统总结、理性思考，弄清成功的经验是什么？失败的教训是什么？除了客观因素外，自己在哪些方面需要改进。通过多方面、多角度、多形式地反思、反省、总结、分析、评价，才能正确定位自己。我国古代把反思反省作为修身之本，"吾日三省吾身"，在"省"中检查自己、批评自己、认识自己、改造自己、完善自己。孔子为了提高自己的道德修养，不但"见贤思齐，见不贤而自省""择其善者而从之，其不善者而改之"，而且每日"三省其身",使自己的心灵得到及时的净化和洗礼。缺少反思省察的人生是残缺的人生,缺少反观自照的人生是失衡的人生。人需要反思反省,需要接受反思反省中产生的思想和智慧的烛照。每个人都应养成"一日三省"、反求诸己的思过习惯,培养"与人不求备,检身若不及"的内省精神,常反思反省,反躬自问,力求较准确地把握自己的长处与短处,以做到扬长避短。

（二）他人评议法

他人评价法是自我认知的一个重要方法,它可以弥补自己认知自己所带来的主观偏见和对自己的突出优缺点估计不足,客观地反映一个人的真实情况。如能借鉴他人对自己的评价,特别是老师、父母、朋友、同学的评价,就能较为准确地认知自己。例如,通过正面的交流、谈心了解,通过侧面的观察、感知了解,通过做某件事的效果、反映了解,通过别人对自己的感情、态度了解等。一般情况下,如果一个人对自己的评价与他人的评价比较一致,那他的自我认知就基本准确;反之,就不够准确。

（三）社交比较法

社交是个体从社会获取知识与经验的源泉。社交比较法就是在社交基础上进行的一种人与人之间的比较。人通过与社会上的其他人作比较来认知自我,特别是通过与自己条件、地位相似的人比较来认知自我,即寻找别人做参照尺度来认知自我。这种认知往往是在社会交往即与人相处的关系中根据他人对自己的态度、感情,经过自己的分析、比较来完成的。例如,可以将自己与自己的过去比较,自己某一方面的素质与其他方面的素质比较；也可以将自己与他人参照、比较,如同朋友、优秀学生、先进模范人物比较；还可以用自己对自己的评价与他人对自己的评价进行比较等。在比较中,发现他人的长处和自己的短处,采他山之石攻玉,取别人之长补己之短。

（四）心理测试法

心理测试是一种检测手段。可以通过心理检测,用不同的量表,测量自己的心理素质、性格、能力等方面的情况。需要提醒的有三点,一是现在这样的量表很多,要采用较为权威的、科学的；二是无论采取哪种测试量表,都只是一种参照性的结果；三是要准确理解测试结果,注意与其他自我认知方法相互之间的参照,进而进行综合分析,这样才能较为准确、全面地认知自己。

（五）专家咨询法

专家咨询法是指到就业指导中心、专业咨询机构进行咨询,是一种有效而快捷的方式。咨询人员会用他的学识、经验以及科学的咨询技术给个人提供帮助。在咨询过程中个人会获得大量的知识和信息资料,获得对问题的重新认识。更重要的是,通过专家咨询,会提高自己的决策能力。

本章小结

本章重点对大学生择业观的确立进行了介绍。通过介绍影响大学生择业的因素、大学生择业认知的心理特征、大学生择业观念存在的误区与原因、自我认知与评价,使学生能够树立正确的择业观并对自己有正确的自我认知与评价。

复习思考题

1. 为了提升你的就业竞争力,你将如何投身大学的学习?
2. 你将确立怎样的就业观?
3. 如何进行自我认知与自我评价?

第四章　工作分析与求职材料的准备

教学目标

通过本章的学习，使学生获得以下知识和技能：
1. 了解什么是工作分析以及工作分析与职业胜任的关系；
2. 学会制订求职计划，掌握参加招聘会的技巧与注意事项；
3. 掌握自荐信的书写方法，重点掌握简历的书写要点与技巧；
4. 通过实际案例学会如何修改自己的简历。

导入案例

王刚的个人"简"历

王刚同学毕业于黑龙江哈尔滨某高校，性格比较豪爽，4年的大学生活亦比较充实，标准的东北大汉。由于即将离开生活了4年的大学校园，每天都忙于与同学道别等活动，没好好制作个人简历。校园招聘会上人山人海，每个用人单位的摊位前都挤满了学生。他用一张A4纸随意写下了个人情况（姓名、毕业学校、专业、联系方式）后投递了个人的"简"历。

点评：对应届大学毕业生来讲，个人简历一般需陈述自己的个人信息、自我评价、文化教育背景、工作经历、在校所接受培训等并在简历的右上角贴上一张1寸近期免冠彩色照片。简历一般用一张A4纸打印最佳。一般在简历上还有些附页，如学生在校成绩单（需要有学校的红色大印）和学校的推荐单，以及获奖奖项情况表。学校出具的学生在校学习成绩单原件要妥善保管，在正式面试时，用人单位人力资源部会要求你出示原件。投递简历时可用复印件。为了找到满意的工作，准备一份完整简历（包括个人简历、学习成绩单、学校推荐信）是必要的。

第一节　工作分析与职业胜任

一、确定职业生涯目标

确定职业生涯目标是所有求职活动的第一个环节。没有生涯目标，求职工作就好比在大海里行船失去了方向。职业生涯目标是一切求职过程的先导和指挥棒。

在校园招聘中我们提交的简历里有一个职业目标,这个目标即为职业生涯目标。职业生涯目标是简历投递者的工作发展方向以及事业追求目标。职业生涯目标的确定让不少应聘者绞尽脑汁:生涯目标写得太宏伟,怕被HR定论为不脚踏实地;生涯目标写得太简单,又怕被人说胸无大志。因此,毕业生应该学会科学制定自己的职业生涯目标。

(一)职业生涯目标的含义

职业生涯目标是指个人在选定的职业领域内未来某一时点上所要达到的具体目标。

职业生涯目标一般都是在进行个人评估、组织评估和环境评估的基础上,由组织里的部门负责人或人力资源部负责人与员工个人共同商量设定。注意生涯目标要具体明确、高低适度、留有余地,并与组织目标相一致。

职业生涯目标包括人生目标、长期目标、中期目标与短期目标,它们分别与人生规划、长期规划、中期规划和短期规划相对应。一般,我们首先要根据个人的专业、性格、气质和价值观以及社会的发展趋势确定自己的人生目标和长期目标,然后再把人生目标和长期目标进行分化,根据个人的经历和所处的组织环境制定相应的中期目标和短期目标。

(1) 人生规划:整个职业生涯的规划,时间长至40年左右,主要设定整个人生的发展目标,如规划成为一个有数亿资产的公司董事。

(2) 长期规划:5~10年的规划,主要设定较长远的目标,如规划30岁时成为一家中型公司的部门经理,40岁时成为一家大型公司副总经理,等等。

(3) 中期规划:一般为2~5年内的目标与任务,如规划到不同业务部门做经理,规划从大型公司部门经理到小公司做总经理,等等。

(3) 短期规划:2年以内的规划,如2年内掌握哪些业务知识等。

在确定以上各种类型的职业生涯目标后,就要制订相应的行动方案来实现它们,把目标转化成具体的方案和措施。这一过程中比较重要的行动方案有职业生涯发展路线的选择,职业的选择和相应的教育和培训计划的制订。

(二)确定职业生涯目标的过程

1. 确立发展职业

有些人在制定目标的时候可能会确定为经理、主任这些宽泛的职位,这很容易引起面试人员的反感,因为它给人的感觉太过宽泛,所以制定职业目标时应该针对自己的条件以及兴趣,选择一个最适合自己发展的职业,然后填写相关的发展目标,并把职业目标落实到某个具体的工作中去,例如从事IT行业就写项目部经理,从事服务性行业就写客服部经理等。

2. 制定短期目标

短期目标可以是一个月、一个季度的目标,也可以是一年的目标。既然是短期,时间就不能制定得很长。具体的内容可以根据自身情况进行制定。发展目标应该是递进式,一步步的。例如一个新进公司的PHP程序员,其短期目标为一个月的时间成为正式员工,一个季度的时间成为核心成员,一年的时间成为项目小组的组长。

3. 制定长期目标

长期目标就是短期目标的进阶版,它的制定需要靠每个短期目标的支持。还拿一个

PHP程序员为例，长期目标可以是成为公司的项目部经理，也可以是独立开公司，但是前提条件是短期目标必须完成。只有短期目标完成之后才能实现长期的目标。短期目标的存在就是为长期目标而服务的。

4. 分析自我知识的储备和职业技能

这是我们树立目标之后首先要想到的。没有付诸行动的目标都是空想，但是在行动之前我们仍然要知道该往哪里使劲。梦想和目标应该要着手在每一天付出行动，不然就如一纸白文，例如你想成为项目部经理，不但自身专业知识要过硬，身为领导还必须有团队凝聚力，这样才能成为一个合格的经理。

5. 知识能力提升设计

如果想要提升专业知识，可以向行业内的其他精英学习，也可以报个专业的学习班进行深造。可以通过多参加一些业内精英人士常去的聚会，和他们多多地进行交流，提升自身水平。与优秀的人接触，可以接触到很多没有接触过的领域。可以通过多参加一些实践活动来增加自己的阅历并开拓自己的眼界。同时要给自己充电。在这个知识更新迅速的时代，只有不停地学习才能不被淘汰。

二、科学实际的工作分析

（一）工作分析的含义

工作分析是指通过系统性的方法，对工作（岗位）本身以及任职者所需的知识、技能、条件进行分析，以获得工作描述和工作规范的过程。

企业通过工作分析，可以使各个岗位的工作职责清晰化，也可以在对人员进行招聘和任用时，非常清楚具备什么样素质的人能够胜任工作。对于应聘者来说，也要学会工作分析的方法以及利用工作分析的成果。通过分析工作描述和工作规范，能够使自己了解某一岗位需要的条件，自己是否具备这些条件，以及自己的努力方向等。

工作分析是指对工作进行整体分析，以便确定每一项工作的6W1H：用谁做（Who）、做什么（What）、何时做（When）、在哪里做（Where）、如何做（How）、为什么做（Why）、为谁做（Whom）。

（二）工作分析的作用

工作分析是现代人力资源管理工作的基础性工作，在人力资源管理的各个职能方面都发挥着重大的作用。

1. 资格定位

只有通过工作分析，才能知道待招聘的岗位需要履行哪些职责和完成哪些特定的工作任务，以及胜任该岗位的人应具备哪些基本要求。对于招聘者和应聘者来说，有了工作分析的结果，招聘工作才能有的放矢。招聘者知道了应招什么样的人才能胜任工作，避免了盲目地去应用。另外，根据工作分析的结果，可以帮助招聘者选择使用合适的测评与选拔的手段和方法。

根据以上的理论与实践，我们可以从另外一个角度来分析工作分析的作用。也就是应聘者可以利用工作分析的结果，分析招聘单位需要什么样的人。这将有助于应聘者衡量自己的能力及素质，并以此判断自己是否具备应聘的资格，也有助于应聘者了解主考官的主要倾向，从而做好充分的准备，应对接下来的层层测试，进而取得成功。

2. 培训定位

企业根据工作分析所得出的各个岗位的工作职责和任务以及完成这些职责所需的知识技能，能够更有效地制定培训目标，进行培训课程设计。应聘者可以根据工作分析的结果衡量与自己的差距有哪些，并通过有的放矢地参与各种培训来提高自己的能力，使自己达到岗位的要求，增加应聘成功的概率。

3. 薪酬定位

薪酬管理中一个重要的原则就是根据岗位的不同而给予不同的报酬。不同的岗位在组织中的价值大小不同，而工作分析则提供了衡量各个岗位职级大小的因素。例如，岗位所承担的责任、岗位对知识和技能的要求、岗位所面临的工作环境等。通常应聘者特别关注的是自己的薪酬会是多少。其实，通过工作分析，就能够了解到自己所在行业领域的岗位各个职级的社会平均薪酬是多少。据此可以进行求职决策。

4. 劳动安全与健康

在工作分析中，要对工作环境的各种因素进行分析，这样可以帮助我们了解影响劳动安全的主要因素，以便采取有效的预防和处理措施，提高劳动的安全性，保护员工的健康。很多职业，例如矿工、化工企业的工人，都需要在危险的环境中工作。通过进行工作分析，就可以知道哪些危险是可以避免的，哪些工作环节上容易出现事故，从而提前进行防范，这将有利于保证员工的健康。对于应聘者来说，可以通过工作分析提前了解某岗位的工作环境和劳动强度，避免出现应聘成功上岗后，不适应工作环境而频繁离职的情况发生。

（三）工作分析的方法

工作分析的方法主要是指在工作分析中，收集与岗位有关的信息的方法。常用的方法包括：

1. 访谈法

访谈法是指分析人通过与任职者相关的人员（如同事、上司等）面对面交流的方式获取与岗位有关的信息。访谈法可以分为个人访谈和群体访谈。个人访谈是指工作分析人员在同一时间内对一个任职者或与任职者相关的人员进行访谈。而群体访谈则是在同一时间内对一组人员进行访谈，例如，与从事相同岗位工作的人通过座谈的方式了解信息。

2. 观察法

观察法是指分析人通过在现场观察任职者如何工作从而获取工作信息的方法。观察法特别适用于从事操作性、技术性工作的岗位。在进行现场观察时，可以辅助使用摄像设备，同时使用一些设计好的表格进行记录。对于大学生来说可以在实习和见习期间利用观察法对自己期望的工作岗位来进行分析和了解。

3. 问卷法

问卷法主要是让任职者或任职者的上级主管通过书面的形式提供与工作相关的信息。这种方法主要适用于要求文化程度较高、有较好文字表达能力的岗位。在问卷中可以让任职者或任职者的上级主管填写下列内容：

（1）主要的职责和工作任务。例如，哪些是任职者每天都要做的事情，哪些是每周必做的事情，哪些是不定期要做的事情等。

（2）工作联系。例如，任职者在工作中需要与哪些内部和外部人员进行联系，因为何事发生联系，联系的频繁程度如何。

（3）工作权限。即任职者可以对哪些事情做出决定。

（4）工作环境。描述任职者所处工作环境的一些特点。

（5）任职资格。对任职者的教育程度、工作经验、知识技能的一些要求。

问卷法是一种效率较高的方法，能够在短时间内收集大量的信息。但是，通过这种方法收集的信息往往比较粗略，还需要进一步深入调查了解。

4. 工作日志法

工作日志法主要是让任职者记录下一段时间（例如一周）内所发生的工作事件。一般的操作方法是提供给任职者一些表格，请他们在工作的过程中随时记录下每项工作活动的内容和起止时间。要求任职者对工作内容的记录比较具体，以使得没有亲自观察过任职者工作过程的人能够比较清晰地想象出任职者的工作活动。工作日志法可以比较全面地了解任职者一段时间内的工作，但是这种方法的不足之处就是不能反映出在记录工作日志期间内没有发生的工作活动。因此，工作日志法还需要与其他方法结合使用。

（四）工作范围的内容

一般来说，工作范围主要包括以下内容：

（1）教育背景。主要包括教育程度和所学专业。例如，大学本科学历、计算机专业。有时，教育背景中也包括是否参加过某些专门培训或者获得某种专业资格证书等。例如，从事职业指导的人员要求获得劳动保障部颁发的职业指导资格证书。

（2）工作经验。主要是指过去是否具有从事某种职业的经验以及从业的时间。例如，从事职业指导工作两年以上。

（3）知识技能。主要是指从事该岗位工作所需的专业知识和专业技能。例如，精通Unix系统的操作、管理与维护，精通Netscape Webserver的配置与调试，了解至少一种大型数据库的操作。

（4）个性特征。个性特征所包含的内容相当广泛，一般来说只需指出该岗位任职者所需的最为重要的个性特征。例如，善于与人沟通，工作仔细，有耐心等。

（5）身体要求。有些工作要求任职者具备特定的身体条件。例如，视力、身高等。

（6）其他特殊要求。主要是针对某个岗位特殊的工作特点提出的要求。例如，能适应作息不规律、经常出差的工作。

三、自我分析与职业胜任的匹配

（一）职业胜任的含义

职业胜任是指在职业活动中，个人能力、人格等品质特征能够满足职业要求的状态。符合这种要求，才有可能在职业活动中获得优秀的工作绩效。不同的职业，对于个人的要求也是不同的。每个人都具有不同的特质，只有在适合自己的职业中，才能最大限度发挥自己的作用。

做到职业胜任，关键在于人职匹配。将人和相应的职位进行最佳的组合，才能达到最好的效果。实现人和职业的最佳匹配，需要我们对人和职业进行相关分析。随着社会发展，职业分工进一步细化，已经进入了精细分类的时代。对于人，我们也有相应的评定方法与标准，这就是胜任特征的评价。

胜任特征（Competence）一词本意是指一种能力，是一种足以胜任或非常合格的状态或性质；有时也指特长，特别是某一方面的特殊技巧、知识或能力。

在1973年，美国著名心理学家麦克米兰（其主要研究方向是胜任特征，著有《胜任特征测量优于智力测量》一文）首次提出胜任特征这一概念。他将胜任特征定义为：能够区分在特定的工作岗位和组织环境中绩效水平的个人特征。也就是说，这是一种能将某一工作中表现优秀与表现一般的人区分开来的个人特征。

一般来说，我们可以将胜任特征分为两个部分：表面的部分和深层次的部分。我们可以将胜任特征比作在水中漂浮的冰山。暴露在水面的部分，也就是我们可以直接了解到的部分，包括知识、技能、社会角色、自我认识等；潜藏在水下的部分，如动机，是我们没有办法直接了解的。在水面上的部分，可能比较容易测量，但是这还不能完全决定人在工作中是否具有优秀的表现。而动机在很多时候会左右最后的绩效水平。

职业胜任对于职业指导有着重要的意义。分析不同职业所需要的胜任特征，可以对就业和职业选择进行针对性的指导，特别是为人员鉴别提供了理论上的依据。

（二）知识、技能和经验与职业活动的匹配

1. 知识与职业活动的匹配

知识是人们在各种社会实践活动中所获得的认识和经验的总和。它涉及一个人对客观世界的总体认识与了解。知识就是指人们对各类事实、理论、系统、惯例、概念、规则以及其他一些工作有关信息的了解。知识对职业活动的影响有以下几个方面：

（1）不同的职业对于知识的要求是不同的。

人们所从事的工作是不同的，因此，所需要的对于工作相应知识的了解和掌握在数量与质量上也是千差万别的。所有的职业都需要具备相关的知识。出租车司机要具备汽车驾驶和维修的基本知识。机械加工工人需要相应的机械设备的使用知识，还要具备一定的识读设计图样的知识。要完成一个职位所赋予的相应的工作任务，就必须掌握生产活动中所涉及的相关知识。这些知识囊括了很多方面的内容，如岗位作业的流程和程序，涉及人对机械、人对人、人对事物的种种相关关系和正确处理的方式方法。

（2）知识是工作者素质能力的基础。

事实上所有工作的工作者，无时无刻不在被知识驱动着。具有好的信息、方式、方法和思路等知识是每一个工作者的期盼。实际上，观察一下个体的工作活动就不难发现：工作活动就是组织中工作者对工作（内容）在发生作用。而工作者是否能作用，作用有多大效率，作用有多好的效果，这些都取决于组织中工作者的工作能力，也就是职业胜任。工作能力就是认识、理解、判断、设计、行动。而其中，"认识、理解、判断、设计"是素质能力，"行动"则是素质发挥能力。工作者的素质能力的全部基础是知识，所以个体获取知识的本质是使工作者具有或者增加知识，从而具有或增强素质能力。

（3）通过与业务工作紧密结合来获取知识。

"书到用时方恨少。"对于个体来说，知识是无穷尽的。没有一个人可以具备所有的知识。所以，首先我们要能够对知识体系进行分类，区分出什么知识是工作所必需的，什么知识是进一步提高工作水平所需要的,从而有目标、分批次地对知识进行储备。要想有效地获取相应知识,就必须与业务工作紧密结合。另外,要从实际业务工作对知识或知识环境的需求出发去寻找相应的知识内容。其次,要使知识获取的方式多样化。随着互联网的进一步发展,网络为个体提供了非常广泛的知识平台。几乎所有的知识都可以在互联网中索取,花费的时间与精力相对而言又是最少的。

(4) 知识管理成为一种新的管理基础保障手段。

目前的国际管理界,已经提出了一些有关职业知识管理的概念。在新的知识经济时代,最大的特征就是以知识成为无限的、最重要的资源(土地、矿藏)为依托的经济规律。而在这个时代展开竞争的最主要方式就是拥有知识、应用知识、创新知识,而这一切都将以知识管理为基础保障手段。

2. 技能与职业活动的匹配

技能与职业活动的匹配主要有以下几点:

(1) 不同的职业、不同的工作岗位,对于技能的要求是不同的。

例如,国家公务员应该具备的是从事行政职位应该具备的一般能力,如判断推理能力、常识判断能力、言语理解与表达能力、资料分析能力等。同时,还要求其对一定的行政理论、办公规则、工作惯例、时事有透彻的了解。值得注意的是,这里所要求的技能,主要表现为将知识经验转化为工作能力的程度,以及运用知识经验的熟练程度和准确程度。

(2) 技能很大程度上受到后天的学习与实践因素的影响。

技能水平的优劣主要受两个方面的影响:首先是遗传因素的影响;其次是后天的学习与实践因素的影响。在这两者中,前者是基础,而后者起决定性作用。遗传因素可以看做智力,它是从事各种心智活动所需要的一种共同能力,是一种最基本的认知能力,影响到一个人从事一切活动的效率,但通常都是间接的。有着相同智力水平的人,其技能水平可能会存在很大程度上的不同。这主要在于后天的学习与实践因素的影响不同。

技能主要是通过学习而逐步掌握的。例如,操作技能水平的几个主要的测量维度是:操作精度、动作协调程度、熟练程度。这些维度都需要通过不断的实践才会有所提高。技能的稳定性是相对的。它不像智力水平那样几乎很难改变。一个人的技能的积累很难影响到他的智力水平,但却会影响到他的能力倾向。专业知识技能可以通过强化训练而在短期内提高,但是也会由于遗忘而丧失。

(3) 不同的技能水平,对于工作绩效会有不同程度上的影响。

一定的技能水平是人们从事某种职业活动必须具备的,是影响职业活动效率的主要特征之一。人的工作技能是由多种技能叠加和复合形成的,它是人们从事某项职业必须具备的多种能力的综合,是选择职业的基本参照,也是就业的基本条件,是胜任职业岗位工作的基本要求,亦是个人立足社会、获取生活来源、取得社会认可及谋求自我发展的根本。

技能水平的高低会直接影响到工作绩效的水平。首先,技能水平越高,在做同样的工作中所花费的时间就越少,绩效就越高;其次,技能水平越高,所完成的工作任务质量越高;再次,技能水平高可以尽量避免在工作中出现问题。

知识是人们在改造自然、改造社会的社会实践活动中得到的各种经验,而技能却是人们掌握的操作系统和人们能否完成各项任务的有效条件。

3. 经验与职业活动的匹配

很多研究表明,工作时间和工作成绩有着很高的相关性。工作时间越长,积累的工作经验越丰富,工作的绩效就会越好。

经验与职业活动的匹配主要包括四个方面:一是可以决定个体操作的熟练程度;二是可以减少个体对同一操作的工作时间,增加工作效率;三是可以降低个体在工作中出现错误的概率;四是可以使个体更好地处理工作中突然出现的问题。

经验与知识、技能的相关性在于,经验也是主要靠后天的学习与积累而获得的,它有以下几个特点:

(1) 相对广泛性。经验可以直接影响到一个人在某一职业领域中多种甚至全部活动的效率。在所有的领域都存在着经验之说。

(2) 相对稳定性。经验是指经过适当训练或被置于适当的环境下完成某项任务的可能性,是一种已经具备的现实条件。经验是一种已有的水平和现实,是通过大量的实践活动而得到的。

(3) 潜在性。经验是无法从表面直接测量的。我们能够了解的,仅仅是工作时间这一项指标。它可以表现为一种成功的可能性。

第二节 求职计划与参加招聘会

一、制订求职计划表

古语云:谋定而动。"谋"就是做计划,也就是做任何事情之前,都要先计划清楚。求职计划表就是根据求职必备条件以及个人就业资源的分析结果,列出个人的求职日程以及求职途径表。

(一) 成功就业条件分析

在第一节的工作分析的基础上,我们来进行成功就业条件分析。可以借助成功就业条件分析表这一工具来进行全面的思考。成功就业条件分析表如表4-1所示。

表4-1 成功就业条件分析表

序号	必备条件	要素	分析内容
1	目标和策略	目标定位	
		策略	
2	途径和方法	求职途径	
		实施方法	

续表

序号	必备条件	要素	分析内容
3	个人条件	人格和能力	
		经验	
		学历	
		社会关系	
		其他	
4	就业环境的掌握	本地区就业信息掌握	
		其他地区就业信息掌握	

1. 目标和策略

目标定位的规则是要有明确的初、中、高目标层次，至少要在岗位或专业要求、薪酬、工作环境、个人发展等方面有定性和定量的要求。例如：选择的是初级目标是适合所学专业、薪酬1 000元、工作环境为室内作业、对个人应有发展的可能等。

制定策略的规则是要有实现目标的基本原则；要有实现目标的实践要求；要有实现目标的基本手段。例如：选择实现目标的基本原则是分步实施；对实现目标的时间要求是3个月先找到一个工作，3年内达到相对稳定；选择实现目标的基本手段是到外地就业，靠个人努力等。

2. 途径和方法

要求要有至少3种明确的求职途径。例如：选择电话求职、上门拜访、网上求职等3种求职途径。

要求针对至少3种求职途径，提出具体的实施方法。例如：对所选的求职途径，在准备、步骤、规则、技巧等方面提出具体的设计。

3. 个人条件

人格和能力要素要求具有能够满足用人单位需要的职业人格和能力，如：具有高度的工作责任感、一定的英语水平等。

经验要素要求具有能够满足用人单位需要的职业经验，如：具有3年相关职业经验。

学历要素要求具有能够满足用人单位需要的学历，如：技术学校毕业。

社会关系要求具有能够帮助自己就业的社会关系，如：家庭可以帮助提供就业信息

其他的要素可以包括求职能力、外貌、言语等有助于求职的条件，如：有较强的自我展示能力。

4. 就业环境的掌握

首先，要对本地区总体就业情况和求职意向所涉及的岗位信息有所了解，如：知道本地区计算机程序员属于供大于求的状态，而网络管理员有空岗。

其次，要对其他某地区总体就业情况和求职意向所涉及的岗位信息有所了解，如：知道北京和广州都缺少技术人才。

（二）个人就业资源分析表

个人就业资源分析表与成功就业条件分析表是一一对应的，成功就业分析是分析岗位

的具体要求,个人就业资源分析是分析个人具备岗位要求的程度与匹配度。通过个人就业资源分析表可以知道自己与成功就业是否存在差距,究竟存在哪些差距,以便能够及时地进行完善和改进。分析表的具体形式、规则和要求与表4-1相同,参见表4-1。

(三) 个人求职计划的制订

根据上述的分析确定具体的目标定位和基本策略,并制订具体的实施面试计划的时间及次数,求职的途径与基本步骤。个人求职计划表如表4-2所示。

表4-2 个人求职计划表

目标定位					
基本策略					
短期目标					
第一周计划安排					计划面试次数
第二周计划安排					
第三周计划安排					
第四周计划安排					
第五周计划安排					
第六周计划安排					
第七周计划安排					
第八周计划安排					
第九周计划安排					
第十周计划安排					
第十一周计划安排					
第十二周计划安排					
求职途径	途径1:	途径2:	途径3:	途径4:	备注
基本步骤					
必要准备					

(四) 制订求职计划的注意事项

(1) 对个人就业资源的分析必须实事求是,避免在制定求职目标时出现偏差。

(2) 求职目标的界定要切实可行,不要好高骛远。

(3) 学生撰写求职计划可参考教材中相关规则。建议规定时间不超过3天。

(4) 求职计划必须是经得起实践检验的。

(5) 一旦你已经限定了自己的求职选择,就制订一个可行的计划,规定将采取的策略和步骤以及应该完成的时间。计划每一天你将做的事。如果把自己的求职看做一项新工作,把它当做每天的例行公事,它就更容易完成。

二、参加招聘会的准备

参加人才招聘会是目前人才交流的最普遍的一种途径。在毕业生求职调查中，关于最有效的求职方式，招聘会排列第二位。毕业生就业过程中，参加招聘会的目的是：推销自己，赢得面试。为了有效、有益地参加招聘会，应注意以下几个问题。

（一）事先准备

（1）通过网络或报纸了解参加招聘会的企业及其岗位要求，挑选自己比较满意和适合的岗位记录在本子上。如果是报纸信息，可能只能看到企业与岗位名，而看不到具体的岗位描述信息。

（2）根据需要，准备对口的简历。

一份简历打天下不是明智的选择。每一份工作的性质决定了它的岗位要求不一样：有的偏向市场销售与管理能力，有的侧重技术能力；或者有的侧向软件领域的技术经验，有的侧向于硬件开发经验。如果简历中规中矩，就不能突出重点，没有吸引力。所以，我们可以根据自己的职业规划和岗位需求，制作 2~3 份针对不同方向的简历。然后打印出来，贴上照片，每份简历复印 5~30 份不等。

（3）思考需要沟通的问题，并记录。

（4）思考自己的薪水期望、工作地点、特别要求（如安置家人）等并将其记录在本子上，并提醒自己记得咨询公司的福利食宿情况，并将其一并记下。如果在招聘现场因为紧张而遗忘，查看记录即可。

（5）准备各类证书。

参加招聘会要携带多份设计好的求职简历，多份身份证、毕业证、学位证、获奖证书的复印件；应准备笔、记事本等；穿着打扮要求得体干练、素雅大方；言谈举止要求保持良好的精神状态，文明礼貌、谈吐自然；最后要谨记维权防骗。

（6）查找公交路线并记录。

查好到招聘会现场的公交路线和时间，并记录在本子上或者用手机拍照。

（7）准备一套得体的衣服。

（8）其他准备。比如准备一个透明的信封状的文件夹，这样在现场取简历会方便很多。将简历、证件与复印件、照片、笔以及记录心仪企业的本子一起放进文件夹。将手机充好电，准备充分的现金。

（二）招聘会现场注意事项

（1）招聘会一般是在上午，进入人才市场的时间不宜太晚。早点进入现场，可以有充足的时间收集信息，了解行情，掌握到会单位的情况。

（2）索取现场地图或企业列表报纸。

通常招聘会现场外面会有人发送现场地图或企业列表报纸，索取后将心仪企业的位置标出。

（3）根据地图或列表指引，找到心仪企业。

（4）交谈不必太早。进入人才市场后，最好是先尽快地浏览一遍，根据自己的求职意向，确定几个重点，再去交谈。

（5）充分利用大会的会刊。从上面查找自己的专业和感兴趣的公司，然后直接去其所在场馆，这样能够提高应聘效率。仔细查看岗位要求，如果合适，投递对应的简历，与面试官交流。如果希望加深面试官对自己的印象，可在简历上贴一张彩色照片。

（6）在招聘会中，要有观、听、问、递、记的过程。

观：走马观花先浏览一遍，然后按照自己的求职意向，锁定几个目标，并确定主次。

听：在锁定目标的展位前，作为旁观者，听用人单位的介绍，听前来应聘者对用人单位的询问，探听用人单位的口碑；应注意听招聘者向其他求职者的介绍是否与你了解到的情况一致，听一听其他求职者的议论，再听取一下别人的建议和意见。

问：选择你最感兴趣的单位，最先和他们谈，要主动提问题。咨询用人单位的所有制性质、用工形式、企业发展情况、应聘岗位的人员结构、应聘岗位的任务责任、培训情况以及其他相关信息。至于薪水、福利等问题，要在面试以后，公司对你有明确定位时方可提出。

递：决定应聘时，双手递交自己的求职简历，以显示应聘这个岗位的诚意。

记：记录自己投递求职简历的公司名称、应聘岗位、地址、联系方式、联系人，以及怎么得到的面试通知（时间、地点）等。

（7）面试时要沉着，展示自己最棒的一面。面试技巧可参考第五章。如果太紧张，不知道说什么，可以参考简历。重视举止形象。毕业生要掌握必要的礼仪和谈话技巧，并要适当地"包装"自己。

（8）向面试官咨询关心的问题。如有遗忘，可查看记录本。记录面试官对公司与工作的一些描述。

（9）善咨询、问明白。应仔细询问招聘单位的详细情况，包括单位的上级主管部门、所有制性质、法人、招聘的内容和目的、用工形式、工作时间、月薪支付等，做到心中有数。

（10）心仪的企业面试完以后，按顺序在场内走一遍，并向有兴趣的企业投递对口简历、面试。记录公司名、岗位以及面试官对公司与工作的描绘。

（11）参会时不要带过多的证件原件。因为会场参加应聘的人很多，用人单位通常没有时间当场核验证件原件。

（12）注意时间的把握。一定要保证有充分的时间走完整个招聘现场。

（13）多小心、防受骗。近年来，骗子利用招聘会行骗的事时有发生，其手法往往并不高明，但总能得手，主要是因为不少应聘者缺乏必要的自我保护意识。不要向用人单位抵押各种证件、交纳任何费用等。

（14）不让朋友，尤其家长陪同，以免给用人单位留下"缺乏独立性"的不良印象。

（15）留下必需的资料。大部分企业不会当场拍板，散会后两三天内要及时与用人单位联系，不能被动等待。另外，签约一定要慎重。

（三）事后注意事项

（1）保持手机开机。

（2）回顾自己在现场的表现，写下自己可能被录用以及期望被录用的企业名称。

（3）面试结果会在当天下午或事后一周内给出。要及时电话询问投递简历的用人单位，了解自己的求职结果。如果半个月内都没有消息，就不是好消息。如果企业只是为了储备应届毕业生的简历，则不一定。

（4）面试的结果可能是参加复试，也可能是被录用。

接到录用通知的时候，要留一周至一个月的时间等待其他机会，比较决定。具体看与录用企业沟通的结果。如果企业急着用人，那只能作取舍了。

（5）在接到录用通知前，甚至在正式上班前，都不要停止寻找工作。

（6）招聘会后，如果没有面试机会，也不要气馁。总结经验，收集就业信息，等待机会，以利再战。

第三节 自荐材料的准备

一、求职材料的准备

（一）准备求职材料的意义

从双向选择的过程可以看出，用人单位在初步决定对应聘者的取舍时，很大程度上是根据应聘者的求职材料决定的，因为用人单位对众多应聘者尚不了解，可供参考的只有应聘者的求职材料。求职材料可以说是自我推荐的工具，是求职的入场券。因此，毕业生在获得就业信息，做好充分的心理准备后，就应当着手准备求职所需要的各种材料。

（二）求职材料包括的内容

一般来说，择业时所准备的材料有以下几类：求职信、个人简历、推荐表、成绩表（成绩表反映学生在校期间各门学科的成绩和重修情况，不能弄虚作假。成绩单要加盖学校公章）、各类证书和获奖证明。

其中各类证书包括：

（1）毕业证书、学位证书、各类学历证书和结业证书。

（2）"三好学生""优秀学生干部""优秀团员""优秀毕业生"等荣誉证书。

（3）英语四级、六级证书，计算机等级证书，各类奖学金等级证书。

（4）社会实践、征文比赛、文艺演出、体育运动会、社团活动等获奖荣誉证书。

（5）在正式出版物上发表过的文学作品、科研论文、美术设计作品、音像制品、摄影作品及各类小制作、小发明、小创作的图像资料。

（三）准备求职材料的原则

1. 内容翔实，格式规范

求职材料是对自己大学生活的一个全面总结，既要全面反映自身的基本情况，又要反映自己的特长、爱好；不仅要突出自己的优点、成绩，也要说明自身存在的不足；不仅要说明自己对用人单位提供的职位感兴趣的原因，还要表达自己努力工作的决心。内容应全面，言简意赅，重点突出，切忌长篇累牍，废话连篇。尤其必须要注意的是内容翔实，履历诚信，切忌为了赢得用人单位的好感而弄虚作假，这样只会弄巧成拙。另外，简历、自荐信等都有各自相应的格式，应该规范。

2. 富有个性，针对性强

由于不同的用人单位对求职者的要求不尽相同，求职材料的准备也应根据不同的单位有所差异。比如你想去应聘沿海地区"三资"企业的职位，最好要准备中英文对照的材料。求职材料最好在体现个性和创意的同时，尽量贴近应聘职位的要求。

3. 设计美观，杜绝错误

准备求职推荐材料的目的之一就是吸引招聘单位，引起对方的兴趣。因此，整份材料无论是手写或是电脑打印都要整洁美观，让人看上去觉得舒服。使用优质的纸张，可以花一些时间进行排版设计，最重要的一点是杜绝错误。无论是语法错误、错别字、标点符号或是印刷错误，都要尽量避免。

另外，整理求职材料时还应注意：由于材料的种类较多，因此，在整理时必须分门别类，做到井然有序，条目明确、清晰。一般都要求有一份材料清单，以使人一目了然。切忌纸张大小不一。各种材料的纸张规格不同，大小不一，会给人以凌乱的感觉，应放大或缩小，复印成相同尺寸的材料后进行装订，达到整齐划一的效果。打印排版的时候，注意间隔字体的常规性，同时注意语法、标点和措辞。

（四）求职材料的作用

（1）自我评估，做出择业取向。在编写求职材料的过程中，毕业生逐渐清楚了自己的实际情况，能对自身的情况做出全面的分析和评价，明确自己的专长和爱好，把职业的要求和自己的个性特征、实际情况结合起来，理性思考，做出明智的择业取向。

（2）宣传接洽，通往成功就业的阶梯。通过求职材料，用人单位不仅可以了解你的个人简历，而且可以了解你的知识能力以及特长、爱好。

（3）重要依据。求职材料是用人单位面试的出发点及面试后做出取舍的主要依据。

（五）求职材料的整理与包装

1. 求职材料的整理

求职材料的整理包括以下五个阶段：

（1）搜索材料。俗话说"巧妇难为无米之炊"，搜集个人自荐原始材料是一项基础性的工作。搜集材料的原则就是为就业服务，以择业目标为中心，按需搜集。即围绕就业目标所需的专业特长、知识结构和能力等进行，注意专业特点、个人能力与行业特点的统一。

（2）分类整理。搜集的原始材料很多，在分类整理过程中一般按以下五个大方面进行专题细分：个人简历性材料，专业学习材料，特长爱好材料，社会实践材料，奖励评论性材料。

（3）编辑审查。分类整理之后要进行一个编辑审查，即对分类的材料进行汇总编辑，检查一下材料是否有明显遗漏，不能出现材料残缺。同时材料含糊甚至与实际情况有出入的，一定要删除或修补。还要对材料上是否有错别字等细节进行校对。

（4）汇总分析。经过分类整理和编辑审查后，首先要将同类型的材料集中起来；然后对材料的使用价值进行自我分析评估；最后把材料以其价值评分，分清主次，一一罗列出来，以便于编写使用。

（5）合理编辑。在编辑求职材料的过程中，要针对所应聘目标的具体情况合理取舍，有机组合，充分体现择业者的优势与特长。

2. 求职材料的包装

当把求职材料的主体部分在原始材料基础上，根据不同的应聘目标编写完之后，就要进行包装这道工序了，即完成封面（主题）设计和求职材料的装订工作。

封面的设计是丰富的，但基本原则是美观、大方、醒目、整洁。封面设计要有一个主题（标题）。一个好的主题，往往能够一下子把用人单位抓住，促使招聘者想进一步了解材料的具体内容。而且封面的设计风格与求职材料内部主题内容风格要一致，具有统一性、整体性。同时，封面设计中最好体现出择业者的姓名、专业、年级、学校等最基础的信息。求职材料最好采用 A4 标准纸打印，不要用繁体字（有特殊要求除外），装帧不要太华丽，保持整洁明快是最重要的。

二、求职信的写法

求职信是求职者写给招聘单位的信函，是拉近与单位距离，取得单位好感的媒介，它可以表达许多在简历中无法表达的内容，起到毛遂自荐的作用。写求职信是目前毕业生求职择业的一种比较常用的，也是非常重要的手段。

（一）求职信的格式

一般来说，求职信是属于书信的范畴，所以，格式应当符合书信的基本要求，主要包括称呼、正文、结尾、署名、日期和附件等六个方面内容。

1. 称呼

根据应聘单位的性质不同，求职信接收人的称呼也应不同。如果是写给国家机关、事业单位的人事领导，用"尊敬的××处长（科长等）"；如果求职的是"三资"企业，则用"尊敬的××董事长（总经理）先生"；如果是写给其他类企业厂长的，则可以用"尊敬的××厂长（或经理）"；如果是写给大学校长或人事处的求职信，则用"尊敬的××教授（或校长、老师等）"。当然，有些求职信也可以不写姓名，如"尊敬的负责同志"等。对收信人的名字要写准确，要注意求职信是发给单位的某个人，而不是某个单位，这样你的信才可能有具体的人进行处理。

2. 正文

正文是求职信的中心部分，其形式多种多样。正文中所要表达的意思应该包括以下内容：

（1）个人基本情况和求职信息来源。首先，要在正文中简明扼要地介绍自己。对于应届毕业生而言，在信件开头说明自己的学校、学历、专业等基本信息即可。其次，最好写出信息的来源渠道。如果你心仪的公司并没有公开招聘人才，你也可以写一封自荐信去"投石问路"。

（2）说明应聘岗位和能胜任本岗位工作的各种能力。这是求职信的核心部分，主要是向对方表明自己有本专业知识和工作经验，有本专业技能和成就，有与本工作要求相符的特长、兴趣、性格和有关能力。总之，要让对方感到你能胜任这个工作。

（3）暗示自己的潜力。比如，向对方介绍自己曾经做过的各种社会工作，所取得的成绩，这样预示着你有潜在的管理和组织才能，有发展和培养的前途。

3. 结尾

在结尾部分应表达出希望到贵公司工作,请求给予面试机会的意思,并认真地写明自己的详细联系方式。同时还要简短地表示敬意、祝愿等,如"祝贵公司兴旺发达""顺祝安康""深表敬意"等,也可以用"此致敬礼"之类的通用词。

4. 署名和日期

求职信的落款应署名并注明日期。署名要与信首的称呼相呼应。一般都在署名前加上一些"您诚恳的××""您信赖的××""您忠实的××"之类的词语,也可以写成"您的学生××",还可以什么都不写,直接签上自己的姓名。

日期一般写在署名右下方,最好用阿拉伯数字写,并写上年、月、日。

5. 附件

求职信一般都要求同时附一些有效的证件,如外语等级证书、计算机等级证书、获奖证书的复印件以及简历、近期照片等。最好附有目录,这样既方便招聘单位的审核,同时也会给对方留下一个"有条不紊、很有责任、办事周到"的好印象。

(二)求职信的内容

求职信的内容主要包括以下四个方面:说明本人基本情况和求职信息的来源;说明应聘岗位和胜任岗位所需的各种能力;介绍自己的潜力;表示希望得到答复及面试的机会。求职信开始之前,首先要用"您好"之类的问候语,如果知道信件最终将送到谁的手里,信的开头可直接尊称,视对方身份而定,如尊敬的×××先生(或女士)。例如:

×××公司人力资源部×××先生:

您好!

从学校公布的招聘信息中获悉,贵公司需招聘一位营销人员,为此,我特向你们申请这一职位。

第二自然段,应阐明你对单位或职位感兴趣的原因,以及你的有价值的背景情况和满足招聘要求的能力。这一段落是核心部分,通常用一段或两段来写。这些内容要有说服力,要能说明你怎样适合这个职位,更重要的是表明"你能给公司什么,如果公司录用你,你能为公司做出什么贡献"。这部分的写作与个人简历是相辅相成的,要说明你的个人能力,但又不能把简历内容写进去,只选最能代表自己长处、业绩和技能的项目写进去,同时注意不要单纯地写自己的长处和技能,而是要着重说明这些长处和技能能给公司带来什么益处。例如:

我勤奋努力,有较强的组织能力,并且善于与各种各样的人打交道,能协调处理好人际关系,并且我非常愿意把我在工作中已有的实践经验和我的责任心和热情贡献给贵公司。

最后一段,要写出你对招聘单位的希望,委婉地提出面试的请求,因此在这一段里最好向招聘者说明"何时""何地""怎样"与你联系,当然联系办法越简单越好。例如:

关于我的个人简历一并附上,如您能在百忙之中抽时间回复我,给我机会,我将不胜荣幸,若需联系请打电话:(029)853×××××,感谢您阅读我的求职材料。

结尾通常是标准式的,不能一味地阿谀奉承,但可以写得灵活一点,如"致以友好的问候",也可以采用"此致敬礼"。最后的署名要亲自签名,不要忘了写上日期。"附件"也不应遗漏,在求职信的左下角写上"附件"注明申请人提供的材料名称。

求职信的格式内容示例如下所示:

称呼（尊敬的）

问候（您好！）

正文

第一段：在此应写明写此信的理由、应聘职位以及从何得知招聘信息等。

第二段至第三段：叙述你的应聘动机和自己认为适合该职位的理由。如果有与应聘职位相关的技能经历，应加以说明。这里不要详述一些经历，只需提及，并说明详见简历即可。

结尾段落：感谢招聘者阅读此信，表示希望接受面试，并表明希望由对方安排面试的日期、地点等。

结尾（此致敬礼）

署名（签名）

日期（时间）

附件（目录）

(三) 求职信的写作技巧

1. 态度真诚，摆正位置

美国前总统肯尼迪曾经说过："各位美国人，你们国家并不向你们索取什么，但请你们扪心自问，你们能为自己的国家做些什么。"写求职信时，要写什么内容，请想想这句名言，首先应该想公司要我来干什么。或者换句话，不应该写自己需要什么，获得该职位对自己有什么好处，而应该写自己能为公司做些什么。有了这样的态度，才能摆正位置。另外在写求职信时，要诚恳礼貌，切记自吹自擂，炫耀浮夸。虚弱怯懦、缺乏自信也是不可取的。

2. 整体美观，言简意赅

求职信文字的整洁美观很容易引起用人单位对求职者的好感，相反如果字迹潦草，龙飞凤舞，则会给用人单位留下不好的印象。现在有很大一部分毕业生的求职信都用计算机打印出来，但如果你的毛笔或钢笔字写得很好，建议你用笔工工整整地书写，这样能给人以亲切之感，同时也向用人单位展示了你的特长。不管手写还是打印，都应注意言简意赅。一般而言，求职信以一张 A4 纸张为宜。如果确实有内容，则不宜超过两页，或者作为附件或留在面谈时再说。求职信当然不能太短，太短则显得没诚意，说不清问题，自然难以引起注意；太长不但会浪费阅读者时间，也会引起反感。所以，在写求职信时应先打草稿，反复推敲意思是否清楚，用词是否得当，内容是否简练完美等。

3. 富于个性，有的放矢

求职信的重要目的是吸引对方，引起对方的注意。求职者在开头应尽量避免许多客套话、空话，要以一句简朴的"您好"直接切入主题。如"从《光明日报》中得到贵单位招聘人才的信息"，这也能使单位主管感到单位名声在外，广告费没白花，无形中增加了好感。要不就用一两句赋予心意的话吸引阅读者。比如一位在外地求学的毕业生给家乡所在的单位写求职信时用"请接受一名家乡籍在外求学的学子对您的问候！"这一下子就拉近了与用人单位的距离。求职信的核心部分是自己胜任工作的条件，这并非多多益善，而是要有针对性，有的放矢。所以，在动笔之前要着眼于现实，对应聘单位情况要有所了解，在事实和成绩的基础上恰如其分、有针对性地介绍和突出自己的特长。

4. 求职信与应聘单位要能够一一对应

目前有许多毕业生一稿多投，本来想"普遍撒网，重点打捞"，结果却石沉大海，了无音信。因此，建议多准备几份不同的简历，根据不同单位选择不同的简历，如对于"三资"企业，最好中英文简历都有，可自荐并能显示你外语水平。在内容上，如应聘的是科研人员，则大写自己生性活泼、爱动爱跳这些与专业职位不相干的特长不但不能起到好的作用，反而会适得其反；如果要从事营销或管理工作，则最好要突出在校的实践活动，突出组织、协调能力和自信心，这样才能投其所好，察其所需，供其所求，显现个性，赢得胜机。

5. 以情动人，以诚感人

语言有情，会更有助于交流思想、传递信息、感动对方，写求职信更要注意这一点。那么怎样做到以"情"动人呢？关键在于摸透对方的心理，然后根据你与对方的关系采取相应的对策。如果求职单位在你的家乡，可以充分表达为建设家乡而贡献自己聪明才智的志向；如果求职单位在贫困地区，就要充分表达为改变贫困地区面貌而奋斗的决心；如果求职单位是教学单位，则就要充分表达献身教育事业的理想……总之，要设法引起对方的共鸣，或者得到对方的赞许。这样，就有可能收到意想不到的效果。在注重以"情"动人的同时，还要以"诚"感人，以"诚"取信，即要态度诚恳、诚实、言出肺腑；内容实事求是，言而可信，优点突出，缺点不隐瞒；恭敬而不拍马，自信而不自大。只有"诚"才能取信于人，得到用人单位的重视。

（四）求职信注意事项

（1）信封、信纸要选用符合标准的，切不可随意使用标有其他单位名称的信封、信纸。

（2）要坚持实事求是的原则，恰如其分地介绍自己各方面的能力，既不贬低自己，也不过分吹嘘，要把握好一个度，要知道没有人会喜欢一个没有自信或夸夸其谈的人。

（3）篇幅适中，不宜过长，文字在 200 字左右为宜，因为信写得太长、太繁琐，一定不会引起他人的兴趣。

（4）文字要顺畅，字迹要清晰。要知道求职信是用人单位对求职者的一次非正式的考核。用人单位可以通过信件了解求职者的语言修辞和文字表达能力。如果你能写一手好字，就工工整整地手写，这样招聘单位阅读你的内容时，也欣赏到了你的特长。

（5）求职信的内容排列要清楚，段落与段落之间要有空行隔开，想要突出的重点可用特别字体，如用黑体字加以突出。

（6）学会用多种语言写求职信，比如用中英或中日文对照，尤其是去外资公司、商社应聘，这样既表明了你的外语水平，同时又表示了你对这家公司的尊重。

（7）求职信应该具有针对性。每申请一份工作，应该认真写好一份求职信，以表示自己对申请这份工作的真诚。不要千篇一律地复制几十份求职信到处投寄，其结果必然是处处落空。

阅读资料 4.1

成功的个人简历

首先要把自己的简历做得尽可能简单，但是重要的地方一定不能遗漏。简历的字数要少，但内容要丰富。可有可无的话就不要写了。比如求职意向，你就是去应聘这个职位的，因此就不用写了。自荐信应放在简历的最后一页，这样老师看简历的时候就可以看到自荐信。

要在第一页就能看见你的基本信息。再就是要准备一套固定的自我介绍，要准备一个2分钟的，一个5分钟的，以应对不同的情况。刚开始可以先把它背熟，在应聘时再以背熟的内容为基础自由发挥一下。做自我介绍的时候最好能说出自己的特色，总结一下自己的性格。当然这个性格尽可能的要和所应聘的工作有关系。最后着装上不必太正式，休闲简单即可。若穿得太正式，比如西装，不仅自己压力大，别人看着压力也大。最后，不论何时一定要面带微笑，既可以放松自己，又能给老师好的印象。

当然这只是纸上功夫，作为才艺生的我们不能把自己的才艺埋没在简历之中吧，后来，我在朋友的介绍下找到了一家专业帮才艺生拍摄视频的友趣网传媒公司，而且还可以把兼职信息免费发布到他们的推广网站里，本来还怕花上一笔，但是摄影师亲和力很强，而且收费不高，关键的是他让你发挥自己的想法，更符合自己特定的需求，不愧是最大的才艺运动营销平台，把个人的简历的需求都能一对一地服务，而且还能把自己拍得更专业，面试就更有底气了。我留下个电话吧，可能会对同学们有用，区号零柒伍伍－捌贰玖贰柒壹伍伍。

后来我经历了3次重要的面试。这3次面试让我离成功越来越近。也让我明白，任何事情，只要自己不断的努力，终有一天会成功。因为在每次面试后我都不去像其他人一样怨天尤人，一会抱怨自己的专业，一会抱怨社会，一会抱怨自己的性格，一会抱怨自己没奖学金之类的。每一次失败我都保持乐观的心态。一定要相信自己，这个真的很重要。然后就是在安静的时候去深刻反思自己。

我还经常和同学讨论，让他们指出我的不足。至今我都很感激他们。一起找工作的有个男生非常受应聘老师喜欢，几乎每次都有试讲机会。我就暗暗的观察他，还和他交流，跟他学了很多。当然有些是不能改变的，比如自己的性格，但我们一定要去改变那些我们能改变的。再就是我有时间就来看咱们这个论坛。也学到了很多东西，在这里十分感谢那些与他人分享经历的人。

阅读资料 4.2

简历投递必中的十大绝招

不少求职者遇到过这种问题，发了数百份简历没有回音。是 HR 没有收到还是自己投递简历的程序有问题？为提高求职的命中率和更快地找到工作，我们在网上投递简历时应掌握一些技巧。

1. 有针对性地改动简历

你的简历不要万年不变。一份简历包含的内容很多，而你心仪的职位相信也不止一个。如果你投所有职位都用同一份简历的话，你的吸引力就会急剧降低。而为每一个职位都专门准备简历也是不切实际的。怎么办呢？其实在投递不同职位时，只需改动简历的一小部分即可。在求职意向中一定要把你投递的职位放在首位；在填写工作经验时，与投递的职位相关的工作经验要尽量详细以便 HR 了解你的个人能力。

2. 求职信的写法

要掌握好写求职信的尺度。相信大多数同仁在网投简历时都会附上求职信，这已经不是什么秘密武器了。问题在于，你的求职信，会写些什么。首先不要寄希望 HR 会很详细地看你的求职信，所以求职信最忌讳篇幅过长以及与简历内容重复。求职信篇幅以两三百字为宜，说些对于你所申请职位的见解以及你对于这个职位所具备的优势等。

3. 新颖的邮件标题

人事经理每天都会收到大量求职的电子邮件，而求职者一般都会按企业要求把邮件题目写成：应聘××职位。怎样才能吸引人事经理的眼球，让他先打开自己的邮件呢？可以在邮件题目上做文章，通常标题新颖的邮件被打开的概率会比较大。

4. 简历最好放照片

在简历中附上个人照片，首先会使简历看起来更完整，其次可以表示你对这份工作的诚恳、认真的态度，同时也显示了对面试官的尊重。通常用证件照或半身照就可以了。

5. 让你的邮件永远在最前面

虽然人事经理每天都要看邮箱，但他们其实是很懒的，100 多页简历邮件，他们最多只看前 5 页。你现在应该知道为什么你的求职简历永远没有收到回复了。

发邮件到企业指定的邮箱时，怎样才能让你的邮件永远排在最前面，让人事经理每次打开邮箱都首先看到你的邮件呢？只需要在发邮件前，把电脑系统的日期改为一个将来的日期，如 2016 年，因为大多邮箱都是默认把邮件按日期排序的，所以你的邮件起码要到 2016 年以后才会被排在后面。

6. 经常刷新简历

当人事经理搜索人才时，符合条件的简历是按刷新的时间顺序排列的，而他们一般只会看前面一两页。很多求职者其实并不知道刷新简历可以获得更多求职机会。因此每次登录，最好都刷新简历。刷新以后，就能排在前面，更容易被人事经理找到。

7. 切忌投寄同一个公司多个职位

现在的求职面试中，面试官经常问到的一个问题就是"你的职业生涯规划"。有了发展的方向，才更容易找到适合自己的职位，事半功倍，达到双赢的效果。投寄简历的时候，切忌一口气投寄同一个公司的多个职位。特别是一些根本不相关的职位。比如说同时应聘"技术部高级经理"和"销售部高级经理"。这样只能说明两个问题，你对自己的未来没有规划和信心不足。

8. 简历的投递格式

如果是通过各种求职网站投寄，一定要严格按照网站上要求的格式输入邮件标题。比如说"姓名+应聘岗位+信息来源"。否则，会被一些企业的内部邮件系统自动归类到"垃圾邮件"中。如果在该网站已建立了最新的与该职位相匹配的简历，那么不妨点击"申请该职位"通过该网站发送简历，这样做的好处是：HR 能及时收到你的简历，而且不会被当做垃圾邮件删除，同时对你应聘的职位也一目了然。

9. 要用私人邮箱

在给用人单位发送简历的时候，要用自己的私人邮箱，切勿用公司的信箱。还要选择稳定性、可靠性高的邮箱，尤其是免费邮箱的选择更要注意，如果不稳定，发送的简历对方没有收到，或者对方回邮的过程信件丢失，那就太可惜了。

10. 投递简历的时间

投递时间的掌握是一门学问。一个好的职位，应聘的人不止千万，如何让自己的简历脱颖而出呢？如果简历在时间上是最后投出的，那么它的位置就会在 HR 邮箱的最上层，而 HR 在这个时候恰好打开邮箱，你的简历被 HR 看到的机会就大大增加了。所以，了解 HR 的工作习惯就十分重要。HR 一般会在上午 9 点半左右以及下午两点左右打开邮箱，在上午 11 点、下午 3 点左右通知应聘人员面试；通常他们在每周二、周五看邮箱的概率稍大。

求职信样例

求职信

尊敬的领导：

您好！首先向您致以最诚挚的问候！感谢您在百忙之中抽空阅读我的求职信，以下是我的自我介绍。

我是××××大学环境与能源工程学院热能与动力工程专业 2010 年应届本科优秀毕业生。在此即将毕业之际，满怀着对前途的信心，对事业的渴求，对理想的抱负，我一直关注贵公司的发展，终于从网上得知贵公司在 2010 年有应届毕业生招聘工作计划。

我真心希望能成为贵公司的一员，从而发挥特长，与同事们携手共进，为贵公司的发展奉献自己的光和热，尽职尽责，实现共同的辉煌！我出生于平凡的农村多子女家庭，很小的时候就能够自立，有着农村人的朴实与勤俭，能吃苦，有着自立、上进、善于思考的能力。本人性格开朗热情，能够很好地处理人际关系，可以更好更快地适应新的环境。在集体的天地中，我能够充分发挥自己的才能。我是一个责任心强的人，同时又有很多的半工半读的经验。在校期间，我曾开过出租车锻炼自己对社会的适应能力及吃苦耐劳的能力；每个假期在不同的公司实习，积累工作经验。我将用自己的智慧和汗水以真诚的行动回报社会对我的栽培，及贵公司对我的信任。

我对热能与动力工程相关专业有着浓厚的兴趣，因此在校期间，我充分利用学校优越的学习条件和浓郁的学习氛围，认真地学习了热能与动力工程专业，全面地了解了锅炉、热轮机、空调与制冷技术、内燃机等方面的知识，并取得了优异的专业课成绩。此刻，我已具备了热能与动力工程专业应有的技能，希望能够有机会到贵公司基层进修、学习，从事电站锅炉运行、汽轮机运行、设备管理、设备改造维护与设计等相关工作。

同时，由于自己对计算机和英语学习有着特别浓厚的兴趣，在课余时间自学了大量的计算机和专业英语方面的知识，获得了 CCT 全国高等学校计算机考试证书（已通过机试且成绩优秀）和国家计算机信息处理技术证书，参加了全国英语四级考试，达到了英语四级水平，并能熟练查阅英文工具书和熟练使用计算机以及很好地应用网络资源。基于对贵公司的向往和对自身情况的综合考虑，我希望能为贵公司尽职尽力，若能得到贵公司的录用，我将深感荣幸。静候您的佳音。

随信附上个人求职简历，期待与您的面谈！

此致

敬礼

××× ×大学毕业生×××

××××年××月××日

三、简历的制作

在求职过程中,为自己制作一份合适的求职简历非常重要。制作的简历要求条理清晰,能给人留下深刻的印象。比较有效的求职简历是:将自己的自身状况、学历情况、培训(工作)经历、考取的职业证书、专业特长、获得的奖励、求职意向、联系方式浓缩到一页A4幅面纸上。要求实事求是、语言精练、主题明确。

（一）简历的概念和类型

1. 概念

简历,顾名思义,就是对个人学历、经历、特长、爱好及其他有关情况所作的简明扼要的书面介绍。简历是个人形象,包括能力的书面表达。对于求职者而言,是必不可少的一种应聘材料。个人简历是自己生活、学习、工作、经历、成绩的概括集锦。制作个人简历的真正目的是让用人单位全面了解自己,从而为自己创造面试的机会,最终达到就业目的。个人简历一般作为自荐信的附件,呈送给用人单位。

2. 类型

如果能根据不同的时间、场合,使用合适类型的简历,将有助于大学毕业生的求职。下面介绍几种类型的个人简历。

（1）时间型简历。它强调的是求职者的工作经历。大多数应届毕业生都没有参加过工作,更谈不上工作经历了,所以,这种类型的简历不适合毕业生使用。

（2）功能型简历。它强调的是求职者的能力和特长,不注重工作经历,因此对毕业生来说是比较理想的简历类型。

（3）专业型简历。它强调的是求职者的专业水平、技术技能,也比较适用于毕业生,尤其是对于那些对技术水平和专业能力要求比较高的职位,这种简历最为合适。

（4）业绩型简历。它强调的是求职者在以前的工作中取得的成就、业绩。对于没有工作经历的应届毕业生来说,这种类型不适合。

（5）创意型简历。这种类型的简历强调的是标新立异,目的是表现求职者的创造力和想象力。这种类型的简历不是每个人都适用,它通常适合于广告策划、文案、美术设计、从事方向性研究的研发工程师等职位。

（二）简历的内容

简历是大学生争取面试机会的一张"门票",是用人单位了解应聘者的重要媒介,是求职者推销自己的有效工具。

个人简历可以是提纲式简历、表格式简历,也可以是其他形式。简历中应当写的基本内容包括以下几个方面。

1. 个人基本信息

个人基本信息中一般要写明姓名、性别、出生日期、学历、就读学校、专业、通信地址、邮政编码、联系电话、电子邮箱等。

2. 求职意向

求职意向也可以说是职业目标,即具体说明针对某一职业的概括性的目标,如机械制造、通信研发、软件程序设计、会计、审计、管理等工作。这是简历中必不可少的内容。很多毕业生在制作简历的时候没有注明自己的求职意向,导致无数的简历石沉大海。企业一般在招聘多个岗位的时候,会将收到的简历按照求职意向进行分类。所以,如果简历没有注明求职意向,很可能就被搁置了。

3. 教育背景

对于大学生而言,由于缺乏工作经验,教育背景就成了必须要写明的部分,而且应该排在第一的位置。有的大学毕业生经常把工作经验放在教育背景的前面,这样做的结果可能是使用人单位把你当成已经工作过的人看待,从而失去竞争优势。

教育背景中一般应包括以下内容:

(1) 受教育情况。正规教育一般只写在大学期间的就可以了。如果觉得以前就读的中学是所名校,而且自己的表现很出色,对自己的应聘有帮助,那从高中写起也可以,但不用写太多。

(2) 主修课程。要针对应聘岗位的需要列出用人单位可能感兴趣的体现多样化的课程,包括必修、选修、自修和参加培训的课程。要将课程分类排序。可按照公共基础课、专业基础课、专业技术课、社会人文类课程或选修、辅修、自修课等进行分类。按类别集群排列,使人一目了然。

(3) 其他。可以将大学期间获得的有意义的奖励列出。对于成绩一项,是可有可无的,除非你的成绩非常好,否则没有必要列在简历中。

4. 实习与社会实践经历

(1) 学校实习经历。如果在学校学生会、团委担任过职务,那么这段经历一定要写上。因为应届毕业生大都没有太多的社会工作机会,所以有过这种经历就很重要。此外,参加过学校的各种社团、协会的经历都可以作为工作经历。写这部分时有以下几点注意事项:

①写明自己的具体职位。

②写明自己做过的事情,自己在这件事情上担任什么样的角色,最后的结果怎样。比如你可以说自己曾经组织了校运动会,有多少人参加,比以往有什么改进,取得了什么成就,提高了哪些能力。这些都是用人单位比较关注的信息。

(2) 公司实习经历。如果有在公司实习的经历,要写得详细具体,具体到你做过什么工作。但是要挑其中与职位相对应的写,不相关的不要写。很多同学不知道应该怎样描述工作经历,在这里,建议采用以下几种原则和方法:

①工作成就数字化、具体化。比如对于工作内容,说"基本上完成",就不如说"工作完成了90%"或者具体完成到了哪一步。

②不拘泥于时间顺序,可以先写最有成就的,这样可以让招聘人员在短时间内发现你的亮点。

③凡是列入公司实习经历的工作,都应该交代清楚你所在的部门和所担任的工作。如××公司市场部兼职市场调查员。

④不要随意缩写公司的名称。

（3）培训经历。如果在求职之前参加过很多培训，而且这些培训对要应聘的职位来说很重要，那么在应聘的时候，就一定要写出这段经历。如果接受的是公司的培训，那么就把培训经历放在实习公司的下面，作为公司的一种奖励来展示。一般外企很重视学生不断学习的能力，因此，接受过的培训经历是一个很大的亮点。如果到外企应聘，而自己又有培训经历的话，一定要写上。

5. 个人能力

（1）英语能力。要在简历中列出最能反映英语水平，尤其是口语水平的成绩或者证书。不仅要列出"大学英语四、六级成绩"，如果有额外的英语成绩证明，比如"校英语演讲一等奖"等也要列在简历中。很多学生在简历中提及"第二外语"，其实除非第二外语与要应聘的职位非常相关，否则没有必要列在简历上。

（2）计算机能力。在描述计算机能力时不要只说"熟悉""了解"等词语，最好写明白自己对哪些软件能够熟练使用。现在由于 Office 软件的应用越来越普遍，所以 Excel 和 PowerPoint 是公司内外交流中最需要掌握的两种软件，而 Word 就不用写了。

（3）其他能力。如果是工作经验比较少的求职者，那么，所掌握的一些技能和关键技术就成了有力的能力证明。所以，一定要把自己学到的一些关键技术写在简历上。

（4）爱好与特长。通常情况下，爱好与特长本身的说服力很弱，完全没有必要写。但是如果爱好和特长中，有与应聘职位相关的，那就写两项到三项即可。不具体的爱好不需要写。如体育、音乐等爱好太宽泛，除非在这方面特别突出优秀，否则就不用写在简历中。

（三）简历的要求

简历一方面要真实地反映出过去的学习、生活经历，并说明择业的目标；另一方面要对用人单位的意愿做出机敏的反应。撰写简历的基本要求如下：

（1）专业化。采用正规通用的简历书写方式，没有格式上、文字上的语法标点的错误。另外，简历中的用语要专业化，以表明自己了解应聘行业的情况，这样就能够更加引起招聘单位的注意。

（2）详尽化。每个人都有自己值得骄傲的经历和技能，在简历上要重点体现出自己与众不同的特点。比如英语口语很好，并取得过大奖，那么就应对其进行详尽的描述，这会有助于应聘。

（3）真实化。简历上的内容必须是客观而实在的，既不能夸张，也不能消极地评价自己，更不能伪造自己不具备的能力和实习经历，因为谎话是一定会被识破的。

（4）重点化。简历中着重展示个人的工作经历，对工作经历的描述要明确，而且要写明自己的职责、工作任务以及最终达到的成果。在描述工作经历的时候，尽量用动词和数字来陈述。

（四）英文简历的撰写

现在许多单位都希望应聘者有比较扎实的英文基础，特别是外企和涉外交往比较多的单位。一份漂亮的英文简历会帮助你给用人单位留下很好的印象。刚刚走出校园的学生由于工作经验很少，可能不清楚如何撰写英文简历。其实，撰写英文简历不难，但需要注意以下事项：

（1）简历中的内容一定是自己有把握的。因为简历中的任何字句，都有可能成为面试中的问题。所以没把握的内容不要写在简历中,要实事求是。

(2) 杜绝单词拼写错误,不要有明显的语法错误,避免使用太冗长的句子或缩写。

(3) 教育背景中要写相关课程。但千万不要为了篇幅,把所有的课程一股脑儿地都写上,如体育等就不要写了。否则,既不能达到预期效果,也会引起招聘人员的反感。

(4) 奖学金一项写一行。许多大学生每年都得奖学金,这样一来,如果全部写出就要写三四行,甚至更多。既占用篇幅,招聘人员也没时间看。因此将内容进行压缩,用一行写出即可。

(5) 将社会工作细节放在工作经历中展示。这样可以弥补工作经验少的缺陷。例如,你在做团支书、学生会主席等社会工作时组织过什么活动,联系过什么事,参与过什么都可以一一罗列。

(6) 暑期工作也可写上。作为大学生,招聘者通常并不指望你在暑期工作期间会有什么惊天动地的成就。当然,如果有会更好。不过即使实在没有,就算是在父母的单位待过几天,也不妨写上。

(7) 尽量避免使用"I"。因为正规简历多用点句,以动词开头,是没有"我"的。

(五) 简历修改样例

为了方便大学生掌握写简历的技巧,在此举一例(该例只涉及简历中的部分内容),把它修改前、修改后的变化展示给大家。可以通过比较其增删、遣词及格式变化,体会写好个人简历的要义。

1. 修改前的简历样例

个人简历

基本情况

姓　　名:张××	性　　别:男	
学　　历:大学本科	专　　业:汽车与内燃机	
政治面貌:团员	户　　口:北京	
出生日期:1979年5月	民　　族:汉	
地　　址:北京市朝阳区平乐园100号	邮　　编:100124	
电子邮件:××@bjut.edu.cn	电　　话:67590000	

求职意向

工作性质:全职　　　　　　　　希望行业:化工/能源　交通/运输
　　　　　　　　　　　　　　　　　　　　信息化技术/互联网
　　　　　　　　　　　　　　　　　　　　金融/银行/保险

目标职能:销售工作　　　　　　期望工资:面议
　　　　　汽车
　　　　　IT行业

社会实践及工作经验

1. 1997/12—2000/07　担任学生会体育部部长。
2. 1998/07—1998/11　参与我校机电学院某教授课件的开发工作。同期参与北京重型机械厂数据库的建立工作。

3. 2001/03—2001/05　为北汽集团设计云豹系列配件图。

4. 2001/05—2001/10　在亚运村汽车销售市场做销售助理。

5. 2001/10—2002/01　在北京市汽修六厂实习。

证书及培训经历

1. 微软认证系统工程师：MCSE、MCP、MCDBA

2. 大学英语四、六级

3. 英语的听说读写可以熟练运用

4. 汽车驾驶执照（B）

5. 德语 600 小时，一般性交流

我还将继续学习！

2. 修改后的简历样例

个人简历

基本情况

姓　　名：张××		性　　别：男	
毕业院校：北京工业大学		学　　历：大学本科	
专　　业：汽车与内燃机		政治面貌：团员	
出生日期：1979 年 5 月		户　　口：北京	
地　　址：北京市朝阳区平乐园 100 号		邮　　编：100124	
电子邮件：××@bjut.edu.cn		电　　话：010－67590000	

求职意向

希望在能源、汽车、信息技术、金融等领域从事销售及技术工作。

工资面议。希望有养老、医疗、失业保险和住房公积金。

社会实践及工作经验

1. 1997/12—2000/07　担任学生会体育部部长。发起并建立了北京市由企业和大学联合组织的星美俱乐部，涉及十所重点大学，组织了多场足球、篮球比赛，并带领本校校队于 1998 年夺得北京高校足球联赛冠军，北京电视台曾予报道。

2. 1998/07—1998/11　参与我校机电学院某教授设计课件（动画）的开发工作，该软件已经使用并得到师生好评。同期参与北京重型机械厂数据库的建立工作，该系统运行良好。

3. 2001/03—2001/05　为北汽集团设计云豹系列配件图（采用计算机制图）。

4. 2001/05—2001/10　在亚运村汽车销售市场做销售助理，业绩颇佳。

5. 2001/06—2001/07　为本校汽车专业张老师翻译技术性论文约 4 万字。

6. 2001/10—2002/01　在北京市汽修六厂实习，协助完成 ISO9000 体系认证的全部文档撰写工作，并参加了车辆维修实习。

外语水平、培训认证及相关能力

1. 通过大学英语四、六级考试，具有熟练的听说读写能力。德语经过 600 小时培训，可进行一般性交流。

2. 通过微软系统工程师认证：MCSE、MCP、MCDBA，独立完成了小型局域网的安装、调试和管理。

3. 汽车驾驶执照（B）

3. 改动情况

（1）深入挖掘自身的"宝藏"，增加具体事实，凸显能力。

①体育部长的经历增加了组织足球联赛的事实，展示了其领导、组织、协调能力；

②计算机能力充实了原来忽略了的内容，写得更具体，如做数据库、机械制图、电子课件制作、网络管理；

③外语水平的描述增加了翻译4万字资料；

④个人基本情况添加了"毕业院校"。

（2）格式变化。

①原简历中的求职意向套用社会网站的格式，不适合大学毕业生，改动后的格式更简约、易懂；

②英语和德语水平作了合并，压缩了条目，但包含的能力没减，文字显得更简练、干脆。

（六）HR如何看简历

每个HR都有对简历的认识和看法，但是从工作任务来看，HR们在对待简历上有一些共同的地方。

1. HR看中什么

相对职能部门，HR们都是外行的，因此他们更多的是从企业的角度出发，查看应聘者的个人素质是否与企业文化一致；他们同时还会站在职场发展的角度，查看应聘者的基本能力和发展潜力。这两点也是应聘者要在简历中重点予以体现和证明的。

2. HR习惯什么

面对大量简历的时候，5秒内在简历上如果还找不到和职位相关的信息，HR们往往就不会再看下去，如果15秒还没有看到应聘者胜任或适合岗位的优势信息，往往也不会再继续看下去。人的习惯都是自上而下、自左而右地看东西，但对于需要快速浏览简历的HR们来说，他们一般看的却是简历的中上部。也就是说，在一页简历的中上部的信息一定要和应聘职位相关，并且能反映个人对于应聘职位的最大优势。

3. HR要找什么

HR看简历时首先是看应聘者是否具有胜任该职位的能力与素质。知识、证书、技能与能力、经验等都是证明你能胜任这个职位的依据。其次，HR会判断应聘者是否适合他们公司。这就要看应聘者的自身素质。应聘者需要用实例来证明自己诚信、认真等品格。

（七）如何在简历中弥补劣势

俗话说：人无完人。对于应届生来说，缺乏相关工作经验便是求职的一个主要劣势。对于一些同学来说还存在着一些我们俗称"硬伤"的劣势。例如：学习成绩不够好、缺少公司实习经历、应聘的职位与专业不相关、缺少英语证书、学校没有名气，等等。那么在这样的不利条件下，我们该如何来调整自己的简历，让HR看到我们的优点呢？实际上，我们可以借用中国传统拳法——太极拳里的一个招式"借力打力"来"修饰"我们的简历，以在保持简历真实性的基础上，最大限度地展示我们的优势，淡化我们的劣势。以下详细分析如何规避各种劣势。

1. 学习成绩不好

首先明确一点，大多数公司在招聘应届生的时候，学习成绩固然是一个很重要的考核指标，但不是决定性的。因为多数公司更看重的是应届生的综合素质及能力。学习成绩好只能说明应聘者在学习课堂知识方面有独特的方法，并不能说明其他能力也很优秀，高分低能的大有人在。

学习成绩的"好"与"不好"实际上是一个相对的概念，因为不同的行业、不同的公司对于成绩的要求也是不一样的。如果是应聘Google、玛氏、波士顿咨询公司等这样的知名外企，在学习成绩方面是一定要突出的，而如果是制造业内的公司则对成绩的要求相对没有那么高。另外，一些专业性较强的公司，例如IT类公司，更看重相关课程的成绩，而不是总的成绩。

如果你的学习成绩一般，建议可以从以下两个方面来准备简历：

（1）突出相关的、高分的课程。建议将"相关的""相对高分的"课程写到简历里面去，而将"不相关的""相对低分的"课程从简历中删除。例如：某会计学专业本科生应聘财务会计类职位，其总成绩并不突出，因此在教育背景中选择列出相关的高分，如下：

教育背景：

2011.09—2015.07　××××大学　商学院　会计学　本科

主修课程：基础会计（95/100）、财务会计（92/100）、会计实务（90/100）

（2）突出实习兼职、社团或学生会经历。如果学习成绩不是很好，那么建议突出相关的实践活动。因为"理论"与"实践"通常不可能总是"两全其美"的。而通过实践经历来证明综合素质，大多数情况下比突出成绩更有效。

2. 缺少公司实习经历

对缺少公司实习经历，或者缺少与应聘职位或行业相关的实习经验的同学来说应该从以下方面来弥补没有类似实习经验的劣势：

（1）突出社团、学生会等的实践活动。可以将在学校参加的社会实践活动作为工作经历、实习经历来描述。因为如果在学校担任过社团、学生会等的干部，有独立或带领团队合作安排社团活动的经历的话，从某种程度上来说，同样代表了你具备沟通能力、团队合作能力等企业看中的能力。不过特别值得一提的是，并不是每项社团经历对求职者都有帮助，也不是每一次的校内活动都有正面的意义，建议大家在处理这个部分的时候根据应聘的职位和公司慎重地进行选择和调整。

例如：某同学只有学校的社会实践经历，没有公司的实习经历，应聘的是市场营销职位，其简历中的社会实践描述如下：

社会实践：

2013.06—2014.09　××××大学外语学院学生会　主席

◇ 负责学生会统筹管理工作，招纳新会员；

◇ 策划并组织"与未来有约"校园职业规划系列活动；

◇ 邀请了创智赢家精英会、CASIO、三菱、住友、创价咨询、向阳职业规划、知名国

际会议口译译员等 10 家公司走入校园,有 700 多名学生参与到活动中;

◇ 负责学生会与联想集团合作举办全国大学生英语演讲比赛。

2012.09—2013.06　××××大学外联部　部长

◇ 带领外联部 6 名成员,通过电话、上门走访企业等方式为学生活动争取企业赞助;

◇ 成功邀请易网咨询公司、梅特林口译公司、数码广场等公司赞助团学活动;

◇ 任职期间累计争取到的企业赞助金额达到 50 000 多元。

2011.09—2012.09　××××大学社团联合会宣传部　部长

◇ 负责大型活动在校园的前期宣传;

◇ 制作海报、传单、横幅,并通过校园网和论坛的线上宣传方式,为各类社团活动进行宣传,扩大各类活动的校园影响力;

◇ 策划、组织各类社团活动的新闻稿撰写;

◇ 为毕业生晚会、迎新晚会等大型校园活动进行场地和舞美设计。

(2) 强调个人技能、培训经历、快速学习能力。

应聘者应该强调自己已经掌握的知识、工具,或参加的培训经历,并以真实、详细的例子来证明自己具有极强的学习能力,能够有效地弥补自身所欠缺的工作、实习经验。例如:可以将论文中应用的研究方法,使用的软件等作为个人技能及经验的证明。如果有与应聘职位相关的培训经历,更要强调显示。例如某同学应聘财务助理,职位说明中要求应聘者能熟练操作财务管理软件,该同学的大学课程中有学习用友软件的课程,他就将此课程作为培训经历来重点描述,向 HR 强调自己的个人技能及快速学习能力:

培训经历:

用友软件培训　××××大学　××年××月××日—××年××月××日

掌握用友软件中总账处理系统、UFO 报表系统、现金流量表系统、应收款与应付款管理系统、固定资产管理系统、薪资管理系统、存货核算系统等功能的应用;

培训结业成绩在 32 人的培训班中排名第 4。

(3) 勤能补"拙"。可以在简历的工作技能部分强调"勤奋苦干",同时,也可以表达不怕工作条件艰苦的意愿,例如"愿意在周末和晚上加班"或"能够接受出差或外派",也许这样就能获取工作的机会。

3. 应聘的职位与专业不相关

也许应聘者是一个物理专业的学生,但是计算机编程能力很强,大学在读期间做了很多与编程相关的项目或者实习;也许学的是信息管理与信息系统专业,但是却自学了财务管理的课程……实际上,现在越来越多的应届生所找的工作与自己所读的专业并不相关。因为越来越多的企业开始放宽对专业的限制,甚至不限专业,但是一般 IT 技术类的岗位还是要求专业对口。如果是跨专业求职,那么简历中该如何写?建议大家从以下方面来考虑:

(1) 突出双学位/辅修专业/选修课程。

虽然有些职业对专业性要求不强,但如果学生具有一定的相关专业背景,自然在求职中能更胜一筹。现在很多大学都开设了辅修专业课程,这对跨专业应聘的学生是很有帮助的。所以,准备跨专业求职的同学,有必要尽早规划就业去向,在专业课以外选修或辅修相关的课程。

(2) 突出外语能力、个人技能。

在跨专业求职中，工作能力是最重要的考量，外语能力、计算机能力、与职位相关的专业技能、沟通表达能力、团队合作精神等都是简历中应该突出的亮点。

（3）突出实习、社会实践经历。

如果能够及早洞察自己未来求职要面临跨专业的问题，那么平时就应该多参与相关的实习及社会实践，用实践经历来说话。

4. 缺少英语证书

大多数企业招聘应届生时，对于英语的要求至少为通过英语四级。有些企业要求甚至更高一些，要求通过英语六级。对于外企来说，英语是工作环境中可能经常要用到的语言，所以如果是应聘外企，相关的英语证书是必需的。但如果只有一张四级证书，而实际的英文口语水平还不错，这个时候应聘者可以借实习经验让HR们推断出自己的英语能力。比如，想说自己英语口语能力强，可以在实习经历里面的某项中加一句话"工作语言为英语"。

如果四级还未通过，那么就应该抓紧时间复习，争取早日通过。但是在此之前也不应沮丧，而应该比别人更加积极地去寻找就业机会，因为还是有很多企业的职位对于英语水平的要求并不严格，他们更关注的是应聘者实际处理问题的能力及动手的能力。

5. 学校没有名气

如果应聘者是毕业于非985、非211的普通高校，那么在简历中可以强调参加的校内、校外的实践活动及实习经历，或者参加过的这样那样的培训经历，或者拥有的技能、证书等，不要因为就读的是普通学校就自卑或怀疑自己，而要找准自己的职业定位，积极去争取属于自己的职位。

在每年招聘应届生的企业中，倾向招聘名校毕业生的企业只占少数，大多数企业看重的是求职者个人的综合素质及能力。因为就算名校毕业的也有庸才，非名校毕业的也有精英。所以在求职战场中，你不能输在自信心上。

阅读资料4.3

今天校园招聘会上的面试，我给排队的每个学生的时间不超过5分钟。

有一个学生，本来我觉得不错。她只用一页的简历，就表达了她的优势和特点。当我决定录用她的时候，习惯地浏览了下她的简历，却发现看不到她学校的名字。我问她："为什么没写学校名？"，这个学生支支吾吾地回答："因为……我的学校不怎么样……"。即便如此，我还是问了她的学校，然后拿起笔，在她的简历中帮她写下她的学校的名字，然后在她眼前竖起简历："有没有写错？"她回答"没有。"

我今天对所有留下的简历，只是做一个动作（在认为特别适合的简历上打钩）。这是我唯一在上面写字的简历，我不知道她明不明白，我是在告诉她什么。她的做法令我对她的印象大打折扣。

不要不敢说出和写下你毕业的学校，无论它是如何的差，你是从那里走出来的，因为我绝对不会要这样的人：看到他父母的时候，因为他们的背景不好而不敢认他们。或者有一天离开我的公司，去到一个更大的公司面试的时候，不好意思说自己是来自一个不是500强的公司。对公司来说，你的价值和价值观，决定了一切。英雄莫问出处，如果你是一个狗熊，哪怕你是从天堂走出来的，也还是狗熊。

第四节 中文简历范例及修改点评

本节我们给出一则简历两次修改前后的对比、点评，旨在给同学们一个简历写作上的思路引导及参考。每个人的经历和背景都是不同的，应结合自己的实际情况，按照之前提供的简历写作原则和方法来灵活修改自己的简历。好的简历不是将优秀的简历模板抄过来，而是借鉴优秀简历的写作方法和思路。只有掌握了正确的方法和思路，才能够找到不断改进的方向。

一、中文简历两次修改案例

我们以一个非常典型的失败简历作为简历修改点评案例。这份简历几乎涵盖了所有中文简历制作中的错误。这是一个师范类院校非师范专业大三的同学制作的简历。她是在参看了师兄师姐留下的简历模板后制作出的，事先并没有仔细研究简历的制作方法。经过应届生求职网的简历专家点评指导后，她对简历进行了两次修改。第二次修改后的简历基本达到了合格简历的水平。在这里将她两次修改的简历版本及专家对应的点评、修改意见都列出来，希望大家能通过这样的方式，掌握之前介绍的简历制作要点及简历写作原则，并学会自己动手修改自己的简历。

【修改前】

（页眉）学校 logo		只为成功找方法，不为失败找借口	
	个人简历		
姓名： 王雪梅	**性别：** 女		
出生年月： 1987 年 2 月	**民族：** 汉族		
毕业学校： ××师范大学	**学历：** 本科		照片
英语水平： CET－6	**身份证号：** 210302198702××××××		
主修： 汉语言文学（文科基地）	**政治面貌：** 党员		
第二专业： 金融			
联系电话： 13012345678	**电子邮箱：** an××××@163.com		
博客地址： http：//××××××.com/12345678			
求职意向： 语文教师、新闻记者、报社杂志社编辑、行政管理、银行、保险、证券、基金管理公司、企业财务部门、金融监管机构以及新闻媒介			
教育/经历			
2003 年 9 月—2006 年 6 月	江苏省×××中学		
2006 年 9 月至今	××××大学　主修汉语言文学		
2007 年 9 月至今	××××大学　辅修金融		
计算机语言能力			

计算机等级考试　一级合格　　　　普通话水平测试　二级甲等

大学英语六级，具备良好的听说能力和熟练的读写能力　汉语、英语口语能做到有序的成段表达

工作经历、社会实践

上海市东方语林之家（2008年7月—12月）

担任职位：兼职对外汉语教师

工作情况：7—12月担任了两位来自韩国的成人的汉语教学工作。一位来自韩国三星公司的先生汉语程度较好。我主要负责通过讲授中国传统文化训练他的汉语读音、扩充他的词汇量、增加他对汉文化的理解。通过6个月的学习，他顺利通过了HSK9级考试。另一位先生属于初级汉语水平。我主要给他讲授基本的中文对话，让他学习简单的词汇、发音以及相关语法。通过6个月的学习，他顺利通过了HSK3级考试，基本掌握了中文的日常交流用语。我在该机构工作期间，工作认真，态度谦和，获得了老师和学生的一致好评。

收获：通过这几年的教学经历，我学到了对外汉语的教学方法，增加了对外汉语教学经历，积累了对外汉语的教学经验，并学会了在授课时用简单易懂的术语解释复杂的中文意思。讲课时，语速要尽量放慢，吐字要清晰，以确保学生能够听清所说的每一个字和词。课前认真钻研教材，备好每一堂课。在教授语言的过程中，我总是对学生尽心尽责，很有耐心。另外我还摸索到一些实用的教学方法。对于一些难理解的字词，我总是通过各种手段进行解释，比如说用简单的中文、英文、肢体语言等，甚至还会通过我先造句给出一种特定的语境，让学生在语境中体会字词的意思。

杭州日报社（2007年暑假）

担任职位：实习记者

工作情况：1. 阅读新闻类专业书籍，学习基本新闻知识和技能诀窍。
　　　　　　2. 积极参加各类新闻采访和报道。
　　　　　　（1）参加杭州日报社举办的"心＋心"造纸企业捐助寒门学子活动；
　　　　　　（2）对交警部门整治"两车行动"进行实地新闻采访、记录；
　　　　　　（3）自主采访老年协会太极柔力球球队；
　　　　　　（4）跟随采访企业"道路交通安全"培训班；
　　　　　　（5）采访城市平民修鞋匠。
　　　　　　3. 自主稿件撰写。

收获：1. 参与采访的新闻稿刊登于8月15日和8月22日的《杭州日报》。
　　　　2. 锻炼了我的意志。
　　　　3. 明白了做一名优秀的新闻工作者首要要具有扎实的基本功和敏锐的嗅觉。不仅要有从社会中发现新闻的能力，而且要有透过现象看本质的挖掘力，使新闻拥有新角度、高深度。我在本次实习中接触到不同的社会群体，有企业家、寒门学子、交通警察、普通市民、修鞋匠……锻炼了人际交往能力。

××××大学学生会（2007—2008）

担任职位：组织部副部长

工作情况：在担任组织部副部长期间除协助部门做好日常工作之外还开展了主题团日活动，丰富了团员文化生活。本学年，在团委老师的指导帮助下，我们开展了"青春之歌主题团日活动"。迄今为止，共举办了三期。新一届团委学生会成立以后，吸收了大批的新生，这为我们的团学工作注入了新鲜的血液，但是众多新成员的加入，使我们面临着艰巨的引导任务。同时，众多主要团学干部也需要尽快适应角色。为此，我们举办了几期团学干部培训班活动，邀请从事团学工作多年的资深老师有针对性地为我们讲解团学工作的要点，并播放相关的视频资料，收到了良好的效果。为了真正起到组织的监督作用，我们为每位学生干部制定了干部测评表，主要从年度目标制定、年度自我测评、团委老师测评、学校测评等方面，帮助学生干部全面地了解资深特点，提高工作能力。同时，为了检验上学期的工作情况，我们还针对07学年下半年进行了测评，帮助大家总结过去半年的经验和收获。

收获：通过活动，提高了同学的参与积极性，增加了本人的组织、协调、合作能力。同时也增强了部门成员之间的凝聚力。

荣誉及个人特长

2006—2007 学年 获××××大学"二等"奖学金
2007—2008 学年 获××××大学"三等"奖学金
书法（2008 年××××大学举行的书法比赛中获得唯一的"一等奖"）
电子琴（专业六级）

自我评价

　　我在校期间学习认真，做事认真，办事计划性强，具有团队合作及创新精神，责任心和集体荣誉感极强，能吃苦耐劳，思想积极，虚心好学，自信乐观，大方直爽，为人随和，待人真诚，懂得换位思考，对于环境有很好的适应能力，对待同学能做到一视同仁。

【简历专家点评及修改意见】

（一）简历版式方面

简历篇幅为两页，而实际上简历内容只需一页即可。应将简历内容进行压缩，并将版式调整成一页。记住，简历要"简"，一页式简历为最优简历篇幅。

页眉处添加的学校 logo 及"只为成功找方法，不为失败找借口"的励志名言多余，占用了简历上部的黄金空间位置，华而不实。学校 logo 及励志名言并不能说明任何问题，HR 更关注的是简历所呈现的"事实"。寻人启事式的个人信息，不够简洁，显得极不专业。

（二）简历内容方面

这份简历最大的问题就在于无论是在描述方式上，还是与求职意向的相关程度上，内容的安排都存在很多问题。以下逐点进行分析：

1. 个人信息

"个人简历"四个大字不需要再写。HR 看到这样的文档自然知道是简历，这样的方式只会让 HR 觉得你在怀疑他的智商。这样的做法就仿佛在一个人的脑门上写上三个大字"我是人"一样。

出生年月、民族、身份证号等信息不需要写，如果招聘要求中指明要提供的再写；政治面貌不需要写，如果是应聘高校、公务员、事业单位岗位的可以写。

毕业学校、专业、辅修专业在教育背景中提及即可，不需要在个人信息中再重复。关于个人照片的问题，如果形象不错的话，建议可以贴照片，否则不需要贴照片。如果贴照片的话，建议使用标准的证件照。

博客地址不需要加，HR 没有时间来看博客里面描述的鸡毛蒜皮的小事。此外，如果你在博客发泄不满情绪的文章被 HR 看到的话，也许会被认为缺乏职业素养。

2. 求职意向

犯了填写求职意向的大忌：目标不明确，不是针对特定职位、特定公司或特定行业来写的。建议根据自己的职业发展意向及相关的职位来修改求职意向。从简历的实习经历内容及教育背景来看，这样背景的简历应聘教师、编辑、记者类的职位比较有优势，建议在求职意向中直接列出这类职位的名称。

3. 教育背景

教育背景的写法没有按照时间倒叙的方式，并且还将高中的教育经历罗列出来，没有必要。由于主修专业（汉语言文学）与辅修专业（金融）的专业性质差别比较大，是否需要在教育背景中罗列辅修专业，应该根据求职意向来决定。如果应聘银行、证券、基金行业的职位，辅修专业应该加上，并可适当加上所学的辅修金融专业的具体课程及相应成绩，但不可列太多，选最相关的课程即可。

4. 实习经历及社会实践

简历中有在企业的实习经历，因此建议将学校的社会实践经历单独提出来作为实践经历大项来写。现有的实习经历和社会实践经历描述虽然使用了"PAR法则"（P：Problem，A：Action，R：Result）来描述工能力，但是没有遵循"关键词说话""行为词说话"原则，在描述收获方面没有遵循用"结果说话"的原则。

在描述工作内容方面，采用了大段、流水账式的描述，不能有效突出自己的工作职责、所做的工作及所取得的成绩，HR不可能有时间来仔细阅读，并从中提取最相关的信息，因此应该采用逐项逐行描述的方式，便于HR以最快速度看到实习工作的亮点。该简历每段工作经历之后的收获描述空洞而缺乏客观结果、成绩的支撑。

对社会实践中的学生会组织部副部长经历的描述，也犯了相同的毛病，应该参照实习经历的修改方式和注意事项进行修改。

5. 荣誉及个人特长

建议将奖学金和书法比赛获奖的内容单独作为所获奖励模块来描述，并应该对奖学金的含金量进行简要描述。同时，应聘教师类、文职类职位可以加粗字体来突出书法比赛。而电子琴的技能描述可以放到技能特长部分，与英语、计算机技能一起描述。

以下是该同学根据上述建议修改的第一遍简历，主要应聘教师类职位。

【第一遍修改后的简历】

王雪梅

联系电话：13012345678　邮箱：an××××@163.com
联系地址：上海市××××大学××校区×号楼×××室
求职目标：××中学语文教师

照片

教育背景			
2006.9—2010.6	××××大学	汉语言文学（文科基地）	本科
2007.9—2010.6	××××大学	金融	本科（第二专业）

实习经历	
2008.7—2008.12	上海市东方语林汉语之家　实习对外汉语教师
	• 担任针对韩国成人的汉语教学工作。根据学生的不同汉语水平制订教学计划，对汉语水平程度较高者讲授中国传统文化知识，训练读音、扩充词汇、增进对汉文化理解；对程度较低者训练基本中文对话，学习词汇、发音、语法。
	• 指导的两位学生分别通过了HSK9级（原来HSK6级）和HSK3级（原无汉语基础）的考试。
2007.7—2007.8	杭州日报社　实习记者

	• 积极参加各类新闻采访和报道：①杭州日报"心＋心"造纸企业捐助寒门学子活动；②交警部门整治"两车行动"实地新闻采访、记录；③自主采访老年协会太极柔力球球队；④跟踪采访报道企业"交通安全"培训班；⑤采访城市平民修鞋匠。通过接触来自不同行业的20多个对象，锻炼人际交往能力。 • 自主稿件撰写，采访的新闻稿刊登于2007年8月15日和8月22日的《杭州日报》
实践活动	
2007.9—2008.6	××××大学学生会　组织部副部长 • 协助部门做好日常工作，开展学校主题团日活动，组织主题团日活动评比。丰富同学们的大学团日活动，增进同学们的集体荣誉感和自豪感。增强本人组织、协调、合作能力。 • 开办团学干部培训班，加强对干部队伍的培训和监督，邀请团学工作资深老师开设讲座，制定干部考评表，帮助干部提高工作能力，取得良好效果。
2007.7—2007.8	2007年世界特殊奥林匹克运动会　志愿者 • 在豫园进行印有Q版姚明、刘翔形象T恤义卖，使用双语。 • 为期一周的义卖中，小组卖出86件，个人成绩29件（销售量第一）。 • 10月1日当天参加开幕式背景墙表演。
2006.9—2009.6	××××大学汉语言文学基地班　学习委员 • 协助班长协调班委工作，组织策划3次班级大型活动：苏州春游、奉贤海湾烧烤、西安洛阳郑州古都寻访。
获奖情况	
2006—2007学年 2007—2008学年 2008.12　个人技能	××××大学"二等"奖学金（获奖比例6%，专业第2名） ××××大学"三等"奖学金（获奖比例30%，专业第9名） ××××大学书法比赛　一等奖（1名，参赛选手共250人）
	• CET-6 PASS（大学二年级）具备良好的听说读写能力 • 文笔优秀，曾在《新民晚报》发表文章 • 普通话水平测试二级甲等、 • 计算机一级 • 毛笔、钢笔书法均专业六级（最高九级） • 电子琴（专业六级）

【简历专家点评及修改意见】

第一遍修改后的简历相对修改前，无论是在版式上还是内容上，都有了较大的改进，但是在一些细节处理上，还需要再改进。建议从以下方面对简历进行再次修改：

1. 职位信息分析

首先，建议仔细研究语文教师类职位的招聘信息说明，提取重点和相关信息，研究简历关键词，并分析自身条件与职位要求的匹配度。以下是两则语文教师的招聘信息说明（将关键词以粗体＋下划线＋灰背景的方式标出）。

某高中语文教师招聘信息：

职位要求：要求国内大学的综合排名20％内的应届本科毕业生或研究生。曾担任学生干部、有较强组织管理协调能力或教育教学科研能力，文字功底深厚的优先聘用。

待遇：××生源（应届毕业生）或××户籍（往届毕业生）的学生可以参加××市教育局考核，经考核合格同意录用的，列入公办编制，享受公办教师应有的全部待遇（五险一金等）。

某教育信息咨询公司招聘初中语文教师信息：

工作职责：

（1）为学员提供专业的高质量教学服务；

（2）帮助学员提高学习兴趣，养成好的学习方法及习惯；

（3）为学生查缺补漏，帮助学员尽快提高成绩；

（4）不断提高教研水平，紧密结合学生教学进度。

招聘要求：

（1）有责任心，这是最重要的，希望新老师能够满怀热情地投入到这份工作中来；

（2）语言表达能力优秀，思维灵活，富有亲和力；

（3）师范专业本科毕业，非师范类毕业生优秀者也可；

（4）热爱教师工作，有一线教师工作经验者优先，特别优秀的大学应届毕业生也可；

（5）对所授课程有深入研究，在教学上有自己的特色；

（6）有教师资格证书和一定的教学经验，有很强的业务能力。熟悉本市中考和中学各年级教学；

（7）敬业爱岗，有很强的进取精神，能在学科组中互相促进。

通过上述两则语文教师的招聘信息，我们来综合分析语文教师的招聘要求及应聘者王雪梅的个人优势和不足之处，从而为简历的深入修改提供参考依据。招聘要求与王雪梅个人背景的对照如表4-1所示。

表4-1 招聘要求与王雪梅个人背景的对照

	招聘要求	王雪梅个人背景
教育背景	综合排名20％内	√排名前20％以内，符合要求
	本科或研究生	√本科学历，符合最低要求
专业技能	教育科学科研能力	√虽然没有研究生具备的教育理论及科研水平，但是在东方语林汉语之家积累的对外汉语教学经历，可以弥补这方面的不足。
	文字功底深厚	√在杭州日报社的实习经历可以有力地证明符合要求
相关证书	教师资格证（非必须项）	√已参加教师资格考试，作为应届生，毕业后即可拿到教师资格证书，符合要求； √普通话水平测试：二级甲等

续表

	招聘要求	王雪梅个人背景
综合素质	曾担任学生干部	√ 担任过校学生会组织部副部长、班级学习委员,符合要求
	组织管理协调能力	√ 担任学生会组织部副部长的工作经历可以很好地证明自己的组织管理协调能力
	有责任心思维灵活有亲和力	√ 实习经历及社会实践经历可以很好地证明自己具有责任心、亲和力并且思维灵活
	语言表达能力优秀	√ 世界特殊奥林匹克运动会志愿者的双语做销售的经历可转换为语言表达能力优秀的证明。
其他条件	具有本地户籍的本科生,可列入公办编制	× 非本地生源,硬伤,简历中尽量避免,不在个人信息中显示户籍信息

从上述招聘要求的背景对照表中,可以很清楚地看到在简历中该突出哪些优势。建议同学们在实际投递简历之前,针对职位要求来列出这样一个对比清单,分析自己的优劣势,从而在修改简历的时候能做到有的放矢。

2. 个人信息

个人信息部分可以再精简一些,"联系电话""邮箱""联系地址"等字样可以去掉,因为这些信息明眼人一看就知道是联系方式,不需要提示。

3. 教育背景

根据对照表所示的招聘信息中对教育背景的要求,建议突出主修专业优势及成绩。由于在××××大学辅修的金融专业与应聘的职位不相关,建议从简历中删除。如果是应聘金融类职位,可以围绕辅修的金融专业做文章,但是在应聘语文教师这个职位时,更应该强调主修的汉语言文学专业。

同时,建议在教育背景中将在《杭州日报》《新民晚报》发表文章的成就事实进行精炼概括,并在教育背景中强调所获的书法大奖一等奖。将其从底部的获奖情况中提到上面来,可以综合显示自己的文字功底。

4. 实习经历

在上海市东方语林汉语之家的实习能够证明其教学实践能力,应该重点介绍。建议将"东方语林汉语之家"的公司名称修改为"东方语林汉语学习中心",以显得更加正式、专业。在教学方法的介绍上,建议将目前的长句改为短句的形式,突出动词,并将实际教学中所采用的方法(例如肢体语言解释等)以简要的方式描述出来,从而凸显自己的教学科研和实践能力。

应将杭州日报社的实习经历中参与报道的事件进行压缩概括,而更应该突出自己在采访报道这些事件过程中所做的工作。可以通过引入与新闻报道工作相关的动词、关键词来充分表达自己的文字功底,并尽可能用数字表示自己的业绩。

5. 实践经历

三段实践经历应强调参与的组织机构、所扮演的角色,参与的时间不是最重要的。所以建议在描述这段实践经历的时候,将对应的时间调整到每行的最后显示。

在描述担任组织部副部长的工作经历的时候,缺乏实意动词的支撑,没有体现出自己所做的具体工作内容，同时也缺乏相应的业绩体现。

对志愿者的经历描述应强调与人沟通的能力，尤其是双语沟通的能力，目前的描述过于强调业绩，缺少对工作方法的描述。建议从销售方法上适当进行描述，然后顺利引出业绩，这样可以从侧面客观证明自己的语言表达能力。

学习委员的经历描述也过于简单，而且给人的感觉是处于配角的角色，缺乏主观的能动描述。

6. 获奖情况

建议将书法大赛的奖励放在第一行加粗显示，突出与其他人的不同之处。

7. 个人技能

英语、计算机基本上是大学毕业生必备的能力，简历中建议分项表明，更加清晰明确。同时，计算机能力用"计算机一级"来体现未必明智，作为文科生来说，不如转换为对Office办公应用软件的熟练掌握更有吸引力。

以下是该同学根据上述建议第二遍修改后的简历。

【第二遍修改后的简历】

王雪梅

（86）13012345678　　an××××@163.com
上海市××××大学××校区×号楼×××室

照片

求职意向	××中学语文教师			
教育背景				
2006.9—2010.6	××××大学	汉语言文学（文科基地）	本科	班级排名：前20%
	曾在《杭州日报》《新民晚报》上发表多篇文章（可附作品）；			
	获××××大学书法大赛一等奖（仅1人，参赛选手共250人）。			
实习经历				
2008.7—2008.12	上海市东方语林汉语学习中心　对外汉语教师			上海
	• 负责教授该中心2名韩国学员的汉语；			
	• 编制教学计划，针对不同汉语水平的学员，研究出中英互补、语境设定、肢体语言相结合的独特汉语教学方法；			
	• 指导的2名韩国学员分别通过了HSK9级和HSK3级的考试			
2007.7—2007.8	杭州日报社　实习记者			杭州
	• 负责《杭州日报》民生版面新闻的选题策划、采访、组稿、编辑及撰写；			
	• 通过电话、上门拜访等多种沟通方式，采访不同职业阶层的新闻人物；			
	• 采访过包括企业家、在读大学生、交通警察、普通市民、修鞋匠等20多个新闻人物，并汇编相关采访稿；			
	• 独立采编、发表的新闻稿共计6篇，累计达8 000多字（可附作品）。			

社会实践			
2007.9—2008.6	××××大学学生会　组织部副部长		上海
	- 负责组织、执行学校的各类主题活动；
- 策划开展大学团日活动，丰富学生课余生活；
- 开办团队干部培训班，组织团学讲座，参与的学生人数超过600人；
- 制定学生会干部考评表，并负责学生会干部工作的绩效考评。		
2007.7—2007.8	2007年世界特殊奥林匹克运动会　志愿者		上海
	- 使用中、英2种语言，向游客销售印有Q版姚明、刘翔形象的T恤；
- 一周内个人累计销售29件T恤，所在销售小组累计售出86件，个人销售量位列所在销售小组第1名。		
2006.9—2009.6	××××大学汉语言文学基地班　学习委员		上海
	- 成功策划、组织3次班级所有同学参与的大型户外活动。		
获奖情况			
	××××大学书法比赛　一等奖（1名，参赛选手共250人）		2008.12
	××××大学"二等"奖学金（获奖比例6%，专业第2名）		2006—2007学年
	××××大学"三等"奖学金（获奖比例30%，专业第9名）		2007—2008学年
个人技能			
	- 普通话水平测试　二级甲等；
- 已参加教师资格考试，将于2010年6月获教师资格证；
- 英语：CET-6，具备良好的听说读写能力，能用英语自由交流；
- 计算机：熟练运用Word、Excel等Office办公软件；
- 毛笔、钢笔书法均专业六级（最高九级）；
- 电子琴（专业六级）。		

很显然，第二次修改后的简历，相对第一次修改过的简历，版式更加清晰，内容更加精炼，针对性更强。

本章小结

本章重点对大学毕业生求职过程中的工作分析以及准备的自荐材料进行了介绍。通过本章的学习，学生应该了解到应聘之前的工作分析以及岗位要求分析是至关重要的，应该学会寻找自身条件与岗位需求的契合点；还应该学会制订求职计划表，掌握参加招聘会的注意事项和相关技巧。另外，在求职前最重要的准备就是自荐材料的准备，通过学习，学生应该掌握撰写自荐信的方法，重点掌握简历的制作技巧以及修改技能。

复习思考题

1. 什么是工作分析？如何找到岗位与自己条件的契合点？
2. 制订求职计划的作用有哪些？如何制订求职计划？
3. 参加招聘会应该掌握的基本技巧有哪些？
4. 求职信应该如何撰写？有哪些需要注意的地方？
5. 如何制作一份精美的简历？

第五章　面试与笔试技巧

教学目标

通过本章的学习使学生获得以下知识和技能：
1. 认识礼仪在求职及职业发展过程中的作用；
2. 了解面试过程中的基本礼仪；
3. 了解用人单位招聘程序及用人标准；
4. 掌握笔试的基本技巧以及注意事项；
5. 掌握面试的基本技巧以及注意事项。

导入案例

注意面试过程的礼仪

张华同学在校学习机械设计与制造专业，大学本科，性格活泼开朗，家境优越，在校偏爱文化课，对专业课程的学习仅是刚刚通过，比较喜欢参加一些体育运动和校园文化活动，善于言谈，每次与同学交谈，自己讲话的时间要占交谈时间的80%，穿衣服喜欢花花绿绿。

点评：衣着以整洁为标准，不须穿些奇装异服或浓妆艳抹，及戴过多首饰。当然艺术院校学生自另当别论；谈话尽量保持正常沟通。

林玉杰同学很谨慎地将个人简历递至笔者手中，简历的封面是用相纸打印出来的，有一幅个人艺术照端坐正中。因为面试现场人很多，她一直在与其他同学不停地交流着，谈班里某同学刚才在找工作时受挫了，某单位负责招聘的人长得有缺陷，等等。笔者均听在了心里，于是抬头问"林同学，能否介绍一下你在学校的成绩？"

林同学两分钟未回答出这个问题。

点评：在面试过程中，交谈时不宜东张西望，或做些小动作（如两手不停抖动、身子不停摇晃等）。因此，在面试之前要先做模拟训练，如可找同学或老师进行模拟面试。通过设计几个问题的情景模拟面试，一定会受益匪浅。

第一节 面试过程中的基本礼仪

一、礼仪的含义

礼仪是人类为维系社会正常生活而要求人们共同遵守的最起码的道德规范。它是人们在长期共同生活和相互交往中逐渐形成，并且以风俗、习惯和传统等方式固定下来的。对一个人来说，礼仪是一个人的思想道德水平、文化修养、交际能力的外在表现；对一个社会来说，礼仪是一个国家社会文明、道德风尚和生活习惯的反映。

礼仪的具体含义表现在以下三个方面：

(1) 礼节和仪式。这是传统的解释，"礼"字和"仪"字指的都是尊敬的方式。"礼"，多指个人性的，像鞠躬、欠身等，就是礼节；"仪"，则多指集体性的，像开幕式、阅兵式等，就是仪式。

(2) 人们约定俗成，表示尊重的各种方式。这是现代通俗而简洁的解释，这里的方式分行动型和非行动型，像鞠躬、给老人让座等，就是行动型的，也就是尊重的形式，这需要行动才有效果；而像庄严场合不嬉笑、别人睡觉不吵闹等，就是非行动型的，也就是行为规范，它不需要行动就有效果。

(3) 最简单地说，礼仪就是人类（大部分是中华民族）在日常交际中总结出来的最不会伤人的话。礼仪既是对他人尊重的体现，也是对自己有好处的事。

古人讲"礼者敬人也"。礼仪是一种待人接物的行为规范，也是交往的艺术。它是人们在社会交往中由于受历史传统、风俗习惯、宗教信仰、时代潮流等因素影响而形成的，既为人们所认同，又为人们所遵守，是以建立和谐关系为目的的各种符合交往要求的行为准则和规范的总和。

（一）礼仪的特征

1. 普遍性

古今中外，从个人到国家，礼仪无时不在，无处不在。凡是有人类生活的地方，就存在着各种各样的礼仪规范。远古时候，人类为了求生存要祭神求保护。这种礼仪形式至今在一些偏僻地区依然存在，如在春节时，家家户户要摆起烛台祭祖宗，祭天神、地神和灶神，以求来年风调雨顺，阖家幸福。这是人类一种美好愿望的寄托，尽管有封建迷信的色彩，但仍旧作为一种礼仪而存在。现代社交礼仪的内容已渗透到社会的方方面面，从政治、经济、文化领域，到人们的日常生活方面，礼仪活动普遍存在。比如，大到一个国家的国庆庆典，小到一个企业公司的开张之喜，再到人们日常生活中的接待、见面谈话、宴请等，均需要讲究礼仪规范，遵守一定礼仪行为准则。

礼仪是人类在社会生活的基础上产生的行为规范，全体社会成员均离不开一定的礼仪规范的制约。在生活中，许多礼仪是不随人的意志为转移的，它的存在本身具有很强的普遍性，无时无刻不约束着人们的行为，反映着人们对真善美的追求愿望。比如最简单的问候语："你好""再见"等，这几乎是全世界通用的一种问候礼节，具有绝对的普遍性。

2. 继承性

具有"礼仪之邦"之称的泱泱大国，人类的礼仪文化自然也源远流长。在礼仪发展的源流中，礼仪文化的发展是一个扬弃的过程，一个剔除糟粕、继承精华的过程。那些反映劳动人民的精神风貌、代表劳动人民道德水平和气质修养的健康高尚的礼仪得到了肯定和发扬，而那些代表剥削阶级帝王将相封建迷信的繁文缛节得以根除。比如古代的磕头跪拜风早已被现代的握手敬礼所替代，至于古代朝见天子所需的三跪九叩，更早已被抛进历史的垃圾堆。而那些"温良恭俭让""尊老爱幼"的行为规范则得到了弘扬。以往老人生日寿辰时，晚辈得行祝寿礼仪，置办寿辰酒宴以祝老人福寿无疆，万事如意，而如今的年轻人除了摆寿酒外，还在电台点歌、电视台点节目以祝老人生日快乐，寿长福远。这种变迁不仅反映了人类礼仪的一脉相承，也反映了礼仪在继承过程中得到了丰富发展，更突出了人类对那些代表礼仪本质东西的倾心向往。可见，礼仪变化的继承性必将随着人类历史的不断进步而发展。

3. 差异性

人说"百里不同风，千里不同俗"，不同的文化背景，产生不同的礼仪文化，不同的地域文化决定着礼仪的内容和形式。我国疆土辽阔，是一个多民族大家庭。不同的民族，其风俗习惯、礼仪文化各有千秋。比如见面问候致意的形式就大不一样，有脱帽点头致意的，有拥抱的，有双手合十的，有手抚胸口的，有口碰脸颊的，更多的还是握手致意。这些礼仪形式的差异均是由不同地方的风俗文化决定的，具有约定俗成的影响力。

礼仪的差异性除了地域性的差异外，还表现在礼仪的等级差别上，即对不同身份地位的对象施以不同的礼仪。同样是宴会就会因招待对象身份地位的高低而有所不同，身份和地位高的，可能就会受到更高级别的待遇，身份低的相对就可能低一等。

4. 时代性

礼仪作为一种文化范畴，必然具有浓厚的时代特色。通常一个时代的特性和内容会决定它的礼仪的表现。比如，礼仪本起源于原始的祭神，因而人类最初的礼仪是从祭神开始的，例如古代把怀孕的妇女的裸体陶塑像作为生育女神来祭拜。这正是基于人类在蒙昧时期无法更好地保护自己而产生的强烈的对生殖崇拜的一种礼仪表现。

时代的特色对文化冲击的烙印是巨大的，可以说，每个时代的文化正是时代变迁的缩影，而礼仪文化也如此。如辛亥革命的爆发，猛烈地冲击了封建社会的上层建筑及其意识形态，也影响到了人们日常生活的方方面面，于是造就了一代新风尚。据1912年3月5日《时报》记载："清朝灭，总统成，皇帝灭……新礼服兴，翎顶补服灭，剪发兴，辫子灭，爱国帽兴，瓜皮帽灭，放足鞋兴，菱鞋灭，鞠躬礼兴，跪拜礼灭，卡片兴，大名刺灭……"可见礼仪文化总是一个时代的写照。文革时期，清一色的服饰文化正是当时人们思想行为统一到一个文化模式中的反映。而现在丰富多彩的服饰文化也正是现代人丰富的内心世界的反映。

5. 发展性

我们说，时代总在不断地前进。礼仪文化也不是一成不变的，而是随着社会的进步而不断发展。一方面，礼仪文化随时代的不断进步而时刻发生着变化。如现代人所派发的礼仪电报、电视点歌祝寿贺喜等礼仪形式就是时代进步而产生的新生事物。另一方面，随着国家对外交往的不断扩大，各国的政治、经济、思想、文化等诸种因素的互相渗透，我国的传统礼仪自然也被赋予了许多新鲜的内容。礼仪规范更加国际化，礼仪变革向符合国际惯例的方面发展。如何形成一整套既富有我们国家自己的传统特色，又符合国际惯例的礼仪规范已成为必需。这种礼仪文化的培养和形成有助于我们的国家走向世界，更好地与国际接轨，成为"地球村"上一个真正的礼仪之邦。

礼仪规范的这种发展性总是与时代精神密切地结合在一起。礼仪文化的发展总是受时代发展变化的推动，时代不前进，礼仪文化的内容自然也不会得到很好的发展。时代性与发展性和继承性都是相辅相成的。总而言之，随着时代的不断进步，人类的礼仪规范必将更为文明、优雅和实用。

（二）礼仪的原则

在社会高度发展的今天，人与人的交往越来越频繁，我们的空间变得越来越小，人与人之间的距离拉得越来越近。无论是从事哪一行业，都要涉及各种各样的交际活动。一个人的言行举止影响着一个人的前程与命运，有时也关系到公司或企业的形象问题。具有良好社交礼仪规范和风度的人，在任何场合都会受到人们的欢迎。尤其是对于公关人员来说，得体的服饰和优雅的举止将会带来意想不到的收获。

要想很好地进行社会交往，就要遵照礼仪的规范做事。因此需要对礼仪的原则有基本的认识。

1. 真诚的原则

真诚是人与人相处的基础，是打开社会交往的金钥匙，这与公关语言的运用原则是基本相同的。

2. 互尊的原则

心理学家马斯洛认为，人们对尊重的需要包括对获得信心、能力、本领、成就、独立和自由等的愿望。来自他人的尊重包括这样一些概念：威望、承认、接受、关心、地位、名誉、赏识。一个具有足够自尊的人总是更有信心，更有能力，也更有效率，自然也包括对自己在社会上所扮演的角色的正确认识，否则就会为了满足自己的自尊心而造成对别人的无礼。礼仪讲究互尊原则，即相互尊敬、坦诚、谦恭、和善及得体。"你敬我一尺，我敬你一丈"，才能满足每个人的自尊心理。

3. 宽容的原则

宽容就是心胸宽广，宽宏大量，能够原谅别人的过失，能设身处地为别人着想。在现代社会，宽容已被作为现代人的一种礼仪素质。国外有家企业在招收员工时，就有一个比较新奇的规定，即在录用期内允许职工犯一个"合理的错误"。他们认为对人都应该宽宏大量，决不能求全责备，更不能鸡蛋里挑骨头。公关礼仪也要有宽容的一面，给人以宽宏大量的形象更有处于在公关活动中面对不同的人时都能进退自如。

4. 信义的原则

信义的原则是指遵时守信、"言必信，行必果"。取信于人在人际交往中是非常重要的。

5. 自律的原则

礼仪不是法律，不是由司法机关强制执行的。礼仪是待人处事的规范，是社会群体在日常生活与交往过程中形成的合乎道德及规范的一些行为准则。这些行为规范并不是某一个人或某一个团体所规定的，而是由社会大众一致认可并约定俗成的行为规范。因此，礼仪是靠人自学来维系，靠社会舆论来监督的。在这一过程中，礼仪被人们逐渐重视起来，从而发展至今形成一门规范的学科。

礼仪作为一门学科，需要教育和训练。这样可以更为广泛地在人们心中树立起一种道德信念和礼貌修养准则。这样就会获得一种内在的力量。在这种力量下，人们不断提高自我约束、自我克制的能力。从而在与他人交往时，就会自觉按礼仪规范去做，而无需别人的提示和监督。

二、职业礼仪

礼仪是人际交往互动中的润滑剂，是人与人和谐相处的重要保障。良好的礼仪有助于提高人们的自身修养，塑造良好的个人形象，促进人们的社会交往，改善人们的人际关系。当前，面对越来越频繁的人才流动、越来越大的求职竞争压力，怎样找到一份适合自己的工作，成为困扰很多求职者的问题。要想成功应聘自己心仪的职位，无疑需要自身具有过硬的专业知识和良好的发展潜力。而良好的个人修养也是大学毕业生能否在众多应聘者中脱颖而出、拔得头筹的重要因素。在众多条件优秀，能力相差不大的应聘者中，招聘人员往往会将选择的天平倾向于那些言谈举止更为得体、恰当的应聘者。

求职礼仪是礼仪的一种，是在求职过程中，通过一定的程序和方式来表现自己的律己与敬人的礼仪。主要包括：核心层面的思想系统、技能层面的行为系统和表层层面的外资系统三个部分。

礼仪的思想系统是指：任何礼仪，最基本的原则是对他人的尊敬和关注。

礼仪的行为系统是指：人际交往过程中的沟通技巧及行为方式等。

礼仪的外在系统是指：个人仪表、仪态、服饰等的直接表现。

这三者是由内向外紧密联系的一个整体。思想是核心，是行为和外在的原动力、出发点；行为则提供能力上的支持，具有动态性和发展性；外在是思想和行为的表现。

求职礼仪具有社会性和功能性的双重属性。一方面，求职礼仪是自我修养的体现，体现对他人的尊重，即求职礼仪的社会属性；另一方面，求职礼仪还具有求得他人接纳的功能属性。

求职中面试的过程，是求职礼仪发挥的重要舞台。在这个舞台上，扮演求职者的一方，一定要把握求职礼仪上的分寸，既不可狂妄自大、目中无人，也不可唯唯诺诺、过分谨慎。恰到好处地应用求职礼仪才是应聘成功的保障。

具体来说，求职礼仪的作用主要表现在以下几方面。

(1) 求职礼仪有助于提高人们的自身修养。

在人际交往的过程中，礼仪往往是衡量一个人文明程度的准绳。而在求职过程中，求职礼仪就是这样一条准绳。它不仅反映一个人的交际礼仪与应变能力，而且还反映一个人的气质风度、阅历见识、道德情操、精神风貌。因此学习和运用求职礼仪有助于提高个人的修养，真正提高个人的文明程度。

(2) 求职礼仪有助于塑造良好的个人形象。

个人形象，是一个人仪容、着装、语言、表情、举止、教养的集合，而求职礼仪在上述诸方面都有自己的要求与规范，因此学习和运用求职礼仪有益于人们更好、更规范地设计和维护个人形象,更好、更充分地展示个人的良好教养与优雅风度。

(3) 求职礼仪有助于促进人们的社会交往。

在人类社会中,无论古今中外,人只要同其他人打交道,就需要讲礼仪。同样,在求职过程中,也要讲求职礼仪。学习和运用求职礼仪除了可以提高自身修养,塑造良好个人形象,使求职者在求职应聘过程中充满自信、处变不惊之外,其最大好处是能够增加应聘者和招聘者彼此间的了解与信任,增进人际关系。纵使此次求职未能成功,也可以为将来的求职留下一扇打开的机会之门。

教学案例 5.1

机会青睐有准备的人

小李是一名某大学自动化专业即将毕业的大学生。今天,小李按照之前接到的通知来到 A 公司参加面试。在负责面试的招聘主管和部门主管问了一系列常见的问题后,招聘主管问了一个小李没有想到的问题:你能说一下上一次面试你为什么没能来参加吗?原来这家公司是小李心仪的几家求职目标公司之一,在大四第一学期就已经早早投了简历,可就在笔试通过即将面试的关键时刻,母亲和奶奶竟双双病倒住进了医院。小李必须赶回家和父亲一起照顾两位住院的亲人,所以只能放弃了当时所有的应聘机会,当然也包括 A 公司的面试。直到春节后,奶奶病逝,母亲出院回家,告别悲痛的小李才又开始一边忙着做毕业设计一边投入到求职中来。听完了小李的解释,两位主管均对小李进行了安慰,而小李则在感谢之后展现出了自己坚毅的一面,表示作为一个成年人,作为一个大学毕业生,他一定会想办法和父亲一起撑起这个家。面试至此结束。

一天之后,就在小李正要给招聘主管和部门主管写一封感谢信以表示对他们接待自己面试并给予自己建议的谢意时,A 公司招聘主管的电话先打了进来。主管很遗憾地告诉小李此次面试他没有通过,原因是其他应聘者在专业技术上更具优势,但公司依然把他保留在候选人才库中,如果以后有合适的岗位会给他机会。在礼貌地道谢并挂断电话后,小李依然给两位主管分别写了一封感谢信。

一周后,小李意外地接到了 A 公司招聘主管的电话。原来是公司出现一个岗位空缺,招聘主管认为小李合适,便打电话问他对这个岗位是否有意向,愿不愿意来参加面试。小李听完主管的介绍后也觉得自己对这个岗位很感兴趣,同时这个岗位也比较适合自己的特长,于是答应按时参加公司的面试。在经过面试等一系列的应聘流程后,小李成功地得到了这个职位,并签署了三方协议,在毕业后顺利进入 A 公司,开始了自己的新工作和新生活。

分析与点评

A 公司的招聘主管在后来谈到为什么愿意招聘小李进入公司时归纳了几点他看中小李的原因。首先,在小李放弃第一次面试时,他接到了小李的说明电话,告诉他家里出了问题,不能来参加面试,并对给公司招聘工作带来的干扰表示了道歉。这让他觉得小李是一个很懂礼貌、注意细节的学生,而在现在的大学生中这种情况并不多见,招聘人员面对的更多是各种笔霸、面霸以及无故放弃笔试、面试的学生。

然后,在第二次面试中,虽然小李的专业技术上不具优势,但小李能开诚布公地坦然面对自己的缺点,虚心接受部门主管的建议,既没有遮掩自己的不足,也没有其他过激的反应。而小李最后所讲述的家里的不幸遭遇,更是让他觉得对于小李这样一个既孝顺又懂事的学生,如果能有一个合适的岗位提供给他并适当地加以引导一定能有所成就。

最后,在他告诉小李面试没有通过时,小李依然表现出了良好的修养,不但在电话中对他表示了感谢,而且在后来给他和部门主管分别写了不同的感谢信。很明显小李是用心在写感谢信,真心地对他们的工作表示感谢,而不是简单地应付了事。

至于后来的招聘、实习乃至入职之后小李的表现更加肯定了他对小李之前的判断。他总结说:小李之所以能进入他们公司,不是因为他有什么优秀的技术,恰恰相反,小李的技术只算中上,这也是小李在那次面试中被淘汰的原因。小李能得到这个职位,更多的还是他所表现出的远高于普通毕业生的个人修养。谦虚的态度、得体的举止、诚挚的感情等一系列表现让他觉得这是一个优秀的大学毕业生,是一个可造之材。

通过A公司招聘主管的这一席话,可以看到,在应聘过程中,良好的求职礼仪表现可以为求职者在无形中增添许多分数,帮助大学毕业生们更加容易得到自己心仪的岗位。

三、基本求职礼仪

求职者的形象给面试官的印象好坏,关系到能否顺利踏入社会,找到一份合适满意的工作。为此,毕业生在面试前对个人形象进行设计是必要的。但是,并非所有的"包装"都能奏效,有时还会适得其反。那么,在面试的礼仪和形象设计上,大学生应该注意哪些求职礼仪问题呢?

(一) 服饰礼仪

求职尤其是参加面试时的服饰一定要符合求职者的身份。作为大学生,可以穿着体现大学生身份的服饰,也可以选择目标岗位所需要的职业服饰,但不必追求高端或者奢侈的品牌服饰。求职面试时,合乎自身形象的着装会给人以干练、专业的印象,男生应该显得精神、大方,女生则应该显得庄重、俏丽。着装体现了应聘者的仪表美,除了整齐,还应该同时兼顾以下原则。

1. 整洁大方

一个人与他人交往的第一印象很重要,外表是人们踏上社会的第一张名片。毕业生在应聘时,首先要注意自己的衣着和打扮。

许多人认为难得有一次面试的机会,一定要大出风头,于是买了许多时髦、前卫的服装。这是一个极大的误区。一般正规的企业都很欣赏传统、保守的正装,所以,服装不一定要是名牌,庄重、得体、整洁就好。

整洁的衣着反映出一个人良好的、积极向上的精神状态,而衣衫褴褛者则给人以颓废、消极、空虚、精神萎靡的感觉。因此衣服不一定要多么昂贵,但一定要勤换、勤洗,不能褶皱有污迹,更不能有异味。

服装需端庄、大方,让人感到亲近、可信、易于相处。在去求职面试前,应将脸洗干净,头发梳整齐。男同学应刮胡子,女同学可以适当化淡妆。身上可以适当佩戴装饰品,但不宜过多。

2. 整体和谐

面试中有的人不太注重服装,穿着过于随便,这也会使招聘人员对应聘者的印象大打折扣。求职时的服饰打扮应该注意稳重、正式。一般来说,套装较为普遍适宜,而且一定要整洁干净,大小合身,大一码或小一码都会影响穿着效果。衣服的颜色宜选择中性色,要注重现代感,把握积极的方向。头发要梳理整齐,不要乱蓬蓬或黏糊糊。穿深色衣服时最好事先拍拍两肩,以免头皮屑掉在上面。

服饰礼仪中所讲的服饰,并不完全是指人们日常生活中的衣服和装饰物,而主要是指一种将服饰搭配穿着在身之后所构成的状态。它包括了它所表达出的人的社会地位、民族习惯、风土人情以及人的修养、趣味等因素。所以不能简单地以衣服的好坏来评价人在着装之后的美丑,而必须从总体的角度去考虑和体现各种因素的和谐一致,做到合体、入时、从俗。

合体,就是追求服饰与人体比例的协调统一。服饰早已由原始的保温、遮体之物发展成一种美化人体的艺术品。服饰只有与人体相结合,并依据每个人不同的特征进行不同的搭配,把服饰与人体融合为一个有机的整体,才能更好地发挥服饰美化人体的作用。

入时,就是要求服饰和自然的协调统一。这样既能保证着装者的健康,也能给他人带来舒适的视觉感受。

从俗,就是追求服饰与社会环境、民族习俗的协调统一。应该努力使服饰展现出当前时代的风貌和特征、各民族不同的特色与习俗、各种场合的不同氛围和特点。

选择什么样的服饰,能够在很大程度上体现出穿着者的个性、审美。尤其是在大学生求职应聘时,整个人群服饰趋同度较高,需要大学生根据自身形体、年龄、求职岗位等因素的特点,扬长避短,通过服饰搭配穿出自己的品位,打造出自己的风格,在不违反礼仪规范的前提下,展现出自己的独特个性。

另外,不可忽视不同职位对穿着的不同要求,例如应聘公关职位就要适当地注意时尚,而应聘文秘、财会职位就应与时尚拉开适当的距离。以下提供一个个人形象设计表,供同学们参考。如表5-1所示。

表5-1 个人形象设计评价表

姓名	站姿 1	走姿 2	坐姿 3	态度 4	妆容 5	发型 6	服饰 7	整体总评 8	最佳点	不足点	备注

(二)举止礼仪

在求职过程中,大学生要遵循以下原则,以表现出良好的修养。

(1)保持诚恳的态度。

在求职面试过程中,应聘者应该适当放松,不要过分紧张,记得要保持微笑,并对身边每一个人彬彬有礼。切不可一切以自我为中心。

(2) 注意身体语言。

身体语言在人际交流中占有相当重要的地位。在许多面试失败的案例中，求职者都不知道自己输在哪里，觉得自己专业对口，对答无误，也没有什么不合礼仪的表现。其实，很多时候是不当的身体语言暴露了求职者的弱点。面试时，求职者面对主考官应该保持目光接触，以示尊重。但目光接触不是一直盯着主考官看，而应是适时地和主考官对视，每次对视一般以不超过 10 秒为宜。切记不可目光闪烁、左顾右盼，这既会让人感到不被尊重，也会让人怀疑求职者缺乏自信。除了保持目光接触，身体姿势和习惯动作也同样要注意。无论走路、坐下都要有端正的姿态，挺胸抬头，展现饱满的精神面貌；交谈时也不要手舞足蹈，只要用适当的手势配合自己的话语表达清楚自己的意思就可以了。

(3) 注意声音控制。

语言除了所表达的内容外，其本身也可以透露出许多信息。人们可以通过声音来判断一个人是否紧张，是否自信。大学生们在平时应有意地练习演讲、交谈的艺术。在交谈中要注意控制自己的语速、语调、音量。保持正常或略慢的语速、平静的音调、适中的音量，同时减少不必要的语气词，可以更好地表现说话者的素质。

(三) 面试过程中的礼仪

求职面试时，应该何时到达面试地点是求职者遇到的第一个问题。通常而言，比约定时间早 5~10 分钟到达面试地点较好，这样既可以有充裕的时间到洗手间整理一下服饰和仪容，也可以平静一下求职者的心情，以便更好地面对即将到来的面试，切记不可让招聘人员等候。如果提早来到面试地点，千万不可在等待区走来走去，更不可在公司内闲逛，随意翻阅公司资料。否则，不但会打扰正在工作的公司职员，更会给人留下没有规矩，不懂礼数的不良印象。

毕业生在面试过程中表现出的礼仪水平，可以反映出人品、修养等个人形象，因此，面试过程请务必注意以下几点：

1. 入座礼仪

进入主考官的办公室，一定要敲门而入，等到主考官示意坐下再就座。如果没有指定的座位，可选择主考官对面的位子坐下。另外，注意坐姿的优美与精神。坐椅子时，最好只坐 2/3，两腿并拢，身体可稍稍前倾。千万不要直接坐到座位上，更不要和考官并排坐在一起，否则都是不礼貌的，会让求职者在面试还没开始时就先丢分。

2. 自我介绍的分寸

当主考官要求你做自我介绍时，不要像背书似的把简历上的一套再说一遍，那样只会令主考官觉得乏味。用舒缓的语气将简历中的重点内容稍加说明就可以了，如姓名、毕业学校、专业、特长等。如主考官想深入了解某一方面时，你再作介绍，如果能用简洁明了的话语回答考官的问题，效果往往会更好。

3. 行为举止

求职者在面试时要注意自己的行为举止：

(1) 注意站正坐直，不要弯腰低头；

(2) 双手放在适当的位置，不要做些玩弄领带、掏耳朵、挖鼻孔、抚弄头发、掰关节、玩弄招聘者递过来的名片等多余的动作；

(3) 双腿不要不停晃动、翘起；

(4) 自己随身带着的公文包或皮包，也不要挂在椅子背上，可以把它放在自己坐的椅子旁边或背后。

4. 询问与应答的礼仪

保持积极自信的心态，是面试中智慧语言不断迸发的前提。面谈时要充满自信。回答问题时要尽量详细，按招聘人员的话题进行交谈。有的主考官会故意提问一些令求职者感到受冒犯的问题，用来试探一下求职者如何对待这种情况，考查求职者的修养和应对多变情况的能力。此时一定要冷静，不能意气用事。可以拒绝回答，但口气和态度一定要婉转、温和。

5. 学会聆听

面试形式多种多样，求职者不但要学会准确地表达自己所要表达的内容，也要学会聆听他人的话语。在考官或其他求职者讲话时，要认真地听，不要随意打断对方。必要时，可以边听边把重点记录下来。对于赞同的内容可以适时地点头并给予微笑表示认同。而对不同的意见，要保持冷静、客观，以开阔的心胸来包容。遇到不明白的问题，要勇于提问，如果能多问几个关键问题，反而可以体现求职者敏锐的观察力。

6. 及时告辞

有些面试官以起身表示面谈的结束，另一些人则用"同你谈话我感到很愉快"这样的辞令来结束谈话。对此，我们的毕业生要十分敏锐，及时起身告辞。告辞时应同面试者握手，还要将椅子放回原位，然后面带微笑地向主考官致谢。

（四）面试后的礼仪

面试结束并不是求职的完结，恰恰相反这可能是求职者进入新单位，开始新工作的第一步。如果忽略了面试后的礼仪，没有做好应做的善后工作，那么面试可能会成为求职者与这个单位的最后一次接触。做好以下步骤不但是求职后应有的礼仪，也是加深别人对求职者好印象的良方。

首先，如果可以的话，轻声起立后和考官握手告别并致以感谢。然后，将座椅轻推回原位，并安静离开，出门时要轻开轻关，不可大力开关。在离开公司时要对相关负责接待的工作人员表示感谢。面试后写一封感谢信给接见者，这不仅礼貌，还可加深印象。在接到不录用的通知后，也要写信或发个"E-mail"表示感谢，以便下次联络。最后，要耐心等待结果，或在面试两三天后礼貌地联系单位查询结果。

总之，面试时，一定要保持斯文有礼、不卑不亢、大方得体、生动活泼的言谈举止。这不仅可大大提升求职者的形象，而且往往会使成功机会大增。

第二节　笔试与面试的技巧

一、用人单位招聘程序及用人标准

了解用人单位的招聘流程以及用人标准，是应聘者在参加笔试和面试前必须做的前期准备工作。

（一）用人单位招聘流程

（1）制订人力资源规划。单位围绕自身发展目标、部门负荷能力和实际人员情况，编制各部门人员预算。人力资源部门根据通过审批的招聘人员计划，安排招聘工作。通常由人力资源部门牵头组织，其他生产、职能部门参与对人力资源情况的评价。

（2）确定需求和招聘计划。单位根据评价结果，决定招聘人员的岗位、条件和人数。

（3）寻找潜在的职位候选人。人力资源部门在人才市场或校园招聘会上发布招聘信息，说明岗位职责、人员数量、资质要求等，并初步接收应聘者的简历。

（4）对职位候选人进行甄选。单位根据申请职位者与职位的相关程度进行加权评分，并依次决定哪些人有资格参加第一次考试。

（5）笔试。单位通常采用笔试对候选人的能力、悟性、智商、专业知识等方面进行考核，但具体内容则需根据职位和单位的文化而定。人力资源部门评判笔试的成绩，按成绩顺序和淘汰比例挑选面试候选人员。

（6）面试。由人力资源部门负责人主持组成面试小组进行面试。

（7）核实。人力资源部门对候选人的申请资料进行核实，公布面试结果。

（8）进行体格检查。

（9）签订劳动合同，确认双方的责任、权利。

（10）上岗培训。单位一般对新员工会进行岗前培训，通过培训让新员工了解企业精神、企业文化和规章制度，或者让新员工参加拓展训练等，使新员工尽快适应新的工作并尽快融入新的集体之中。

（二）单位用人标准

每个单位都有不同的历史文化背景，也有不同的组织文化模式，那么表现在管理风格及对人员的要求上就会有所差异。通常单位的用人标准在硬条件上主要包括：较强的专业背景、较好的外语水平、计算机应用能力、跨文化交流和沟通能力等；在软件条件上包括：诚实和责任感、团队精神和敬业精神、组织计划能力、理解分析能力、判断决定能力、学习创新能力、应变和适应能力、协调和沟通能力、语言和文字表达能力，等等。

国际上一些知名企业在人力资源的使用上各具特色，各有千秋。

1. 诺基亚

以人为本。诺基亚的企业文化的核心是"以人为本"。在人才的判断价值上，诺基亚是通过两个方面去实践"以人为本"的：一是硬件系统，包括专业水平、业务水平和技术背景，一般由部门的执行经理来考查；二是软件系统，包括沟通能力、创新能力以及灵活性等，一般由人力资源部门来考查。

2. 摩托罗拉

5个E。第一个E——Envision（远见卓识）：对科学技术和公司的前景有所了解，对未来有憧憬；第二个E——Energy（活力）：要有创造力，并且可以灵活地应对各种变化，具有凝聚力，带领团队共同进步；第三个E——Execution（行动力）：不能光说不做，要行动迅速，有步骤、有条理、有系统性；第四个E——Edge（敏锐）：有判断力，是非分明，敢于做出正确的决定；第五个E——Ethic（道德）：品行端正、诚实，值得信任，尊重他人，具有合作精神。

3. 西门子

培养企业家类型的人物。百年老店西门子被誉为"企业家的摇篮"。事实上,西门子寻找的正是企业家类型的人物,他们对未来的"企业家们"的基本要求是:良好的考试成绩、丰富的语言知识、广泛的兴趣、强烈的好奇心、有改进工作的愿望,以及在紧急情况下的冷静沉着和坚毅顽强。

4. 壳牌

CAR潜质。壳牌招聘人才主要是着眼于未来的需要,所以十分看中人的发展潜质。壳牌把发展潜质定义为"CAR",即Capacity(分析力):能够迅速分析数据,在信息不完整和不清晰的情况下能确定主要议题,分析外部环境的约束,分析潜在影响和联系,在复杂的环境中和局势不明的情况下能提出创造性的解决方案;Achievement(成就力):给自己和他人有挑战性的目标,为出成果,百折不挠,能够权衡轻重缓急和不断变化的要求,有勇气处理不熟悉的问题;Relation(关系力):尊重不同背景的人提出的意见并主动寻求这种意见,表现诚实和正直,有能力感染和激励他人,坦率、直接和清晰的沟通,建立富有成效的工作关系。

5. 惠普

看推荐人怎么说。惠普既重视潜力,又注重能力,所以惠普除了一般的招聘程序,还需要求职者提供两个比较了解你的推荐人——可以是客户、同事,也可以是以前的老板。

6. IBM

高绩效。IBM需要高绩效的人才,在IBM的"高绩效"文化中,主要包括三个方面:Win——必胜的决心;Execution——又快又好的执行能力;Team——团队精神。

7. 微软

雇用有潜质的人。比尔·盖茨曾说:"在我的公司里,我更愿意雇用有潜质的人,而不是那些有经验的人。因为从长远来看,潜质更有价值。如果雇员以加薪或是提升作为条件威胁要辞职,那么即使会造成短期的麻烦局面,我也会让他们走,因为不受眼前因素左右的雇用政策将有利于公司长远的发展。"

8. 朗讯

GROWS标准。朗讯的企业文化是"GROWS",朗讯在招聘时的一项重要考查内容就是看应聘者是否能够适应"GROWS"标准。所谓"GROWS",包括以下5个方面:G——全球增长观念;R——注重结果;O——关注客户和竞争对手;W——开放和多元化的工作场所;S——速度。

9. GE

不拘一格。通用电气公司(GE)从不在意员工来自何方,毕业于哪个学校,出生在哪个国家。GE拥有的是知识界的精英人物。年轻人在GE可以获得很多机会,根本不需要论资排辈。GE有许多30岁刚出头的经理人,他们中的大部分在美国以外的国家受教育,在提升为高级经理人员之前,他们至少在GE的两个分公司工作过。

10. 宝洁公司

八项基本原则。宝洁公司对人才的重要性是这样理解的:"如果你把我们的资金、厂房及品牌留下,把所有的人带走,我们的公司会垮掉;相反,如果你拿走我们的资金、厂房及品牌，留下我们的人，10年内我们将重整一切。"宝洁公司对人才素质的要求归结为八个方面：领导能力、诚实正直、能力发展、承担风险、积极创新、解决问题、团队合作、专业技能。需要指出的是这八个方面是并列的，没有顺序先后之别。"诚实正直"和"专业技能"一样重要。

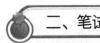

二、笔试的技巧

笔试是招聘时常用的一种考核办法，是考核应聘者学识水平的重要工具。用人单位以书面形式对应聘者进行全面的考核，是用人单位了解应聘者真正潜力的办法，也是对应聘者所掌握的基本知识、专业知识、文化素养和心理健康等综合素质进行考核和评估的方法。

对于毕业生求职要求公开信息，公平竞争，公正录用。笔试正是单位提供给毕业生进行公开竞争的平台。笔试也最适合应试人数较多、需要考核的知识面较广的情况。

（一）笔试的类型及特点

初级职业者由于缺乏实践经验，专业能力更多地由学位证书和培训证书来体现。但是证书相同，能力却不同。所以，单位在招聘时除了看专业，更看中应聘者的综合素质，因为综合素质真正决定了一个人的专业能力和职业发展潜力。例如，一个人如果思维缺乏逻辑性，不懂得如何发现和处理问题，缺乏学习能力，那么他即使靠死记硬背获得了专业证书，实际的专业能力也是比较低的。即便这个人是个偏才，但是他如果不懂得如何与同事合作，不能进行正常沟通表达，那么他的职业发展空间也一定会受到限制。

大公司和小公司的笔试内容的侧重点是有很大区别的。一般小公司注重实用性，考的比较细，目的就是"拿来就用"。大公司则强调基础和潜力，所以考的比较泛，多数是智力测验，类似于IQ测试。有些单位在了解毕业生学习成绩的基础上，更侧重于对毕业生综合知识面、反应速度、解决问题的能力与技巧等的考核，此外还会测试情感、性格倾向等。例如，摩托罗拉曾经的笔试内容是非技术的，包括很多英文阅读和智力测验。这类笔试对于应试者的专业背景的要求也相对宽松。非技术性笔试的考查内容相当广泛，除了常见的英文阅读和写作能力、逻辑思维能力、数理分析能力外，有些时候还会涉及时事政治、生活常识、情景演绎，甚至智商测试等。

1. 专业水平考试

专业水平考试主要是检验毕业生担任某一职务时是否能达到所要求的专业知识水平和相关的实际能力。关于毕业生的文化知识和专业知识水平，有些单位不仅要了解毕业生的学习成绩，还要了解毕业生应用知识的能力或侧重于某些方面的知识能力。比如企业进行与单位生产技术相关的专业知识、技能考试的技术性考试。这类笔试主要针对应聘研发型和技术类职位的求职者，其特点是：对于相关专业知识的掌握要求比较高，题目主要涉及关于工作需要的技术性问题，专业性比较强。这类考试的结果，和同学们大学四年的学习情况密不可分。如外贸企业对应聘者要考外语，科研机构招聘人员要考动手能力，公检法机关录用干部要考法律知识，等等。所以，要成功应对这类考试，需要坚实的专业基础。

一般大型公司，如IBM、Microsoft、Oracle等在招聘时都会进行这样的笔试。例如微软工程院在某年安排的笔试，都是关于C、C++语言的题目，对应聘者的编程能力要求非常高。最后经过笔试筛选，淘汰了90%的候选者。由此可见笔试对技术性职位的重要性。

2. 文化素质考试

文化素质考试是为了检验毕业生的实际文化素质，由用人单位给出范围或特定要求，让应聘者通过作文来考查其知识、思维、文字表达能力的一种笔试方式。考试的题目以话题类居多，如：要求文科学生运用某一理论原理，或某一历史知识，分析某一问题；要求理工科学生运用某一专业知识，解决某一实际问题等。

3. 技能测试

技能测试是为了检验应聘者的实际工作能力或专业技术能力。这种考试往往针对特定的工作岗位来设计。比如用人单位要招聘一名秘书，为了考查应聘者是否具有这方面的技能，会通过下面的题目类型来测试：阅读一篇文章，写读后感；自编一份请示报告和会议通知；听取5个人的发言，写一份评议报告；某公司计划在5月赴日本考察，写出需做哪些准备工作，等等。

4. 论文笔试

论文笔试是检验求职者分析、综合、比较归纳、推理等思维能力的方法。其形式为论述题或自由论答型试题。该笔试的最大长处，是有利于考查求职者的思考能力，从而能够考查求职者思想认识的深刻程度。这种测试往往会导致种种不同的答案，易于发现人才，远比简单的测验题更能判断一个人的水平。论文笔试要求毕业生讨论问题要深刻、有见地。

5. 心理测试

心理测试是用事先编制好的心理素质标准化量表或问卷考查应试者，要求被试者在一定时间内完成，考查者根据完成的数量和质量来判断应试者心理状况或个性差异的方法。一些特殊的用人单位常常以此来测试求职者的态度、兴趣、动机、智力、个性等。

6. 国家公务员录用考试

所谓国家公务员是指，依法履行公职，纳入国家行政编制，由国家财政负担工资福利的工作人员。

2006年，国家公务员法实施后，除行政机关外，中国共产党机关、人大机关、政协机关、审判机关、检察机关、民主党派机关的工作人员也纳入公务员队伍。

对于想进入上述机关单位的求职者，按组织、实施考试的主体的不同，要分别参加每年一度的中央国家机关国家公务员录用考试（属于职位考试）和由各省、市人事厅（局）组织的地方公务员录用考试（有的地方属于职位考试，有的地方属于资格考试）。

公务员考试是考查考生平时的各种知识的积累以及其自身的综合素质，其中主要考查应试者的知识水平、应试水平、写作能力和思维能力等。考试的内容主要包括知识测试、智能测试和技能测试等。

（二）笔试的准备

笔试主要是用以考核应聘者特定的知识、专业技术或应聘者对文字的运用能力，其中对文字的运用能力通常需要重点考查。因此，毕业生参加笔试要做好如下准备。

1. 学以致用，理论联系实际

现在的求职考试越来越强调用学过的知识来解决实际问题，具有很强的实用性。换句话说，现在的应聘考试主要是考核应聘者对知识的运用能力。因此，在复习过程中必须始终突出一个"用"字，即通过各种实践，把学得的知识运用到工作实际中去解决各种实际问题。

2. 提纲挈领，系统掌握

在知识与能力这两者中，知识无疑是基础，没有扎实的基础知识，也就无从谈起能力的培养和提高。掌握知识的有效方法就是把零散的知识系统化。但是笔试往往范围大、内容广，存在着一定的随意性和盲目性，因此，凡是与求职有关的一些知识，如文史知识、科技知识、经济知识、法律知识和一般的电脑知识，均要进行系统的复习。

3. 多读多练，提高阅读能力

提高阅读能力对扩展知识面和回答应聘考试的各类问题很有益处。要提高阅读能力，就得坚持进行阅读实践。知识的获得，主要依靠阅读；能力的提高，则必须通过实践。复习时经常做一些阅读训练，有助于阅读能力的提高。在做阅读训练时，一定要做到"眼到"和"心到"，特别是"心到"，即对每个问题都进行仔细揣摩、认真思考、分析比较、总结归纳，努力提高自己的阅读能力。

4. 敏锐思考，提高快速答题能力

为了适应招聘考试中的题量，还应该尽快培养自己快速阅读、快速思维和快速答题的能力。因为现代阅读观念不只着眼于信息的获取，而且还特别重视速度。所以在准备笔试的时候一定要提高做题速度。

5. 笔试的技巧和方法

笔试的首要内容是基础知识和专业技能，其次是与专业知识有关及与招聘单位有关的某些知识和技能。在参加笔试时要掌握以下技巧和方法。

（1）克服自卑。

笔试怯场，大多是由于缺乏自信心所致。客观冷静地对自己进行正确评估，有助于克服自卑心理，增强信心。应聘笔试同高考不同，高考是"一锤定音"，而求职应聘考试则有多次机会。

（2）科学答卷。

拿到试卷后，首先应通览一遍，了解题目的多少和难易程度，以便掌握答题速度。然后按先易后难的原则排出答题顺序，先做相对简单的题，后做难题。这样就不会因为先做难题浪费太多的时间，而没有时间做简单的题。遇到较大的综合题或论述题，则应先列出提纲，再逐条撰写。最后，要尽量挤出时间对容易出错的地方进行检查，特别注意不要漏题，更不能跑题或出现错别字、语法不通、词不达意等错误。另外，应当注意的是卷面字迹要清晰，书写过于潦草或字迹难于辨认也会影响考试成绩。因为求职笔试不同于其他专业考试，有时招聘单位并不是特别在意应试者考分的稍许高低。认真的态度，细致的作风，通常会大大增大被录用的可能性。

（三）笔试应注意的问题

1. 有备无患

提前熟悉考场环境，有利于消除应试的紧张心理。除携带必备的证件外，一些考试必备的文具（签字笔、橡皮等）也要准备齐全。考试前要有良好的睡眠，以保证考试时有充沛的精力和良好的竞技状态。

2. 遵守考试规则和考场纪律

仔细阅读了解试卷的说明，不要仓促作答，不要跑题、漏题或文不对题；更不能不顾考场纪律，把参考资料随意带进考场，擅自翻阅字典、使用电子词典等。

3. 手机等通信工具主动上交

毕业生参加笔试，一定要注意按照监考人员的要求，关掉手机将其放在包里或直接交给监考人员保管。否则手机等通信工具响起来，应聘者会不自觉地去看，就有作弊的嫌疑或给用人单位留下不严谨的印象，这将直接影响到笔试的成绩。

教学案例 5.2

做好准备　顺利应试

某高校毕业生小张在简历投递出去，苦苦等待了一周后，终于接到了电话，通知他参加笔试。为了应对这次考试，小张做了充分准备，提前搜集资料，并进行针对性的练习。笔试试题发下来，内容是两个案例，每个案例又分两部分，每部分有5题，总共20道选择题。每个部分都有背景介绍和大概的分析思路，题目类型主要有逻辑题、图表题、分析题等。为了防止应聘者乱猜答案，笔试设定了规则：不答不计分，答错倒扣分。小张胸有成竹地做完题，看还剩5分钟，就提前交卷了。最后，小张顺利通过了这次笔试。

分析与点评

经常阅读与专业有关的报刊与书籍，就会对这个领域比较熟悉，在笔试时读材料的速度就会比没有相关知识的人快得多。而且笔试时要认真审题，充分运用题目中提供的数据。

阅读资料 5.1

中国移动公司笔试题目

一：填空

1：中国移动三大品牌是____，____，____，其口号分别为____，____，
2：中国六大运营商分别为中国移动，____，____，____，____，____，
3：白日依山尽，黄河入海流，此诗为著名诗人____所著。
4：用加减乘除使得给出的4个数字得出以下答案：24。
（一）5，6，7，8；（二）3，3，8，8

二：问答

1：用十种方法向和尚推销梳子。
推销梳子的故事
有一个单位招聘业务员，由于公司待遇很好，所以很多人面试。经理为了考验大家就出了一个题目：让他们用一天的时间去向和尚推销梳子。很多人都说这不可能的，和尚是没有头发的，怎么可能向他们推销？于是很多人就放弃了这个机会。但是有三个人愿意试试。第三天，他们回来了。
第一个人卖了1把梳子，他对经理说："我看到一个小和尚，头上生了很多虱子，很

痒，在那里用手抓。我就对他说抓头要用梳子抓，于是我就卖出了一把。"

第二个人卖了10把梳子。他对经理说："我找到庙里的主持，对他说如果上山礼佛的人的头发被山风吹乱了，就表示对佛不尊敬，是一种罪过。假如在每个佛像前摆一把梳子，游客来了梳完头再拜佛就更好！于是我卖了10把梳子。"

第三个人卖了3 000把梳子！他对经理说："我到了最大的寺庙里，直接跟方丈讲，你想不想增加收入？方丈说想。我就告诉他，在寺庙最繁华的地方贴上标语，捐钱有礼物拿。什么礼物呢，一把功德梳。这个梳子有个特点，一定要在人多的地方梳头，这样就能梳去晦气梳来运气。于是很多人捐钱后就梳头，而梳头又促使很多人去捐钱。一下子就卖出了3 000把。"

2：有两个桶，一个三斤，一个五斤，水无限，如何得出精确的四斤水。

3：三筐苹果，一筐全红色，一筐全绿色，一筐红绿混杂，苹果筐子上分别贴了三张假标签（例如：若帖"红苹果"标签的筐子里装的一定不是全红色的，有可能为绿或混合）。请问如何在只拿出一只苹果的情况下得出三筐苹果的实际颜色。

4：夜晚过一桥，甲过需要一分钟，乙两分钟，丙五分钟，丁十分钟。桥一次最多只能承受两人，过桥必须使用手电筒，现在只有一只手电筒。请问4人如何在17分钟内全部过桥。

5：如何用一句最经典的话来批评犯错的美丽女性。

6：顾客永远是对的吗？

三：论述题

你为什么想进入本公司，你有何优缺点？（可以用汉语或英语，只能选其中一种）

三、面试的技巧

面试是用人单位经过精心设计，在特定场景下，通过考官与考生面对面的交谈，以观察为主要手段，测评应聘者的知识、能力、经验等有关素质的一种考试形式。面试给单位和应聘者提供了进行双向交流的机会，能使单位和应聘者之间相互了解，从而相对准确地为双方提供做出聘用与否、受聘与否的决定。

（一）面试的类型及特点

1. 个别面试

个别面试也称单独面试。在这种形式下只有一个主考官负责整个面试过程。一个应聘者与一个面试人员面对面的交谈，有利于双方建立较为亲密的关系，加深相互了解。但由于只有一个面试人员，因此决策时难免有偏颇。

2. 小组面试

小组面试通常是由两三个人组成面试小组对各个应聘者分别进行面试，面试小组可由人力资源部门及其他专业部门的人员组成，从多种角度对应聘者进行考查，从而提高判断的准确性，克服个人偏见。

3. 集体面试

集体面试是在无领导小组的情况下，由一名主考官负责考查，让应试者采用小组讨论的形式进行面试的方法。通常要求应聘者自由讨论主考官给定的题目，题目一般是拟任岗位的职务需要问题，或是现实中的热点问题。通过小组讨论、相互协作解决某一问题，或是让应聘者轮流担任领导主持会议，发表演说等。考官不参加提问或者讨论，通过观察倾听，为应聘者进行评分，来考查应聘者的逻辑思维能力、解决实际问题的能力、人际交往沟通能力、洞察与把握环境的能力、组织领导能力等。这种面试具有很强的岗位特殊性、情景逼真性和可操作性。

4. 情景模拟测试

情景面试是面试形式发展的新趋势。在情景面试中，突破了常规的一对一或多对一的面试形式，用人单位根据应聘者的职位，编制一套与该职位实际情况相似的项目，将应聘者安排在模拟的、逼真的工作环境中，通过角色扮演、演讲、答辩和案例分析等情景模拟方法，让应聘者的才华得到更充分、更全面的展现，主考官对应聘者的素质也能做出更全面、更深入、更准确的评价。

在情景面试中，应聘者应落落大方，自然地进入情景，去除不安和焦躁心理，只有这样才能发挥出最佳水平。

5. 其他面试形式

（1）餐桌面试。这种面试的形式是同用人单位某个部门的主管一起用餐，边吃边谈。餐桌面试一般用于测评高级或者重要职员时使用。这种面试易于创造一种亲和的氛围，让应聘者减轻压力，以便真实地反映应聘者的素质，同时也可以在特定的情景中，全面考查应聘者对社会文化、风土人情、餐桌礼仪、公关策略和临场应变等能力的真实情况。

（2）会议面试。会议面试是让应聘者参加一个会议，就会议的议题展开讨论，确定方案，得出结论。这种面试内容通常就某一具体案例，进行分析处理，从中可以比较直观、具体、真实地展现应聘者实际应用知识的水平和能力。会议面试主要考查应聘者思维视野的宽窄、分析判断和应用决策能力。

（二）面试的准备

笔试是非主观性的，所有的人只有一份卷子，而面试则不同，应聘者面对的是人，人为因素掺杂进来了，所以面试是技巧性最强的应聘环节。因而，面试时应做如下准备。

（1）准备好有关的背景资料。首先，带上一份齐全的自荐资料，包括姓名、性别、联系地址和电话、家庭住址和邮政编码、电子邮箱以及就读学校、专业、教育背景乃至工作经历等有关的个人情况；然后，要带上各种获奖证书和专业证书等；最后，最好准备一小段特色的自我推荐的小文章等，以便必要时使用。

（2）知己。

要熟悉自己各方面的情况，如学过哪些与求职的工作有关的课程，以及与职业有关的自己的能力、特长、个性、兴趣、爱好等。具体而言就是了解所求的工作岗位对知识技能、综合素质的要求，有针对性地展示自己的特长。比如，应聘销售人员所要具备的基本素质有较好的沟通能力、组织能力、说服力，有亲和力，有客户影响力，有热情，有韧性，此外还要能说会做。

（3）知彼。

要尽可能多地搜集有关用人单位的详细资料，了解用人单位的招聘程序及用人单位的用人标准等，做到心中有数。

要尽可能地了解面试背景、面试可能采取的方式、面试人员的情况、面试场地的情况等。

（三）面试的技巧与方法

面试就像解答一道求证难题，就是要通过各种方式方法的提问和测试来反复求证应聘者和该职位的一致性。

一般而言，面试是没有绝对正确答案的。考官看重的不是答案，而是从面试过程当中，你表现出来的分析能力和创造能力。对于大学毕业没有工作经验的学生来说，大多数情况下面试不会很难，也不会需要对那个行业有系统的深入了解，但大学毕业生需要做一些准备工作。

1. 如何应对多名主考人的面试

要令一群观念及想法都不尽相同的人对你产生好印象是不容易的。因此这种面试困难较大，应注意以下几点：

（1）面试开始时，都会有人先介绍各个主考人员的姓名和职位，应聘者应尽可能地记住每个人的姓氏和职位，以便在面试时恰当地称呼主考人。若所求职位需要专门技术，往往会有专家在场，就更应格外注意。

（2）面对多名主考人，应聘者往往不知把目光投向哪一位，通常是看着发问者，自己的问题可向面试负责人提出，在面试过程中要集中注意听完对方的讲话，切勿中途打断或插话。

（3）如果某一位主考人对你特别挑剔或表示不满时，不要紧张，更不要出言不逊，只要从容应对便可，切不可得罪其中任何一人，以免由此导致整个面试的失败。

（4）面试时也常碰到两个主考人同时提出不同问题的情况，只需逐一回答，而不能只回答一个而不理另一个发问者。具体应根据问题和环境做出先后的回答。

（5）回答问题简明扼要，切勿啰嗦，注意语调，同时要留意观察主考人的反应，适时做出相应调整。

2. 面试官心理的主要特点

面试官会通过面谈了解求职者的性格及人际关系，了解应聘者的情绪、人格、成熟度；面试官还会通过面谈观察应聘者对工作的热诚度及责任心，了解应聘者对人生的理想、抱负及上进心。因而了解面试官心理，对成功应对面试有很大帮助。

面试前对面试官心理进行分析，可以在面试时针对面试官可能有的心理状况，采取不同的心理战，并为大学生求职提供一定的理论依据。因此对面试官的心理分析就成了众多大学毕业生关注的话题。不同的用人单位，由于客观背景不一样，招聘人员的心理状态也是不一样的。然而作为招聘人员，其共同的心理特征主要有：

（1）注重第一印象。

从心理学角度讲，第一印象在面试官心目中十分重要。因为，同陌生人第一次见面，对方的仪表、言谈、举止、气质、反应力等，往往给人们留下一种最初的感觉印象。由于是"最初的"，以新鲜、深刻、引人注目、容易记住为主要特点。又由于是以观察的感觉形象为主，所以容易引起人们情绪上的反应是喜欢或不喜欢。

在主考官面前，应聘者应建立什么样的第一印象呢？自卑怯懦、狂妄自大、自我封闭、计较多疑、虚伪势利都是不可取的。应聘者应诚实而不虚伪、自信而不自负、热情而不孤僻，并根据自身条件，不卑不亢、实事求是地和主考官面谈。唯有以真诚的态度与主考官沟通信息，交流感情，一个良好的第一印象才会自然而然地出现在主考官的脑海里。有的求职者不懂得这点，大大咧咧、疏于准备，自以为是，殊不知这样的态度正是失去机会的原因。

(2) 优势心理。

面试官因处于主导地位而产生的居高临下的心理倾向。通常表现为面试谈话中的随意性、分析判断上的主观性和面试结果评定上的个人倾向性。针对面试官的这种心理，应聘者应该不卑不亢以平衡的心态去对待，充分发挥自己的才能。

(3) 定势心理。

面试官长期以来已经形成了一种固定的思维模式，他们以自己的思维惯性来判断、评价应聘者的倾向。因而对应聘者进行评价时，较少关注应聘者的实际表现，而是不自觉地将应聘者与自己印象中的某类人相比，使面试官的判断带有主观色彩，降低了面试评价的客观性。针对这种情况，应聘者要能在较短的时间内，感悟到面试官的心理定势，抓住他们的心理，随机应变。

(4) 愿当"伯乐"。

主考官是带着任务来参加面试的，因而，对面试工作大多认真对待，尽职尽责。他们大都希望自己能够做一名公正的"面试官"，希望自己就是伯乐，能够慧眼识珠，从众多的应聘者中挑选出自己需要的人才。这就促使面试官对自己的工作认真负责、谨慎考核、细致询问，尽量做到择优录取。如果任务完成不好，挑选的人到单位正式工作后不合乎要求，他们的脸面不免难堪。求职者要充分展示自己的才能，给他一种信息：你是一个有才能的人，这种才能只有借助于他才能发挥出来。你虽然不是最好的但却是最合适的。

(5) "喧宾夺主"倾向。

指主考官角色混淆，不是让考生尽量表现自己，而是以自我为中心，言语过多，由"导演"变成"演员"，占去面试大部分时间。所以要有耐心，不能抢话，即使已经听不下去了，也还是应该表现出很有兴趣在听。要学会倾听，要做一个好听众，尽可能让他讲，这样你讲的就少，出错的概率就小。高明的主考官总是用最少的话引起应试者最多的话。因为一个人讲得越多，他的优缺点暴露得就越充分。

(6) 疲劳心理。

面试工作是一种复杂而繁重的劳动。它要求考官在有限的时间内完成大量重复性的操作活动，并始终保持高度注意力。因此容易面试官造成懒散和困倦，可能会无意间打个哈欠，做个深呼吸，不断看表、搓手等。人与人的交流是需要时间的，如果面试官不给你充分的时间表现自己，你该如何？我们建议应聘者要找到能够吸引他的话题，恰当地运用形体语言，要能吸引他的注意力，同时说话切中要害，说到点子上，简洁明了，言简意赅，避免啰嗦。

(7) 专业化倾向。

面试官过多地使用专业术语、职业行话或方言俚语的倾向。这容易使应聘者感到迷惑，不能充分理解面试官的意思，造成交流的困难。这势必会使应聘者本来不稳定的应试心理产生波动，造成不必要的心理压力和负担。要认真倾听对方的问话，在最短的时间内理解所提出的问题，并以积极的心态去应对。

(8) 标准化倾向。

指主考官以自己的理想标准衡量考生的倾向。通常表现为主考官对应聘者标准过严，肆意挑剔，求全责备。对于面试有一个典型的说法："最合适的才是最好的，绝不是最好的是最合适的"。单位招聘要招的是"适才适岗"的人。所以应聘者在自我的介绍中，要重点突出自己对这个职位哪几点是最合适的。这是所有面试官最主要的心理特征。

（9）择优心理。

主考官面试应试者，虽不能等同于人们在商场中选商品，但其心理特征有相似之处。买东西时，人人都想挑价廉物美的。面试时，主考官就想从应试者中优中择优。面对主考官的谨慎考核和细致询问，应试者应有充分的思想准备，实事求是，耐心诚实，以赢得主考官的信任。

（10）自炫心理。

指主考官因优势心理所产生的自我表现倾向。自炫心理因考官个性差异而有不同表现。此外，应试者的自我炫耀也容易激起表现型考官的发难心理，以难倒考生而后快。

3. 应聘者消除恐惧与紧张心理的办法

（1）恰当利用服装的心灵保护作用。

应聘时服装是心灵的保护衣。穿上相应档次的服装，会提高应试者的自信心。适当提高服装档次，穿得整洁大方，与对方建立起平等关系，就不会胆怯了。要是穿得太随便，看着对方西装革履，自感相形见绌，就会信心不足，站在别人面前，心理上就已经比别人低了一等。

（2）公开说出自己的紧张，让对方帮你放松。

当面对众人或陌生人感到紧张时，不妨干脆说出自己的感受，这样可以缓解紧张的情绪，使自己轻松起来。

（3）亲切有神地与对方进行目光交流，消除紧张情绪。

应聘者在与招聘者会见时，要尽量建立平等的关系。当觉得心里害怕，很可能会被对方压倒时，最好鼓起勇气，抬起头来注视对方，用亲切有神的目光与对方交流，这样有助于消除紧张情绪。

（4）发现对方的弱点，减轻心理压力。

如果感到心理上有压力，面试时不妨仔细观察对方的仪容、服装以及谈吐等，借以发现对方的缺点，这时就会产生一种放松感，不自觉地增强了自己的勇气，建立起双方平等的新关系。

（5）通过深呼吸增添自己的勇气。

步入面试大门之前，如果认真做几次深呼吸，心情肯定会平静得多，勇气也会倍增。与陌生人的第一次会面，特别是在关系应聘成败的面试时，心理胆怯、情绪紧张是可以理解的。另外，把拳头握紧、放松，反复几次，也有助于情绪的安定。

（6）保持与对方谈话中的沉默间隔，不要急不可待。这样会使自己有更多的思考时间，也会使对方感到你是一位充满自信心的人。

（7）如果对方声音超过你，你可以突然把声音变轻，这种音量差会给对方造成心理压力，使对方更想细心地听你说。

（8）积极的自我暗示。

应试者要开展积极的自我暗示，告诉自己"我行""我一定会成功""不成功就当是练习了""得不到我想要的,我会有更好的",等等,这样应试者会充满自信,心境悠然,注意力集中,思维敏捷,以致在面试中积极地表现自我,而面试结果也会常常被自己的积极暗示所击中。人天生就有自我接纳的倾向,如果面试者学会通过适度的积极的暗示接纳自我,那么,面试前的焦虑必然会减轻。

教学案例 5.3

把小动作留在面试场外

李娜,女,24岁

专业:法律

学历:本科

应聘岗位:文秘

"面试当天我把简历熟悉了一遍就赶往面试现场。应聘者都已经到了,看样子都经过了一番精心的打扮,嘴里还在念念有词,显然是在练习。看着他们,我有了一种竞争的真实感。当我看到两个考官眼睛盯着我时,我不由自主地开始发慌,头也不自觉地低了下去,脑子里一片空白。主考官让我介绍一下自己,我像流水一样把简历背了一遍,声音很低很虚,手也习惯性地在头上、耳朵上、鼻子上摸来摸去。

另一位考官让我说说自己的优势,本来这是一个充分表现自己的机会,可自己一紧张,居然颠三倒四,不知道从哪里说起,那些小动作也同时冒出来了,真的不知道自己的手应该放在什么地方。看到两个考官皱着眉头,我想自己完了。"

分析与点评

俗话说,不打无准备之仗。充分的准备是面试成功的一半。应聘者要对自己的面试能力进行客观的评估,并利用各种机会进行模拟面试的演练,这样就会消除面试时的心理恐慌与紧张。

4. 易导致面试失败的细节

(1) 穿着几天前的初试衣服去复试;

(2) 坐在那里不断地抖动双腿;

(3) 随身带的几支笔刚好都写不出字来;

(4) 手表慢了;

(5) 由家人陪同前往面试;

(6) 把大包小包的东西带到办公室;

(7) 穿着牛仔裤系领带;

(8) 头发像个马蜂窝;

(9) 递上一份皱巴巴的自荐信;

(10) 不诚实,老讲"大话";

(11) 迟到,并且原因是塞车;

(12) 带上特产送给面试官；
(13) 说找了几个月没有找到工作；
(14) 说家乡穷，不想回去工作；
(15) 带着女朋友（或男朋友）来面试；
(16) 讲话时口水落在主考官面前；
(17) 急着递上你的自荐信；
(18) 把求职材料扔在主考官面前；
(19) 裤脚边一高一低；
(20) 带着其他同学一起来；
(21) 口袋塞着满满的东西；
(22) 手指甲很脏；
(23) 胡须长而难看；
(24) 一讲话就露出黄牙；
(25) 当着主考官的面接电话；
(26) 不请自来；
(27) 不请自坐；
(28) 当时感冒；
(29) 刚下火车，浑身很脏；
(30) 鞋带没系好。

5. 面试考查的因素及评分标准

面试考查的因素及评分标准如表 5-1 所示。

表 5-1 面试考察的要素及评分标准

项目		要素	考查内容	高分特征	低分特征
交际形象		相貌	身体自然形态：身高、身材、肤色、五官、发型、面相	面目清新自然，好看、耐看	面目污垢不堪，头发又脏又乱，观之生厌
		衣饰	服装与饰物	衣着规整得体，适体，修饰自然有度	过朴，过华，不得体，不适体
		举止	行、站、坐相，体姿与动作	端正，稳健，大方，有美感	拘谨，懈怠，无美感
		神态	精神状态	精神饱满，光彩照人	神不足，神乱，神散，神露，似睡，似忧
口头交际	非语辞交际	音量	响度	音量适中	音量过大，过小
		音色	嗓音	音色悦耳，听之有美感	嗓音粗或尖，难听
		口齿	吐字	吐字清晰，干脆	吐字含混不清

续表

项目	要素	考查内容	高分特征	低分特征
口头交际	节奏	语速、顿挫	速度适中,与听者信息处理同步;断句、重音、抑扬顿挫得当	速度过快,过慢,字句处理平淡
	手势	手势	用手势增强表达效果,动作自然适度	无手势,或手势过大过多,不自然
	目光接触	目光接触	正视对方,目光专注得当	低视,仰视,斜视,僵视
语辞交际	语言条理	科学、理性	思路清晰,语言流畅、有序	思维混乱,不知所云
	语言生动	艺术性	语言有修养,文采动人,配合语气,富有感染力	语言平淡
	语言表达	语言概括性	言简意赅,语皆中的	啰啰嗦嗦,词不达意
分析判断	广度	全面,横向思维广	面面俱到,站得高,看的广	片面偏激,钻牛角尖
	深度	深刻,纵向思维深	有深度,且击中要害	肤浅,谈不到点子上
策划能力	创造性	创新,创意	点子有新意、有创见	平淡无奇,落俗套
	周密性	严谨,严密	方案过程环节、细节考虑充分	方案粗,笼统
	可行性	操作性	方案现实,可实施	方案理想化,想当然,无法实施
成熟或修养	上述所有要素的综合评判	个人全面素质发展或成就,个人内在品质修养	见识广博,情绪稳定,自信、沉着、干练、有教养,层次和境界高	见识浅薄,情绪波动,或自卑,或傲慢,无教养,无层次,品位低

(四) 面试中常见的问题及回答技巧

1. 自我介绍

各个招聘单位的考试,有笔试也有面试,只是侧重不同。现在的用人单位通常更为重视面试。对大学毕业生而言,面试中主考官最关心的就是自我介绍和志愿动机这两方面内容。自我介绍包含的内容非常广泛,比如自己的姓名、出生地、血型、性格等都属于自我介绍的范畴,但如果用这些作为面试自我介绍的内容,就不是好的自我介绍。

好的自我介绍应该是适合面试的自我介绍,应该介绍离现在最近的、最辉煌的事情。时间间隔太久的事情,一般给人的印象较浅。最近发生的事情比久远的回忆更生动。最好选择最近的话题,这样能使人看出你在进步和发展。

自我介绍应重点介绍最好最有趣的事情、和志愿动机联系密切的事情、正在发展变化的事情。除此之外,还应包括以下内容。

(1) 自己最向往的事情;
(2) 学生时代最大的收获;
(3) 学生时代最受感动的事情;
(4) 最伤心的事情;
(5) 最兴奋的事情;
(6) 在朋友圈中自己的作用;
(7) 朋友们对自己的评价;
(8) 自己的特长、兴趣;
(9) 自己最喜欢的运动;
(10) 自己经常阅读的杂志;
(11) 自己经常看的电视节目;
(12) 自己的绰号;
(13) 自己最喜欢的书;
(14) 自己认为在哪些方面不能甘拜下风。

这些问题都应该是自我介绍中应谈及的话题,也是考官最感兴趣的话题。

2. 志愿动机介绍

自我介绍之后接着就是志愿动机的介绍。自我介绍和志愿动机介绍这两项内容都很重要,不过重点要放在志愿动机介绍上。出色的志愿动机其实也就是优秀的自我介绍。所谓的志愿动机用一句话来说就是:我进这个公司想干什么,我能干什么,我适合干什么,或者我将来想干什么。比如:

(1) 自己想成为什么样的广告商(或其他职业);
(2) 自己进单位后有什么样的抱负;
(3) 自己最关心的事情是什么;
(4) 单位的社会责任是什么;
(5) 自己到单位来将发挥什么作用;

诸如以上问题都是围绕志愿动机的话题。

3. 常见问题应答

在面试时,经常要面对主考官的各种各样的提问。被经常提及的问题有以下一些。

(1) 请做一下自我介绍。

回答技巧:回答时,不要重复履历表中已有的内容,应回答履历表中难以表达的内容。另外要有新意,自我介绍不在于谈了多少,而在于是否有自己的精彩点。

(2) 请简要地做一下自我评价。

回答技巧:结合自己的具体经验,坦率地实事求是地回答。

(3) 请谈谈你的优缺点。

回答技巧:同上。

(4) 你在什么地方打过工?

回答技巧:回答此问题时,应谈谈自身的体验和感受,不要泛泛地讲"学到了很多"等话题。

(5) 你勤工俭学都干了什么?

回答技巧：同上。

(6) 参加过哪些社团活动?

回答技巧：同上。

(7) 你最近最感兴趣的事情是什么?

回答技巧：不要罗列太多，这样不会给考官留下深刻的印象，要有自己的特色。

(8) 请介绍一下你毕业论文的大概内容。

回答技巧：应将自己对该问题的观点、看法阐述出来，并有自己独特的见解。

(9) 你的专长是什么?

回答技巧：集中一个最具有代表性的专长来谈，不要罗列太多。

(10) 你最崇拜的人物是谁?

回答技巧：要同时说出自己崇拜的理由，并把其与自身实际联系起来谈。

(11) 请用英文简要自我介绍一下。

回答技巧：面试前要做好这方面的准备。有的同学没有这方面的经验，弄得自己很尴尬。如果英文水平还可以，那么之后的谈话内容当然用英文最合适不过了，这正是展示能力的时候。

(12) 你在大学生活中印象最深的是什么?

回答技巧：不要沉浸在自己琐碎的回忆中，不要忘记多宣传自己。最好谈一些与未来工作有关的某种体验和感受，如做过的某项社会调查等。

(13) 学生时代最热衷于什么?

回答技巧：不要罗列话题，只讲典型的一个话题即可。

(14) 请谈一下你选择学习某某专业的理由。

回答技巧：表达简明扼要，内容要有特色。

(15) 除了课程以外你还学了什么?

回答技巧：如实回答即可，另外还要谈及学习之后的感受。

(16) 为什么选择我们公司?

回答技巧：面试时光讲对公司的奉承话没有用，比如"公司有知名度、大公司工作稳定"这些话考官早就已经听腻了，而应多讲自己参加工作后有什么打算和计划。

(17) 你希望做些什么工作?

回答技巧：不要抽象地谈想做什么工作，而应结合自己的经历、特长具体谈希望做什么和怎样做。

(18) 怎样把大学学到的知识应用到工作中?

回答技巧：不要抽象地讲无实际内容的话，应举例说明。

(19) 如果没有按你的志愿分配工作。你将怎样做?

回答技巧：这个问题的本意是想问你希望做什么?此时应该谈自己希望做什么，应做些什么准备，以及将来有何打算。

(20) 为什么选择我们这样的小企业?

回答技巧：该问题不是要你将大企业与小企业做一般性的评论，而是应该讲只有在小企业里，才能发挥自己的特长，以及自己希望具体做些什么。

(21) 我们公司的优势和弱点是什么?

回答技巧:指出企业的优点、弱点的同时,还应提出自己的改进建议和具体设想。当然,谈优点要多一些,弱点只需点到即可,而且谈弱点时一定要持探讨、学习的态度。

(22) 你未来的理想是什么?

回答技巧:未来的理想实际是与志愿动机相关联的提问,理想指的是参加工作后要实现的目标和自己的设想,即自己想做什么,如能具体地列举出努力的计划更好。

(23) 通过参加我们公司的人才招聘洽谈会,你对公司的印象如何?

回答技巧:此时应该具体地谈哪些地方好,而不能笼统地讲"很好"这类奉承话。

(24) 为了参加面试你做了哪些准备工作?

回答技巧:不仅要讲通过宣传资料了解了贵公司,还要讲自己做了大量工作,如到公司做了现场调查访问,或对校友、亲友等进行过多方面的了解。

(25) 如果本公司和另一家公司同时决定录用你时,你将怎么办?

回答技巧:应明确表示非常高兴能同时被两家公司录用。然后明确表示自己更希望来本公司。

(26) 到其他公司应试过吗? 情况如何?

回答技巧:不要讲,即使在别的公司落榜过也不要谈及。因为本公司的领导从感情上不愿意接受其他公司的落榜生。

(27) 我们公司与其他公司相比,你的印象如何?

回答技巧:此时绝不能随便说其他公司的坏话,这样会被认为你到别处去时也会说本公司的坏话。应具体客观地谈本公司与其他公司相比较的优点。

(28) 我们公司里你有熟人吗?

回答技巧:若有熟人,就介绍其中最亲密、最有地位的人,一般地讲认识这样的人,对是否录用你是有利的。

(29) 你认为你的笔试成绩如何?

回答技巧:要给对方的印象是你能正确地进行自我分析。不能笼统地讲"还行""不怎么样",应该讲某某题大概答对了多少,某某题只对了多少,这样给人的印象是在你考完之后,自己认真地分析过,心中有数。

(30) 请谈一下就业意味着什么?

回答技巧:应结合人生价值观与社会责任展开谈,或谈具体的工作发展计划。

(31) 你的理想薪酬是多少?

回答技巧:首先要了解当年同类毕业生的薪酬行情,并根据自身条件和能力考虑薪酬目标。谈薪酬要讲究策略,不谈具体的工资额是聪明的做法。应该谈除了工资以外能从工作中得到的东西,比如讲"我不在乎多少,但是希望能够根据我的能力付出做出平衡"。

(32) 对你的缺点如何去克服?

回答技巧:话题重点要谈如何去克服自身的不足,要重点谈克服的方法。

(33) 你现在有些紧张吧?

回答技巧:这是面试中常出现的问题,是否紧张老实回答就是了,此时重要的是要把话题转向有利于自己的一面。

(34) 你擅长与陌生人交际吗?

回答技巧：结合自己以前与陌生人打交道的体会、窍门和事例谈，若有点幽默感，效果会更好，不能单纯地说擅长或不擅长。

（35）你喜欢帮助别人吗？

回答技巧：应谈自己助人为乐的动机和心理感受，再举例说明效果会更好。

（36）你周末是怎样度过的？

回答技巧：不要陈述日常烦琐的事情，也不要说周末是如何舒服地度过的。不要忘记你是在面试，而要介绍你休息时有什么爱好和热衷的事情。

（37）如果公司决定录用你的话，余下的大学生活会怎样安排？

回答技巧：说明要积极地进入工作岗位前的准备工作，要将余下的时间有计划地、具体地安排好。

（38）你今天来的路上碰到什么有趣的事了吗？

回答技巧：这个问题的提出，是要考查你对周围事物的观察能力如何。

（39）你一般先从第几版开始读报？

回答技巧：不要一般而论，应有自己的读报的特点，并指出对哪些栏目最感兴趣。

（40）你看来不适合来我公司来工作。

回答技巧：不管对方怎样说，你也不能反问对方，比如不能问"那怎么样才适合贵公司的需要呢？"要知道接受面试的是你，应该将话题引到介绍自己愿望和今后的具体设想上来，变被动为主动。

（41）你到其他公司试试怎样？

回答技巧：不要回避这种令人为难的话题，也不要再说一些奉承话，若你确实想进入该公司，可做这样的回答："是的，为了研究分析进入贵公司的可能性，在此之前，我参加过几家公司的面试。我认为目前我更有信心获得贵公司的录用"或答"不管怎样，我认为贵公司是最理想的。"

（42）比我们的公司好的企业有很多，你为什么选择我们的公司？

回答技巧：不要谈公司大小、名声好坏。而应谈自己选择公司的标准，也就是自己希望做的工作，同时应具体明确是哪些方面的业务。

（43）如果未被录用，你将怎么办？

回答技巧：为了积累面试经验，请求主考官指出不足之处，这是一种积极的态度。还应以"若被录用"的设想去谈自己要做的事情。

（44）我们公司是你的第几志愿？

回答技巧：不管去哪家公司都要强调是第一志愿，并着重谈为什么选该公司，想具体干些什么？

（45）你毕业成绩不怎么样啊？

回答技巧：此时不要强调成绩不好的理由，而要强调不能用成绩来评价自己的特长和优势。

（46）你的字写得不怎么样啊？

回答技巧：当被别人指出不足时，你首先应当坦率地承认，然后转守为攻，证明自己虽然在某一方面不行，但在另一方面有特长。

（47）面试已经结束了，你还有什么问题吗？

回答技巧：尽管考官称面试已经结束了，但实际上并非如此，考官只是用这句话来让你放松警惕，然后再打探你的真实想法，前面速降的志愿动机也将前功尽弃。事实上这个问题是在问"对于我公司你最关心的是什么？"如果在之前的回答中没有谈及此问题，此时就要抓住机会，最好的回答方式是紧紧围绕志愿动机，也就是进公司以后要做什么来回答。如果之前已经回答过此问题，那么又是一次深入谈志愿动机的好机会；如果回答没什么，就显得太平淡无奇了。

以上问题，是大学毕业生在人力资源部门面试时经常被问及的问题，此后还可能要面临多级业务部门经理们的面试，面试内容通常与所学专业有关。像IBM公司，招聘员工要经过四五轮的面试。在面试专业知识时没有什么技巧可言，全靠自己平时所学专业的功底是否扎实。

每个用人单位面试的形式和内容是不同的，通常是根据企业文化的管理理念来进行测试和选拔人才。有些用人单位在面试时会出现一些较刁钻的问题，但大多数用人单位的面试是启发式的、友善的。面试没有固定的标准答案，主要还是在于应聘者的自身素质和综合能力，一定要注意临场发挥的作用。

教学案例5.4

面试过程中不要损害别人的利益

毛子强、薛斌、赵佩君是同一个宿舍的同学，他们一起到亚通公司去应聘。

面试的主考官与他们每个人单独见面。公司的招聘人员问毛子强："你觉得你和赵佩君相比，谁更能胜任我们公司提供的工作。"毛子强说："当然是我。正因为赵佩君和我是住在同一个宿舍的同学，我想我更有发言权。他上学时的成绩每次都排在我的后面，很多时候，他的作业还要问我或者其他人。他在设计方面有时思路不够开阔，领悟力也不是很好，用专业术语说就是有些迟钝。所以我认为他不能像我一样胜任这份工作。"

薛斌遇到了招聘人员这样的问题："这次来我们公司面试的人当中，你的同学很多，你能不能为我提供一些录用你的理由？"薛斌回答说："我知道，今天我的竞争者中有很多我的同学，而且各有各的优势，您完全可以根据每个的优势进行考虑。我们宿舍的另外两个同学，毛子强的思维很活跃，反应也挺快，成绩一直都不错；赵佩君是个很稳当的同学，他可以专心地去研究一个问题，没有浮躁的毛病。"

招聘人员说："你对他们还是很了解的。你把你的同学说得这么好，就不怕我录用他们，不录用你吗？"

薛斌说："我是我们班的班长，所以比较注意每个人的特点。其实我觉得，无论是现在的同学关系，还是将来的同事关系，都需要互相协助、互相帮助。如果为了达到自己个人的目的而贬低别人，对一个大的集体来讲是很不利的。就算今天被录用的不是我，而是我的同学，对我这个当班长的来说，也是很光荣的事啊。"

招聘人员笑着点点头："你很会显示自己的优点。虽然你刚才一直都在说别人的长处，但是也把自己的优点有意无意地告诉了我。其实，你的专业和你的某些同学比起来也许并不是最好的，但你知道，在我们这里工作，往往是需要大家合作，共同开发某些项目。从这个意义上讲，我是不赞成为了自己的利益而去损害别人的。我想，我这一关你已经通过了。"

分析与点评

这个案例告诉我们，在面试的过程中，合理地利用自己的优势与资源是天经地义的事情，也是我们所提倡的，但是不能为了自己的利益去损害别人的利益。面试过程中的一个不经意的回答，就能让面试官抓住你的弱点。要以一个公平互利的心态去面对面试与择业，从而给面试官留下非常好的印象。

（五）面试应注意的问题

（1）时间观念要强，最好提前10分钟到达面试地点，以表示求职的诚意，同时有充裕的时间调整一下自己紧张的心理。

（2）注意语言表达。对于应试的毕业生来讲，流利自如、文雅幽默的谈吐是面试成功的必要条件。要达到这种水平关键在于平时的锻炼。要在平时注意改正不良的语言习惯。而且要注意在介绍自己或回答问题时掌握节奏，语速要不快不慢，过快会给人一种紧张的感觉，过慢则会给人一种反应迟钝的感觉。

（3）注意仪表端庄。人的服饰仪表是一种无声的语言，体现着人的个性、兴趣、修养等，同时也左右着主考官的观感和第一印象。因此面试前应注意准备自己的着装，以符合学生的身份，干净大方为原则。需要提醒的是面试毕竟不是选美，要避免夸张的服饰和仪表。

（4）面对自己不知或不会的问题时，闪烁其词、默不作声、牵强附会、不懂装懂的做法均是不足取的。诚恳坦率地承认自己的不足之处，反而会赢得主考官的理解、信任和好感。

就业成功与否是由面试决定的。所以，面试是求职择业的重要环节，一定要引起足够的重视。

本章小结

本章重点讲述了大学毕业生在求职过程中应该掌握的礼仪和注意事项。通过对本章的学习学生们应该认识礼仪在求职及职业发展过程中的作用，了解面试过程中的基本礼仪及其注意事项，了解用人单位的招聘程序及用人标准。此外，毕业生还要了解笔试与面试在整个应聘过程中的重要性，掌握笔试的基本技巧以及类型，掌握面试过程中主考官经常问的问题的回答技巧，同时学会读懂面试官的心理，克服应试大学毕业生的恐惧和紧张心理，使自己取得面试的成功。

复习思考题

1. 面试过程应该具备哪些礼仪？

2. 用人单位的招聘程序通常有哪些？用人标准有什么？
3. 笔试的类型以及技巧有哪些？
4. 面试中应该如何克服恐惧心理？
5. 面试的技巧有哪些？应该如何回答主考官的相关问题？

第六章 网络求职与师范生面试技巧

教学目标

通过本章的学习使学生获得以下知识和技能：
1. 树立网络求职的意识，学会如何利用网络实施网申；
2. 了解网络求职的注意事项；
3. 掌握师范生面试过程与技巧；
4. 掌握师范生说课技巧。

导入案例

一位本科生网络求职的成功经历

我是一名本科毕业生，给大家讲述一下我网络求职的几点经验：

1. 简历要全面。填写简历的过程是一个很麻烦的过程，但是一份不完整的简历充分地证明你求职没有诚意。我建议大家踏实下来好好为自己的简历措辞，把所有的内容都填满，然后复制下来存档，以备日后直接粘贴用。

2. 要有针对性。不同的职位甚至是不同的企业，用人的标准是不一样的。要有针对性地突出自己的特点。当时我准备了两份简历，一份是本专业方向的，突出了我的成绩和实习经历；另一份是行政类的，突出了我的学生干部工作经历和兼职经历。

3. 用邮箱发送简历的注意事项。由于病毒的威胁，越来越多的公司要求求职者不要用附件发送简历。而且一定要在主题上标明自己的名字和应聘的职位。邮箱最好有一个专业点的名字，例如我的就是我的姓名加了数字，最好不要用那种很傻很天真的名字。

4. 关于OQ（开放性问题）。很多企业都会设有一些开放性的问题，大家一定要耐心地考虑。其实问题大同小异，论坛上就能搜到很多回答，将结合自己的想法进行综合就可以了。

5. 关于综合评估。很多大企业会在投递简历之后，要求进行网上测评。这种测评是为了考查求职者的性格倾向、职业倾向等方面。我参加了可口可乐的管培和贝因美的质检的测评。可口可乐都是选择题，大家只要按照自己的真实想法填写就好了。贝因美的测评极其全面，令我大开眼界的是有好多照片题，自己是一点都做不了假的。比如给了四个人的照片，问你认为谁的表情表现出最生气，还好最近在看《Lie to Me》，所以顺利通过了网申。

网申过后，就是面试了。我一共就面试过三次，但是已经经历了除了视频面试的所有形式。

第一次是中电飞华。他们先安排的是一个小时的笔试，文史哲类分选择题、简答题和论述题三个类型。第二次面试的是贝因美的质检方向，工作地点在安达，不喜欢这个工作地点也是我放弃本次求职的原因。第三次就是欧莱雅区域销售管理培训生 ASDP 计划。收到面试通知时我就觉得很意外，看了面经后，发现自己没戏了，竞争太激烈了，各种名牌大学的同学。但是还是不想放弃这个机会，利用不到两周的时间，在网上看了好多人的面经，还是一团迷雾。直到面试的前两天才认认真真地把常见的面试问题看了一遍，了解了欧莱雅旗下 15 个品牌的产品知识。非常幸运的是，我加入了一个 ASDP 求职群。一个和我一起在哈尔滨面试的黑龙江大学（简称黑大）的男生一直鼓励我，最巧的是我们都是第二组的。

11 号上午我来到黑大，听说一共发了 120 个通知，但有些人没有来，所以大约有 100 人左右。每 10 人一组，一起面试。面试分为两个部分。第一部分是抽题卡回答问题，两分钟的回答时间，翻开题卡就立刻回答，没有思考时间，顺序自愿。我是第二个去回答问题的，极其不幸的是我的题目是"你生活中最不喜欢什么样的人？为什么？你与他如何相处？"这是个陷阱题，很容易暴露出自己的缺点和阴暗面。我心中一凉，开始瞎编，说了两句废话后，突然灵魂附体说我最不喜欢工作拖沓没有效率的人。说自己习惯快速的工作节奏，不喜欢团队中有人扰乱工作效率。穿插了自己在团队中担任领导的角色经历，引入了木桶效应等管理理念，还配合了手势和与考官的交流。感觉回答的还可以。当然其他人也都很让我钦佩。

第二部分是群面，我们按照座位自动分组了。我们组抽到的题目竟然是设计一种新型饮料，并制订出推广方案。我暗自高兴中奖了！李举民极其有 Leadership（领导能力），推动了讨论的进程。我还是负责记录。由于我扎实的专业知识和组员对我的信任，我被推选为代表人代表小组总结发言，但是时间太紧张了，我的语言不够流畅。在结束后组里另一个女孩补充了一些。中午小组几个人还一起吃了饭，大家都觉得我们组表现得很好。

但是晚上的二面通知只有我接到了。二面安排在第二天上午，还想看面经，但大家都说让我表现真的自己就可以了。于是我早早休息，在面试之前我还准备了一个感谢卡打算送给 HR 姐姐。因为欧莱雅的 HR 负责的态度和高效的工作真的令我十分钦佩和感动。面试我的是 Wendy，非常和善的一个姐姐。我们聊了将近一个小时，大部分问题是针对我在 LG 兼职促销的工作经历，其中问及了我在工作中最大的收获，最难忘的事情，遭受的挫折等。然后问了我的家庭情况和对 ASDP 的了解程度。随后她问我有没有什么问题，我问了工作地点的安排，Wendy 十分耐心地给我解答了，并且介绍了很多相关的内容。面试结束后她让我把三方协议和推荐表带在身边，不要走太远，一个小时后发 offer。下午两点，我终于签了协议，一颗悬了好久的心也终于落地了。

走在回家的路上，我的心情很复杂，觉得自己四年的努力和积累没有白费，两个多月中经历了很多，也对自己有了新的认识。感谢所有鼓励我、帮助过我的朋友们，你们终于可以不用再替我担忧了。

第一节　网络求职技巧

在资讯和信息越来越重要的时代，互联网正悄悄地改变着人们的工作方式和生活方式。如今，网上应聘已成为人们求职的一种趋势。网上求职方便、快捷，不用看报纸，不用去招聘会，不用找职业介绍所，不用求亲告友，无论是蓝领还是白领的工作，只需轻轻点一下鼠标，合适的工作就会"找上门"来，而且避免了人群的大范围集中，给用人单位提供了更广阔的选择空间，也使天南地北的求职者有了平等表现的机会。因此，这种网上求职的方式，受到了越来越多求职者和用人单位的青睐。那么，毕业生如何通过互联网来有效地推销自己？如何提高网上求职的成功率呢？

一、树立网络应聘的意识

近几年来，由于高校扩招，各类毕业生如潮水般涌入就业市场，求职成为毕业生离校前最重要的工作。毕业生要尽早上网浏览招聘信息，及早了解就业市场，及早调整学习计划。比如，想毕业后到某企业工作，就要经常看这家企业的招聘广告，了解这家企业的具体招聘要求，这样，毕业前个人努力的方向就比较明确了。

二、利用招聘网站搜集网络招聘信息

在网络求职的过程中，要学习一些网络求职技巧，随时关注自己"瞄准"的企业的招聘信息，以提高求职的成功率。

（1）浏览专业招聘网站。

目前许多企业，其中不乏知名企业的招聘，主要都是通过专业的招聘网站发布信息，另外还会根据情况举办不同类型的网上招聘会。在招聘网站上发布招聘广告既方便他们搜集和筛选简历，又有利于他们丰富自己的人才库。

（2）经常查看学校就业指导网站

对于即将毕业的学生来说，除了招聘网站外，校园的就业指导网站也可以成为搜集就业信息的一个重要途径。目前，大部分学校就业指导部门的网站均发布最新就业信息。相对其他网站的信息而言，学校发出的招聘信息真实得多，可信度较高，而且更新更快。

（3）浏览企业网站。

一般来说，知名企业的网站都建设得比较好，栏目丰富，而且具有独立的招聘专区。在招聘专区中，会公布一些岗位需求信息，对岗位职责、求职者的要求描述得比较详尽。如果毕业生对知名企业感兴趣，可以进入目标公司的网站进行查询。目前在网上招聘的知名企业很多，涉及的行业也比较广。

求职者对专业招聘网站的网址一般都比较熟悉，但对于企业网站就不一定了解了。最简单的方式就是利用搜索引擎，用目标公司的名称作为搜索关键词即可查到该公司的网址。进入公司网站后，找寻相应的招募专区即可。

(4)浏览大型综合网站或行业网站

许多大型综合网站或行业网站也设有人才频道（有的叫招聘频道、求职频道），毕业生浏览这些网站时不妨多留意里面的招聘信息。

三、网络求职的几种方法

搜集到有效信息后，就要采取适当的网上求职方法，以便从浩如烟海的网上信息中解脱出来，避免浪费时间和经历，提高求职成功率。下面介绍几种方法，供大家参考。

（一）选择适合自己的网上招聘会

有的网上招聘会针对的是有工作经验的社会求职人员，应届毕业生即使投了简历，也会因为条件不符而被用人单位拒之门外。因此，应届生在求职的时候要注意选择适合自己的网上招聘会。

（二）主动出击发布个人信息

毕业生网上求职时，还可以化被动为主动，利用自己的技术优势，在互联网上建立自己的个人主页，充分展示自己的特色，吸引用人单位的眼光。个人主页应该图文并茂，内容应包括自己的求职信、简历、论文、实习报告、日记、个人论坛和发表的文章等；也可以将个人的求职信息张贴在"中华就业网""学生求职网"等专业网站里；或将个人信息发布在一些点击率较高的网站的招聘专栏上；或登录用人单位的网站，捕捉人才招聘网页上随时发布的招聘信息，直接与用人单位联系。

（三）参加网上在线招聘

对于用人单位的提问，回答一定要简明扼要，要突出个人特点和优势，网上应聘最忌讳一开口就谈钱。受网络时间、视频空间的限制，网上应聘给每个应聘者的时间是有限的，应聘毕业生要问最想知道的内容和最关键的问题。获得用人单位的首肯后，一定要留下明确的联系方式，为下一步的面试做好准备。

四、网上求职要注意的问题

(1)明确求职目标，关心就业政策．

网上应聘时应明确求职目标、专业方向和求职领域。例如，计算机专业的学生应该多浏览IT行业的需求信息。毕业生在浏览就业信息时，应尽量登录一些政府主管机构设立的毕业生信息网站，了解相关地区的就业政策及就业市场需求。明确本地区的就业政策和就业形势，对于顺利就业会起到事半功倍的效果。

(2)掌握网络应聘最佳时机。

网络应聘不要急于一时，人少时求职，效果反而更好。通常网上招聘会持续一段时间，大可不必赶在最初的几个小时去应聘。人少时应聘，更容易引起招聘单位的注意。当然，也不要因为网络拥挤，而放弃求职机会。

(3)投递简历应目的明确。

投递简历要根据个人的专业、爱好、特长，有目标地向用人单位求职，不要简历"满天飞",漫无目的投简历等于没投。尤其是不要应聘同一单位的不同岗位,这样容易给招聘单位留下随意、不专业、缺少诚信的不良印象。

(4) 自荐材料的内容要有所侧重。

自荐材料的内容应突出专业、学校、社会实践、自身性格,是否具有工作经验等重点内容。面面俱到、内容太多、太花哨的简历往往容易被淘汰。

(5) 投递简历时应附上求职信。

毕业生发送简历的同时,应该附上一封求职信,这是毕业生常常忽略的。

(6) 以邮件正文的方式发送。

发送求职简历最好以邮件正文的方式发送,不要使用附件的形式。因为,很可能由于技术的原因,导致一些用人单位的计算机无法打开邮件,而让好的工作机会白白流走。

(7) 要主动与用人单位联系。

在网上招聘会结束后,要主动通过 E-mail 或打电话询问情况,向用人单位表示诚意,也让自己心中有数。

(8) 要及时整理信息。

对网上有用的求职信息要及时进行分类整理,根据个人求职意向进行比较对照,逐步明确目标,增强应聘成功率。

(9) 要保持平和心态。

近年来大中专学校毕业生就业形势严峻,网上招聘会提供的岗位数量有限,而应聘者又多,求职的毕业生要坦然面对挫折和困难,不必自卑胆怯和过分焦虑,要积极调整心态。

(10) 保存记录。

要将所有的应聘材料,包括信件、传真、E-mail 等存档并做好记录,以便展开下一步行动。

参加网上招聘活动时要提高警惕,小心上当受骗。因为网上招聘存在不少局限,应聘者并不能全面了解用人单位的情况。为了防止受骗,毕业生要谨慎小心。

第二节 师范生面试技巧

导入案例

一位师范生的求职故事

晓莉是一所师范院校大四的学生。为了找到一份工作,晓莉奔波于各大中小学校应聘试讲。

那天她去了一所实验中学。学校声誉很不错,来应聘的人自然也不在少数,其中有不少重点大学的毕业生。也许他们都很看重这次机会,从着装和面貌中都能看得出来是经过精心准备的。那天正好是学校初中部开学的日子,老师都很忙,负责招聘的老师叫他们在办公室等。办公室很热闹，他们却管不了那么多。一个劲儿地在想一会儿试讲的时候应该怎样让学生和老师喜欢。终于负责人来叫他们去一个班试讲。空气中顿时弥漫着紧张的气氛。

到了那个班发现老师还在给学生们发书，所以大家想还有时间容他们观察班上学生的情况，好为接下来的试讲做准备。晓莉看到老师忙得一脸汗水，就很本能地去帮她发书。当看到稚气未脱的初一新生拿到书后满足的神情和听到一声声的"谢谢"时，她很开心地笑了。

发完所有的书时，她的手已经开始发酸了。重新回到那个应聘的队伍，她发现其他人还在为试讲做准备。后来，他们的表演果然很出彩，赢得孩子们的一片掌声。而晓莉却很一般，虽然没有什么过失却也没有什么出彩的地方。晓莉听了他们绘声绘色的试讲后觉得没什么希望了。

但结果出人意料，毫不出众的晓莉被聘上了。所有的应聘者都觉得不可思议，就连晓莉自己也这么觉得。直到她迷惑不解地问那个老师，老师笑着说："这是孩子们的选择。孩子们也会看人啊，只有你帮忙发书。所以当你把书发到学生们的手上时，他们看到了一个温暖的笑脸。教书要面对的可是一个个活生生的、有感情而且感情很单纯、很脆弱的孩子。我们需要的是一个有感情的老师，一个关心孩子的老师。虽然他们不懂这些，但他们给的答案充分说明了这一点。所以恭喜你赢得了孩子的好感。孩子们的眼睛是雪亮的啊。"

晓莉从来没有想过自己的一个小小的举动会给她带来求职的成功。她真心感谢那些可爱的孩子，是他们给了她机会。她想以更大的热情回报他们。

一、师范生面试过程与技巧

（一）自我介绍

（1）过程一。一般先让应聘者做自我介绍，着重说明自己的优势，时间大约3~4分钟。通过这一程序，招聘者旨在了解应聘者的学习成绩，语言表达能力以及精明干练程度。

（2）存在的问题。从叙述的内容看，不少应聘者大话、套话太多，一开口就说自己从小喜欢当老师，热爱教育事业等，讲了半天，也没有深入到实质问题。

（3）技巧。同学们可从以下几方面介绍自己：专业课学习成绩，获得奖学金情况，英语、计算机等级，政治面貌，任学生干部的情况。只要是自己的专长，都可以讲出来。特别提醒：毕业生是否获过奖学金，是否担任过学生干部等，都是毕业生自身素质的表现，它们是学校招聘时考虑的一个重要因素，但决非唯一因素。相对而言，学校比较重视毕业生的学习成绩，这是由普通中学的性质所决定的。未来的教师只有具备丰富的专业知识，才能胜任教师工作。

（二）介绍成绩、专长

（1）过程二。在一般性的介绍后，会让毕业生充分展示自己的成绩和专长。

（2）存在的问题。有的应聘者可能认为自己的成绩都写在简历上了，面试时不必都说出来。其实，这是一个误区。每一位招聘者都非常重视毕业生的简历，都会认真阅读，并做简要记录。但招聘者阅读时会有所遗漏，因此，应聘者一定要把成绩、专长讲够、讲透。

(3) 技巧。各方面全面发展的同学，学校当然青睐。但是，只有一两方面专长的应聘者，学校同样会郑重考虑。面试时，这些只有"一专之长"或"两专之长"的毕业生，就应该着重介绍这些方面。曾有一位同学，随身带来了自己发表过的几篇文章，并给招聘者讲解文章的中心思想，让招聘单位感觉，这位毕业生思想有深度，文学修养好。特别提醒：让人信服，应该是面试时应聘者努力达到的一个目标。受了多年的高等教育，毕业生都具有良好的专业素质，招聘者一般不会对应聘者的成绩、专长有所怀疑。言辞让人信服，会加深应聘者在招聘者心中的印象。让人信服的一个重要方法就是拿出真凭实据。有的同学成绩很好，可就是不带证书原件、复印件之类的，这会给双方的交流带来一些麻烦。

(三) 从事教育工作经历

(1) 过程三。毕业生为了在学校面前显示自己有教学经验，大讲特讲自己的家教经历，认为这是制胜法宝。

(2) 存在的问题。对师范生的家教经历，学校一般会一分为二地看待：一方面，它丰富了师范生的社会经验，增强了自立能力；另一方面，过多的家教活动也会影响学业。一些中学不提倡老师做家教。

(3) 技巧。在讲自己的家教经历时，要适可而止，不要给人这样的印象：以赚钱为目的，完全占用了业余时间，甚至影响了学业。还有的毕业生为显示自己学识渊博，就说自己不仅教专业课，还教英语等与自己所学专业不相干的一些课程，这样容易让人觉得你什么都能干，却什么都干不好。特别提醒：在介绍自己的家教经历时，应该把介绍的重点放在做家教的过程中如何丰富了专业知识，提高了实践能力、教学能力、沟通能力、学习能力等上面，要让学校从自己的讲述中知道，自己在家教经历中为未来的教学工作积累了初步经验。

(四) 言谈举止的观察过程

(1) 过程四。学校时刻在观察应聘者的言谈举止。应聘者的穿着打扮在第一次进入学校面试老师的视线时，就已经"一审"完毕。

(2) 存在的问题。应聘者声音过小，会使人认为他不自信，缺乏一定的魄力，不太适合做班主任的工作。在叙述学习成绩时，言辞含糊，态度犹豫容易给人产生虚假的印象。穿着邋遢，或是奇装异服、举止夸张，则必将给招聘者留下不好的印象。

(3) 技巧。在语言表达方面，语句顺畅、语言简练、声音富于活力、具有演讲才能的应聘者占有很大优势。衣着、举止也是关系面试能否成功的一个不可忽视的因素。大学生衣着简朴，甚至简陋，都属正常，不卑不亢是招聘者喜欢看到的态度和气魄。不少学生在谈话过程中辅助以手势，这无可厚非，但若动作太大，甚至指手画脚，则不太讨人喜欢。特别提醒：自然和本色是毕业生在语言表达和言谈举止方面取得学校认可的最好"招式"。面试无异于试讲，从应聘者的言谈举止中，学校基本上可以判断其是否适合做教师。

二、教师招聘面试时常见的问题

(一) 关于教学的问题

(1) 为什么要选择教师这个行业？

【参考答案】：我读的是师范类的专业，当一名优秀的老师是我最大的愿望。现在企业的工作不够稳定，教师稳定性比较高，尤其是好的学校很重视对教师的培养，未来会有很大的发展空间。

（2）你最尊敬的教育家是谁，为什么？

【参考答案】：我最崇拜的教育家是素有英语教育界泰斗之称的——张道真。我之所以崇拜他，原因有三：

①高尚的人格魅力。76岁高龄的张道真教授，在国内外英语教育界享有盛誉。他把毕生都献身于教育事业，正是他带领着我们走着英语教育改革的每一个步伐。

②科学、实用的英语教学方法。他提出了一系列的方法来改变原有教学状态。而这些行之有效的方法被广泛应用到实际教学中。

③严谨的治学思想。张教授提倡考试要改革，听说与读写，二者并举，甚至听说占有更重要的地位。

思想深邃的张道真教授，以其独特的人格魅力、科学的工作态度、严谨的治学思想征服了我，我要秉承他老人家的思想和态度，在未来的英语教学之路上，默默奋斗，勇敢向前，创造英语教学的辉煌。他是我学习的榜样。

（3）你最赞赏的教学方法是什么？

【参考答案】：以学生为主体，激发学生的学习兴趣，使课堂生动活泼的教学法是我赞赏的教学方法。教学过程中，用一些平常生活中最常见的例子来跟学生解释，容易吸引学生的注意力，提高学生的学习兴趣。我想每一种教学方法都有它的独特之处，如果用得好，用得恰当可以使课堂变得更加丰富多彩。

（4）为什么学生会偏科？

【参考答案】：造成学生偏科的原因有很多，我着重从以下三方面来进行分析：兴趣、环境、老师。首先是兴趣，学生往往会因为兴趣爱好不同而出现偏科现象；其次是环境，低年级学生容易受周围环境的影响，周围同学经常在一起讨论的科目会影响他对某学科的偏好；最后是老师，部分学生会因为某学科老师而出现偏科现象。当然也有其他原因，这里不再一一进行分析。

（5）做好一名教师固然离不开敬业、爱护学生、专业知识扎实等因素，除了这些，你认为对于一名优秀教师来说还有哪些重要特质？

【参考答案】：做一名好老师除了敬业、爱护学生、专业知识扎实之外，拥有开朗的个性、良好的品德、渊博的知识也是非常重要的。

（6）你赞同"教学有法，但无定法，贵在得法"这种提法吗？为什么？

【参考答案】：赞同。教学方法因人而异，没有一个适合所有人的方法，但要适合个人，这就是贵在得法。教师备课时要从教学实际出发，根据教材特点、学生实际、本校条件等，结合不同的教学目标、内容、对象和条件，因校制宜、因时制宜，灵活、恰当地借鉴和选用国内外的教学方法，突出重点、攻破难点，并善于探讨、实践。教学其实就是教学有法、但无定法，贵在得法的过程。

（7）新课程标准的价值取向是什么？

【参考答案】：新课程标准的价值取向是要求教师成为决策者而不是执行者，要求教师创造出班级气氛、创造出某种学习环境、设计出相应教学活动并表达自己的教育理念等。

这些常见问题如果考生在考前没有准备，面试时难免会有所疏漏。目前，随着就业压力的增大，招聘机会的宝贵自不必言。"凡事预则立，不预则废。"要想在众多考生中脱颖而出，考生在备考阶段对这些常见问题的充分准备是必不可少的，这是确保考生取得好成绩的好方法。

（二）关于班主任的问题

（1）如何组织与培养班集体？

【参考答案】：班主任对组织和培养集体负有主要责任，应把主要时间和精力用在建设班集体上。我认为可以从以下几点入手：

①提出共同的奋斗目标。这样做有利于达到振奋学生精神、鼓舞学生前进、凝聚集体的目的。

②选择和培养班干部。要把全班学生组织起来，班主任应该擅于发现和培养积极分子，擅于挑选和培养班干部，建立班集体的领导核心，以达到让学生学会自我管理、自我教育的目的。

③培养良好的集体舆论和优良的班风。良好的集体舆论和优良的班风会形成一股巨大的教育力量，对每个成员起到熏陶、感染和制约的作用。这在管理班集体的过程中发挥着巨大的作用。

④加强对班集体纪律的管理。班级纪律好有利于学生更好地学习，是提高学生学习成绩的关键，也是使集体及其成员变得更美好的关键。

⑤组织多样的教育活动。多种多样的集体活动可以使学生焕发精神、开阔眼界、增长知识，有利于促进学生才能、特长的发挥和相互的团结。班主任指导学生参加或组织适当的活动是必不可少的。

以上是组织和培养集体的一些方法，在实际工作中，还可以灵活采用一些别的方法。

（2）如何与不同类型的家长沟通，什么样的家校合作方式比较好？

【参考答案】：首先，尊重家长是沟通的第一原则，也是老师基本素质的体现；其次，老师要有较强的服务意识；第三，老师与家长联系沟通时要有理性的意识；最后，应重视沟通方式，通常情况下对学生的评价要先扬后抑，让家长在心理上有一个适应过程。

家长这一群体的组成非常复杂，其知识结构、职业类别、性格气质、修养程度等都参差不齐，没有哪一种教育方法是万能的，某种方法在这个家庭有效，但到另外一家则可能就不灵。班主任应对学生的家庭进行调查分析，对家长的文化水平、职业状况、年龄、家教思想、家庭关系等做到心中有数。在与家长沟通的过程中，尽量做到有针对性和实效性。

（3）你心目中的好班主任形象有哪些？

【参考答案】：我心目中的好班主任应该是一个有爱心的人。当然，这个世界上绝对没有爱心的人几乎不存在，但真正有爱心并懂得怎样付出爱的人更难能可贵。有爱心的班主任应当是一个善解人意的好老师、好长辈、好朋友，最起码的，他不会体罚和侮辱学生。在他眼中，所有的学生都是平等的，没有什么好生和差生之分。他会尊重学生，一视同仁，让学生健康地成长。最重要的是，这样的老师懂得宽容学生，能够原谅和宽容学生，给学生改正错误的机会。他懂得关怀学生，在学生受到挫折时去安慰他们，在学生烦恼时去开导他们，在学生迷茫时去帮助他们。我认为，一个创造了高升学率的"成功"班主任未必就是一个好班主任。作为一个班主任，有很好的管理能力也是比较重要的。良好的管理能力可以使班级纪律严明、风气良好。这样的班主任可以教给学生做人的道理、健康的思想和正确的学习方法,可以提高班级的整体素质,而不是只盯着成绩。

(4) 请你描述青春期男女学生的心理特点。

【参考答案】:青少年步入青春期,心理发育迅猛,心理特点体现在:

①性意识骤然增长。由于生理上出现性发育加速,使得青少年对性知识特别感兴趣,对异性有强烈的交往欲望,对性的好奇感也与日俱增。

②智力水平迅猛提高,对问题的精确性和概括性把握发展迅速,逐步从形象思维向抽象逻辑思维过渡。

③自我意识强而不稳,独立欲望增强,对事物能做出自己的判断和见解,但对自我的认识和评价过高或过低,常被一些矛盾所困扰,如独立欲望与缺乏独立能力的矛盾,自己心中的"成人感"与成人眼中的"孩子气"之间的矛盾,等等。

④情感世界充满风暴,常常表现出幼稚的感情冲动和短暂的不安定状态,孤独、忧伤、激动、喜悦、愤怒等微妙地交织在一起,组成一个强烈、动摇和不协调的情感世界。

⑤兴趣爱好日益广泛,求知欲与好奇心强烈、富有理想、热爱生活、积极向上、乐于参加各种创造性活动,对于竞争性、冒险性和趣味性的活动更是乐此不疲。

⑥人际交往欲望强烈。一方面强烈希望结交志趣相投,年龄相仿,能够相互理解、分享生活感受的知心朋友;另一方面,希望与自己周围的人保持良好的关系,尤其是对自己所属的集体,有强烈的归属感和依赖性,宁肯自己受点委屈,也要保持生活圈的平衡与协调。

(5) 何谓"班级文化",怎样营造?

【参考答案】:班级文化可分为"硬文化"和"软文化"。所谓硬文化,是一种"显性文化",是可以摸得着、看得见的环境文化,也就是物质文化,比如教室墙壁上的名言警句、英雄人物或世界名人的画像;摆成马蹄形、矩形、椭圆形的桌椅;展示学生书画艺术的书画长廊;激发学生探索未知世界的科普长廊;表露爱心的"小小地球村";悬挂在教室前面的班训、班风等醒目图案和标语,等等。而软文化则是一种"隐性文化",包括制度文化、观念文化和行为文化。

(6) "学生自己管理自己"的观点你赞同吗?

【参考答案】:赞同。每个学生都希望自己在班集体中得到重视。既然学生是主体,那么教师就要敢于放手,让每个学生发挥自己的能力、体验成功的快感,并激发他们的积极性。老师要善于引导学生,放手让学生自己管理自己。

(7) 你最欣赏的班主任是哪一种类型的?

【参考答案】:每一位班主任都有自己独特的教育管理班级的方法。有人将优秀的班主任划分成以下六种类型:

①母亲型。这种班主任主要靠"爱心"来工作。他们总是把"爱"的旗帜举得高高的,把爱的气氛搞得浓浓的。无论遇到什么问题,他们都诉诸感情,求助于"爱"。这种班主任活脱脱就是一位"亲妈",眼巴巴地盯着一帮儿女,喜怒哀乐搅成一团。

②官员型。这种班主任主要靠"监督、检查、评比"来工作。他们热衷于制定各种条条框框,热爱指标,喜欢板上钉钉的要求。他们早来晚走,不错眼珠地死盯着孩子,高密度地使用赏罚手段。这种老师摆出的是一副和学生拼到底的架势,学生没奈何,只好就范。

于是各项工作井然有序，颇见成效。

③政治家型。这种班主任主要靠"煽情"来工作。这是一些知识丰富、口才上乘、有一定表演才能的人。他们凭三寸不烂之舌，能把学生一会说哭了，一会又说笑了。如果你能引领学生的情感，当然也就能引领学生的行动，于是我们就看见学生常常热泪盈眶地追随在这类老师的后面。

④领袖型。这种班主任主要靠"活动"来工作。他们是优秀的鼓动家，更是优秀的组织家和活动家。他们的拿手好戏是不断地组织学生进行各种各样的活动。在活动中凝聚集体，在活动中形成正确舆论，在活动中冲刷存在的问题，用活动裹挟差生前进。他们领导的班级往往充满生机。

⑤导师型。这种班主任主要靠"威信"来工作。他们的威信往往高到令学生"迷信"的程度。这样，他们就可以摆脱一些俗物，很多事情只要"运筹帷幄"，甚至"遥控"就行了。这种班主任一般有自己独立的教育思想，有特殊的思路，会用班干部。他们能像"巫师"一样把学生迷住，使其甘愿为老师赴汤蹈火。

⑥科学家型。他们主要靠"科学"来工作。他们对学生，第一是尊重，第二是爱。他们遇到问题，总是采取研究的态度，先进行诊断，然后拿出解决方案。对他们来说，学生不但是朋友，而且是研究对象。对他们来说，工作本身也是一门科学和艺术，是研究的对象。更重要的是，对他们来说，其自身也是研究对象，他们很注意经常反思和梳理自己的思路。

我认为这六种类型的班主任都有各自的优势和特点，我更倾向于自己能成为一名综合型的班主任。

(三) 关于学生的问题

(1) 学生的记忆有什么特点，在学科教学方面如何提高学生的识记能力？

【参考答案】：以小学生为例，一般而言，小学生对能引起强烈情绪体验，易于理解的事物记忆较快而且记忆保持时间也较长。通常低年级小学生主要采取机械识记的方法，中高年级小学生则比较多地采用意义识记的方法。低年级的小学生由于知识经验比较贫乏，抽象逻辑思维欠缺，对学习材料不易理解，也不会进行信息加工，因而在学习功课时较多地运用机械识记。到了中高年级，由于他们的知识经验日益丰富，抽象逻辑思维能力不断发展，在学习活动中运用意义识记的比例逐渐增大。一般来说，小学生回忆能力随年龄的增长而提高，对外在线索的依赖性也越来越小。

老师可采用以下方法提高学生的识记能力：

①动机诱导的方法。动机诱导法是培养学生识记能力的基础。

②培养学生兴趣的方法。这提高学生识记能力比较好的方法，同时也是老师授课时经常使用的方法。

③具体知识识记方法。这对老师提出了更高的要求。老师在备课的过程中应擅于摸索、总结具体知识记忆的规律，帮助学生找到快速记忆的方法。这是提高学生识记能力的关键。

以上是三种方法的简单介绍，供大家参考。

(2) 你认为一种科学的备课方法是什么？

【参考答案】：备课是教师的一项基本功。我认为无论是哪门学科，教师真正要备好一堂课，都应该脚踏实地，并结合自身和学生的实际，进行创造性地研究和设计。第一"研读"是备课的必要前提，研读与课程有关的资料是必不可少的环节；第二"博学"是备课的重要基础；第三"细致"是备课的基本要求；第四"创新"是备课成功的亮点。这种备课方法是我所追求的目标。（补充：备出一份好的教案不仅是上好一堂课的重要前提，也能使教师教学更有底气，更加胸有成竹。同时，好的教案设计也直接影响学生的学习兴趣、方式、效率等多个方面，最终对整堂课的教学效果起到决定性的作用。）

（3）你同意"没有不合格的学生，只有不合格的教师"这句话吗？

【参考答案】：这句话源于教育家陈鹤琴老先生的名言"没有教不好的学生，只有不会教的老师。""没有不合格的学生，只有不合格的教师"是其衍生出的众多"伟辞"中最为著名的一句。我认为陈老先生当初写这句话时，断然不会想到在多年以后的今天会引出如此多的讨论吧！

我不完全赞同。这句话说得太过绝对，出现不合格学生的原因有很多，每位学生的自身条件和生活环境都是完全不同的，因此出现不合格的学生老师不能完全负责。但是老师对待资质不高和成绩不好的学生绝对不能采取视而不见、听而不闻的态度，任其自生自灭。对待此类学生，老师应该积极努力帮助他们找到落后的原因，平时要多关心、多辅导，要尽快帮助学生把成绩赶上来。

（4）一堂好课的标准是什么？

【参考答案一】：一堂好课的评价标准是：第一是否达到教学目标，这是促进发展的根本宗旨；第二教学内容方面是否达到科学合理的标准；第三教学策略与方法是否能达到学生主动学习的目的；第四老师是否具有良好的教学基本功。

【参考答案二】：一堂好课的标准是学生能否学有所得，能否在情感、态度、价值观，过程与方法，知识与能力方面有所得。

评价一堂好课的标准有以下几点：有意义、有效率、有生成性、是常态下的真实的课。一堂好课的基本表现是必须形成学生学习的兴趣和持续学习的动力；兼顾有差异的学生，使不同层次的学生都有所得；体现思维的深度、促使学生知行结合，有所收获。

【参考答案三】：用建构主义观点探讨一堂课是否好的关键因素：学生学习的主动性、师生互动的有效性、学生自主获取知识的实践性、学生真正的理解性、预备学习材料的良好组织性、学生学习的反思性。"好课"标准没有定论，强调多元、崇尚差异、主张开放、重视平等、推崇创造、关注边缘群体、实现和谐课堂、使每一个学生都得到发展是一堂好课的基本要求。

（5）对于现在常常提的"以学生为本"或"以学生为主体"，你怎样理解？

【参考答案】：学生是一个民族传承的希望，是一个国家继续生存、发展的灵魂所在，因此老师担负着重大的使命，"以学生为本"或"以学生为主体"确保了教学最终目的的实现。

"以学生为本"或"以学生为主体"是指在教学活动中以学生为主。教师的作用是组织、引导、帮助和监控，引导学生学会认知、学会做事，让学生经历获取知识的过程，关注学生各种能力的发展，促进其知识与技能、过程与方法、态度与价值观的全面发展，建立学生自主探索、合作学习的课堂模式，创设和谐、宽松、民主的课堂环境，从追求学习结果转向追求学习过程，真正把学生当成获取知识、发展自我的主人。应以"一切为了学生，为了学生的一切，为了一切学生"为原则，切实构建"以学生为中心"主体观。

(6) 你平常看的教育教学类的书籍和杂志有哪些？

【参考答案】：书籍类：我曾经看过人大附中的王金战老师编写的书《英才是怎样造就的》，受益匪浅。还有如《教育心理学》《教育教学基础讲义》《教育教学技能讲义》等。杂志类有《中国教育教学杂志》《中学物理教学参考》《读与写》等。

(7) 你认为该如何指导学生进行朗读？

【参考答案】：朗读能力的培养是循序渐进的，不可能一步到位。以指导小学生朗读为例，小学语文大纲对朗读教学有明确的定位，即"学习正确、流利、有感情地朗读课文"。所以第一就是扫清生字障碍，熟悉课文，这是正确朗读课文的前提。第二是老师范读，提出要求。新课标要求老师经常组织学生听朗读，包括老师的范读和录音范读。范读有助于培养学生对朗读的兴趣，唤起学生的感情，丰富学生的词汇，这是提高学生朗读水平的重要方面。第三创设情境，渲染氛围。对于朗读训练，要想方设法调动学生全身心地投入进去，尤其是低年级的学生，单调地阅读会使学生读得口干舌燥，昏昏欲睡，所以营造趣、情、美的愉快气氛，可以提高学生阅读的兴趣。第四体悟情感，渐入意境。叶圣陶先生把有感情的朗读叫"美读"，因此培养学生边读边用心体会文章，然后表达真情实感是最好的。真情实感的流露不仅体现在写作文时，在读自己的作文时也会流露出真情实感，这对学生来说是终身受益的。

考生面试时的仪容仪表很重要，有的考生长得很漂亮，但是穿得很随便，给人感觉不够庄重；有的人长相一般，穿着却很大方，让人赏心悦目，面试时会赢得良好的印象分。另外，言谈举止得体，回答简明扼要，抓住重点也是面试需要注意的地方。

三、面试时的说课技巧

（一）面试教学内容选择方法

对于没有教学经验，初走上讲台的人来说，试讲所选的教学内容对于教学经验的积累是非常重要的，而教学内容的选择有自主选题和特定题目两种。下面将就这两种选择教学内容的不同方法分别进行介绍。

1. 自主选题

在没有任何教学经验的情况下，特别是第一次讲课时，教学内容的选择对于试讲人员来说就非常重要。对于初次准备讲课的人员，可以选择自己较为熟悉或者相对比较容易讲授的教学内容。由于很少有过教学经验，在最初走上讲台时，难免会有紧张情绪。在这种情况下容易出现语速不稳定、语言表达不连贯，甚至出现忘记所要讲述的知识点等状况。如果所选择的是自己非常熟悉或者是相对简单的教学内容，就可以从一定程度上克服上述问题。当然，这并不是解决问题的根本方法。但对于需要积累教学经验的试讲人员来说，自主选择适合于自己讲解的教学内容对试讲成功是非常有帮助的。

2. 特定题目

在实际的试讲教学中，不可能都让面试人员选择自己所愿意讲授的教学内容。所以，在准备试讲的过程中，要尽量多备些教案，或者尝试不同类型的教法教学，以提升应对特定题目试讲的能力。虽然准备多种多样的试讲方式会遇到更多的问题，但随之而来的也应该是更多解决问题的方法与教学经验。

(二) 教师面试说课、试讲的四环节

1. 备课

任何一个教师走上讲台讲授教学内容之前，都必须要有充分的准备，对于试讲时的面试人员更是如此。充分而完整的备课是讲好一节课的必备前提。所谓备课，主要是指掌握教学内容，领会编者意图，确定目的要求，选择教学方法。显然，深入钻研教材是提高备课质量的核心。

2. 列大纲

一定要钻研教师用书上写的内容，了解编者意图，不能自己想当然地确定教学目标，草草列出。大纲是在详写教案之前列出的一个大概框架。其中描述了讲授这部分教学内容所需要的几个部分，以及对整个教学过程的初步构思，并且讲课过程中所需要的素材也在其中一一列出。对于准备写教案的面试人员来说，做这一部分的工作不仅能使讲授者对于整个备课过程思路清晰，并且可以使之避免在详细备课时落下细节内容。

（1）教学内容。

任何一部分教学内容都包含有重点、难点和学生较容易理解的部分，对于不同难度及层次的知识点，教师应有不同的详略安排。对于重难点知识应详细地重点讲述，而对于较容易理解的知识，就可以相对简略讲述。参加应聘教师岗位的面试人员在这一个环节很容易出现的问题就是整个教学内容重点不突出，或是对重难点的把握不够准确。对于这个问题，一是要求面试人员在备课之前对自己所要讲述的教学内容足够的熟悉；二是可以向在职的、经验丰富的学科教师请教。这样在教学内容的把握上就不太容易出现偏差。还需要注意的是对于不同层次的学生群体，其接受能力也是不一样的，因此在安排教学内容时不能太多，也不能过于发散，一定要控制在学生可以接受并且能够基本掌握的范围内。

（2）教学对象。

对于具有不同特点的教学对象，所要达到的教学目标及教学过程中所运用的教学方法也有所不同。面试人员在对教学对象进行分析时，应充分考虑教学对象的年龄特征、对知识的接受能力，以及所处的校园环境和社会环境等，以便于对后面其他教学环节进行设计。学生是教学的对象，教师要想教会学生，必须先了解学生，只有这样才能调动学生的学习积极性，有效地帮助学生解决学习过程中的问题和困难。备学生的目的是为了做到根据学生的实际水平，有的放矢地进行教学，高质量地完成教学任务。另外，对于面试人员来说，在试讲时面对的不仅仅是学生，也有评委老师，因此，这一点在进行教学时也应当特别注意。

（3）教学目标。

在详细分析教学内容和教学对象后，便到了教学目标的编写。对于不同的教学对象群体，即便是相同的教学内容也有不同层次教学目标的编写，应结合教学内容分析中所确定的重难点以及详略，安排不同的教学目标，将所要知道、领会、应用、分析、综合、评价等应达到的不同教学目标和教学内容结合起来。当然，对于这一部分的把握面试人员也许会不够准确，所以这里也需要请教一些经验丰富并且对学生有一定了解的学科教师。对教学目标、教学内容、教学对象的分析是不可分开的，在备课时往往需要整体进行。这一点对于教师来说非常重要。以英语备课为例，在备课要注意：

①理解和掌握课文里的语句、单词和语法；

②能用教过的单词解释新单词的意思和用法；

③钻研本课的语法点，能用英语举例说明新语法点的用法；

④能用英语解释课文里的难句，简化课文里的长句；

⑤能用英语对课文里的句子提问题；

⑥分析课文的结构，用英语概述课文各段的大意，用英语复述课文。

⑦用英语对课文作简短的评论；

⑧结合新材料考虑联系和复习哪些旧材料；

⑨背诵课文；

⑩考虑应使用哪些新的课堂用语。

（4）教学方法。

选择的教学方法应符合学生的认识规律，符合学科特点及学生的年龄特点，并有利于发挥教师的主导作用，有利于调动学生学习的主动性与积极性。

①备方法。在我国的中小学教育中，常用的教学方法有讲授法、谈话法、读书指导法、练习法、演示法、实验法、实习作业法、讨论法、研究法这九种。对于不同学科、不同性质的教学内容也许有的只需要一种教学方法便可以进行，而有的则需要将几种教学方法相结合使用。试讲人员在刚开始试讲时，经常单一使用讲授法。这种方法相对其他几种方法较容易掌握，但对于缺乏经验的试讲人员，很难把握如何引导、启发学生思维。那么就需要在教学过程的设计中尽可能详细。切勿将知识直接灌给学生，而应让其发挥主观能动性来主动学习知识。

②备感情。除了备方法外，备好教师的感情也是讲好课的重要条件。许多老师都有这样的体会：在走进教室以前，如果自己是兴奋的、愉快的而且是信心百倍的，那么一定会讲得津津乐道，学生也会听得全神贯注，讲课的效果也好。反之，如果在课前自己心情不畅，那么这节课的气氛一定会受到影响。所以，有经验的教师，为了使自己上课时能感情充沛、心情愉快，上课前，总要收收心（闭眼深呼吸，抛弃杂念）、养养神（回忆一下讲课的内容），这样讲起课来就会轻松愉快、娓娓动听。

③备语言。讲课是一种艺术，课堂教学无论怎样都离不开艺术。因此，教师必须充分重视语言技巧。一位教师的知识再渊博，如果不能形象、准确地表达出来，那也只能是一种遗憾。有人说："老师的语言是蜜，它可以粘住学生的思维。"据调查统计：学生最喜欢语言风趣、有幽默感的老师上课。这样的老师可以激活学生的思维，调节课堂气氛。正如一些一线教师所说："激情饱满的语言是课堂上悦人愉情的最佳道具。"

④备教态。讲课时的姿态、动作是表达语言时的重要辅助形式。教态生动活泼、大方自然，就能高度集中学生的注意力，使学生深刻理解所学的知识。如果讲课时，教态生硬死板，学生就会感到枯燥乏味、无精打采。因此，试讲前，应该认真选择自己的讲课姿态、改进教法，选择语言，备好教态。对于一些疑点，自己不放心的环节，可以利用散步等时间，边走边讲，当然不一定要有人听，也不一定要讲出声，自己练习便可。

（5）教学过程。

这是整个教学设计的重点部分，其中包含所要讲述教学内容的具体解析、课堂提问与回答、教学内容间的过渡、讲述各部分内容所要用的时间安排、各个阶段教师和学生所要做的事情、板书的设计及书写等。对于参加面试的人员，每一部分的设计都应该尽可能详细，并注意教学内容的重难点的详略得当。在能力允许时，还可以设计教学过程中可能会出现的问题，如学生提问、课外知识的扩充等。

（6）课后作业。

学生在课堂教学结束后，完成课后作业便是对所学知识的一种巩固。在设计课后作业时一定要注意与教学内容的重难点以及教学目标的设计相结合。对于不同学科、不同层次的知识点，要设计能体现学科特色的课后作业。练习应从基本的、简单的开始，但不能模式化、固定化。相反，应有一定数量灵活的、综合的、需要创造性思维的练习，只有这样才有助于学生思维的全面、深刻、敏捷和灵活。

（7）试做实验。

在文科类的课程中，这一部分的准备可能相对少一些，但在一些学科教学的过程中，可能会需要向学生播放一些音频以及视频素材，那么学科教师就应该在上课之前进行试播，以检查素材是否能顺利播放。对于需要教师课堂朗诵或是领读的部分，初次接触这部分教学内容的应聘人员一定要非常熟悉，并且在试讲之前做一定的朗诵练习。对于理科类课程，这一部分的工作是不可缺少的。在课堂教学过程中所涉及的实验，除了极少部分经验非常丰富的学科教师外，其余大部分教师，特别是试讲时的面试人员，都应该在条件允许时提前试做实验。这不仅能及时发现实验时可能会出现的问题，并采取一定的措施予以预防，还可以避免课堂教学中因实验失误所带来的时间浪费。而且对于面试人员来说，还可以增加课堂教学时的自信心。特别要指出的是，随着我国新课程改革以及信息技术与课程整合的实施，很多学科教师在教学过程中采用多媒体教学课件，那么就更应该在课堂教学之前试运行教学课件，以避免因为课件运行中出现的异常而耽误课堂教学。

3. 再次完善教案

将所要涉及的实验都试做完成之后，应该根据实验时所做的详细记录对教案做再一次的修改、补充与完善。当然，对于一些经验丰富的学科教师来说，这一部分的工作是不需要的，而对于面试人员来说，就一定要再一次检查自己的教案。检查内容不仅应包括实验部分，还应包括教案的其他部分。

4. 细写讲稿

讲稿不是教案的简单重复，而是在教案的基础上，进一步详细地写出具体课堂教学中的每一个环节。这包括教师在课堂教学中所要说的每一句话，所要做的每一个动作，所要写的每一次板书。当然，计划永远赶不上变化，试讲过程中所遇到的问题并不一定在写讲稿时都能考虑到，但提前写好讲稿，对于缺少教学经验的面试人员来说，是非常有必要的。

因为很少有机会讲课，课堂驾驭能力不够强，提前写出讲稿有助于整理思绪，即使由于各种原因造成课堂教学脱离原来的教学设计，也可以参考讲稿及时回到原来的教学设计中。写过一次讲稿，就会留下比较深刻的印象，也就是说即便试讲时发散得太广，也可以及时发现，做出调整。备课是一个厚积薄发的过程，没有起点和终点，需要不断深化，不仅要倾注时间，还要凝聚智慧。教师要从"为它所控"转变到"为它所动"，最终做到"为我所用"。这需要一个过程。在这个变革的过程中，教师要不断反思，既要学习他人，也要坚持自己的主张。

讲课前所做的选题以及备课当然都是为了讲课而准备的。在整个讲课过程中应注意的有：导入技巧，重难点及详略的把握，各知识点间的过渡，板书内容及字体大小，课堂小结，教师的语言、语速、语气及语调等。那么在这些部分中，面试人员分别应该注意些什么呢？下面将详细进行分析阐述。

（三）教师试讲站姿

1. 站姿

立姿，又叫站姿、站相，指的是人在站立时所呈现出来的具体姿态。立姿是人最基本的姿势，同时也是其他一切姿势的基础。通常，它是一种静态姿势。教师在站立之时，应当显得挺拔而庄重，即身体站直、挺胸收腹、双腿并拢、双脚微分、双肩平直、双目平视、头部保持端正。教师在讲台上的站姿优美与否，对学生的感召力是不一样的。教师的站姿应给人以挺拔笔直、舒展大方、精力充沛、积极向上的印象。站姿在一定程度上反映了一个教师的精神面貌和对课堂的投入程度。因而教师的站姿在稳重之中还要显示出活力，不能过于拘谨和呆板。教师站在讲台上要精神振作，潇洒大方。要随时根据授课内容和课堂情景的变化调整站姿，适当走动，要善于运用恰到好处的动作和站姿来配合自己的语言表达。

2. 教师正确的站姿

站姿是教师在课堂中最重要的举止之一。在课堂上，教师不同的站立姿势，对学生的心理有不同的影响，同样，参加面试的人员一定要学会基本的站姿。

（1）正确的站姿。

教师站姿的基本要求：端正、稳重、亲切、自然。

（2）男女教师的基本站姿。

站立时，对男教师的要求是稳健，对女教师的要求则是优美。男教师在站立时，一般应双脚平行，并要注意其分开的幅度。这种幅度一般应当以不超过肩部为宜，最好间距为一脚之宽。要全身正直，双肩展开，头部抬起，双臂自然下垂伸直，双手贴放于大腿两侧，双脚不能动来动去。如果站立时间过久，可以将左脚或右脚交替后撤一步，以使身体的重心落在另一只脚上。但是上身仍须直挺，伸出的脚不可伸得太远，双腿不可叉开过大，变换不可过于频繁。

女教师在站立时，则应当挺胸，收颌，目视前方，双手自然下垂，叠放或相握于腹前，双腿基本并拢，不宜叉开。站立之时，女士可以将重心置于某一脚上，双腿一直一斜。还有一种方法，即双脚脚跟并拢，脚尖分开，张开的脚尖大致相距 10 cm，其张角约为 45°，呈现"V"形。女教师还要切记，千万不能正面面对他人双腿叉开而立。

在学生回答问题时，教师身体要微微前倾，这种姿势表明对学生说的话感兴趣，也表明教师的注意力都集中在学生身上，没有走神，增加了亲切感。

在学生回答问题时，教师错误的站姿有两种：第一种是自己板书，背对学生，给学生一种不礼貌的感觉。学生也不能从教师的表情中判断自己的回答是否正确，是否需要继续回答。第二种是双手放在裤袋里或两手背在背后，一副师道尊严、居高临下的姿态，没有一点亲切感。

3. 课堂站姿的禁忌

（1）忌长时间手撑桌面。学生自习时，老师可以用手撑住桌沿，把重心移到某只脚上，但不能长时间手撑桌面，免得学生认为您疲惫不堪，影响学习情绪。

（2）忌身体不稳。在擦黑板时，教师的站立要稳，不能全身猛烈抖动，左右摇晃，此举会破坏教师的课堂形象。

（3）忌位置固定不变。教师讲课的站位不能呆板地固定在一点上，应适当地移动位置，或到学生座位行间进行巡视。

（4）忌侧身而站。心理学研究表明，侧身而站和面向黑板而站说明教师的心理是封闭的，不利于阐述教学内容，而且会给学生留下缺乏修养的印象。

（5）忌站立时重心移动太快。站立时重心忽左忽右，彰显信心不足、情绪紧张、焦虑。面对学生站立稳定，表明教师准备充足，有信心上好这堂课，有能力控制整个教学局面。

（6）忌远离讲桌，站在讲台的前左角或前右角。"打游击"左右来回移动，或者在学生座位行间踱来踱去，不符合礼仪规范和卫生要求。

（7）忌教师把双手交叉抱在胸前或背在身后，这些动作会给学生一种傲慢的感觉。

（8）忌呆板。对于不同阶段的学生应采取不同的站姿，如对于低年级的学生，为了亲近学生，更多时候需要走到学生中间，蹲下身来，摸摸他的脑袋，夸夸他的某些回答等。

四、试讲制胜的相关问题

（1）作为老师，信心和责任心是第一位的。记住一点，你担心的别人也担心，所以不需要有压力。相信自己，别人才能相信你。

（2）打动那些对你有好感的评委，尽量感染那些对你没有好感的评委。用你的眼光告诉所有人，我来了，我能教好学生。

（3）讲课要有激情，如果不能做到抑扬顿挫，起码要做到声音洪亮、普通话标准。讲话语速不要太快，如果拿捏不好，可以多多演练。这是关键。讲话要掷地有声，不要半推半就，在讲台上要有台风。对语文教师要求更高，要做到咬字清晰、语音悦耳、抑扬顿挫。

（4）一定要着装得体，不要穿的太前卫，毕竟教师这个职位还是要讲究矜持的，但是一定要整洁得体、端庄大方，给人感觉气质非凡。

（5）在见到面试官时要表现得大方，不要太拘谨，也不要太嚣张，要给人留下稳重的印象。注意肢体语言，不要僵直地站在讲台上，要运用好肢体语言。

（6）要在试讲前做好充足的准备，把要讲的内容的相关背景知识等了解到位，并把授课内容和这些背景结合起来，让背景知识在吸引人的同时把人引导到课本的内容上来。

（7）对于背景知识不用花费时间讲得过于详细，只要在讲的时候提到就可以，让听课的评委知道你有这个环节就可以了。

（8）要注意跟台下评委的眼神配合，眼睛的视线不要一直停留在讲稿上，要使台下的每一个评委都以为你在看他们，注视着他们。要面带微笑，不要太严肃。

（9）要有板书。板书就是你的授课大纲。（如果对粉笔字不自信，或者没有要求板书，可以减少板书或者不板书）

（10）要用电脑，要跟上时代步伐。网络时代了，上课不用电脑的老师必定被淘汰。最好能采用多媒体教学，这通常是可以加分的，也能体现新课程的理念。

（11）要做一下小结，总结一下你所讲的内容，布置一下作业，做到有头有尾。

（12）试讲完成以后还会有评委提问，基本上都是涉及如何安排所教的课程，教学侧重点应该在哪里，如果学生出现了这样或那样的问题你该怎么样，等等。不要慌张，首先肯定评委提出的问题，并结合以往的教学经验予以适当的重复，与此同时思考应对的策略。回答的时候最好能有一个提纲，分几点来说明自己的观点，以显得层次鲜明，逻辑性强。对于观点点到即可，除非特别自信，否则不要过于展开。

五、注意事项

（1）板书的时候忌讳无声板书，长时间课堂空白。可以在板书的同时结合问题和内容，做适当的讲解。说话时写字速度不能太慢。太慢了大家会怀疑你的做事效率。字不要太潦草。可以适当看看讲稿，自然地看即可，不能照着讲稿读，因为评委和你的讲稿是完全一样的。

（2）试讲的内容和原来的教学设计可以有不一致的地方，在试讲完毕，还有时间的情况下，可以做一个简短的说课（说明），让评委知道你的设计意图和理论依据。在试讲中也可以适当穿插对学情、教材、学法、教法的说明。

（3）教学设计的各个环节和要素要尽可能完整、完善，对于教学流程可以拟出恰当的小标题，吸引评委注意力。

（4）试讲时没有学生参与，但是同样要体现自主、合作和探究的学习方式以及新课程教学理念，可以通过教师的模拟对话或者讲解来呈现，如小组讨论、分组学习、课前预习等。要有师生互动，即使面对老师讲课，也要体现与学生的互动。

（5）可以在某个具体环节提供几套教学方案，既可以把教师的预设体现得很充分，同时又能充分体现教师的基本素养。

（6）课堂重点突出，一到两点就够的，其他的不讲或略讲，决不可面面俱到。

（7）要深挖课文，对思想内容有独到见解。这是最难的，也是最重要的。它体现老师的水平。文章思路不是重点，一般文章思路都很清晰，高中生都看得清，不需要作为课堂重点。

（8）尽快切入重点。要详讲重点（也就是能出彩的地方），否则导入太长，其他杂七杂八的东西太多会冲淡重点。试讲时，可以省掉作家作品介绍、字词检查等次要内容，深挖重点，然后再点一下文章的其他部分，勾出文章整体思路，给人以整体感。分析重点段落时，集中落脚到关键句、关键词，这样才具体而实在，不然笼而统之，就难以讲清。分析也要细致，要分析细致必然要落脚到文中字词，这样可以紧扣教材，不至于犯脱离课文的毛病。

发挥不宜太多，太多了也会冲淡主题。或者更直接地说，讲课像写文章一样，围绕中心（重点）行文，废话尽量少讲或不讲。

阅读资料 6.1

教育教学能力测试内容及评分标准（说课、面试、答辩）如表 6-1 所示。

表 6−1　教育教学能力测试内容及评分标准

姓名：　　　　　　　　　　　学科：　　　　　　　　　　　测试日期：

项目		内容		评分标准	得分
说课 50 分	说教材 (10 分)	1. 说清课标对教材的要求，本课在单元中的地位及教材的思路和特点； 2. 对本课教材重点、难点、关键点的分析和把握； 3. 教学目标确定是否具体、明确、全面整合、有层次性	A 优秀 8～10 分	能依据课标的要求，对本课教学内容在单元中的地位和作用做出分析。能准确把握教材的思路、重点、难点和特点。教学目标编制具体、合理、全面、体现三维目标。符合学生实际，有个性特点	
			B 合格 4～7 分	了解把握教材，能确定教学重点、难点。确定的教学目标基本上合理	
			C 不合格 0～3 分	把握不住教材，抓不住重点、难点和特点。确定的教学目标不准确、不合理	
	说学情 (8 分)	1. 分析学生的知识基础，生活经验背景，能力起点； 2. 对学生年龄特点及知识背景、学习态度的分析	A 优秀 6～8 分	在说课设计中能依据教育学、心理学的原理，分析学生知识基础、年龄特点、生活经验与背景、兴趣等	
			B 合格 3～5 分	以教师讲授为主，适当考虑学生的基础、知识背景、年龄特点、兴趣及学习态度	
			C 不合格 0～2 分	不了解、不分析学情，完全从自身考虑	
	说教法学法 (12 分)	1. 教法是否针对教材、学生实际，运用灵活恰当。是否以一法为主，多法配合，能调到学生多种感官活动； 2. 体现师生、生生互动，以学生为主体，以教师为主导； 3. 教具、学具、板书等的准备与使用	A 优秀 9～12 分	教法选择符合教材、学生实际，一法为主，多法配合，多种指导。教学思路清晰，教学充分体现学生的主体地位，生生、师生互动，运用现代教学手段，注重对学法的指导	
			B 合格 4～8 分	教法贴近学生和教材实际，能在教师讲授的基础上适当体现生生互动、师生互动，能够运用板书或电教手段	
			C 不合格 0～3 分	教法僵硬，脱离学生、教材实际，单一枯燥死板，谈不上学法指导	
	说教学过程 (20 分)	1. 教材组织处理得当，教学思路清晰； 2. 导入、新授、练习、结课、作业等教学环节的设计环环相扣，过渡自然； 3. 教学过程设计新颖巧妙，有个性特点。	A 优秀 15～20 分	教材组织处理得当，教学思路清晰，导入、新授、练习、结课等各教学环节设计合理，过渡自然。教学设计新颖、独特	
			B 合格 7～14 分	教学过程各环节设计合理，有一定的节奏	
			C 不合格 0～6 分	教学过程杂乱无章，思路混乱	

续表

项目		内容	评分标准		得分
素养表现面试20分	仪表（3分）	考查容貌、身高、体型、发型、着装	A 优秀 3分	相貌端庄，身高、体重、体型适当，着装得体	
			B 合格 1～2分	相貌无明显欠缺，仪表着装适当	
			C 不合格 0分	不修边幅，奇装异服，在某一方面有明显生理缺陷	
	教态（4分）	举止得体、大方，有激情，沉稳自信	A 优秀 3～4分	亲切自然，举止大方得体，沉稳自信	
			B 合格 1～2分	举止神情微有紧张	
			C 不合格 0分	神情紧张，语无伦次，教态失常	
	语言（8分）	语言表达流畅、准确，抑扬顿挫，有感染力，普通话标准	A 优秀 5～8分	脱稿讲授，语言表述流畅准确、清晰，抑扬顿挫，有感染力，普通话标准	
			B 合格 3～4分	教学语言基本能完成教学任务，缺少个性化风格	
			C 不合格 0～2分	照稿念，方言土语浓重，讲解混乱不清或口吃结巴，有明显语病	
	板书（5分）	言简意赅，有启发性，粉笔字书写规范、熟练	A 优秀 4～5分	言简意赅，有启发性，粉笔字书写规范、美观、熟练	
			B 合格 2～3分	板书设计缺少创新性，粉笔字工整，书写规范，速度有待加强	
			C 不合格 0～1分	字迹潦草，书写慢，板书混乱无序	
答辩（30分）		专业知识掌握准确，有前沿性；对教师职业有深刻的理解和认识，思路开阔、清晰，思维敏捷，表达流畅	A 优秀 25～30分	热爱教师职业；基础知识准确，有宽广深厚的知识功底；有很强的语言组织能力、表达能力和应变能力，逻辑性强	
			B 合格 10～24分	对教师职业理解和认识基本正确；知识无明显错误，思维反应正常；有一定应变能力，语言表达流畅有条理性	
			C 不合格 0～9分	对教师职业认识理解不够，无长期从事教师职业的想法；专业知识不够系统，错误较多；无应变能力，思维跳跃，混乱，表述不清	
评语及总分					

试讲内容及评分标准样表如表6-2所示。

试讲内容及评分标准样表

教学目标 （6分）	1. 教学目标完整（知识与技能、过程与方法、情感态度和价值观等方面），符合大纲要求（3分）； 2. 教学目标符合教学实际（3分）
教材处理 （6分）	1. 依据学生实际，灵活处理教材（2分）； 2. 教材重、难点突出，详略得当（2分）； 3. 深广度适宜（2分）
教学结构 （6分）	1. 结构展开符合学生认识规律（2分）； 2. 结构完整，重视过程（2分）； 3. 程序合理，过渡顺当（2分）
教学方法 （14分）	1. 是师生交往、合作、共同发展的互动过程（3分）； 2. 能激发学生的学习兴趣，让学生在愉快中学习（2分）； 3. 能培养学生的独立性、自主性，能引导学生质疑、探究、实践（3分）； 4. 能尊重学生的人格，关心学生的个体差异，满足不同程度学生的需要（2分）； 5. 能创设有利于学生主动参与、相互合作探究的教学环境（2分）； 6. 恰当运用现代化技术教育手段（2分）
教学基本功 （10分）	1. 语言准确、生动（2.5分）； 2. 板书简明、规范（2.5分）； 3. 实验操作熟练、准确（2.5分）； 4. 教学组织得法（2.5分）
教学态度 （6分）	1. 仪表端庄（1分）； 2. 教态亲切、自然（1分）； 3. 相互尊重（2分）； 4. 真情互动（2分）
教学效果 （12分）	1. 学生主动参与（4分）； 2. 师生交流充分（4分）； 3. 教学目标落实（4分）

教学案例 6.1

语文说课稿一般格式

各位评委老师上（下）午好，我是语文组××号，我今天说课的题目是××××（板书：课题、作者），下面我将从说教材、说教法和学法、说教学过程、说板书设计四个方面来对本课进行说明。

一、说教材

《××》是人教版××年级下/上册第××单元的第××篇课文，该单元以××××为主题展开。

《××》是××××（文章体裁），主要写了××××（主要内容），表达了××××（中心思想），"××××"（一般是：语言简练、层次清晰、描写生动、细致充满诗情）是本文最大的写作特色。

结合单元教学要求和本课特点,依据新课标中"知、过、情"三个维度,我将本课的教学目标确定为:

1. 能正确读写本课要求掌握的生字词/了解本课写作背景和有关作者的文学常识;

2. 能整体理解文意,概括中心思想,提炼重点内容,把握文章主要内容;『整体感知要达到的』

3. 能品味重要词句所包含的思想感情。『研读赏析要掌握的』

由于××××（本课的一些特点）,我将本课的教学重点确定为××××。

因为××××（学生的一些实际）,我将本课的教学难点确定为××××。

二、说教法和学法

科学合理的教学方法能使教学效果事半功倍,达到教与学的和谐完美统一。基于此,我准备采用的教法是讲授法与点拨法。采用讲授法可以系统的传授知识,充分发挥教师的主导作用。

学法上,我贯彻的指导思想是把"学习的主动权还给学生",倡导"自主、合作、探究"的学习方式。具体的学法是讨论法、朗读法和勾画圈点法,让学生养成不动笔墨不读书的良好阅读习惯。

此外我准备用多媒体手段辅助教学。

三、说教学过程

为了完成教学目标,解决教学重点,突破教学难点,我准备按以下五个环节展开课堂教学。

环节1　导入新课

我设计的导语是××××。此导语以师生对话的方式展开,可以消除学生上课伊始的紧张感,激发学生的阅读兴趣。

环节2　落实基础,整体感知

首先,请学生借助注释和工具书解决字词问题,再有针对性地对某些容易读错写错的生字词进行指导,例如××××。

这为学生阅读课文扫清了障碍,也体现了语文学科工具性的特征。

接下来,邀请数位学生分段朗读课文（或者老师做范读）,要求其他学生边听边圈画出每段的关键词句,理清文章脉络。教师则根据学生板书文章脉络。

新课标对学生阅读的要求是:在通读课文的基础上,理清思路,理解主要内容。此环节力图将学生置于阅读的主体地位,以调动学生的主动性和积极性为出发点,要求学生边读边思考,在听读中理清思路,锻炼学生的听说读和概括能力,解决教学重点。

环节3　研读赏析

新课标中明确指出:"阅读是学生个性化的行为,不应以教师的分析来代替学生的阅读实践。"教师以多媒体出示 Q1（问题1）,Q2（问题2）,然后请学生先默读再进行分组讨论。

Q1,Q2 的设置应一脉相承,使学生在积极主动的思维和讨论中,加深对问题的理解和体验。

环节4 拓展延伸
好处：拓展学生的知识面和阅读范围，满足学生的阅读期待，等等。

环节5 课后作业
好处：巩固知识点（知识类），发挥学生想象力，理论联系实践，学以致用（作文类）。

四、说板书设计

好的板书就像一份微型教案。此板书力图全面而简明的将授课内容传递给学生，清晰直观，便于学生理解记忆，理清文章脉络。

以上，我从教材、教法学法、教学过程和板书设计四个方面对本课进行了说明，我的说课到此结束，谢谢各位评委老师。

本章小结

本章主要介绍两部分内容，一部分是网络求职的方法。让学生通过学习树立利用网络求职的意识，学会如何利用招聘网站以及企业网站实施网申，掌握网络求职的技巧和注意事项。第二部分是师范类岗位的面试。重点介绍了师范生面试过程以及回答问题的技巧。另外，还突出强调了师范生的说课技巧。

复习思考题

1. 网络求职的途径有哪些？如何利用求职网站实施网申？
2. 师范生面试的特点有哪些？面试过程中应该注意哪些技巧和细节问题？
3. 师范生如何说课？

第七章 职业资格及其认定

教学目标

通过本章的学习使学生获得以下知识和技能：
1. 了解什么是国家职业资格证书制度；
2. 了解职业证书的用途、等级以及办理、考核方式；
3. 了解职业技能鉴定的含义、要求、主要内容等；
4. 了解教师资格证、秘书资格证、人力资源师资格证以及心理咨询师和会计从业资格证书考核的要求和具体组织与内容。

导入案例

从我的求职经历看考证的用处

每个人对职业证书的看法都不同，这并没有什么优劣之分。在此将在我人生的不同阶段，证书对自己的帮助和影响与大家分享，希望对大家有所启发。

我是在一所不知名的本科学校上的大学，因为大三时候突然意识到就业的问题，所以也同很多同学一样，开始急急忙忙地想办法提高自己的竞争力。因为大学是学习信息管理的，虽没学到太多实际的东西，但是还是和技术挂点钩，所以就想到去考一些IT方面的认证证书。考虑了很多后，觉得MCITP和CCNA是一个不错的选择，因为系统和网络都是每个公司必备的。于是在大三后半学期一开始我就开始了漫长的培训考证之路。等大三结束的时候，我的证也拿到手了。到大四的时候，一方面要忙着做毕业论文，一方面要忙着应聘，所以技术落下很多。我的第一份工作的得到也有幸运的成分。我面试的是当地一家比较大的上市医药集团，经理一听我有这两个证，也没面试太多技术的东西，就把我收了进来。进来后，有人带着做一些基础的客户端维护工作，然后慢慢地接触了一些微软虚拟化，IBM大型机小型机，OracleRAC，Sqlserver集群等，收获良多。但是最重要的是我找到了我兴趣所在——Oracle数据库。从此就一心想当Oracle DBA。

但是因为我的主要工作不在数据库方面，所以很担心之后去跳槽面试Oracle DBA会被刷，所以就狠心花几千元报了一个OCP的考证班。通过半个月的努力拿到证，也算入了门。然后今年7月份辞职跳槽去别的公司应聘Oracle DBA。因为有证书的关系，还有之前工作的一些底子经验，也就很顺利地进入到一家IT公司，从事专业的DBA职位。当然薪资水平和职业生涯也都有了新的发展。在这里又因为我之前的一些证书和工作，所以比别人又多一些新的机遇。老板搞个东西，觉得你学过，就经常给机会让你去搞。

所以，我觉得考证书没有什么好坏之分，主要是看需求。当你迷茫之时，冲着一门证书去学，有目标有动力，挺好的。当你想从事另外一种技术，但工作经验欠缺时，考一门证书，我觉得也挺好的，容易实现自己的转变。还是那句话，制定目标很容易，关键是要落实好。目标定得再高再远，实现不了也等于零。最后，还是要坚信：天道酬勤。

对于考哪些证，就我的经历来讲，如果大家还没有工作或者刚开始工作，我觉得还是要把眼光放宽一点，不要太局限。我之前有个同学，觉得网络工程好，就一心冲着思科、华三或者网工之类的在钻研。这样其实对他之后的道路是有局限性的。他现在技术比较好，在一家网络公司做，收入还是比较可观的，但是要经常出差，在外面跑。他现在一想到要跳槽之类的，就觉得比较沉重。有时候就会羡慕像我这种，什么都搞搞，找到爱好然后再深钻。其实他干了很久，发现自己并不喜欢在外面跑来跑去，反而希望安定一点，因为他技术比较专业，想找个大型的甲方公司，但是大企业也不是随时收人，收人也不是就要求你只是网络非常精通就可以。所以这个也是大家要认真考虑下的。其实刚开始不妨考个系统（MCSE/RHCE）＋网络，或者直接搞数据库（Sqlserver/Oracle）都是不错的选择。

我也不什么是成功人士，也没有多少经验之谈。我只是就我的经历同大家讲讲，具体事情具体办，不要人云亦云，证书没有好坏，只是看你有没有需求，能不能好好利用它。

第一节　国家职业资格证书制度

国家职业资格证书制度是劳动就业制度的一项重要内容，也是一种特殊形式的国家考试制度。它是指按照国家制定的职业技能标准或任职资格条件，通过政府认定的考核鉴定机构，对劳动者的技能水平或职业资格进行客观公正、科学规范的评价和鉴定，对合格者授予相应的职业资格证书。

一、职业资格证书

（一）职业资格证书的用途

职业资格证书是表明劳动者具有从事某一职业所必备的学识和技能的证明。它是劳动者求职、任职、从业的资格凭证，是用人单位招聘、录用劳动者的主要依据，也是境外就业、对外劳务合作人员办理技能水平公证的有效证件。

（二）职业资格证书的办理

根据国家有关规定，办理职业资格证书的程序为：职业技能鉴定所（站）将考核合格人员名单报经当地职业技能鉴定指导中心审核，再报经同级劳动保障行政部门或行业部门劳动保障工作机构批准后，由职业技能鉴定指导中心按照国家规定的证书编码方案和填写格式要求统一办理证书，加盖职业技能鉴定机构专用印章，经同级劳动保障行政部门或行业部门劳动保障工作机构研印后，由职业技能鉴定所（站）送交本人。

（三）国家职业资格证书的等级

我国职业资格证书分为五个等级：五级、四级、三级、二级、一级。

二、职业技能鉴定

（一）职业技能鉴定的含义

职业技能鉴定是一项基于职业技能水平的考核活动，属于标准参照型考试。它是由考试考核机构对劳动者从事某种职业所掌握的技术理论知识和实际操作能力做出的客观测量和评价。职业技能鉴定是国家职业资格证书制度的重要组成部分。

（二）申报职业技能鉴定的要求

参加不同级别鉴定的人员，其申报条件不尽相同，申报人要根据鉴定公告的要求，确定申报的级别。一般来讲，申报条件为：参加初级鉴定的人员必须是学徒期满的在职职工或大学专科的毕业生；参加中级鉴定的人员必须是取得初级证书，并连续工作5年以上，或者经劳动行政部门审定的大学本科毕业生；参加高级鉴定的人员必须是取得中级证书5年以上、连续从事本职业不少于10年，或是经过正规的高级培训并取得了结业证书的人员。

（三）申请职业技能鉴定的报名

申请职业技能鉴定的人员，可向当地职业技能鉴定所（站）提出申请，并填写职业技能鉴定申请表。报名时应出示本人身份证、培训毕（结）业证书、等级证书或工作单位劳资部门出具的工作年限证明等。申报高级任职资格的人员，还须出具本人的技术成果和工作业绩证明，并提交本人的技术总结和论文资料等。

（四）职业技能鉴定的主要内容

职业技能鉴定的主要内容包括：职业知识、操作技能和职业道德三个方面。这些内容是依据国家职业标准、职业技能鉴定规范（即考试大纲）和相应教材来确定的，并通过编制试卷来进行鉴定考核。

（五）目前已经开展的统一鉴定职业

国家职业资格全国统一鉴定工作是在部分新兴的职业领域里进行的一项开拓性、实验性的工作，目前已开展的职业有：教师、秘书、推销员、公关员、物业管理人员、电子商务师、企业人力资源管理人员、营销师、心理咨询师、项目管理师、企业信息管理师等。

第二节 教师资格

教师资格是国家对专门从事教育教学工作人员最基本的要求。它规定着从事教师工作所必须具备的条件。教师资格制度是国家对教师实行的一种特定的职业许可制度。世界上许多国家对教师的资格标准都有严格的规定，其中不少国家建立了教师许可证制度或教师资格证书制度。

一、教师资格认定的条件与范围

（一）教师资格认定人员的基本条件

具备《教师法》所规定的思想品德和学历要求（认定高级中学、中等职业学校教师资格须具备大学本科或以上学历；认定初级中学教师资格须具备大学专科或以上学历）且尚未达到退休年龄；身体条件合格；普通话达到国家规定的标准（申请高级中学及其以下教师资格，普通话水平须达到二级乙等及其以上，申请语文专业教师资格普通话水平须达到二级甲等及其以上），具有相应的等级合格证书；非师范类、教育类专业毕业生必须取得教育学、心理学考试合格证书。

（二）教师资格的分类及适用范围

1. 教师资格分类

（1）幼儿园教师资格；

（2）小学教师资格

（3）初级中学教师和初级职业学校文化课、专业课教师资格（以下统称初级中学教师资格）；

（4）高级中学教师资格；

（5）中等专业学校、技工学校、职业高级中学文化课、专业课教师资格（以下统称中等职业学校教师资格）；

（6）中等专业学校、技工学校、职业高级中学实习指导教师资格（以下统称中等职业学校实习指导教师资格）；

（7）高等学校教师资格。

取得教师资格的公民，可以在本级及其以下等级的各类学校和其他教育机构担任教师。但是，取得中等职业学校实习指导教师的公民只能在中等专业学校、技工学校、职业高级中学或者初级职业学校担任实习指导教师。高级中学教师资格与中等职业学校教师资格相互通用。

2. 不同教师资格种类的学历要求

幼儿园教师：幼儿师范学校毕业或以上学历；小学教师：中等师范学校毕业或以上学历；初级中学教师：高等师范专科学校或其他大学专科毕业及以上学历；高级中学教师：高等师范院校及其他大学本科毕业或以上学历；中等职业学校教师：高等师范院校及其他大学本科毕业或以上学历；中等职业学校实习指导教师：中等职业学校、普通高级中学毕业或以上学历并应具备助理工程师以上专业技术职务或中级以上工人技术等级。对于高等学校教师，只有具有研究生或大学本科毕业学历的高校拟聘教师才可申报。

 二、教师资格认定的组织与内容

（一）教师资格认定的时间安排

师范教育类毕业生教师资格认定一般安排在学生毕业前最后一学期进行，其他人员的教师资格认定一般安排在每年春、秋两季各进行一次。具体时间可关注各市、县教育网。

（二）教师资格认定的组织实施

幼儿园、小学和初级中学教师资格，由申请人户籍所在地或者申请人任教学校所在地的县级人民政府教育行政部门认定。高级中学教师资格，由申请人户籍所在地或者申请人任教学校所在地的县级人民政府教育行政部门审查后，报上一级教育行政部门认定。中等职业学校教师资格和中等职业学校实习指导教师资格，由申请人户籍所在地或者申请人任教学校所在地的县级人民政府教育行政部门审查后，报上一级教育行政部门认定或者组织有关部门认定。受国务院教育行政部门或者省、自治区、直辖市人民政府教育行政部门委托的高等学校，负责认定在本校任职的人员和拟聘人员的高等学校教师资格认定。

（三）考试课程

符合教师资格认定基本条件的人员申请认定教师资格时一般要参加理论课考试和教学能力测试。理论课考试内容包括《教育学》和《心理学》两门课程（山西省还要加试《教师职业道德》和《教育政策法规》两门课程），成绩合格者发给两门证书。教学能力测试是指在理论课成绩合格后针对申请人所申请认定的学科进行半小时左右的试讲，测试合格者发放教师资格证书。

（四）教育教学能力测试的程序

（1）教师资格认定机构公布教师资格认定教育教学能力测试的申请程序及具体测试时间、地点。

（2）在专家审查委员会的指导下，各专业评议组确定测试题目，并至少提前一周通知申请人员。

（3）申请人员按时到测试地点备考，并在测试前 30 min 必须提交所讲内容的教案或活动设计方案 7 份。

（4）测试开始后，首先由申请人试讲或组织活动 20～30 min，内容为教案或活动设计方案中最能代表本人教育教学技能的部分。

（5）申请人员对自己所讲授的内容或组织的活动进行 5 min 的自我评价。

（6）学科专家评议组针对申请人所讲授的内容或组织的活动进行提问，由申请人当场答辩，时间为 15～20 min。

（7）专家评议组对照评价标准给申请人打出恰当的评分，汇总后得出测试结果。

（五）教师资格认定需要提交的材料

（1）《教师资格认定申请表》原件两份；

（2）学历证书原件、复印件和在学期间成绩单复印件（加盖教务处印章），应届毕业生在没有获得毕业证书前，可由学院教务处出具学历证明；

（3）本人身份证原件和复印件；

（4）普通话等级证书（二级乙等以上）原件和复印件；

（5）《教师资格认定体检表》原件和复印件（需在指定医院进行体检）；

（6）《教育学》《心理学》考试合格证书原件和复印件（取得国家高等教育自学考试教育学、心理学单科合格证的提供合格证即可）；

（7）《思想品德鉴定表》；

(8) 小二寸证件照一张;

(9) 申请高等学校教师资格须提交拟聘高校出具的证明。

第三节 秘书资格

秘书职业主要指从事办公室程序性工作,协助上司处理政务及日常事务并为决策及实施提供服务的人员。它包含了从企业基础文书、专职文秘到高级行政助理等一个完整的行政辅助人员体系,要求从业人员具备较强的文字和语言沟通能力、综合协调与合作能力、逻辑思维和分析能力等。

一、秘书资格认定的条件与范围

(一) 秘书资格的等级

秘书资格共设四个等级,分别为五级秘书(国家职业资格五级)、四级秘书(国家职业资格四级)、三级秘书(国家职业资格三级)和二级秘书(国家职业资格二级)。

(二) 申报各级秘书职业资格的条件

1. 五级秘书

具备以下条件之一者可以申报五级秘书:

(1) 经五级秘书正规培训达规定标准学时数,并取得结业证书;

(2) 在本职业连续见习工作 2 年以上;

2. 四级秘书

具备以下条件之一者可以申报四级秘书:

(1) 取得五级秘书职业资格证书,连续从事本职业工作 2 年以上,经四级秘书正规培训达规定标准学时数,并取得结业证书;

(2) 取得五级秘书职业资格证书,连续从事本职业工作 3 年以上;

(3) 连续从事本职业工作 4 年以上;

(4) 取得经劳动和社会保障行政部门审核认定,以四级秘书技能为培养目标的中等以上职业学校本职业(专业)毕业证书。

3. 三级秘书

具备以下条件之一者可以申报三级秘书:

(1) 取得四级秘书职业资格证书,连续从事本职业工作 4 年以上,经三级秘书正规培训达规定标准学时数,并取得结业证书;

(2) 取得四级秘书职业资格证书,连续从事本职业工作 5 年以上;

(3) 取得大学本科毕业证书,并连续从事本职业工作 2 年以上。

4. 二级秘书

具备以下条件之一者可以申报二级秘书:

(1) 取得三级秘书职业资格证书,连续从事本职业工作 4 年以上,经二级秘书正规培

训达规定标准学时数,并取得结业证书;

(2) 取得三级秘书职业资格证书,连续从事本职业工作6年以上;

(3) 取得大学本科毕业证书,并连续从事本职业工作4年以上。

二、秘书资格认定的组织与内容

(一) 考试时间

秘书考试一年两次,上半年5月份考试,下半年11月份考试,具体考试时间每年略有不同。

(二) 考试内容

1. 考试教材

采用全国统一鉴定考核教材《秘书国家职业资格培训教程》,中央广播电视大学出版社出版。

全国秘书证书考试内容:文书写作、公关礼仪、档案管理、办公室自动化、办公室工作、法律与经济管理概论、外语(英、日、俄)等。

2. 考试科目

秘书考试分两门,即理论考试和实操考试。理论考试全部为客观题,内容涵盖职业道德和基础业务,考试时间为1.5 h。实操考试全部为主观题,内容包括工作要求和案例分析,考试时间为2 h,其中案例分析部分播放录像。涉外秘书考生加考外语,包括选择、填空、翻译、写作等题型(包括听力)。参加秘书二级考试的考生还须进行综合评审(业绩评估手册),采用笔试答辩的形式,包含商务沟通、办公室管理、常用事务文书、会议与商务活动、信息与档案五个模块的能力评估。

3. 考试方式

国家秘书职业资格证书由国家劳动和社会保障部推出。考试内容分秘书(涉外)、秘书(普通)两个种类,每个种类分国家职业资格五级、四级、三级和二级共四个级别。其中,秘书(涉外)专业外语考核设英语、日语、俄语3个语种,报考人员可根据自己的专业语种,任选一种语言应试。

4. 考核方式

(1) 书面应答:考生对标准化书面试卷上的问题在答题卡上作答,题型有单选题和多选题两种。

(2) 情景模拟:考生根据所观看的情景录像,就书面问题进行笔答。共有两段录像,每段录像考15个知识点。

(3) 任务解决:考生对书面提出的工作任务进行书面回答。

(4) 综合测试:涉外秘书的英语考试包括听力题、选择题、写作题。

(5) 业绩评估:专家对考生提供的个人工作业绩记录进行综合评审。

另外,在工作要求上,本标准对国家职业资格五级秘书、四级秘书、三级秘书和二级秘书的能力要求依次递进,高级别涵盖低级别的要求。

5. 考核内容

(1) 秘书职业考核的内容以《秘书国家职业标准》和《秘书国家职业资格培训教程》

为依据。

(2) 秘书职业考核的内容包括职业道德、基础业务素质、案例分析、工作实务等四个基本内容。

(3) 涉外秘书增加外语考核部分，秘书职业资格二级增加业绩评估部分。

6. 成绩计算方式

(1) 分数级别。

考试共分三个级别：不及格、及格、优秀，及格分数线为60分。

(2) 成绩查询与计算。

成绩查询时间：大概为考后一到两个月开始公布。具体可咨询当地职业技能鉴定中心。

(3) 成绩计算。

①各级秘书考试的整体及其中各组成部分均按满分的60%计算及格分数线，有一项不及格即视为秘书总成绩不及格。

②总成绩不及格，且仅一项成绩不及格者，其合格成绩保留一年有效，保留期内可自愿申请参加一次不及格科目所在考试段的补考。

③证书成绩计算按理论知识成绩和操作技能成绩两部分折算，即五级、四级和三级秘书中的各项及格成绩相加除以2后的分数为理论知识成绩和操作技能成绩。秘书二级中的各项及格成绩相加除以3后的分数为理论知识成绩和操作技能成绩。涉外秘书的外语成绩单独计算。

第四节 人力资源管理师资格

人力资源管理师是国家劳动和社会保障部推出的职业资格之一，由国家劳动和社会保障部统一组织考试，一年两次，分别为每年5月份和11月份，考试合格后由国家劳动和社会保障部颁发人力资源管理师（国家职业资格二级）职业资格证书。

据国家劳动和社会保障部关于实施《企业人力资源管理人员国家职业标准（试行）》及劳社厅发［2001］3号文的通知精神，今后企业的人力资源人员必须持有相应的职业资格证书才能上岗。全国统考是对其知识和能力的综合评定以及职业素质的检验。持有该资格证书者，表明其已具备了从事人力资源管理所必备的学识和技能，也是企业管理工作者向更高层次发展的新起点。

一、人力资源管理师资格认定的级别与条件

(一) 人力资源管理师国家职业等级

企业人力资源管理人员全国统一考试按照国家职业标准分为人力资源管理员（国家职业资格四级）、助理人力资源管理师（国家职业资格三级）、人力资源管理师（国家职业资格二级）、高级人力资源师（国家职业资格一级）。

(1) 一级：高级人力资源管理师，相当于高级职称。

工作职责：组织制定和实施本企业人力资源管理的战略规划和重大事件的策略性解决方案，解决人力资源管理决策过程的重大疑难问题或对相关问题提出相关建设性解决方案，能够与相关单位建立良好的合作渠道。

（2）二级：人力资源管理师，相当于中级职称。

工作职责：处理复杂的或部分非常规的人力资源管理问题，确定工作方法，开发相关工具，指导主要相关人员的工作，审核相关文件制度，对人力资源管理领域出现的问题提出建设性建议，并对工作成果进行评估，听取内外人员的意见，协调相关人员解决问题。

（3）三级：人力资源管理助理，相当于助理级职称。

工作职责：起草本专业相关文件，落实相关制度，在相关人力资源管理策略制定过程中，能够对相关数据进行测算，独立完成岗位日常管理工作，如独立办理招聘、劳动合同、劳务外派、社会保险等手续。

（4）四级：人力资源管理员。

工作职责：在他人的指导下，从事人力资源管理行政性事务工作。负责人力资源相关资料、数据的收集、分析、整理和信息的传递；制作台账；承办相关业务手续。职能范围局限于人力资源内部。

凡是考核合格者，由国家劳动和社会保障部颁发相应等级的职业资格证书，并实行统一编号等级管理，可在国家劳动和社会保障部官方网站上查询，是相关人员求职、任职、晋升，包括出国等法律上的有效证件，可计入档案，全国通用。

（二）报考条件

1. 企业人力资源管理员

满足以下条件之一的可以报考企业人力资源管理员：

（1）具有大专学历（含同等学力），连续从事本职业工作 1 年以上，经本职业人力资源管理员正规培训达到规定标准学时数，并取得毕（结）业证书；

（2）具有大专学历（含同等学力），连续从事本职业工作 2 年以上；

（3）具有高中或中专学历，连续从事本职业工作 4 年以上，经本职业人力资源管理员正规培训达到规定标准学时数，并取得毕（结）业证书；

（4）具有高中或中专学历，连续从事本职业工作 5 年以上。

2. 助理人力资源管理师

满足以下条件之一的可以报考助理人力资源管理师：

（1）连续从事本职业工作 6 年以上；

（2）取得本职业四级企业人力资源管理师职业资格证书后，连续从事本职业工作 4 年以上；

（3）取得本职业四级企业人力资源管理师职业资格证书后，连续从事本职业工作 3 年以上；经本职业三级企业人力资源管理师正规培训达规定标准学时数，并取得结业证书；

（4）取得大学专科学历证书后，连续从事本职业工作 3 年以上；

（5）取得大学本科学历证书后，连续从事本职业工作 1 年以上；

（6）取得大学本科学历证书后，经本职业三级企业人力资源管理师正规培训达规定标准学时数，并取得结业证书；

（7）具有硕士研究生及以上学历证书。

3. 人力资源管理师

满足以下条件之一的可以报考人力资源管理师：

（1）连续从事本职业工作 13 年以上；

（2）取得本职业三级企业人力资源管理师职业资格证书后，连续从事本职业工作 5 年以上；

（3）取得本职业三级企业人力资源管理师职业资格证书后，连续从事本职业工作 4 年以上；经本职业二级企业人力资源管理师正规培训达规定标准学时数，并取得结业证书。

（4）取得大学本科学历证书后，连续从事本职业工作 5 年以上。

（5）具有大学本科学历证书，取得本职业三级企业人力资源管理师职业资格证书后，连续从事本职业工作 4 年以上。

（6）具有大学本科学历证书，取得本职业三级企业人力资源管理师职业资格证书后，连续从事本职业工作 3 年以上，经本职业二级企业人力资源管理师正规培训达规定标准学时数，并取得结业证书。

（7）取得硕士研究生及以上学历证书后，连续从事本职业工作 2 年以上。

4. 报名时所需材料

（1）学历证书 1 份，身份证复印件 2 份；

（2）从事本工种连续工龄的单位人事劳动部门的盖章证明；

（3）免冠近照 1 寸、2 寸蓝底彩色照片各 4 张。

二、人力资源管理师资格认定的组织与内容

（一）考试时间

每年考两次，分别为 5 月、11 月。每年考试时间稍有不同。考试时间的安排：08：30—10：00（职业道德、理论知识考试），10：30—12：30（专业技能考试），综合评审时间由省级鉴定中心确定。论文答辩时间一般在考试结束后一个月之内进行（考生需携带本人身份证和准考证参加答辩）。答辩的主要形式有：书面答辩和口头答辩（各地不同，其中北京考区主要以书面答辩为准）。

（二）考试内容与试卷结构分值

1. 考试内容

人力资源规划；职业生涯设计；岗位描述；人员招聘；员工培训；员工激励；绩效考核；薪酬福利设计与管理；劳动关系管理等相关内容。

2. 考核试卷结构分值

企业人力资源管理师（四、三级）：题卡作答（125 题），其中职业道德（分值：25，权重：10%），理论知识（分值：100，权重：90%）；纸笔作答，简答、计算、综合题、专业能力（分值：100，权重：100%）。

企业人力资源管理师（二级）：题卡作答，选择题（125 题），其中职业道德（分值：25，权重：10%），理论知识（分值：100，权重：90%）；纸笔作答，简答、综合分析题、专业能力（分值：100，权重：100%）。

企业人力资源管理师（一级）：题卡作答，选择题（125题），其中职业道德（分值：25，权重：10%），理论知识（分值：100，权重：90%）；纸笔作答，综合题和图表分析题（6题），专业能力（分值：100，权重：100%），文件筐（10题），综合评审（分值：100，权重：100%）。

（三）鉴定方式

分为理论知识考试、专业技能考核两部分。理论知识考试采用闭卷笔试方式进行；专业技能考核按照各等级技能需要进行，其方式主要为小组讨论和情景测试。理论知识考试与技能考核均采用百分制，60分以上为合格成绩。理论知识考试、专业技能考核的合格成绩两年之内有效。人力资源管理师、高级人力资源管理师考核还需进行综合评审。

（四）证书

按照"社会效益第一，质量第一"的原则，职业资格认证工作在自愿参加的前提下，实行全国统一标准、统一教材、统一命题、统一鉴定时间、统一证书核发。凡考核合格者，由劳动和社会保障部颁发相应等级的职业资格证书，并实行统一编号登记管理和国家劳动部官方网站网上查询，是相关人员求职、任职、晋升、包括出国等的法律上的有效证件，可记入档案，全国通用。

第五节　心理咨询师资格

心理咨询师是协助求助者解决各类心理问题的人。心理咨询最一般、最主要的对象，是健康人群或存在心理问题的人群。健康人群会面对许多家庭、择业、求学、社会适应等问题，他们会期待做出理想的选择，顺利地度过人生的各个阶段，求得自身能力的最大发挥和寻求生活的良好质量。心理咨询师可以从心理学的角度，提供中肯的发展咨询，给出相应的帮助。

一、心理咨询师的工作与考试介绍

（一）心理咨询师

1. 工作内容

从来访者及家属等信息源获得有关来访者的心理问题、心理障碍的资料；对来访者的心理成长、人格发展、智力、社会化及家庭、婚姻生活事件等进行全面评估，概括心理和生理测查；根据心理发展史和心理生理测查的结果，对来访者做出心理诊断，制订心理治疗计划，并指导实施；在心理咨询中发现来访者有精神障碍或身体疾病时应及时请求会诊或将其转往其他科室。

2. 就业方向

心理咨询师的主要就业方向是家庭、社区、医院、学校、军队、监狱、竞技体育、政府相关职能部门、有偿热线服务机构等。

3. 证书益处

（1）心理学帮助我们适应现实，感觉幸福。

通常情况下，生命不给我们思考的时间，就将现实的条条框框强加于我们。生活在社会之中，我们不可避免会碰到诸如"不公平"与"潜规则"，是继续活在愤怒与旁人施压的生活中，还是敞开心灵接受现实的规则是一个需要我们认真面对的问题。无论如何，心理学可以让我们敞开心灵，在社会的规则下，尽可能感觉幸福。

（2）心理学帮助我们提高职场情商，获得更大发展。

有人说："公司就是一棵爬满猴子的大树，往上看全是屁股，往下看全是笑脸，左右看全是耳目。"太多的技术性人才，他们虽懂得如何和自己对话，懂得如何支配自己的大脑与时间，但是，当他们有一天受到提拔与重用的时候，往往手足无措，难以适应融入组织的工作模式，更难以适应复杂的人际关系。在这里心理学将告诉我们其实人与人的关系无非那么几种，协调好了，绝不会乌烟瘴气。

（3）心理学帮助我们少犯"低级错误"。

很多人梦想成为比尔盖茨，因此他们认为比尔盖茨每天工作14个小时，每天4点就起床是他成功的原因。心理咨询师告诉我们，人和人不一样，成功的原因也千差万别。比尔盖茨睡到4点就睡不着了，只能起床，而那些3点就起床，每天工作18个小时的人，也不一定可以成为比尔盖茨，甚至可能任何成绩都没有。学过心理学，我们会发现，其实我们常常犯很多低级的错误，而这些错误教材里早已提出。

（4）心理学甚至可以帮助我们找到女朋友，做一个好丈夫，好爸爸。

什么是保证家庭幸福的因素，爱情心理学博士黄维仁早就说过，夫妻间的差异绝不是离婚的原因，而只有差异中的理解才能帮助我们维持幸福。同理，什么是我们孩子成才的决定因素？严厉管教？还是拳脚相加？都不是，在子女教育中，理解也是决定的环节，孩子们都想得到爱护与赞扬。

（二）考试介绍

在我国，劳动部于2001年4月正式推出《心理咨询师国家职业标准（试行）》，并将心理咨询师正式列入《中国职业大典》。2002年7月，心理咨询师国家职业资格项目正式启动，全国统一鉴定考试每年举办两次，分别是5月和11月。

2001年，劳动和社会保障部颁发了《国家职业标准——心理咨询师（试行）》。这一标准的颁布，对于推动心理咨询师职业培训和职业技能鉴定工作的开展起到了重要作用。为进一步完善心理咨询师职业资格证书制度，2005年，中国就业培训技术指导中心与中国心理卫生协会组织专家对试行的《标准》进行了修订，并在此基础上，修订完成了《国家职业资格培训教程——心理咨询师》（以下简称《教程》）系列教材。

2002年7月15日，国家劳动和社会保障部联合中国心理卫生协会和中国心理学会，宣布正式启动心理咨询师国家职业资格培训鉴定工作。

劳动和社会保障部联合中国心理卫生协会和中国心理学会两家心理学专业组织，共同组建"全国心理咨询师职业资格培训鉴定工作指导委员会"，负责在全国开展统一的职业培训和职业资格鉴定工作。

按照国家职业资格心理咨询师培训鉴定工作的统一要求，已经或准备从事心理咨询师职业的人员，都应该经过专门的职业培训，获得全国统一颁发的心理咨询师《中华人民共和国职业资格证书》后方可从事相应心理咨询活动。我国的心理咨询师国家职业资格认证体系从 2002 年 9 月开始进行试点以来，越来越多的人员参加到心理咨询师培训的学习中。

二、心理咨询师资格认定的条件与鉴定方式

（一）报考条件

国家职业资格鉴定共分五个等级，作为高知识含量的职业，心理咨询师直接从三级开始鉴定。共分心理咨询师三级（国家职业资格三级）、心理咨询师二级（国家职业资格二级）、心理咨询师一级（国家职业资格一级）三个等级。

2006 年开始，采用国家劳动和社会保障部颁发的心理咨询师国家职业新标准进行资格考试，取消了原来心理咨询员（国家职业资格三级）和高级心理咨询师（国家职业资格一级）的称呼。

1. 三级心理咨询师

报考三级心理咨询师需具备以下条件之一：

（1）具有心理学、教育学、医学专业本科及以上学历；

（2）具有心理学、教育学、医学专业大专学历，经心理咨询师三级正规培训达规定标准学时数，并取得结业证书；

（3）具有其他专业本科以上学历，经心理咨询师三级正规培训达规定标准学时数，并取得结业证书。

另：上海地区对助理心理咨询师（三级）的报考只要求具有大专学历，不限专业。

2. 二级心理咨询师

报考二级心理咨询师需具备以下条件之一：

（1）具有心理学、教育学、医学专业博士学位；

（2）具有心理学、教育学、医学专业硕士学位，经心理咨询师二级正规培训达规定标准学时数，并取得结业证书；

（3）取得心理咨询师三级职业资格证书，连续从事心理咨询工作满 3 年，经心理咨询师二级正规培训达规定标准学时数，并取得结业证书；

（4）具有心理学、教育学、医学中级及以上专业技术职业任职资格，经心理咨询师二级正规培训达规定标准学时数，并取得结业证书，连续从事心理咨询工作满 3 年。

另：上海地区对心理咨询师（二级）的报考只要求具有本科学历，或持有助理心理咨询师（三级）证书并从事心理咨询工作 2 年以上，不限专业。

3. 一级心理咨询师

报考一级心理咨询师需具备以下条件之一（尚未开放）：

（1）具有心理学、教育学、医学专业博士学位，经心理咨询师一级正规培训达规定标准学时数，并取得结业证书，且连续从事心理咨询工作满 3 年；

（2）具有硕士学位，取得心理咨询师二级职业资格证书，连续从事心理咨询工作满 3 年，经心理咨询师一级正规培训达规定标准学时数，并取得结业证书；

（3）具有心理学、教育学、医学副高级及以上专业技术职业任职资格，经心理咨询师一级正规培训达规定标准学时数，并取得结业证书，且连续从事心理咨询工作满 3 年。

（二）报名材料

（1）学历证书1份，身份证复印件2份；
（2）从事本工种连续工龄的单位人事劳动部门的盖章证明；
（3）免冠近照1寸、2寸蓝底彩色照片各3张。

（三）鉴定方式

（1）本职业各级别的鉴定都包括理论知识综合考试和专业能力考核两项内容，采用闭卷笔试。考试题目从题库中随机提取，按标准答案评分。考试成绩采用百分制，达60分以上者为合格，另外心理咨询师还需进行综合评审。
（2）单项成绩合格者，成绩可以保留1年。
（3）已具有心理学、教育学、医学专业正高职称，正在从事心理咨询临床和教学工作的人员可不参加理论知识综合考试，由单位推荐并直接向专家组提交个人业绩资料申报心理咨询师一级资格，由专家组进行综合评审。

按国家职业标准要求，通过理论知识考试与技能操作考核合格的，由劳动社会保障行政部门颁发相应等级的《中华人民共和国职业资格证书》。此证书全国通用。

第六节 会计师资格认定

从事会计工作的人员，必须取得会计从业资格证书。会计从业资格是进入会计职业、从事会计工作的一种法定资质，是进入会计职业的"门槛"。在国家机关、社会团体、公司、企业、事业单位和其他组织从事会计工作的人员（包括香港特别行政区、澳门特别行政区、台湾地区人员，以及外籍人员在中国大陆境内从事会计工作的人员），必须取得会计从业资格，持有会计从业资格证书。

一、会计师资格认定的条件与范围

（一）考试要求

国家实行会计从业资格考试制度。有的省份一年一次考试，大部分省份每年分别在上、下半年设立一次会计从业资格考试，大约在每年的4月和11月考试，12月和6月报考（不过各个地区的考试时间不大一样，要仔细询问当地的情况，以免错过考试报名时间）。

财政部办公厅发布了《关于印发会计从业资格考试大纲（修订）的通知》（财办会[2008]9号）。根据《企业会计准则——基本准则》（财政部令第33号）和《财政部关于印发〈企业会计准则第1号——存货〉等38项具体准则的通知》（财会[2006]3号）的有关规定，财政部对2005年制定的会计从业资格考试大纲中《财经法规与会计职业道德考试大纲》和《会计基础考试大纲》的有关内容进行了修订，《初级会计电算化考试大纲》未作修订，继续使用。

（二）报名条件

符合下列条件的人员，可以申请参加会计从业资格考试：

(1) 遵守会计和其他财经法律、法规；

(2) 具备良好的道德品质；

(3) 具备会计专业基础知识和技能。

因有《会计法》第四十二条、第四十三条、第四十四条所列违法情形，被依法吊销会计从业资格证书的人员，自被吊销之日起5年以内不得参加会计从业资格考试，不得重新取得会计从业资格证书。

因有提供虚假财务会计报告，做假账，隐匿或者故意销毁会计凭证、会计账簿、财务会计报告，贪污、挪用公款，职务侵占等与会计职务有关的违法行为，被依法追究刑事责任的人员，不得参加会计从业资格考试，不得取得或者重新取得会计从业资格证书。

按照《财政部关于推进会计从业资格无纸化考试的指导意见》文件要求：自2010年开始，会计从业资格考试全面实行无纸化考试。无纸化考试是由财政部门组织，考生在计算机上对随机生成的考试试卷进行答题，提交试卷后立即显示得分的一种考试方式。

二、会计师资格认定的组织与内容

（一）管理部门

会计从业资格管理实行属地原则。县级以上财政部门（含县级，下同）负责本行政区域内的会计从业资格管理。新疆生产建设兵团负责所属农场、连队等单位的会计从业资格管理。

中央在京单位的会计从业资格管理，委托中共中央直属机关事务管理局、国务院机关事务管理局分别负责。中国人民解放军、中国人民武装警察部队、铁道部系统的会计从业资格管理，委托中国人民解放军总后勤部、中国人民武装警察部队后勤部和铁道部分别负责。

（二）具体科目

会计从业资格证考试科目为：财经法规与会计职业道德、会计基础、初级会计电算化（或者珠算）。财经法规与会计职业道德、会计基础两科目通常称为理论考试。理论考试由省财政厅统一组织。初级会计电算化科目考试由省财政厅统一命题，各市财政部门不定期组织。

（三）考试时间

会计从业资格考试一般由省级财政部门组织，考试及报考时间全国各省有差异。虽全国各地有一定差异，但前后至多差三四天。一般都是在4月份考试。

三、政策变化解读

由于2013年7月1日起将采用财政部修订的新《会计从业资格管理办法》，新《办法》的实施使各地的会计从业资格考试政策都有了相应的变动，2014年开始会计从业资格考试将与以前大有不同。

(1) 统一使用全国题库。

根据财政部新的《会计从业资格管理办法》及《关于印发新旧〈会计从业资格管理办法〉有关衔接规定的通知》等文件规定，从 2014 年开始，全国各省市都陆续使用全国统一的考试题库，这将首次实行全国统一题库，对全国考生而言实现了"公平、公正、公开"。

（2）考试题型全国统一。

2011 年、2012 年国家机关、安徽、山东及其他有关省市的考试题型已经按照财政部的规定执行，随着新《会计从业资格管理办法》的实施，从 2014 年开始，全国各省市的考试题型陆续完全统一到全国考试题库标准中。

（3）考试次数一年两次或多次。

2013 年各省市对现行的会计从业资格考试政策都进行了调整，包括每年的考试次数或频率的改革，根据各地落实的情况来看，从 2014 年开始，全国所有省市的会计从业资格考试都有实现了一年考两次、四次或多次，这在最大程度上缓解考生报名人数多、考试次数少的现状，有利于缩短考试周期，扩大考试影响力。

（4）实行三科（或两科）连考。

从 2014 年开始，各省会计从业资格考试都实行了三科连考（或两科连考），三科总时长为 180 min，《财经法规与会计职业道德》、《会计基础》、《初级会计电算化》的考试时间均为 60 min，即每一考试科目持续时间为一个小时。连续三个小时的考试，不仅是对考生学习成绩的考验，也是对考生体力和应变能力的测试。从这一点讲，增加了会计从业考试的难度。

（五）三个科目必须一次性通过

财政部将在全国范围内统一政策，严格要求各考试科目必须一次性通过。

四、就业前景分析

目前在我们国家会计专业的就业前景可以概括为以下几点：

（1）内资企业：需求量大，待遇、发展欠佳。

职业状况：这一块对会计人才的需求是最大的，也是目前会计专业毕业生最大的就业方向。很多中小国内企业特别是民营企业，对于会计岗位他们需要找的只是"账房先生"，而不是具有财务管理和分析能力的专业人才，而且，此类公司的财务监督和控制体系大都相当简陋。因此，在创业初期，他们的会计工作一般都是掌握在自己的亲信（戚）手里。到公司做大，财务复杂到亲信（戚）无法全盘控制时，才会招聘"外人"记账。

（2）外企：待遇好、专业性高。

职业状况：大部分外资企业的同等岗位待遇都远在内资企业之上。更重要的是，外资企业财务管理体系和方法都比较成熟，对新员工一般都会进行一段时间的专业培训。工作效率高的其中一个原因是分工细致，而分工的细致使我们在所负责岗位上只能学到某一方面的知识。尽管这种技能非常专业，但对整个职业发展过程不利。因为你难以获得全面的财务控制、分析等经验。后续培训机会多是外企极具诱惑力的另一个原因。财务管理也是一个经验与知识越多越值钱的职业，而企业提供的培训机会不同于在学校听老师讲课，它更贴进实际工作，也更实用。

（3）事务所：小所和外资大所的云泥之别。

职业状况：所有的事务所工作都有一个特点，那就是：累！区别在于小事务所的待遇低，通常加班没有加班费，杂事多，而外资事务所例如普华永道则待遇要好得多。但从某方面来说，他们的工作任务更重，甚至有人说在那里是"女人当做男人用，男人当做牲口用"，加班更是家常便饭。著名的"安达信日出"就是指员工经常加班后走出办公楼就能看到日出。但在事务所确实能学到很多东西，即使是小所，因为人手的问题，对于一个审计项目，你必须从头跟到尾，包括和送审单位的沟通等，能充分锻炼能力。大所则是在团队合作以及国际会计准则、专业性、意志等方面能给予地狱般的磨炼。

（4）理财咨询：方兴未艾的阳光职业。

职业状况：去过银行等金融机构招聘会的同学应该知道，现在对个人理财咨询职位的需求量正在慢慢放大，而且，由于社会投资渠道的增多和保障制度的改革，理财咨询服务必将走进更多城市白领的生活。此类人才的需求增长点应在社会投资理财咨询服务机构。

（5）公务员、教师：稳定有余，发展不足。

会计专业学生考上公务员或被招进高校做老师，和其他专业的人从事这些职业一样，有稳定、压力小的优势，也有发展空间不大的劣势。

本章小结

本章重点对大学毕业生求职过程中的职业资格证书进行了相关介绍。通过本章的学习，学生应该了解什么是国家职业资格证书制度，了解职业证书的用途、等级以及相关的考核方式。本章选取了教师资格证、秘书资格证、人力资源资格证以及心理咨询师和会计从业资格证等典型的通用证书加以介绍。希望学生在学习了本章之后能够找到与自己有专业契合度的相关资格证书，有选择性地进行考取，增加就业的职业技能和硬件砝码。

复习思考题

1. 什么是国家职业资格证书制度？国家职业资格证书都有哪些？
2. 你的专业是什么？你期望考取什么资格证书？此类资格证书能为你的就业能力带来哪些提升？

第八章　就业心理准备

教学目标

通过对本章的学习，要求学生获得以下知识和技能：
1. 做好就业心理准备，树立求职信心；
2. 掌握常用的心理调适方法，积极面对求职择业的挑战。

导入案例

自卑的他选择逃避

李某是某高校本科毕业生，性格内向不自信。当同学们都在为找工作而四处参加招聘会，忙着投简历时，他却连简历都没有制作。当父母和同学们都劝他赶紧找工作时，他却认为自己各方面条件都不优越，用人单位不会录用他。其实，他并不是像自己说的那样一无是处。他英语通过了国家六级，计算机过了国家二级，成绩属于中上等水平，做事情认真负责。他之所以不去找工作，是因为他看不到自己的优点，对自己没有信心，害怕在求职择业过程中遭到打击。

第一节　求职过程中常见的心理问题

一、大学生择业的心理特点

随着社会主义市场经济和高等教育体制改革的不断推进，大学生的择业环境、择业理念、择业途径、择业方式发生了不同的变化，不同类型、学校、年级、性别的大学生的择业心理也会表现出不同的特点。下面从择业标准、择业意识、择业心理倾向、心理素质和心态等几方面说明当代大学生在择业中存在的心理特点。

1. 择业标准方面

由于大学生对工作抱有不同的期望值，大学生的择业标准和价值取向呈现出多元而复杂的特点。比如，有的毕业生把事业放在第一位，有的毕业生把待遇放在第一位，有的毕业生把就业地区放在第一位，有的毕业生把单位性质放在第一位，等等。

在当前大学生多元的择业价值取向中，有两个取向最为突出，一是毕业生普遍看中经济待遇，关注生存条件；二是毕业生择业时越来越注重自身价值的实现。毕业生在求职过程中，除了就业单位的待遇外，更多考虑的是个人兴趣、爱好和专长的发挥。绝大多数毕业生认为"事业使生命之树常青"。他们已经懂得只有将职业价值与个人需要、社会价值和自我价值有机结合起来，一切从实际出发，去认识职业，去认识自己，才能在择业过程中实现自己的人生价值。

2. 择业意识方面

大学生的择业过程是一个复杂的心理过程，它受到个体心理、群体心理以及社会心理等因素的影响与制约。随着社会主义市场经济和高校就业制度改革的稳步推进，大学生参与就业市场自由选择职业的心态已经成熟。绝大多数学生能正确地认识与分析当前就业形势，调整好择业心态，主动地适应就业市场的变化。在市场经济条件下，大学生的择业意识发生了根本性转变。市场经济不仅使物质资源配置趋于优化，也使人才资源的配备发生了质的变化，即社会对人才资源的配置不再是被动地接受高校供给，而是根据自身的客观需求吸收人才。与市场经济息息相关，大学生择业意识也市场化了，具体表现在择业自主意识、竞争意识和风险意识明显增强。从近几年的就业情况来看，有些大学生不再是毕业前半年左右开始找工作，而是提前一年甚至一入学就开始考虑；还有一些大学生，他们在寻找职位时，对当前的就业形势、就业政策、专业需求状况非常了解，能做到知己知彼，不再处于"高不成，低不就"的尴尬处境。他们已经清醒地意识到，现代社会是一个竞争的时代，竞争已经渗透到社会生活的各个方面，没有强烈的竞争意识，就不可能立足于社会，更谈不上成就一番事业。

3. 择业心理方面

大学生就业群体有自己鲜明的特征。有学者研究认为，大学生具有"五高峰、四最、三敢、两缺乏、一个中心"的特点，即体力高峰、智力高峰、社会需求高峰、特殊行为高峰、成就高峰；最积极、最富有生气、最肯学习、最少保守思想；敢说、敢想、敢干；缺乏社会生活经验、缺乏政治斗争经验；常常以崇尚自我为中心。大学生择业群体的这些主导特征，主要体现在职业选择中，他们崇尚自我、以个人为中心、注重个人奋斗、强调自我价值的实现；在职业活动中只愿当主角，不愿当配角，总担心自己被埋没、被大材小用，等等。这从另一个方面也反映出当代大学毕业生在就业、择业问题上以天下为己任的历史责任感和社会责任感的淡化。

（1）择业心理倾向务实性意识明显。

大学生重实惠的倾向更加明显，对个人利益的关注与反思增多。过去的"一生交给党安排，哪里艰苦哪安家"转变为"哪里实惠哪里去，哪里有钱哪安家"。由于他们也意识到个体不能脱离现实而独立存在，要受到现实各种因素的制约，因而他们更加强调接受现实，在现实利益的追求中把奉献和索取统一起来。在择业过程中，表现为把"地位""声望"等东西看得比较淡，而更重视个人发展、经济收入等实际的功利化因素。

（2）择业心理倾向不稳定。

择业中的心理倾向是指对大学生选择职业有推动与指向作用的那些具有心理动力性的心理因素。这些心理因素决定着大学生的择业行为。它主要包括大学生的职业需要、动机、兴趣、价值观等成分。

①多元化与一致性。不同的择业标准都得到大学生的一定认可，价值标准的多元化凸显。同时，不同地区、性别、学科的大学生在职业选择标准上也存在一定的一致性，不同类型的大学生的总体择业观念差异不大。

②变化性。虽然重视经济收入、个人发展是近几年来大学生的主要就业心理倾向，但是目前大学生对稳定、福利好的工作又开始重视起来。

（3）择业心理素质相对稳定。

①业务能力相对稳定。大学生的业务能力主要是通过学习、训练与实践得来的，而且一旦形成就比较稳定。它与人的智商、动手能力等心理因素密切相关。其获得是一个长期的过程。业务能力又可以分为专业内的和专业外的两个部分。目前，社会要求大学生具有一专多能的业务能力。

②职业成熟度有起伏。大学生的职业成熟度主要是指与求职密切相关的职业心理能力与活动的发展水平。如果大学生能清醒地认识自己的心理特点，并对自己的心理特点及自己对职业的要求进行合理而科学的匹配，做出职业选择，并采取可行的措施去获得职业，那么其职业成熟度就高，反之就低。

③择业人格特点表现不一。大学生的择业人格特点是指与大学生择业活动关系密切的人格因素，是大学生的人格特点在择业活动中的具体表现。它包括职业道德、挫折忍受力、压力应对方式、自信心、人际交往、积极性、竞争性、合作性、进取精神、冒险精神、创新精神等方面。这些人格特点会影响大学生成功就业的概率，以及在择业过程中的心理健康水平。

（4）择业心态各异。择业心态是指大学生在涉及有关就业问题时，特别是在准备就业与寻求职业的过程中形成的具体的心理状态，如焦虑、情绪高涨、失落、信心百倍、犹豫不决等状态。大学生的择业心态既与他们的个性品质、个人能力、职业价值观等较稳定的心理特征有关，也与就业时所遇到的情景有关，如就业顺利或遭受挫折等。择业心态是了解大学生择业心理倾向的重要渠道。大学生就业中产生的种种心理健康问题常常是通过各种不正常的择业心态表现出来的。当代大学生的择业心态表现出以下特点。

①渴望竞争，但缺乏勇气。在社会主义市场经济体制下，高校毕业生对双向选择、自主择业、毕业生走向人才市场均已经达成共识，产生了自主择业的意识。然而，许多毕业生面对竞争时，又显得顾虑重重、优柔寡断。有的怕自己条件不佳，竞争失败丢了面子；有的怕与同窗好友因竞争伤了和气；有的怕不正之风干扰太大，竞争中只能作牺牲者；等等。有些毕业生对择业缺乏应有的自信心，总是害怕失败和受挫，既影响了他们正常水平的发挥，也给学习生活带来消极的影响。

②理想化的倾向严重。人总是在不断地追求美好的未来，希望实现自己的人生价值，对学有所成的毕业生来说，这种追求和憧憬更为强烈。然而，由于涉世不深，接触社会较少，其理想和抱负往往与主客观现实条件相去较远，导致毕业生的追求不切实际，只能使择业受挫。主要表现为大学毕业生有较好的择业愿望，但缺乏从基层做起的勇气和心理准备。

③对公平竞争机制持怀疑态度。实行毕业生双向选择的就业制度，使大学毕业生们在就业市场上自主择业，充分体现了竞争机制。大学毕业生应该珍惜这个机会，要勇于竞争和善于竞争，在竞争中实现自己的理想和抱负。勇于竞争，不仅要有竞争意识，还要能控

制自己的心境。然而却有学生对竞争持怀疑态度，有的甚至干脆放弃竞争，坐等"天上掉馅饼"，这些都是不成熟的择业心态。

④情绪稳定中有波动。面对人生的一次重大选择，大学毕业生表现出许多心理矛盾，如理想与现实、择业与学业、眼前利益与长远利益的矛盾等，这些矛盾必然带来其情绪的波动。

二、大学生择业常见的心理问题

（一）理想与现实的差距导致的矛盾心理

大学毕业生往往对未来抱有较高的期望值，希望找到一份条件优越、福利待遇好、能充分发挥个人才能的工作，但实际择业过程中这种期望值却很难全部满足。不少毕业生不得不面临着诸如：是坚守还是放弃自己喜爱的专业，到基层单位去求发展还是在国家机关、事业单位求稳定等职业选择的冲突。理想与现实的差距使他们内心矛盾重重，有的为情况复杂、无从选择而困惑烦恼；有的为利弊相当、举棋不定而焦虑不安；有的为失去某些选择机会而追悔莫及；有的为找不到理想的职业岗位而惶恐不已；等等。

教学案例 8.1

吊在半空只有啃老

张文是个本科生，严格说起来，是个与研究生只有一步之遥的本科生。考研的时候，专业成绩不错，外语只差1分，本来可以列为3类，可是在二选一的时候，由于发挥欠佳，而错过了机会。于是，张文下决心考公务员，但是，谈何容易？连考三年，第一年、第二年，明明感到成绩不错，就是没有上线，第三年倒是获得了面试机会，但也不过是多当了一回分母。最终，公务员的梦还是没有实现。可他还是不甘心，不肯脚踏实地去找工作。他认为打工就是地狱，公务员才是天堂，既然与天堂只差一步，那就不能心甘情愿进入地狱。就这样，将自己吊在半空中，不上不下，天堂不知何年有望，啃老倒是已成现实。

分析与点评

把事情理想化，求高薪资是年轻人择业的盲点。年轻人还是要以提高自身素质为前提，不要盲目追求利益。理想也需要有能力才能实现。对于大学生来说，尚未开始工作，工作能力还是相对有限的，因此首先应该为自己定下目标，该往什么方向发展，选择什么样的工作，也就是首先要实现个人的价值和目标。刚毕业的大学生不应该把金钱多少当做衡量一个工作的首要标准，而应该把能否更快地提升自身素质，丰富自己的工作经验作为衡量工作好坏的标准。等有了一定的工作经验后再打破金钱与理想的平衡也不迟。

（二）自我认知偏差产生的自卑与自负心理

过分的自卑与自负是大学生较为常见的人格缺陷，也是一种心理障碍。在择业中的表现是对自己缺乏客观的评价，同时对职业缺乏深入的了解和认识。在就业中自卑与自负常存在相互交织的现象，两者有时会相互转化。

自卑的大学生不敢正视现实，对自己的长处估计不够，怀疑自己的能力，对自己缺乏自信心，不善于发现适合自己的职业岗位。他们往往在职业选择中态度消极，不敢参与竞争，以致错失良机。表现为面对用人单位畏手畏脚，过于拘谨，语无伦次，生怕一句话说错，一个问题答不好而影响就业；认为自己缺少竞争实力，从而在对自己的抱怨、贬低中失去了求职的勇气，丧失就业机会。

一些大学生在求职比较顺利时则容易自负，认为自己已经满腹经纶、学富五车，任何工作都可以得心应手，在求职中自觉高人一等、自命不凡。这样的人一旦出现求职失败则容易自卑、自责而一蹶不振。也有的大学生自认为是名牌大学学生，或者所学的是紧俏专业，"皇帝女儿不愁嫁"，自己理所当然地应该能够得到一个理想的职业，给自己设定了过高的就业期望，结果同样是因为不能顺利就业而陷入自卑的泥淖。

教学案例8.2

期望值过高

来自株洲攸县的2009届会计学院毕业生小王，直到毕业时还未落实工作单位。刚好浏阳有一家制药厂要他，专业对口，但不在长沙地区，然而他本人的择业意向却是：单位地点必须在长沙市，至于是长沙市的什么单位、具体做什么工作都无关紧要，除此以外，什么单位都不考虑。在这种心态下，结果自然难以如愿。

分析与点评

小王的思想在当前毕业生的择业过程中具有一定的代表性。不少毕业生过于向往经济发达地区，尤其是沿海地区的中心城市，最低的期望也是在省会中心城市。他们只注重大城市经济文化发达、工作环境优越的一面，而忽视了人才济济造成人才相对过剩的一面，择业期望值居高不下，甚至还有逐年上升的趋势，从而导致主观愿望与现实需求之间的巨大落差。

（三）择业竞争压力增大引发的焦虑和恐惧心理

焦虑是由于心理冲突或个人遭受挫折以及可能要遭受挫折而产生的一种紧张、恐惧的情绪状态。双向选择为毕业生择业提供了公开、平等的竞争环境的同时，也使得一些性格较内向、不善交际和言辞、学习成绩平平的大学生忧心忡忡、自惭形秽，产生强烈的自卑感，从而引发择业中的恐惧。焦虑心理主要表现在以下几个方面：第一，缺乏对纷繁复杂的现实社会的理性认识，产生步入社会前的心理恐惧；第二，缺乏充分的就业准备，对就业、考研、考公务员的选择犹豫不决，产生顾此失彼的彷徨心理；第三，缺乏正确的择业方向和择业方法，始终不能顺利就业，因择业受挫产生就业恐慌；第四，恋爱分合，职业取舍，由于"鱼"和"熊掌"不能兼得而产生离别伤感，进而对未来的生活充满恐惧。过度的焦虑会对大学生择业就业产生消极影响，它不仅会抑制大学生的正常思维，而且使大学生的注意力难以集中，记忆力明显减退，从而影响大学生正常的学习和生活。

教学案例 8.3

女大学生半年内应聘 52 次未果 三次试图自杀

济南某高校大四学生蓉蓉是个漂亮的女孩,是校学生会副主席、学校广播站的播音员。可谁也没想到,这么一个优秀的一个大学生,半年内应聘 52 次未果,在就业的压力下患上了精神分裂症,三次试图自杀,目前正在济南市精神卫生中心接受治疗。因求职未果而试图自杀的现象虽属个例,但大学生的就业焦虑问题不容忽视。

分析与点评

大学生在就业过程中产生一些焦虑、抑郁的情绪是正常的。轻度的焦虑有一定的积极作用,可以激发学生的潜能,使其产生紧迫感,从而更努力地寻找就业机会。可是一旦焦虑过度,上升到"焦虑症"就应该及时给予关注和心理干预,以免病情加重,导致过度失望带来郁闷和焦虑,产生过激行为。

教学案例 8.4

心急吃不到热豆腐

某校信息学院信息管理专业某女生是 2008 届毕业生。在校期间,她常常泡在自习室和图书馆,极少参加班级活动和社团活动。她的主要目标是考研,但是由于心态不够成熟,在 2008 年 1 月的研究生考试中没有考上。在 2008 年实习期间,她把希望和目标又寄托在 2009 年 1 月份的研究生入学考试上面,于是在学校附近租了个房子继续考研。由于是半学习状态,在 2009 年 1 月份的研究生考试中又失利了。

在 2009 年 5 月份该生选择了找工作。由于没有任何工作经验,同时已经不是应届毕业生,工作就更难找了。她在深圳一家流水线工厂找到了工作。工作两个月后,由于工作辛苦,她辞职了。她想报考注册会计师,但是在 2009 年 8 月份后又因为没有信心而放弃了考注册会计师的想法。于是她又开始找工作,在网上不断地投简历。由于没有记录自己所投的单位的相关信息,当有单位打电话过来时,她还要根据电话号码上网查看是哪家企业、应聘的是什么职位。就这样忙乎了一个星期,几乎每天要跑两个单位参加面试。一个星期后没有回音,她以为没有希望了,就回到了湖南老家。当有单位想给其打电话通知她面试通过时,已经无法联系到她了。

分析与点评

该生是性格太急,而且心态不稳。大学期间就忽略了综合素质的培养,由于害怕找不到工作而把希望寄托在考研上面。考研究生并不适合所有学生,有的时候考研只是一个不去找工作、不去面对现实的借口。另外该生在找工作时病急乱投医,什么都投。在选择工作时一定要选择和自己能力相符合的工作岗位，岗位不要跨度太大。另外也要选择自己愿意去尝试的工作，否则会出现面试不断但是却没有满意的结果的现象。

（四）缺乏自主性和独立意识的依赖心理

择业依赖心理是指在择业中缺乏独立意识和自主承担责任的意识。一些大学毕业生在择业过程中缺乏主动性，存在明显的依赖心理。形成择业依赖心理现象主要是由于个人独立决策能力不强，缺乏进取精神而造成的。有些毕业生把就业的希望完全寄托在他人身上，往往表现为不主动出击，消极逃避就业市场，抱着等、靠、要的依赖思想。总想依赖家人通融社会关系，等待学校和老师给自己推荐，等待用人单位上门，等待父母亲友为自己找工作；总以为毕业就可以就业，把自荐材料发出去就可以万事大吉，坐以待"毕"，总抱着"车到山前必有路""天上也会掉馅饼"心态，试图坐等就业，殊不知机会是等不来、靠不到的。当周围的同学一个个落实单位，而自己却没有着落时，他们便开始怨天尤人，埋怨学校没有名气，埋怨父母没有本事，埋怨自己生不逢时，以致陷入焦虑、紧张、烦躁不安之中。

（五）缺少主见、随大流的盲从心理

从众心理是指个人由于受到来自某个团体的心理压力，而在知觉、判断、行为方面做出与众人趋于一致的行为。大学生择业从众心理现象的形成主要是由于缺乏择业主动性，对自己缺乏清醒的认识，不了解自己的兴趣、特长和能力，对自身所学专业的社会需求前景不明了，缺少自我选择和独立决断的能力。在招聘现场不难看到：在热门招聘单位的摊位前人头攒动，毕业生趋之若鹜，以至于有的招聘单位接收求职材料应接不暇。"知人者智、知己者明"，毕业生应根据自身条件摆正位置，找准坐标，盲目从众随大流将使自己错过许多本应属于自己的求职机会。

教学案例 8.5

人云亦云反耽误自己

小张毕业于某大学计算机系。毕业时，几位与他关系好的同学根据自己所学专业，决定到商业企业去工作。于是，他们纷纷行动，很快与几家公司签了约。小张深知自己的性格不适于从事商业气息太浓的工作，但几个朋友都去了，他想，自己不去不是显得太懦弱了吗？于是，他也和一家中型商场签了约，同时拒绝了一份自己比较适合的计算机专业老师的工作。工作没几个月，他便觉得自己实在无法融入单位的那种商业氛围之中，而且自己的优势得不到充分发挥，因而他感到压抑，情绪低落。最后，他还是决定去找所学校当老师。

分析与点评

小张在择业过程中之所以遭遇挫折，关键是因为他存在严重的从众心理。从众心理是指个人由于受到来自某个团体的心理压力，而在知觉、判断、行为方面做出与众人趋于一致的行为。当一个人的行为动机是"别人都这么做，所以我也得这么做"的时候，他的行为就是从众行为。为了避免产生从众心理,大学生首先要培养自己的独立思考能力;其次,在生活中要不断完善自己的个性,增强自信心;第三,要充分认识自己,根据自己的情况寻找适合自己的工作。

(六) 挫折与失败心理

挫折心理是指人在从事有目的的活动遇到障碍时,所表现出来的情绪反应。当一个人产生心理挫折后,就有可能陷入苦闷、失望、悔恨、愤怒等多种复杂的情绪体验之中。大学生往往都有"十年寒窗苦,一举成名时"的自我满足心理,因此择业的期望值也相当高。在就业地域的趋向、就业单位的选择和就业岗位的意向等方面有许多不切实际的自我设计。而这些就业目标的选择,往往都是出于功利心理、求"稳"心理和从众心理等的需要,并没有充分考虑自身条件与社会的实际需求,违背了职业生涯规划中关于"人职匹配"的理论基础,容易出现"高不成、低不就"的现象,并产生偏执、幻想、自卑、虚伪等心理问题,必然是事与愿违,最终不能顺利就业。现代大学毕业生生活经历较简单,未曾经历过多少波折,心理承受能力和自我调节能力较差,情绪波动性大,情感较为脆弱,缺乏应对挫折的心理准备。一次次就业失败的心理暗示必然会导致就业挫折心理的产生,进而使大学生择业行为发生偏差。

(七) 急功近利的功利心理

功利心理是由大学毕业生在就业中普遍存在的追求实惠、急功近利的心态造成的。功利心理主要表现在三个方面:一是在职业定位上,一些大学毕业生在选择职业时,只注意考虑自己的专业特长及学业成绩,一心寻找与自己专业对口,能够施展自己才华的单位。相当多的大学毕业生把就业目光投到相对稳定、待遇优厚的行业,而不考虑自己的主客观条件,以自我为中心,不考虑国家和社会的需要。二是在就业地点的选择上,大部分毕业生只想进大城市、大机关,削尖脑袋往中心城市挤,非常希望到挣钱多、福利待遇好的单位工作。三是特别注重经济利益。经济利益是大学毕业生选择职业时不容忽视的一个因素。在就业因素的考虑中,高工资是当代大学毕业生就业时考虑的重要因素。

(八) 盲目的攀比心理

攀比心理是指大学毕业生在择业过程中不顾自己的实际情况,盲目与他人攀比的心理。青年学生血气方刚,喜欢争强好胜,虚荣心相对较强,容易引发攀比心理。因此攀比心理是大学生中存在的最为普遍的求职心理,这也是社会现象在他们身上的反映。每个学生都希望自己的工作无论是薪水,还是福利都能比其他人的好。这样的想法是可以理解的。但是这对学生潜在的危害是:由于这种定位不是切实的自我定位,会让人产生较高的自我期望,从而忽视自身特点,对自我缺乏客观正确的分析,不能从自身实际出发,不考虑所选单位是否适合自己,不屑到基层去工作,总想找到一份超过别人的十全十美的工作。在这种心理的作用下,要么出现期望和能力的矛盾,引起用人单位的排斥;要么出现同学之间的攀比和竞争,对职业产生急功近利的思想,这是不利于择业和职业发展的。攀比心理经常会使不少毕业生在就业过程中四处碰壁,迟迟无法签约。

(九) 害怕竞争的心理

这是人们在从事有目的的活动遇到障碍时所表现出来的情绪反应。职业选择自由度越大,选择行为的责任越重,择业心理压力也就越大。一些大学生对就业竞争感到恐惧,对工作缺乏信心,既希望走向社会,谋到理想职业,又担心被用人单位拒在门外,害怕竞争失败,害怕自己在择业上的失误会造成终身遗憾,有一种就业恐惧感,对走上社会心中无底,从而陷入苦闷、焦虑、失望、悔恨、愤怒等多种复杂情绪的体验中。其主要表现为:当所学专业与社会要求不尽吻合时,感到无所适从或悔恨;当发现自己的能力不适应社会要求时,感到焦虑或失望;当看到择业中的不合理现象时,非常气愤或苦闷,于是追悔或逃避,对择业失去信心和勇气,不敢应聘。

(十)求稳、求闲、怕吃苦的心理

受中国传统观念的影响,大学毕业生的求稳心理十分普遍。一些大学生把目光聚焦在"吃皇粮"的部门和单位,或者锁定在一些工资、福利、保险有保障、风险小、没有后顾之忧的单位。对职业的选择崇尚"三高"标准,即起点高、薪水高、职位高,过分强调用人单位的工资福利待遇、工作环境,缺乏同甘共苦的精神,对自己能为企业付出多少考虑较少。不少毕业生不愿到经济欠发达的地区和基层单位去建功立业,不愿到艰苦行业工作,不愿到生产一线工作,有些甚至宁可改行、待业也不愿到基层单位承担艰苦的工作,使求职择业难度更大。

第二节 常用的心理调适方法

一、树立合理的职业价值观

职业价值观是指人们对社会职业的认识和评价,它是人们在社会实践活动中产生和形成的,并且会随着社会的变化和人的发展而发生改变。良好的职业价值观对指导人们的求职有重要作用。大学生应树立正确的职业价值观,把自己的理想和现实结合起来,因为职业的选择不仅是谋生和自我实现的需要,也是体现其社会价值的手段。正确处理自我实现与社会需要的关系,是当代大学生职业生涯中重要的课题。只有做出正确的选择,才能充分发挥个人的主观能动性,积极开拓自己的事业,为国家做出贡献,最终真正实现自己的个人价值。

(一)应变意识

大学生在工作变异性上的表现往往有些矛盾,一方面对经常接触到的新鲜事物的重要性表示赞同;另一方面又在工作内容、工作地点、工作场所或工作方式以及工种的变换上,表现出相反的态度。从总体上看,大学生的工作变异性表现较差,因此,大学生应强化自我"转业意识",增强应变性,这有利于自身的发展与社会的进步。

(二)创业意识

随着科学技术进步和劳动生产效率的提高,经济增长对就业吸纳能力将会不断下降,就业缺口也会不断扩大。鼓励大学生自主创业,既能解决大学生自身就业难的问题,还能为社会拓宽就业渠道,更重要的是能满足大学生自我实现的需要。现代大学生应强化创业意识,适应社会与时代发展的需要。

(三) 敬业意识

敬业精神是用人单位最为看中、看好的员工素质。爱岗敬业是职业道德的核心和基础。爱岗与敬业是紧密地联系在一起的，敬业是爱岗意识的升华，是爱岗情感的表达。敬业能通过乐业、勤业、精业表现出来，它要求每个人都要充分认识本职工作的社会意义、地位和作用，以自己出色的工作来获得社会的尊重，维护本职工作的尊严。大学生应强化敬业意识，毕业后对于不管是主动选择的岗位，还是被动选择的岗位，都应爱护。即使不满意目前的职业，在没有调换之前，仍应坚守工作岗位，履行职业责任，努力调整自己的工作方式和行为态度，以饱满的热情投入工作，最大限度地发挥自己的潜能。

(四) 合理的职业定位

职业定位的过程是自我与现实不断碰撞、调节，最终尽可能与职业达到匹配状态的过程。事实上，在职业定位的过程中，发生碰撞的不止是自我与外界职业现实，即便是自我职业心理内部，动力系统与条件系统也会发生冲突，想干的不一定能干，能干的又不一定想干，因此，大学生不仅要了解自我职业心理的各个方面，还要学会对其进行协调整合。

阅读资料 8.1

暂时不能就业者应有的心理准备

一、要有正确的自我评价

"尺有所短，寸有所长。"每个人都有自己的优点和长处，也都有自己的缺点和短处，所以每个毕业生对自己都应有客观和正确的认识，对自己的专业、工作能力、爱好特长、优势劣势有一个完整的把握。暂时的不成功，或暂时不能找到令自己满意的工作，并不代表求职无望。要注意克服缺点，发扬优点，准确定位，同时对单位及就业市场要有所了解，俗话说，"知己知彼，百战不殆。"

二、保持平常心态，适时缓解心理压力

无论从事什么样的职业都不可能一帆风顺，遭遇挫折是在所难免的。对于刚进入招聘市场的大学毕业生更是如此。为此，在就业前就应该做好充分的经受挫折的心理准备。无论遇到怎样的挫折和失败，首先都应该保持冷静，坦然面对；然后认真寻找原因，合理归因，千万不要悲观失望、自暴自弃或怨天尤人。应该以积极的态度和稳妥的办法对求职的方法加以改进，并总结经验，虚心请教，必要的时候可以求助于有经验的前辈或专业人员。这样才能尽快调整状态，抖擞精神，更好地展示自我，接受单位的面试与考核。

三、脚踏实地与志存高远

有一些毕业生为自己的人生设计好了宏伟蓝图：3年内做到部门经理，5年内挖掘到自己事业的第一桶金，7年内拥有自己名下的企业等。有这样的理想固然好，但在设定理想的时候，一定要与事实相联系，充分考虑到现实的情况及市场规则。大学生就业应在立足现实的基础上"志当存高远"，切忌"盲目追寻理想"。由于毕业生在面对市场选择时，缺乏经验与社会阅历，因此要带着从零开始、脚踏实地的精神，坚实迈出个人事业的第一步。

二、调整择业期望值与心态

要根据自己的志趣、条件和爱好来确定方向。有些大学生,自我感觉优秀,有过强的自负感,认为在学校能获得老师的认可和好评,那么在求职过程中,得到单位的青睐也是顺理成章的事情,关键在于自己是否满意。这种心态会导致就业取向过高,不切实际。因此,大学生在就业过程中,应不断调适自己原有的不切实际的就业取向,使自己的心理定位与择业目标要求相适应。要有从最坏处着想,向最好处努力的思想准备。同时,大学生要树立长远的职业发展观念,放弃过去那种择业就是"一次到位",要求绝对安稳的观念。择业时要看得长远一些,学会规划自己整个人生的职业生涯。在当前获得一个理想职业的时机还不成熟时,不妨采取"先就业,再择业,再创业"的办法。也就是说,可以先选择一个职业,不断提高自己的社会生存能力,增加工作经验,然后再凭借自己的努力,通过正当的职业流动,来逐步实现自我价值。

人生的意义在于实现自我价值,要相信自己的能力与特长能够在职业中获得属于自己的满足感。相信自己只要愿意用心和努力,就能够做出一定的成绩来。随着就业制度改革的不断深入,大学生要不断增强自主择业的意识,要充满信心,主动出击。最终选择的职业应是适合自我专长的,而非所谓"热门"的、赶时髦的职业。择业时,应树立"要工作,找市场"的观念,主动了解自己所在学校所学专业的就业形势,将过去的那种被动等待的择业意识转换成积极主动的择业意识。要相信自己的才能,满怀信心地推销自己、展示自我。即使暂时的失败,也不必自卑失落,要用更为现实的标准审视自我,估价自我,找到自身的定位。只要能正确找出失败的原因,对自己做出客观的分析,择业的信心就不会被消磨掉。

三、冷静客观地评价自己

冷静、正确地认识自我,即认真客观地分析自己的兴趣特长、性格气质、能力水平等,反思自己适合做什么,竞争力如何。面对择业,大学生除了要客观地分析就业环境外,最主要的是正确全面地评价自己。应当明确自己的专业发展方向是什么,自己的爱好特点是什么,自己的性格气质是什么,自己最适合干什么工作,自己的优势和劣势是什么等,这样才能使自己在择业过程中处于积极主动的位置,克服劣势,发扬优势,找到自己较满意的职业。

对自我的了解,方法有多种,但总体来讲,定性法与定量法的结合也许会使对自我的了解更为充分。定性方法中,主要是自省、自我思考、自我分析。由于自己对自己的评价可能会有偏颇,此时可以将自己与社会上其他人做比较,通过社会上其他人对自己的态度来认识自己。如果一个人对自己的评价与从他人处所获得的各种信息基本一致,那就可以认为他的自我认识评价比较好、比较客观。如果不一致,差距太大甚至相反,那就表明他的自我认识评价不好、不够客观。定性的方法还可以是通过实践进行职业探索。通过职业实践可以对职业有更为透彻、细致的了解,还可以验证自我评价的现实性。

心理测量是定量了解自我的捷径。人的心理品质是内隐的,难以直接观察和测量,但每一项心理品质总要通过或多或少的行为表现出来。通过选取具有代表性的行为进行观测，借此判断相应心理品质的指数，特别是标准化测量，是众多的心理学家长期的研究积累，对心理品质所对应的行为表现特别是典型行为表现列举较为全面，由此得出的结论相对比较可信，这也正是心理测量科学性的体现。目前，已有不少高校及人才中心建立了职业心理测评服务，大学生可以把它作为了解自我的新途径。

四、理性处理冲突

从心理学的角度来看，冲突被理解为两种目标的互不相容和互相排斥。当人们面对两个互不相容的目标时，会体验到心理上的冲突。理想与现实的冲突是求职中最容易出现的问题。面对人生的重要选择，每位毕业生都想找到一份称心如意的工作，但择业是艰难的，现实社会中存在着激烈的职业竞争。毕业生在走上工作岗位之前，一直处在学习阶段，很少经历社会的磨炼，很容易产生理想化的想法，择业目标因此容易定得很高。当他们满怀希望到社会上求职时，才发现现实社会和理想的差距是那么巨大。在实际择业中，经常会出现诸如"鱼与熊掌均想兼得""此山望见那山高"等多种矛盾冲突。在这种冲突面前，许多毕业生不知所措，很是苦恼。其实矛盾冲突是不可避免的，关键在于遇到这类冲突时怎样做出理性的选择。只要毕业生能及时调整自己的求职期望值，抛弃理想化的东西，抓住每一个机会，尽全力争取，同时认识到求职不是一步到位的，随着自己的发展机会还可以发生改变。这样，毕业生就可以将冲突的心理调到一个最佳状态。

五、心理调节的方法

（一）自我转化

有些时候，不良情绪是不易控制的。这时，可以采取自我转化的方法，把自己的情感和精力转移到其他活动中去，如学习一种新知识、新技能，参加自己感兴趣的活动，利用假期去旅游等，使自己不沉浸在不良情绪中，保持心理平衡。

（二）自我适度宣泄

因挫折造成焦虑和紧张时，消除不良情绪的最简单方法莫过于"宣泄"。切忌把不良情绪强压于心底，忧虑隐藏得越久，受到的伤害就越大。较妥善的办法是向朋友等自己信任的人倾诉，甚至可以痛哭一场，把痛苦全部宣泄出来，也可以去打球、爬山、参加运动量大的活动，宣泄情绪。但是宣泄一定要注意场合、身份、气氛，注意适度，应是无破坏性的。

（三）自我安慰

人不可能事事皆顺心，处处是英雄。择业中遇到的困难和挫折，如果是自己尽力仍无法改变的，要说服自己作适当让步，不必苛求，找一个自己可以接受的理由让自己保持内心的平静，承认并接受现实，以保持心理平衡。

（四）松弛练习

松弛练习也叫放松练习，是一种通过练习学会在心理上和躯体上放松的方法。放松训练可帮助人们减轻或消除各种不良的身心反应,如焦虑、恐惧、紧张、心理冲突、入睡困难、血压增高、头痛等症状,且见效迅速。大学生在择业时如遇类似心理反应,可在有关人员指导下尝试进行放松练习。

(五)情绪理性化

人有理性和非理性两种观念。在这些观念指引下的认识方式会影响人的情绪。人的不良情绪产生的根源是人的非理性观念。要消除人的不良情绪,就要设法将人的非理性观念转化为理性观念。例如有的学生在择业中受了挫折便消沉苦闷或怨天尤人,其原因在于他持有"大学生就业应当是顺利的""我很优秀,择业应该很理想"等观念。正是这些观念作怪,才导致或加剧了他的不良情绪。如果将这些想法加以纠正,不良情绪一定能得到克服。大学生在运用理性情绪化法时,应首先分析自己有哪些消极情绪,从中分析、综合、抽象、概括出相应的非理性观念,并对其进行质疑;同时对比两种观念状态下个人的内心感受,鼓励自己向理性观念方面转化,从而排除不良情绪。

第三节 培养健康的就业心理

一、择业心理调节的必要性

如果将三碗水在火上烧热,并且在第一个碗里放入些胡萝卜,第二个碗里放入些鸡蛋,第三个碗里放入些已经磨成粉末的咖啡豆,然后煮15 min,那么会有什么结果呢?

结果就是胡萝卜本来是硬的但现在变软了,鸡蛋内部本来是软的但现在变硬了,咖啡豆的粉末不见了但是水变了颜色并且有了香醇的味道。

看到这里作为毕业生的你想到了什么?

可能想到的就是自己。

有的人就像是胡萝卜,原本有一颗健康强壮的心,可是遇到困难和压力之后,就变得软弱、自卑;有的人就像是鸡蛋,原本是内心柔软善良的,可遇到困难和压力之后,就变得坚硬、冷漠、麻木;有的人就像是咖啡豆磨成的粉末,在面对自己遇到的困难和压力时,不会退缩,而是会以一种积极的心态去应对,将自己完全融入环境中,非但没有被环境改变,反而把环境改变了。

为什么会这样呢?

这是因为他们面对困难与压力时所持有的心态不一样。就像成功学大师拿破仑·希尔所说的那样,"人与人之间只有很小的差异,但是这种很小的差异却可以造成巨大的差异。"很小的差异即积极的心态或消极的心态,巨大的差异就是成功或失败。可见一个人的心理对他的影响是巨大的,积极正确的心理会将人们引向成功,消极错误的心理则会导致失败。

那么,对于即将离开大学校园走入职场的毕业生来说,面对自己的求职之路,又该是什么样的呢,是胡萝卜、鸡蛋,还是咖啡豆磨成的粉末?毕业生应该以一种什么样的心理状态去应对即将到来的困难呢?有压力时毕业生又应该如何摆正自己的心态呢?面对求职,毕业生的心理准备好了吗？

近年来，随着社会变革的加剧，我国大学生就业形势日益严峻，就业难成为大学生不得不面对的一个现实。大学生在就业、择业过程中承担的心理压力也因此呈现逐年增大的趋势，一部分心理调节能力较差的学生出现了不同程度的心理问题，甚至出现了极端事件，比如2009年河北某高校一名大四女生不堪忍受就业压力，自杀身亡，留下近10万字日记。择业、就业时期是大学生人生发展中的重大转折时期，是大学生从在校生向社会人过渡的重要阶段。在毕业前这个特殊时期，大学生面临人生的重大抉择，需要面对的事情比较多，导致择业过程中的心理问题成为大学毕业生中最常见的问题。

二、大学生择业时应具备的心理素质

（一）择业心理素质的含义

1. 心理素质

心理素质是指个体通过教育和活动形成的对个体活动产生影响的较稳定的心理品质。它是人类在长期社会生活中形成的心理活动在个体身上的积淀，是一个人在思想和行为上表现出来的比较稳定的心理倾向、特征和能动性。

2. 择业心理素质

择业心理素质是指对大学生就业有重要影响的心理能力、活动水平及人格特点，它涉及的内容非常广泛，主要包括业务能力、职业成熟度、就业人格特点三个部分。择业心理素质是大学生在大学四年的就业准备及其他活动如学习、社会实践影响下形成的比较稳定的择业心理特点，是大学生顺利就业、应对就业挫折、实现职业适应与成功以及各种就业心态等形成的心理基础。

（二）择业应具备的心理素质

大学毕业生在择业过程中，会遇到自荐、面试、笔试等一系列的考验，会遇到专业与爱好、专业与效益、专业与地域、地域与家庭之间的种种矛盾，还会遇到无数次的挫折和失败，能否顺利地接受这些考验，能否果断地处理这些矛盾，能否正确对待就业过程中的挫折和失败，良好的择业心理素质起着非常重要的作用。一个具有良好心理素质的人在求职的过程中能充分发挥自己的聪明才智，挖掘自身的潜力，综合自己的优势，扬长避短，不懈努力，从而找到最能施展自己才华，实现人生抱负的舞台。那么大学生应具备哪些择业心理素质呢？

1. 自我肯定意识强，自信心强

自信心是一种自我肯定、自我信任，相信自己的力量能够实现一定目标的心理。具备自信心是大学毕业生择业成功的重要因素，也是大学生重要的择业心理素质之一。

具备自信心的大学毕业生，在求职中能表现出坚定的态度和从容不迫的风度，由此赢得用人单位的赏识和信任。大学毕业生有了自信心才能进行正确的自我评价，才能充分认识自身存在的价值，对自己的性格、兴趣、能力、出色的成绩及各方面的长处给予肯定的自我评价，对自己无法补救的缺陷也能正确对待。能充分相信自己的各方面能力，择业时很投入，不怀疑自己的能力，正确地认识和估量环境以及所遇到的困难，并以最旺盛、最活跃的精神状态去克服困难，以足够的耐受力面对挫折，以足够的勇气迎接挑战。有自信的毕业生能够对职业的要求有明确的概念，求职时懂得怎样扬长避短，会千方百计地采用最有效的捷径追求目标，即使遇到暂时的挫折，也对自己的前途充满自信。

2. 优良的竞争意识

心理学认为，竞争是指人与人、群体与群体对于一个共同目标的争夺，是竞争主体通过较量而获取需要的对象的过程。人们时常把当今时代称为竞争的时代。竞争无处不在，大到国与国之间的对抗，小到人与人之间的竞争。为了获得自己理想的职业，大学生在大学期间就要努力培养自己的竞争能力，而这恰恰取决于竞争意识的确立。具有优良竞争意识的大学生，他们往往不畏强手，能够发挥潜能，顽强竞争，希望战胜其他竞争对手，胜过他人，实现自我价值。要想在求职与择业中获得成功，大学生应做到以下两点。

（1）敢于竞争。当今时代，竞争机制已经渗入社会的各个领域和人生的整个过程。学习生活一开始，同学之间便开始了学习成绩的竞争，人人都希望得到好成绩，升入好的中学和大学。在大学阶段，竞争更为激烈，评三好学生、优秀毕业生、评奖学金、推荐研究生等，无一不和竞争联系在一起。但是大学生自身的竞争意识在过去并没有得到真正的强化，有的大学生面对竞争的挑战显得手足无措。当今竞争激烈的时代对大学生强化竞争意识提出了迫切要求，也提供了客观环境。迎接新的挑战，强化竞争意识是大学生在择业中必备的心理素质之一。

强化择业的竞争意识，一是要在正确自我评价的基础上，充分相信自己的实力，敢于通过竞争去达到理想的目标；二是必须在心理上强化自身的竞争意识，自觉地正视社会现实，转变观念，做好参与竞争的心理准备。

（2）善于竞争。要想在求职与择业中取得成功，仅仅敢于竞争还不够，还必须善于竞争。善于竞争体现在具备良好的心理素质、实力和竞技状态。

在求职与择业竞争中，应注意期望值是否恰当。期望值是个人愿望与社会需求的比值，期望过高会使心理压力加大，注意力难以集中，造成焦虑，影响正常水平的发挥。

在求职面试时情绪一定要轻松自如。在面试时，要克服情绪上的焦虑。如果一个人自始至终都以良好的情绪对待学习、工作和生活，那他就有可能在竞争中获胜。要做到善于竞争，还要做到在面试时仪表端庄，举止得体，给人留下良好的第一印象；锻炼出较好的口才，交流时口齿伶俐、表述清晰；合理利用有关规则等。

3. 良好的挫折承受能力

所谓挫折承受能力，是指个体在遭遇挫折情境时，能否经得起打击和压力，有无摆脱和排解困境而使自己避免心理行为失常的一种耐受能力。在当前的就业大环境下，就业压力较大，大学毕业生在求职过程中遇到挫折是难免的，关键是如何看待它。如果能以积极的态度和适宜的疗法去对待挫折，把挫折当做是磨砺成长的磨石，就能获得对挫折的良好适应，激发自己的潜能，仔细寻找失利的原因，调整好目标，脚踏实地前进，争取新的机会，从求职失败的阴影中汲取经验教训，最终战胜失败。如果抗挫折的能力较差，就会在求职择业的过程中因遭受失败而丧失信心，使挫折成为成功的绊脚石。因此良好的挫折承受能力是大学生成功择业的重要心理素质。

双向选择的本质意义是一种激励手段，对优胜者是这样，对失败者也是如此。它对失败者并不是淘汰和鄙视，相反，是促使失败者振作起来，彻底摆脱"等、靠、要"的就业心态，使他们加快自立自强的转化，成为新时代的开拓者。

女大学生在求职择业时可能会比男大学生受到的挫折更多一些，这是现在一种普遍的社会现象。从某种意义上说，女大学生们要顺利地择业，从根本上说，在于发现自身的优势，并以其优势去参加竞争。

4. 对环境的主动适应能力

主动适应能力是指个体为满足生存需要而积极与环境发生调节作用的能力。主动适应能力是心理素质的核心内容之一，同时也是未来社会对人才素质的基本要求之一，是大学毕业生择业必备的素质。而市场经济时代，大学毕业生求职择业必须接受市场的筛选、竞争的考验，因此，大学毕业生必须主动适应市场的需要，否则会被无情地淘汰。另外，社会是复杂多变的，对于刚刚步入社会的大学生来讲，难免会有些不适应，大学毕业生只有具备了较强的适应能力，才能尽快适应环境，获得更充分的生存和发展条件，成为社会所需要的合格人才。

5. 理性的择业心理状态

当代大学生的就业、择业心理从总体上讲趋于理性，大学生能够面对现实，接受现实，主动地适应环境的变化，对突发事件能够较好接受而不逃避现实，对生活、学习和工作中的困难能够做到妥善处理，对挫折、失败有足够的勇气和信心。不仅能接受自我、悦纳自我，也能接受他人、悦纳他人，充分认识、肯定别人存在的重要性，乐于与人交往，具有同情、友善、信任、尊重等积极的态度。情绪稳定，热爱生活，乐于工作，既能尽情享受生活的乐趣，又能积极进取，不断开拓自己的生活空间，充分发挥自己的聪明才智，体验成功的喜悦，使积极的情绪多于消极的情绪。能够放下"天之骄子"的架子，抛弃"皇帝女儿不愁嫁"的传统观念。

面对就业择业，大学生的心理是复杂而多变的。具备积极的理性的择业心理，可使大学生在面对考验和矛盾时，做到镇静自如、乐观向上、勇于创新、果断决策，从而保持一种稳定而积极的心态，达到如愿就业的目的。

本章小结

本章重点对大学毕业生求职过程中常见的心理问题及调试方法进行了介绍。通过本章的学习，学生应该了解求职过程中常见的心理问题，并比对自身，找到自身存在的问题；学会利用本章提到的心理调适方法，对自身的求职心理问题进行自我调适，培养健康的就业心理。

复习思考题

1. 大学生求职过程中常见的心理问题有哪些？
2. 如何进行心理调适？
3. 健康的就业心理有哪些内容？
4. 大学生在就业过程中出现各种心理问题的原因是什么？如何来克服它们？

第九章　职业适应与发展

教学目标

通过本章的学习要求学生获得以下知识和技能：
1. 了解影响职业发展的因素；
2. 实现从学生到职业人的转变；
3. 掌握可持续学习能力的培养方法；
4. 学会有效地管理自己的职业生涯。

导入案例

1953年，耶鲁大学对毕业生进行了一次有关人生目标的调查。当被问及是否有清楚明确的目标以及如何达成的书面计划时，只有3％的学生选择了肯定回答。20年后，通过跟踪调查发现，那3％有清晰目标和书面计划的学生在财务状况上远远高于其他97％的学生。

凡事预则立，不预则废。中国人民大学大学生就业问题研究所的一份调查报告显示：是否有较好的职业设计是影响大学生就业的最大问题。某公司人力资源主管在谈及毕业生就业时说：首先，大学生要有归零的心态，不论你在学校里读了多少书，考试考了多少分，对于一份新工作而言，你的发言权几乎是零。说白了，企业不养闲人，新来的人要尽可能缩短对工作本身的适应过程。其次，提高对行业的认可度。在目前就业拥挤的大环境下，很多应届生为找工作而找工作。毕业了，搞不清自己想干什么，适合干什么，也不好意思再向父母伸手，于是为了就业而就业。最后，要做好个人职业生涯规划。即使对某一行业认可度高，想长期从事某一方面的工作，但对个人的发展没有目标，没有规划，走到哪儿算哪儿，这样的毕业生我们也不认同。

第一节　从大学生到职业人的转变

大学毕业生告别校园，开始迈向社会，这无疑是其人生的一大转折。接下来面临的问题是如何尽快适应这一转折，完成由学生角色到职业角色的转换。这一转换在人的一生中占有十分重要的位置，角色转换的成功与否直接影响着事业的成败。

一、认识职业角色与学生角色

所谓角色，是指一定社会身份所要求的一般行为方式及其相应的内在心理状态。社会对于一个人的要求、期望直接决定于他在社会结构中所处的位置和所担负的社会角色。一个人的态度、行为如果偏离了对他的角色期望，就可能会引起周围人的异议或反对。角色义务、角色权利和角色规范，构成了社会角色的三大要素。社会角色的功能是一定的角色通过履行角色义务来实现的。为了履行角色义务，角色扮演必须有一定的权利，按社会规定的行为规范来行动。人们总是同时担任着各种不同的角色，在一个人的角色中又有主次之分。

随着人的社会任务或职业生涯的不断变化，角色也随之变化，从一个角色进入另一个角色，这个过程称为角色转换。角色转换的变化从根本上说是社会权利和义务的变化。大学生就业后的社会角色转换不是瞬间发生和完成的，而是要有一个过程。大学生初到一个新的工作岗位，对周围一切还比较陌生，只有在熟悉本单位工作制度，了解本职工作业务程序，建立了新的和谐的人际关系之后，才能积极主动地开展工作，完成就业后的角色转换。学生角色与职业角色的根本不同在于以下三点：

(1) 社会责任不同。

学生角色的责任是接受教育、储备知识、锻炼能力，力求全面发展；而职业角色的责任是以特定的身份履行自己的职责，依靠自己的本领或技能去工作。两种责任的履行所产生的后果也是有区别的。学生角色责任履行得如何，主要关系到个人知识掌握的多少和能力培养的程度；而职业责任履行得如何则影响较大。

(2) 角色规范不同。

社会赋予角色的规范，就是社会提供的角色行为模式。学生的规范多是从培养、教育角度出发，促使其以后能顺利成长为合格人才；社会赋予职业角色的规范则更为严格、具体，违背了就要承担一定的责任。

(3) 角色权利不同。

学生角色的权利主要是依法接受教育，接受经济生活的保证和资助；职业角色则是依法行使职权，开展工作，并在履行义务的同时取得报酬。

总之，学生角色与职业角色的不同点在于：一个是受教育，掌握本领，接受经济供给和资助，逐步完善自己；一个是用自己掌握的本领，通过具体工作独立为社会做出贡献，具有一定的权利和义务，并要为自己的行为承担责任。

教学案例 9.1

大学毕业生的错误心态

一个刚大学毕业的学生，由于经验不足，能力欠缺，在工作中出现了失误，受到上级的严厉批评，他很不开心，没心思工作。有人问他："你为什么不开心？"他说："经理骂我了。"又问："你是不是工作没做好？"答："即便工作没做好，他也不应该对我这样态度恶劣。我长这么大，我爸、我妈都没对我大声喊过！"问："那你希望怎么样？"答："我希望我下次再犯错时，他的态度能好点儿！"

这位大学生说的话意味着：我出错是难免的；我以后还会出错；我再出错时，要改的是经理，不是我，他应该提高管理艺术。

试问：如果这位大学生有这样的想法，下次再做同样的工作、重复同样的错误，上级对他的态度会好一些，还是会更严厉一些呢？为什么？

分析与点评

作为职场人，在犯错误时正确的说法应该是："我今天工作出错了，上级严厉地批评了我，我很不开心。下次我一定把事情做好，以不再被批评。"

二、大学生角色转换的常见问题

大学毕业生从学生角色到职业角色的转换，是一种社会必然。只有正确认识和对待这种转变，才能很快地融入社会。但是有些学生由于受各种主观因素的影响，还不能科学地、正确地认识这种角色转换。归纳起来主要有以下几种表现：

（1）依恋性。刚走上工作岗位的大学生，在角色转换过程中怀旧情结浓厚，常常会自觉不自觉地将自己置于学生角色的位置，以学生角色来要求自己和对待工作，处理人与人之间的关系，以学生的眼光观察事物和处理问题。

（2）畏缩性。有的学生面对陌生环境，没有老师的指导，不知工作应从何入手，缩手缩脚，怕担责任，缺乏年轻人的朝气和锐气，缺乏创新意识。

（3）自傲性。一些毕业生自以为接受了正规的高等教育，学到了不少知识，已经是一个有能力的人了，因此，轻视实践，放不下架子，不愿从基层工作干起，好高骛远，期望值过高。

（3）浮躁性。一些毕业生在角色转换过程中表现出工作不踏实、不稳定，缺乏敬业精神。

教学案例 9.2

有一个医学院的校花，长期担任班长、团支部书记，学习成绩优秀。毕业后到市重点医院做内科医生，受到领导的关注，同事的青睐，上门求医的患者更是对她毕恭毕敬。然而，这位美女医生却厌烦了在诊室工作。当看到医药代表工作时间自由，工作方法灵活，挣钱更多，她决定下海。当了一段时间医药代表后的某一天，一回到医药公司办公室，她就开始伏桌哭泣。经理关切地问："怎么了？"她非常委屈地说："那些药剂科的人，他们，他们，他们竟然……"经理开始担心，着急地问："他们怎么样了？是不是欺负你了？"美女泪流满面，非常痛心地说："他们竟然不理我！"经理舒了一口气，想引导她战胜困难："他们不理你，你打算怎么办？"美女坚定地说："他们不理我，我就再也不理他们！"经理心里凉了：你不再理他们了，可这药谁卖呢？"要不你还是别难为自己了，回到医院当医生吧！"美女号啕大哭，经理吓了一跳，关切地问："还有谁惹你生气了？"美女凤目圆睁：

"你！"经理不解："我劝你别干了，是为你好呀。"美女愤怒地说："要是不干，也得我先说！凭什么你先说出来？"经理连忙说："好，好，我收回刚才的话，请你先说。"美女大声说："我不干了，我立刻辞职！"经理点头表示同意，心里说："你快走吧，我的姑奶奶！"

——摘自：《心灵成长》第七期

分析与点评

美女医生没有意识到自己集喜欢、怜爱、恭维于一身，是因为自己是父母疼爱的女儿、是社会重视的大学生、是常人喜欢的漂亮女人、是患者求助的医生。而从医生到药品推销员，是职业上的转变，从人求于我到我求于人，从坐在屋里等客户到登门拜访客户，工作性质完全不同，最需要提升的是情绪智力和商务谈判技能。这位学生在参加工作以及职业改变之后，心灵并没有成长，还是一个小孩子的心态，抱怨别人、抱怨环境，如果不及时调整心态，将会在职业、婚姻上受到更大挫折。

心灵成长的标志是不再抱怨环境、抱怨父母、抱怨领导、抱怨同事、抱怨客户，也不抱怨自己，对自己的职业生涯、情感生涯和健康生涯负起责任，为自己、为家庭、为企业、为社会创造物质财富和精神财富。

从学生到职业人是一种社会角色的重要转变。进入社会以后，必须迅速培养"给"的心态。做了20多年社会财富和家庭财富的消费者、享用者，要尽快成为社会财富的创造者和供给者。

一个人从三岁上幼儿园，到六七岁上小学，直到二十一二岁大学毕业、参加工作。将近20年的学生身份形成了"要"的心态，向父母要、向老师要、向学校要、向社会要。一切都是"要"，想"要"一切。学习生涯一路走来，到大学毕业时已是全家人的骄傲，社会的骄子。但大学毕业证书并不等于职业能力证书，20年来所学到的知识并不能直接变成创造财富的能力。实际上，大学毕业证书只等于社会大学的入门证。

当把这种"要"的心态带到求职之时，就会要工作、要职位、要环境、要轻松的事、要各种福利待遇，要不到宁可就先不工作，继续由父母供养。有的人因为要不到而逃避就去考研，继续保持"要"的心态，加强"要"的资本。

20世纪90年代后出生的人，大多数是独生子女，即便不是独生子女，也很少有人经历过生活的磨炼。社会为他们创造了优越的条件，家庭几乎倾尽所能，供其上学，使其成为家庭宠爱和照顾的中心。在家里，大多情况下家人会照顾其情绪。

在大学里，大学生是社会的骄子，是全社会培养的对象，享受着各种免费或优惠的待遇。所有的学习都是按照教学大纲安排的，而教学大纲又是学校和老师拟定的，你不需要操心，只需要按时上课、完成作业、考好成绩，每年还可以享受两次长长的假期。自己的考试成绩优秀就可能获得奖学金，考不好也不会给班级和学校造成经济损失，还会有补考的机会。如果和同学不能相处融洽，仍然可以当一个不合群的"小鸭"，保持自己的个性，孤芳自赏。老师往往是尊敬和崇拜的对象。如果不喜欢一个老师，可以不去听他的课，可以期盼着下学期换一个老师。如果迟到、旷课只是耽误你自己的学习。

然而进入职场后，不仅没人在意你的情绪，还要求你必须拿出良好的工作结果，你必须成为创造价值的贡献者，你只有在为单位做出贡献，单位觉得你是值得培养的人后，才会把你当做培养对象。你必须创造价值才能获得报酬，而且必须创造超额价值，才能获得奖金。你的上级也许不是你尊敬和崇拜的对象，但你必须服从他的领导和管理。你必须适应上级的管理风格，学习上级的优点，因为上级是没有任期期限的。如果你迟到、旷工，耽误的是整个团队的业绩。如果你不能和同事搞好关系，有一天被组织认为不能进行团队合作时，就必然成为出局的人。如果做不好工作，有可能会造成重大损失，甚至没有挽回的机会。

学生时代因为父母的付出，你可以从家里"要"到；因为老师的付出，你可以从学校里"要"到；因为社会的付出、国家的付出，你可在社会中"要"到。

但如果要转变成职业人，你必须先"给"，否则你什么也"要"不到，将"要"的心态变成"给"的心态，是成为职业人的关键，因此，从学生转变为职业人的核心是从"要"到"给"。

 三、如何实现角色转换，适应社会

所谓适应社会，就是使自己与社会融为一体，被社会所接纳，成为其中和谐的一员。这样才能心情愉悦，从而为社会做出应有的贡献。而只有对社会做出贡献的人才能被社会认可，被社会肯定，也才能实现个人的理想与目标。学生角色向职业角色的转换，是一个相对漫长的过程。所谓"冰冻三尺，非一日之寒"，因此，毕业生应有充分的思想准备。在行动中，需要以积极的态度、坚持不懈的努力来实现职业角色。

学生角色向职业角色的转换，是一个相对漫长的过程，毕业生应有充分的思想准备。在行动中，需要以积极的态度、坚持不懈的努力来实现职业角色。

对大学生自身来说，如何完成角色转变呢？

（一）积极主动地适应新环境

大学生毕业后走上新的工作岗位，面临的首要问题是：一个新鲜和陌生的工作环境，一个新的集体和团队，陌生的面孔环绕着你，你要和许多从未打过交道的同事相处共事，不知道所遇到的上司属于哪一类型，不知道同事是否欢迎自己，因不知道对新工作是否有能力做好而感到不安，不熟悉公司规章制度等。这些问题导致毕业生对工作、生活、环境的不适应。面对这些问题，积极的态度应是：主动适应。

（二）培养独立意识

毕业生刚刚离开学校、离开老师、离开同学，在心理上往往会产生一些不安情绪。因此，对毕业生来说，培养独立意识很重要。只有具有独立、主动的意识，才能独当一面，发挥自己的聪明才智，创造出最好的业绩，为今后的事业打下坚实的基础。学生角色向职业角色转换的实现虽然表面上只是名词的不同，近在咫尺，但实际上却是一个艰苦的过程，需要坚持不懈的努力。大学毕业生只有在新的环境中不断完善自己，用实际行动去努力承担并胜任这个职业角色，才能顺利度过适应期，完成角色转换，实现自己的人生理想。

（三）第一件事要做好

第一件事是完善职业人格、实现事业成功的基础。要想以积极的态度快速地适应工作环境，就必须以积极的态度把交给你的第一件事做好。领导往往会从你所做的第一件事来判断你的各方面能力，包括工作态度与品质，并以此作为今后任用你的依据。第一件事诸如第一次发言、第一次出差、第一次起草工作总结或计划等，都要认真准备，精心完成。再如，领导要求你组织一次会议，从落实会议地点、下发会议通知、准备会议材料，到接待、报到、安排食宿等，每一个环节都要落实到位。其中有些可能不熟悉，那就应该挑最棘手的几个问题进行请教。这既不会被看成是能力差，又可以确保工作不出差错，也显示出对老员工的尊重。领导能够从中看出你的各方面能力与素质，对你留下良好的印象。

（四）学会沟通与尊重

在工作中要学会尊重他人，尊重同事，包括一些地位相对较低的人。别忘了见面打个招呼，离开道声"再见"。尤其要尊重你的领导，多请示、多请教，学会沟通与汇报，及时反馈工作的进展情况，充分领会领导意图。在领会领导意图时，要记准、记全领导说的话，领会领导的语言暗示和肢体语言；请示汇报、反映情况时要真实准确，及时适时，简洁高效，注意沟通的方式。

四、职业角色的心理适应

论资历，自己是不折不扣的职场"菜鸟"，业务涉及不深，人脉一穷二白，在工作中经常碰壁，心烦意乱。作为职场新人，如何才能摆脱窘境，绕开职场中的绊脚石，从"菜鸟"进化为成熟的职场生力军呢？

（一）心理断乳 跨过转型障碍

面对从学生到社会人的角色转换，职场新人多半存在着依赖心理，不够自信。"客户问我什么问题我都不敢回答，每次都在电话打到一半时征询领导的意见。"广告公司职员王黎说，"离开领导自己简直寸步难行。"在银行系统工作的郑绮则认为单位比自己想象中的复杂得多，业务与人际关系让她疲于应付，因此她很怀念大学生活，经常与大学同学聚会聊天。

心理学家认为，现在的大学毕业生多为"90后"。这一代从小备受父母的庇护，缺乏独立处理问题的经验。当就业把他们推向社会时，初期他们会感到惶恐不安，难以进入角色。

要从心理上断乳，首先应当多从前辈身上偷师，学习他们处理问题的方式，尽快掌握业务技能，丰富自己的专业内涵，如此才能越发自信。其次要暗示自己，遇到难题不要发怵，犯了错误也不要慌张，这是每个人从稚嫩到成熟的必经之路。再次要进行职业规划，制定自己的职业发展轨迹。面对复杂的人际关系，尽量不要牵扯其中，不要参与是非，学会适度保护自己。

（二）甘当配角 厚积方能薄发

每个人都有自己的职业理想和抱负，但期望一开始就脱颖而出，非但不实际，反而会增加适应期困难。初入职场，要有表现自己的勇气，也要有甘当配角的气度。能当主角唱大戏纵然很好，但缺乏经验的新人在羽翼未丰之时，虚心做配角则十分重要。

"当初怀着满腔激情进公司，没想到现在还没做过一个大项目。"这类抱怨在任职时间不长的新人中常有耳闻。专家表示，新人往往对工作抱有很高的期望值，不满足业务"打杂"，心气太高。其实，主动为上司或其他同事做些辅助性工作，也是观摩和学习。日复一日，耳濡目染，新人的经验值就会不断提高。眼高手低会导致志大才疏，要举轻若重、一丝不苟地做好每一件"小事",为以后做"大事"积累资源。

"80后"自我意识强,容易浮躁。有的新人不甘当配角,是因为缺乏合作意识。专家提醒,一定要培养自己的团队精神,主动与同事交流和沟通,这样双方都能更快地彼此熟悉和了解,也有利于新人更快融入环境。

(三) 自我管理　给自己上根弦

职场新人的迷茫,部分是由于缺乏自我管理,工作生活无章法。上海六联电子的股东曹亚联认为,没有上司会喜欢懒散的年轻人,态度积极热忱、生活平实自律、工作严谨踏实的新人最有上升空间。

资深HR给职场新人一些建议:对自己进行时间管理,对于每日要做事项分门别类做时间计划,对当日日程心中有数;上班早来十分钟,不要随便请假;经常保持办公桌整洁,把电脑书、业务书和文件夹整齐地摆放在桌上,样样东西都井井有条;勤微笑,鼓舞团体工作士气,没有人会喜欢"牢骚族"与"抱怨族";遇到学习、培训的机会要主动争取,多接受各种训练,提高自己的工作能力;遇到工作问题要勤思考。在向上司征询难题时,最好也提供多种解决方式让其决策,不要把万事都推给上司,这样会给人造成"工作能力差"的印象。

教学案例9.3

大学生自由散漫过了头

进了生平第一家公司,小陆心态不错。对一些制作PPT、打印之类的基础性工作,他毫无怨言,很快也开始跟着主管做公司里一些具体的咨询项目。尽管总体工作表现不错,但是,小陆却经常因为一些他自认为"小节"的问题被主管批评。主管对他的评价是"大病没有,小病不断"。每天上班总是险些迟到;开会最后一个来,第一个走;办公室里他的桌子总是最乱最脏;不管是给客户还是给主管打电话,第一声总是"喂"……尽管小陆自己觉得男生大大咧咧是很正常的事情,主管却对这些"小节"很较真儿,不仅因为开会迟到扣了他当月的奖金,有一次竟然还叫清洁阿姨把小陆桌上的杂物统统当做垃圾扔掉。

某些刚毕业进公司的新人工作习惯确实挺差,常常需要领导管到非常具体的事情,包括每天办公桌的整理、上厕所的文明礼貌等。在有些公司,前三年对工作能力的要求并不高,主要是看个人的责任心怎么样,包括一些个人习惯问题。例如,会计师的工作很多时间要跟客户打交道。新人出去代表公司形象,在客户那里做审计,客户提供了一张办公桌给你,如果你没整理好就下班,这就破坏了公司的形象。所以,新人进公司不能再像在家里或者学校里那样自由散漫,必须要学会基本的职场礼仪。

第二节　职业人应该具备的基本素养

职业素养是指职业内在的规范和要求,是职业人在工作过程中表现出来的综合品质。

个体职业发展的过程就是职业素养不断提高的过程。是否具有相应的职业素养是从业者个体发展的必要条件。良好的职业素养是大学毕业生成功就业的基础，更是通向理想彼岸的通行证。大学毕业生能否顺利就业并取得成功，在很大程度上取决于本人的职业素养。但是职业素养并非与生俱来，也难以一蹴而就，需要在大学期间不断地接受教育培训，不断提高和完善自己的职业素养。

（一）大学毕业生应具备的基本职业素养

1. 思想道德素养

近年来，用人单位对大学生的思想道德素养越来越重视。他们认为思想道德素养高的学生不仅用起来放心，而且有利于本单位文化的发展和进步。思想是行动的先导，而道德是立身之本。很难想象一个思想道德素养差的人能够在工作中赢得别人充分的信任和支持。虽然这种素质很难准确测量，但是一个人的思想道德素养会体现在一言一行中。考查一个人的基本思想道德素养也是面试的主要目的之一。

（1）要有事业心和责任感。事业心是指干一番事业的决心。有事业心的人目光远大、心胸开阔，能通过克服常人难以克服的困难而成为社会上的佼佼者。责任感就是要求把个人利益同国家和社会的发展紧密联系起来，树立强烈的历史使命感和社会责任感。拥有较强的事业心和责任感的大学生能与单位同甘共苦，能将自己的知识和才能充分发挥出来，从而创造出效益。

（2）要有吃苦精神。用人单位普遍认为近年来所招大学生最缺乏的素质是实干精神。现在的大学生最大的弱点是怕吃苦，缺乏实干的奋斗精神。大凡有所成就的人，无一不是通过艰苦创业而成才的。作为当代大学生，应从平时小事做起，努力培养吃苦耐劳的创业精神。

2. 职业道德素养

任何一个具体职业都有本行业的规范，这些规范的形成是人们对职业活动的客观要求。从业者必须对社会承担必要的职责，遵守职业道德，敬业、勤业。具体来说，就是热爱本职工作，恪尽职守，讲究职业信誉，刻苦钻研本职业务，对技术和专业精益求精。在今天，敬业、勤业更具有新的、丰富的内涵和标准。不计较个人得失、全心全意为人民服务、勤奋开拓、求实创新等，都是新时代对大学毕业生职业道德的要求。缺乏职业道德的大学生不可能在工作中尽心尽力，更谈不上有所作为；相反，大学毕业生如果拥有崇高的职业道德，不断努力，那么在任何职业上都会做出贡献，服务社会的同时体现个人价值。

3. 专业技能素养

随着科学技术的迅速发展，社会化大生产不断壮大，现代职业对从业人员专业基础的要求越来越高，专业化的倾向越来越明显。"万金油"式的人才已经不能满足市场的需求，只有拥有"一专多能"才能在求职过程中取胜。大学毕业生应该拥有宽厚扎实的基础知识和广博精深的专业知识。基础知识、基本理论是知识结构的根基。拥有宽厚扎实的基础知识，才能有持续学习和发展的基础和动力。专业知识是知识结构的核心部分，大学生要对自己所从事专业的知识和技术精益求精，对学科的历史、现状和发展趋势有较深的认识和系统的了解，并善于将其所学的专业和其他相关知识领域紧密联系起来。

4. 学习创新素养

现代社会科学技术飞速发展，一日千里。只有基础牢，会学习，不墨守成规，善于汲取新知识、新经验，不断在各方面完善自己，才能跟上时代的步伐。有研究观点认为，一个大学毕业生在学校获得的知识只占一生工作所需知识的10%，其余需在毕业后的继续学习中不断获取。在市场经济条件下，各企业都要参与激烈的市场竞争。用人单位迫切需要大学生运用创新精神和专业知识来帮助他们改造技术，加强企业管理，使产品不断更新和发展，给企业带来新的活力。人才，尤其是信息时代的人才，更需要创新精神。

5. 团队协作素养

人际交往能力就是与人相处的能力。由于社会分工的日益精细以及个人能力的限制，单打独斗已经很难完成工作任务，人际间的合作与沟通已必不可少。大学毕业生应该积极主动地参与人际交往，做到诚实守信、以诚待人，同时努力培养团队协作精神，这样才能逐步提高自己的人际交往能力。

6. 身心素质

现代社会生活节奏快，工作压力大，没有健康的体魄很难适应。用人单位都希望自己的员工能健康地为单位多做贡献，而不希望看到他们经常请病假。身体有疾病的员工不但会耽误自己的工作，还有可能对单位的其他同事造成影响。用人单位和大学生签订协议书之前，都会要求大学生提交身体检查报告。如果身体不健康，即使其他方面非常优秀，也会被拒之门外。

健康的心理，是一个人事业能否取得成功的关键。它是指自我意识的健全，情绪控制的适度，人际关系的和谐和对挫折良好的承受能力。心理素质好的人能以旺盛的精力、积极乐观的心态处理好各种关系，主动适应环境的变化；心理素质差的人则会经常处于忧愁困苦中，不能很好地适应环境，最终影响工作甚至带来身体上的疾病。大学毕业生在走出校园以后，会遇到更加复杂的人际关系，更为沉重的工作压力，这都需要大学毕业生很好地进行自我调适以适应社会。

二、不同专业类学生应具备的职业素养

（一）经济类专业

经济类专业是培养从事经济工作人员的专业的总称，包括市场营销、国际经济与贸易、农业经济、农村发展经济、财政会计等所有关于经济的专业。经济类专业的学生除了要具备良好的知识素养外，还必须具备较高的能力素养。具体地说应具备以下几方面的基本知识和能力：

1. 基本知识

（1）懂得国家的政策法令，掌握党的方针路线和政策，特别是有关经济方面的法令、条例、规定和制度。

（2）懂得马克思主义政治经济学的基本理论，特别是社会主义市场经济理论。

（3）懂得企业管理的基本原理和方法，包括经营决策、生产管理、销售管理、财务管理、信息管理等方面的基本知识，会使用计算机和运用现代化管理方法管理企业。为适应对外开放的新形势，还应懂得一两门外语及有关国际贸易、国际金融、技术引进、涉外经济等方面的基本知识。

（4）了解与本专业相关的一些企业的生产技术特点、技术知识，了解它们的产品结构

的制造工艺，了解经济类专业科研与技术发展动向。

(5) 还应多学一些社会学、公共关系学、心理学、历史、人文地理、美学等方面的知识。

2. 能力素养

(1) 主动适应社会的能力。在这种高速变化的社会里，应当有迎接各种挑战的勇气，能够运用自己的多项综合能力，应付将要出现的种种新的变化。因此，经济类专业的学生要灵活地运用经济类学科的基础理论、基本技能和方法及相关专业知识，应对可能出现的各种经济问题和社会问题，更好地适应社会。

(2) 对信息的敏锐感和利益关系的协调处理能力。经济人员每天面对的是信息和资金运动。大量的经济信息经过加工处理后，不仅为企业内部经营管理，为企业外部与企业有经济利益关系的投资者、债权人、债务人的决策提供服务，而且也为国家宏观政策的制定提供及时、准确的决策依据。因此，高校经济类专业学生应具有对信息资源的敏锐感，具有较强的信息收集、整理和分析能力。另外，所有资金运动的背后，体现的都是方方面面经济利益关系。在经济人员的职责条例中规定经济人员身兼二职，是企业的管理者也是国家政策、法令、法规的执行监督者。

(3) 专业分析和实际处理能力。经济人员必须具备较高的经济分析能力，才能适应未来工作的需要。经济人员的经济活动，是对资金的筹集、运用、消耗、回收和分配等工作进行预测、计划、控制、核算、考核和分析的一个过程。经济人员必须参与企业的经营决策，为决策者提供有价值的经济技术等方面的分析材料。他们要通过对经济理论、经济技能方面课程的学习，对社会中可能出现的纷繁复杂的经济活动进行科学合理的分析和处理。

(4) 良好的职业道德和心理素质。经济人员职业道德是社会公共道德的一个重要组成部分。经济人员职业道德是经济法规得以正确贯彻实施的有力保证和能否顺利实施的前提。经济人员具备了良好的职业道德，才能自觉地遵纪守法，坚持原则，敢于抵制、揭露违反经济犯罪的行为。而且，经济工作责任重大，经济人员需要面对许多新情况、新问题，工作中需要付出较多的体力和精力。经济人员只有具备良好的心理素质，才能承受各种压力，保持健康的心理状况。

(二) 管理类专业

管理类专业，主要包括国民经济管理、企业管理、金融管理、外贸管理、行政管理、人力资源管理等各种涉及管理的专业。

1. 良好的政治思想素养

作为未来的管理者，应具备良好的政治思想素养，能深刻理解并很好地执行党和国家的方针政策，能很好地适应国家改革开放的形势和市场经济发展的形势，有正确的世界观和人生观，具有饱满的政治热情、高度的革命责任心和全心全意为人民服务的精神，具有较强的法制观念、纪律观念和群众观念。

2. 职业道德素养

管理类专业的学生要具备良好的职业道德素养，能够正确处理个人与组织、奉献与索取之间的关系；能够爱岗敬业，有高度的事业感和责任感；能够以身作则，严于律己，宽以待人；能够在工作中与他人团结协作、相互理解和支持；能够勇于开展批评和自我批评。

3. 知识结构

未来管理者的必备职业素养决定了他们必须具有科学、完整的知识结构和深厚广博的知识底蕴。主要包括：

（1）扎实深厚的理论基础。具体来说就是掌握多种研究问题的方法和多学科的知识。

（2）广博的知识面。管理类专业学生要对自己所要从事职业的专业知识和技术，有一定深度、一定范围的量和质的要求，对概念体系、理论体系、研究方法、科学历史和现状、国内外最新信息等都要了解和把握；同时，对相邻专业领域的知识也要有所了解和熟悉，善于将所学所专的领域与其他相关知识领域紧密结合起来。

（3）通专结合的知识结构。也就是既精通专业知识，又有比较宽的知识面，应熟练掌握两至三项就业的特长与技能，并有较深造诣和建树，做到通能拓宽面，专能突破点。

（4）熟练掌握和应用现代管理方法和手段，包括组织管理、人文管理、技术管理等；掌握计算机及信息网络的知识和应用。

4. 业务素养

（1）基本业务能力。基本业务能力是对未来管理者的最基本的要求，是管理者顺利完成工作的保障，包括能快速了解所从事行业的内容、特点、程序的能力等。管理类专业学生应具有较强的办事能力，做到工作忙而不乱，并能出于公心、公道办事，同时要有较强的综合分析能力和比较周密的思维能力，有较强的技术和经济观念。

（2）组织管理能力。组织管理能力是核心的管理要素，它包括组织协调能力、规划能力、决策能力、领导能力、激励能力、控制能力等。每一项能力都有独特的功能，如组织协调能力——组织协调各方面力量共同完成任务；规划能力——对一项任务、工程或项目进行合理规划，制订出一套行之有效的计划；决策能力——从多个备选方案中准确选择出最佳方案的能力；领导能力——领导和指挥各个方面力量实现目标的能力；激励能力——调动员工的工作积极性和工作热情的能力；控制能力——有效控制局面和控制组织人力和物力的能力等。

（3）创新能力。它主要体现为提出新的适合本行业特点的管理理念，或通过各种灵活的形式把管理理念创造性地贯彻到日常管理工作中去，以取得更好的管理效益。

（4）其他能力。管理类专业的学生要有较强的口头和文字表达能力；具有良好的谈判和社交能力；有及时发现问题和提出问题的能力；处理问题灵活机动，具有接受反馈、适时反映的应变能力；信息观念强，善于捕捉信息并有较强的信息沟通能力。

（三）工程类专业

工程类专业的职业素养主要包括政治素养、知识素养和能力素养。

1. 政治素养

政治素养主要体现在为国家和社会的进步与发展献身的精神。

2. 知识素养

工程类专业工作人员的知识素养要求包括能研究开发新技术、新工艺、新材料、新产品和新服务，能解决复杂的工程问题，能高效高质地完成生产服务。

具有扎实的基础科学知识和工程科学知识。基础科学是工程的支撑点，工程科学是工程的知识库，任何工程问题都是以科学技术知识为基础的。同时，解决工程实际问题所需要的分析、综合、思维和创造等方面的能力，都离不开扎实的基础科学和工程科学知识以及对这些知识的积累。现代工程已不是单纯的技术问题，往往涉及社会学领域。工程类专业学生不仅要懂得科学、技术与工程，还必须懂得有关经济、管理、法律、人文和环境等方面的知识。

3. 能力素养

能力素养主要包括吸取新知识的自学能力，不断进取的创新能力，把握全局的思维能力和实际工作中的动手能力。

（四）法学类专业

1. 具有尊崇法治的基本理念，正义感和刚直不阿的人品

具有尊崇法治的基本理念是法学类专业学生职业素养教育的首要内容。尊崇法治，就是崇尚法律，信奉法律至上。人们只能在法律面前完全遵从，而不屈服于任何权力与官位。崇尚法律，法律至上是法律职业共同体存在和发展的根本所在。在依法治国的国家里，法律应该是公平的体现、正义的化身和权威的来源。人类社会除道德舆论评判和约束人们的行为外，法律是评判人们行为的尺度和准绳。

2. 专业素养

法学类专业的专业性很强，具有自己独特的法律语言和方法。这些都需要学生通过长时间的理论知识学习才能获得。尤其是我国的文法传统养成了一种抽象思维的习惯，这对法律职业者的专业理论知识提出了更高的要求。

3. 法律思维的基本能力

法律思维是法律人在长期的司法实践中，在维护法治的旗帜下，根据法律人的品性，逐步形成的解决法律问题的思维定式。

（1）掌握并能够运用法学的基本研究方法与技术分析法律问题的能力，如运用比较法分析不同国家法律的异同，从而发现我国法律制度与其他国家的差距；运用案例分析法来才找到解决法律问题的途径。

（2）法律表达能力。法律表达能力包括口头表达能力和书面表达能力两个方面，其基本要求是使用法律术语、法律概念和法律语言进行语言表达。

（3）发现和探索法学"热点"问题的能力。

（4）具有运用法学理论和知识解决法律问题的能力。这也是现代法律人才的最终目标。法学类专业学生应该具有未来从事法律事务的各方面能力，包括调查取证的能力、分析案情能力和严格执法能力。

4. 具有多学科、多领域的知识素养

法学类专业极具专业性，但它却从来不是一门自给自足的学科。一个成功的法律职业者常常具有多学科、多领域的知识素养。法学类专业学生除了学习法律专业基本课程外，还要学习像经济学、会计学、哲学、历史学、伦理学、心理学等方面的课程，以保证具备必要的综合性知识。

第三节　如何提升职业素养

为了使大学学习与职业发展更好地衔接，大学生在大学学习期间应该以职业发展为目标制订合理的专业学习计划，注重能力的提升和身心素养的自我培养。

（一）制订合理的专业学习计划

1. 专业学习计划的内容

通常个人的专业学习计划应当包括以下三方面的内容：

（1）明确的专业学习目标。也就是学生通过专业学习所要达到的预期结果，包括在专业基本理论、基本知识和基本技能方面要达到的水平，在专业能力方面和实际应用方面要达到的目标等。

（2）进程表，即学习时间和学习进度安排表。包括三个层次：一是总体学习时间和学习进度安排表，即大学四年对专业学习进程的安排。一般地，大学专业学习进程指导原则是第一年打基础，即学习从事多种职业能力通用的课程和继续学习必需的课程。二是学期进程表。通常把一个学期的全部时间分成三个部分：学习时间、复习时间、考试时间，分别在三个时间段内制订不同的学习进程表。三是课程进度表，是学生在每门课程中投入的时间和精力的体现。

2. 完成计划的方法和措施。

完成计划的方法和措施主要指学习方式。学习方式的选择需要考虑许多因素：学习基础、学习能力、学习习惯、学科性质、学校能够提供的支持服务、学生能够保证的学习时间等，还要遵循学生心理活动特点和学习规律以及个人的生理规律等。

（二）科学合理的专业学习安排

科学合理的专业学习安排需满足以下条件：

（1）全面合理。计划中除了有专业学习时间外，还应有学习其他知识的时间和进行社会工作、为集体服务的时间，保证休息、娱乐、睡眠的时间。

（2）长时间短安排。在一个较长的时间内，究竟干些什么，应当有个大致计划。比如，一个学期、一个学年应当有个长计划。

（3）重点突出。学习时间是有限的，而学习的内容是无限的，所以必须要有重点，要保证重点，兼顾一般。

（4）脚踏实地。主要包括四个方面：一是知识能力。哪个阶段，在计划中要接受消化多少知识，要培养哪些能力。二是指常规学习时间与自由学习时间各有多少。三是"债务"，对自己在学习上的"欠债"情况做到心中有数。四是教学进度。掌握教师教学进度，就可以妥善安排时间，不至于使自己的计划受到"冲击"。

（5）适时调整。每一个计划执行结束或执行到一个阶段，就应当检查一下效果如何。如果效果不好，就要找找原因，进行必要的调整。检查的内容应包括：计划中规定的任务是否完成，是否按计划去做了，学习效果如何，没有完成计划的原因是什么。检查后，再修订专业学习计划，改变不科学、不合理的地方。

（6）一定的灵活性。计划变成现实，还需要经过一段时间，在这个过程中会遇到许多新问题、新情况，所以计划不要太满、太死、太紧。要留出机动时间，使计划有一定机动性、灵活性。

（三）能力的自我培养

大学生在大学期间就应当基本具备工作岗位所要求的能力。要具备这些能力就应当注重能力的自我培养。大学生自我培养能力的途径主要有以下几个方面：

1. 积累知识

知识是能力的基础，勤奋是成功的钥匙。离开知识的积累，能力就成了"无源之水"，而知识的积累要靠勤奋的学习来实现。大学生在校期间，既要掌握已学书本上的知识和技能，也要掌握学习的方法，学会学习，养成自学的习惯，树立终身学习的意识。

2. 勤于实践

善于实践是培养能力的基础。实践是培养和提高能力的重要途径，是检验学生是否学到知识的标准。因此大学生在校期间，既要主动积极参加各种校园文化活动，又要勇于参与一些社会实践活动；既要认真参加社会调查活动，又要热心各种公益活动；既要积极参与校内外相结合的科学研究、科技协作、科技服务活动，参加以校内建设或社会生产建设为主要内容的生产劳动，又要热忱参加教育实习活动，参加学校举办的各种类型的学习班、讲学班，担任家庭教师等。

3. 发展兴趣

兴趣包括直接兴趣和间接兴趣。直接兴趣是事物本身引起的兴趣。间接兴趣是对能给个体带来愉快或益处的活动结果发生的兴趣，人的意志在其中起着积极的促进作用。大学生应该重点培养对学习的间接兴趣，以提高自身能力为目标鼓励自己学习。

4. 超越自我

作为一名大学生，应当注重发展自己的优势能力，并将其不断进行拓展，这是实现自身可持续发展的需要。

（四）身心素质培养

身体素质和心理素质合称为身心素质。身心素质对大学生成才有着重大影响，因此不断提升身心素质是非常重要的。大学生心理素质提升的主要途径有：

1. 科学用脑，勤于用脑

大脑用得越勤快，脑功能越发达。研究发现，人的最佳用脑时间存在着很大的差异性，就一天而言，有早晨学习效率最高的百灵鸟型，有黑夜学习效率最高的猫头鹰型，也有最佳学习时间不明显的混合型。科学用脑需要做到以下几点：

（1）劳逸结合。从事脑力劳动的时候，大脑皮层兴奋区的代谢过程会逐步加强，血流量和耗氧量也会增加，从而使大脑的工作能力逐步提高。如果长时间用大脑，消耗的过程逐步超过恢复过程，就会产生疲劳。疲劳如果持续下去，不仅会使学习和工作效率降低，还会引起神经衰弱等疾病。

（2）多种活动交替进行。人的脑细胞有专门的分工，各司其职。经常轮换脑细胞的兴奋与抑制，可以减轻疲劳，提高效率。

（3）培养良好的生活习惯。节奏性是人脑的基本规律之一，大脑皮层的兴奋与抑制有节奏地交替进行，大脑才能发挥较大效能。要使大脑兴奋与抑制有节奏，就要养成良好的生活习惯。

2. 正确认识并评价自己

良好的自我意识要求做到自知、自爱，其具体内涵是自尊、自信、自强、自制。自信、自强的人对自己的动机、目的有明确的了解，对自己的能力能做出比较客观的评价。

3. 自觉控制和调节情绪

疾病都与情绪有关，长期的思虑忧郁，过度的气愤、苦闷，都可能导致疾病的发生。要希望有健康的身心，就必须经常保持乐观的情绪，在学习、生活和工作中有效地驾驭自己的情绪，自觉地控制和调节情绪。

4. 提高克服挫折的能力

要正视挫折、战胜或适应挫折。遇到挫折要冷静地分析原因，找出问题的症结，充分发挥主观能动性，想办法战胜它。如果主客观差距太大，虽然经过努力，但也无法战胜，那就接受它、适应它，或者另辟蹊径，以便再战。

第四节　可持续学习能力的培养

一、认识可持续学习能力

学习是人类生存的需要，也是人类谋求发展的保证。就学习本身而言，学习是一个接受知识、增长学识、提高能力的活动过程，是人类不断认识自然、认识社会，掌握和提高改造自然、改造社会的本领和能力的活动过程，是一个由浅入深、不断积累、不断超越的过程。可持续学习是指在不断变化的社会环境下，结合自身的成长进步需要，不断自主进行学习的活动。可持续学习能力，指的是对不断变化的世界进行及时反应的能力，是对新知识的及时吸收、分析和加工的能力以及对知识的迅速更新能力。可持续学习能力是贯穿于人生各个历程，涵盖个人发展各个方面的一种积极、主动、自觉的自我完善的能力。当今社会，科学技术高速发展，新知识、新技术、新学科不断涌现，因此可持续学习能力的培养至关重要。大学生们必须不断拓宽自己的视野，接受新的信息，不断更新知识、观念、方法，调整知识结构。

二、如何提高可持续学习能力

对于每个人来讲，学习都应该是终身的、无止境的。大学生应从以下几个方面努力提高自己的可持续学习能力。

（一）树立终身学习的意识

学习动机是学习行为的内在驱动力。人类已进入知识经济时代，终身持续不断地学习，将成为一种重要的生存方式和生活方式。当今时代，就业结构已发生显著变化，职业和岗位的变动也愈加频繁，因此，大学生应主动树立终身学习的意识。

终身学习，是指人终生通过学习活动，以求得意识和行为的变化。这种变化一般是持续不断的，伴随而来的是质与量的升华和增长，旨在提高人的文化教养、社会经验和职业能力。在科学技术迅猛发展，新知识进一步急速膨胀的今天，大学生必须提高可持续学习的能力。据统计，近30年来，人类获得的知识要比过去2000年的总和还要多。现代社会中的人试图通过一次性学校教育而一劳永逸的想法是不现实的。当今社会是学习型社会，"一次性教育"已无法适应当今社会的发展，大学毕业不是学习的终止，而是一个新的开端，尤其是步入职场进行全面学习的开端。大学生要牢固树立不断进行自我学习、自我教育，更新自己知识结构的终身学习意识。

（二）养成自主学习的习惯

可持续学习的价值就在于培养终身自主学习的习惯，使得人生的各个阶段都能获得相应的学习机会，不断提升自身能力和素质，应对知识经济和信息时代的挑战，实现高质量就业。

自主学习的内涵包括三个方面：一是自己是学习的主人，二是主动地参与教学过程，三是自觉地组织学习。自主性学习的关键在于自觉的能动性和自我负责的态度。自主学习要有主动的精神，大学生应该认识到自己就是学习的主人。每一个人都有自己的兴趣爱好、性格气质等，这是任何一个教学计划和教师都无法包办代替的；每一个人的学习都是按照自己的特点在头脑中进行的活动，这也是任何人都无法干预的，能代替、能干预的，唯有自己。因此，大学生应主动地参与学习，有主见地参与学习，并在学习的过程中，形成自己的见解，开发自己的智力，锻炼自己的能力。著名数学家华罗庚曾说过："一个青年即使读到了大学毕业，甚至出过洋、拜过名师、得到博士学位，如果他们没有学会自主学习、自己钻研，则一定还是在老师划定的圈子里团团转，不能扩大知识领域，更不用说科学研究上有所发明创造了。相反，一个青年即使他没有大学毕业或是中专毕业，但是如果他有了自主学习的习惯，他将来在工作上的成就就不会比大学毕业的差。"自主学习能力是个性的重要体现，能够给人才发展以更大的空间，更广阔的选择，能够使人的潜力与创造性得到充分的发挥。因此，大学生应自觉地培养自主学习能力，积极有效地学习。

（三）培养创造性学习的能力

我们不仅要能像海绵似的吸收知识，书橱似的占有知识，蜘蛛式似的构建知识，更要能像蜜蜂似的酿造知识，产生新的知识。学习的过程就是发挥主观能动性，积极进行变通性、发散性、创造性思维，将书本知识有机地融入自己的思维体系和生活实践中的过程。它的目的不在于学习，而在于创造。在学习过程中，要能够提出自己的概念、观点和构思。因此，大学生应打破常规，突破原有的思维习惯和研究界限，想前人未想，见前人未见，创前人未创。在学习中能够带着问题去思考、研究，并运用创造性思维发现其中的不足之处甚至是错误之处，从而提出自己的新见解、新构思。俄国作家列夫·托尔斯泰曾经说过："如果学生在学校里学习的结果是自己什么也不会创造，那他的一生将永远是模仿和抄袭。"大学生的任务是学习，而学习的目的是创造，因此，在大学期间，大学生们应当把学习和创造结合起来，自觉地进行创造性学习的演习和训练，以为终身学习打下坚实的基础。

总之，可持续学习能力是一种持续的、主动的自我完善的学习能力。除了上面所讲的三个方面，大学生还要培养独立学习的能力，不断扩展学习的领域，提高学习效率，并在学习和工作的实践中体验可持续学习对自身可持续发展的重大意义，以成为一名全面发展的优秀职业人。

第五节 职业生涯管理

教学案例 9.4

我们之间的差别始于 10 年前

一位成功的公司董事长是这样回忆的：我以前做推销员的时候，有一个同事很聪明。早晨起来，他跟日本科长一块儿从住的宾馆出来，分头去拜访医生。当他看见科长走远了，就跑到录像厅里看录像。看完后出来一看表才十点多，伸伸懒腰：时间还早，再进去看一场电影。然后在吃午饭的时候，他拿出纸来编写工作日记。因为没有去拜访，所以只能"编"写。工作日记的写法和日本科长的写法差不多，甚至连笔迹都差不多。同事有时候都分不清楚，哪个是他写的，哪个是科长写的。

可是我却傻乎乎的。非常玩命地干，既不多拿钱，也不多拿奖金，科长也没有表扬过我。这是 1988 年。

10 年以后我的这位同事，还是企业的一般职员，月收入 2 000。而这时的我已经成为一个台资企业的董事长兼总经理，年薪超过 100 万元。他见到我时说："哎呀，你都当总经理了。哎呀，你都挣这么多钱了。哎呀，你看看咱们现在有多大的区别呀。"

但这区别不是 10 年后才有的，而是 10 年以前，大家都在做推销员的时候就有了。

分析与点评

这位董事长与他的那位同事，10 年前在外职业生涯上没有什么区别，都是推销员，但在内职业生涯上有区别，区别在观念上、心理素质上、经验能力和辛勤付出上，而正是这些区别的积累，决定了一个人的成功与否。

一、认识职业生涯规划

职业生涯是指一个人终身的职业经历，是以心理开发、生理开发、智力开发、技能开发、伦理开发等人的潜能开发为基础，以工作内容的确定和变化，工作业绩的评价，工资待遇、职称、职务的变动为标志，以满足需求为目标的工作经历和内心体验的经历。

根据职业生涯的性质，美国职业心理学家施恩教授将职业生涯划分为外职业生涯和内职业生涯。他指出外职业生涯指经历一种职业（由教育开始经工作期直到退休）的通路，包括职业的各个阶段：招聘、培训、提拔、解雇、奖罚、退休等。内职业生涯更多地注重于所取得的成功或满足的主观感情以及工作事务与家庭义务、个人休闲等其他需要的平衡。这种划分对于我们正确确立职业生涯目标具有重要意义，特别是对刚刚步入职场或即将步入职场的大学生端正心态、正确定位具有积极的指导价值。

职业生涯规划又称职业生涯设计，是指个人与组织相结合，在对一个人职业生涯的主客观条件进行测定、分析、总结研究的基础上，确定最佳的职业奋斗目标，并为实现这一目标做出行之有效的安排。职业生涯规划首先要对个人特点进行分析，再对所在组织环境和社会环境进行分析，然后根据分析结果制定一个人的事业奋斗目标，选择实现这一事业目标的职业，编制相应的工作、教育和培训的行动计划，并对每一步骤的时间、顺序和方向做出合理的安排。

职业生涯规划包括个人和组织两方面的职业生涯规划。初次的就业是个人与单位各自按照自己的标准和要求，通过"双向选择"来实现的。这时，个人的职业规划和组织的职业规划是统一的，这是一种理想的结果。如果个人的职业规划和组织的职业规划不协调，就需要一方或双方做出调整。在个人职业规划和组织职业规划中，前者更为重要，因为它是人职业生涯发展的真正动力。

二、如何管理职业生涯

系统的职业生涯规划包括以下五个步骤，即自我探索、环境探索、确立目标、制定与实施行动方案和反馈评估。

（一）自我探索

自我探索即审视自我。审视自我的内容主要是与个人相关的所有因素，包括性格、兴趣、能力及价值观等。自我探索的过程即"知己"的过程。大学生在这个过程中需要弄清楚自己是谁，自己想要做什么，自己能做什么。审视自我是个人职业生涯规划的第一步，它是个人职业生涯规划的基础，也是能否获得可行的规划方案的前提。在我们以前做过的大学生职业生涯规划调查中发现：缺乏对自我的了解和认知是一个普遍存在的现象。大学生要进行职业生涯规划，必须对自己的各方面情况有一个清晰的了解和准确的定位。

（二）环境探索

环境探索即外部环境分析。外部环境包括对社会环境、政治环境、经济环境、组织环境、职业环境以及自己与环境的关系等。通过对外部环境的分析，进一步根据外部环境调整自己，以适应环境对个人的要求。外部环境分析即是"知彼"的过程。

（三）确立目标

确立目标是职业生涯规划的核心。因为制定个人职业生涯规划就是为了实现某种职业目标，进而获得自己的理想生活。确立的职业目标，可以是人生规划也可以是长期目标、中期目标或短期目标。通常，大学生在确立自己的发展目标时，一定要避免确立不切实际的目标或者所确定的目标过空、过于容易实现。

（四）制订与实施行动方案

行动方案的制订与实施就是制定职业生涯规划。职业生涯规划是为了实现职业生涯目标而制订的行动计划。方案制订与实施是职业生涯规划的关键。大学生一旦确立了职业生涯目标，就要制订相应的行动方案来予以执行。如果没有切实可行的执行方案，没有严格有效的执行措施，再美好的目标，也将是镜中花、水中月，难以实现。

（五）反馈评估

反馈评估就是根据主客观条件的变化，及时针对规划的目标和行动方案做出调整，从而保证制订的方案不偏离自己确立的目标方向。

一份完整的职业生涯规划一般应包括下面10项内容：

(1) 题目。包括姓名、年限、年龄跨度、起止日期。

(2) 职业方向及总体目标。指从业方向和当前可以预见的最长远目标。

(3) 社会环境分析。包括对政治环境、经济环境、法律环境以及职业环境的分析。

(4) 企业（组织）分析结果。包括对行业、企业制度（组织制度）、企业文化（组织文化）、领导人、企业产品和服务、发展领域等的分析。

(5) 自身条件及潜力测试评估。包括了解自己的目前状况和发展潜能。

(6) 角色及其建议。记录对自己职业生涯影响最大的一些人如父母、老师、领导等的建议。

(7) 目标分解及组合。分析实现目标的主要影响因素，通过目标分解和目标组合的方法做出果断明确的目标选择。

(8) 成功的标准。确定对自己而言什么是成功，自己要实现的目标是什么。

(9) 差距。即自身的现实情况与实现目标要求之间的差距。

(10) 缩小差距的方法及实施方案。

阅读资料9.1

从中学开始的生涯规划

李想是"80后"的典型代表，泡泡网（北京泡泡信息技术有限公司）首席执行官。他的泡泡网是一家从事电脑硬件、个人和办公数码产品的信息服务网站。2005年年底营收达2 000万，利润率达50%。按通行的市场收购标准，即以20倍的市盈率来计算，占公司绝对股份的他，身家已过亿。2005年，从IT产品向汽车业扩张，创建汽车之家网站；2006年5月，被评为"中国十大创业新锐"。李想认为，如果对于一个事情比别人多付出5%的努力，就可能拿到比别人多200%的回报。"做事要认真。"李想每天都在这样要求身边的每一个人，因为他自己就是这句话的受益者。

李想的家庭让他在高中时代就可以玩得起计算机和BBS。当他决定不上大学而选择创业的时候，家庭也支持了他。这可以说是李想成功的第一个台阶。

李想从个人网站开始，然后发展到拥有150名员工的团队。早期，李想说自己能够成功是因为兴趣和爱好；然后，支持李想继续进步的是责任心；最后，李想发现管理也是一门很有趣的学问，于是，从一个发烧友、职业撰稿人转变为企业家。

李想定律：

不是"海龟"，没有学历，在风险投资家眼里，李想的创业显得有些另类。如今，在专业IT网站排名靠前的五家，除他们外，都是靠几千万美金的投资"砸"出来的。只有他们是靠自己滚雪球把企业做大的，这让风险投资大跌眼镜。

作为一个身家过亿的"80后"CEO，李想最初创业的目标就是赚钱。"当时觉得能赚上二三百万就不得了，就很满足了。但随着挣的钱越来越多，钱反而变成了次要的东西，而带领团队去实现新的目标则成了最重要的目标。"

李想最早摸计算机的时候，还是石家庄某个中学的一个高中生。

"我是高三时开始上的网。当时上网还很贵，一个月要七八百块钱。"在此期间，李想迷上了个人网站，除了上学他把所有的时间都用在计算机上。像许多电脑迷一样，他也建了一个个人网站。

"一开始是自己做着玩，但我这个人喜欢争强好胜，别人做得好，我就要比别人做得更好。"

他把自己喜欢的电脑硬件产品都放在网上。有很多人上网和他交流，慢慢地就有了访问量。5个月后访问量就达到了1万人次/天。这时候，广告商就找上门来。

"当时所有的网站只要做得好都会有人给你投钱，而且他们什么要求都没有只要能显示出来就行了。"当时李想的网站每个月有六七千元的广告收入，这对一个学生来说，简直太奢侈了。"赚钱原来很容易嘛。"但好景不长。1999年下半年互联网泡沫破灭，李想的广告一个都没了。

虽然遭遇挫折，但李想并不气馁，因为做网站让他找到一个让自己全力以赴的事情，而且是自己特别喜欢的事情，因此高中毕业后李想没有选择继续读书，而是自己创业。"我觉得这个机会太难得了，早两年，没有这个机会，晚两年，这个机会可能又过去了。"

2000年，李想和一个朋友创办了PCPOP（电脑泡泡）网站，初始投资就是自己做网站淘到的第一桶金，将近10万元。新网站很快就有了访问量，但却见不着效益，因为在石家庄没有收入机会，李想决定移师北京。

2001年底，李想到了北京。一开始租了一间民房，半年后，网站访问量每天有3万~5万人，广告商又找上门来，而且开出的价格比原先还高。

2002年，他们搬到写字楼。这一年网站的收入达到50万。迈出了第一步，以后的路似乎越走越顺。2003年他们的收入达到200万。

假如对于一个事件比他人多付出5%的努力，就能够拿到比他人多200%的回报。"做事要仔细。"李想每天都在这样要求身边的每一个人。比方同去参加一个新品展示，李想就请求PCPOP的文章要比别的媒体先进去，哪怕就比人家快5 min。兴许你因此而多做了功课，少睡了10 min，但结果就是第二天一切的网站论坛都是你的文章。

2005年6月，PCPOP推出了一个独立的汽车类网站——汽车之家。2013年11月5日，中国垂直类汽车网站领导者汽车之家向美国证券交易委员会（SEC）提交上市申请，计划赴纽交所上市，募资1.2亿美元。按估值10亿美元计算，若汽车之家成功在美国上市，持股5.3%、年仅32岁的创始人李想的个人财富将达5 300万美元（折合人民币约3.2亿元）。

职业生涯历程：

1998年前，给《电脑报》《计算机世界》等报刊撰写稿件；

1998年，做个人网站；

1999年，高中毕业；

2000年，注册泡泡网并开始运营；

2001年下半年，从石家庄来到北京，开始"正式的商业运作"；

2005年，从IT产品向汽车业扩张，创建汽车之家网站；

2006年5月，被评为"中国十大创业新锐"。

2007年6月"汽车之家"日均浏览量突破千万，年营收1 000万。

2009年，作为"汽车之家"和"车168"的创始人，28岁的李想实现了4年前由IT转型做汽车资讯的目标，而公司资产也从10年前的10万元升至两亿元人民币。

2012年，汽车之家员工达到1 000人，营收9亿元。

2013年11月5日，中国垂直类汽车网站领导者汽车之家向美国证券交易委员会(SEC)提交上市申请，计划赴纽交所上市，募资1.2亿美元。李想身价超3亿元。

阅读资料9.2

没有职业规划的择业难

毕业于某名牌高校的小何向浙江一家汽车公司申请一个机械工程师的岗位。他学的是机械专业，在大学期间各门功课都优秀，毕业后的五六年时间里，从事过医药、空调、摩托车等产品的销售、品质主管。换了六七个工作，但是都没有机械方面的工作。招聘者看了他的情况后认为，如果他毕业后稳定从事过机械方面的工作，则正是公司需要的人选，月薪3 000元不在话下，但是因为没有这方面的工作经验，公司却无法录用他。一番话说得这名高材生后悔不已。

沈阳市人才市场高级人才规划师马伟光说："小何的例子表明了大学生盲目就业所带来的危害。由于没有长远打算，很多大学生年轻时只是随波逐流地换工作，到了30多岁还没有职业定位。这种情况之下，继续下去出路不大，重新定位又要费很大力气。由此陷入一种尴尬的境地。"

本章小结

大学生从象牙塔走入社会，是人生的一个重要转折，也是真正社会生活的开始。通过本章的学习，希望同学们能认识到职业人与大学生的不同，提前做好进入职业角色的相关准备，完善自我的各方面素质，以更快更好地适应职场，实现从学生到职业人的转变。要实现自身的可持续发展，就要不断地学习，并有效地管理自己的职业生涯。

复习思考题

1. 如何实现由大学生到职业人的职业转换？
2. 职业人应具备哪些职业素养？
3. 如何培养可持续学习能力？
4. 职业生涯规划的意义和方法有哪些？

第十章 就业权益保护

教学目标

学习完本章之后,要求学生能够达成以下目标:
1. 了解求职过程中常见的侵权、违法行为;
2. 掌握就业协议书的签订流程和注意事项;
3. 了解大学生签订劳动合同时应注意的问题;
4. 了解社会保险的有关知识。

第一节 求职中常见的侵权、违法行为

都说大学生就业难,社会上铺天盖地的文章都是关于如何写好自己的简历,如何锻炼自己的综合素质,如何在面试中过关斩将的。相对于此,社会对大学生如何签订劳动合同的关注就少了许多。在百万的就业大军中脱颖而出得到一份工作确属不易,高兴之余要清醒地认识到保护自己的劳动成果是件非常重要的事。不能因为自己对于劳动合同的无知而使自己的合法权益受到了侵害。就业过程中有不少暗流漩涡,学会应对是维护自己合法权益的开始。因此,不禁要问:大学生们,对于签订就业协议和劳动合同,你们准备好了吗?

一、在校大学生的劳动主体地位问题

我国的高等教育已经由过去的精英教育转变为现在的素质教育。很多大学生,特别是从农村或城市低收入家庭走出来的大学生,都需要用勤工俭学的方式来承担高昂的学费,减轻家庭负担。即便对于家庭没有负担的学生,参与社会实践和锻炼,对将来就业和更好地适应社会也大有裨益。因此,很多在校大学生在假期或即将毕业的时候,都会选择与企业签订短期用工合同,参与社会锻炼或者干脆提前就业。

(一)劳动权的定义及内容

劳动权是指宪法保障下的劳动者获得劳动机会并在劳动过程中获得报酬,得到基本保障的权利。劳动权的权利主体是劳动者,劳动权的义务主体是国家、社会和用人单位。

1. 劳动就业权

劳动就业权指具有劳动能力的公民在法定劳动年龄内有参加社会劳动、获得劳动报酬或经营收入的权利。

2. 劳动报酬权

劳动报酬权是劳动者通过从事各种劳动获得合法收入的权利,包括工资协商权、工资请求权和工资支配权。

3. 提请劳动争议处理权

劳动争议是劳动关系当事人双方因劳动权利和劳动义务发生分歧而引起的争议。法律规定劳动关系当事人双方可到劳动争议仲裁委员会申请仲裁,不服的可向人民法院提起诉讼。

《劳动法》规定的雇员劳动权的内容还包括:休息休假权、劳动保护权、职业培训权、社会保险权以及组织工会和参与民主管理权。

(二)在校大学生的劳动权问题

现在,未毕业大学生参加社会实践、实习,已成为普遍现象,法律对他们能否作为《中华人民共和国劳动合同法》(以下简称《劳动合同法》)的适格主体,就是大学生是否有劳动权的问题,发生纠纷时能否直接适用《劳动法》及其相关解释、规定,发生纠纷后能否通过《劳动法》维权等一系列问题没有明确说法。只有在原劳动部1995年8月4日颁布的《关于贯彻执行劳动法若干问题的意见》第12条中有简短而存在歧义的规定,"在校生利用业余时间勤工助学,不视为就业,未建立劳动关系,可以不签订劳动合同"。但该法条没有对"勤工助学"做出明确定义,只规定了在校生"可以不签订劳动合同"。对于签订了的该怎么办,没有明确答复。

教学案例 10.1

在校大学生是否是劳动主体

小刘是北京农学院 2009 届毕业生,2009 年 7 月份从该大学正式毕业。2008 年 12 月,北京某投资顾问公司到北京农学院招聘。小刘于 2008 年 1 月 8 日被招聘进入该公司工作,职务为投资顾问,负责开发行业市场,吸纳客户资金。双方约定试用期为一个月,试用期底薪 800 元,提成另计,第二个月转正,底薪提高到 1 500 元。

2009 年 2 月 10 日,公司以工资条形式发放小刘工资 539 元。3 月 11 日因为公司拖欠工资,小刘离开公司。由于公司一直拖欠小刘的工资,小刘遂向北京市劳动争议仲裁委员会提出了仲裁申请。仲裁委员会认为,小刘属于未取得毕业证书的在校大学生,未完成学业并取得相关学历证明,在校期间到企业从事工作,仅作为参与社会实践的活动,不属于《劳动合同法》中规定的劳动者,不是与用人单位订立劳动合同并建立劳动关系的适格主体,最终裁决驳回了他的仲裁申请。

小刘接到仲裁委的败诉裁决后,又将公司诉至当时的西城区法院,要求其支付工资并赔礼道歉。西城区法院经过审理后认为,劳动者与用人单位建立劳动关系,付出劳动,应当从单位取得相应的劳动报酬。本案中,被告承认小刘于 2009 年 1 月 8 日至 3 月 11 日在该公司工作。法院对此予以确认。

北京市西城区人民法院首次以判决确认大学生的劳动主体地位,明确肯定:大学生亦可就业，属于《劳动合同法》管辖的范围。并据此判决用人单位——北京某投资顾问有限责任公司给付该学生小刘自2009年2月1日至3月11日的工资1 847元。

分析与点评

本案涉及的相关劳动权利包括：劳动就业权、劳动报酬权和提请劳动争议处理权。

我国《劳动法》规定，年满十六周岁的公民享有劳动的权利和义务。同时，又将现役军人、保姆、公务员序列人员和农村劳动者等排除在劳动权利义务主体之外。但没有排除未毕业大学生的劳动权利。也就是说，没有被排除在外的劳动者，只要符合《劳动法》关于年龄条件的规定就应依法享有劳动权。

同时，我国《劳动合同法》第3条规定，订立劳动合同，应当遵循合法、公平、平等自愿、协商一致、诚实信用的原则。依法订立的劳动合同具有约束力，用人单位与劳动者应当履行劳动合同约定的义务。

本案中，小刘进入公司工作时已年满16周岁，符合《劳动法》规定的劳动能力年龄，同时其在校大学生的身份并非《劳动法》规定排除适用的对象。另外，小刘在与公司签订合同时，已明确告知自己尚未毕业。公司在知道这一情况的前提下与小刘签订合同。同时，小刘所在公司也向小刘明确了具体岗位和职责，并向其发放了1个月的工资。以上事实充分表明，小刘在该公司并非实习，而应属于就业，属于《劳动合同法》管辖的范围。因此，根据我国《劳动法》和《劳动合同法》的相关规定，应确认小刘为适格的劳动合同主体，双方的劳动合同关系成立，公司应向小刘支付劳动报酬。

原劳动部的《意见》虽然容易产生歧义，但没有否定在校大学生的劳动权益。这是因为，在以往的大学精英教育时代，所谓就业就是国家给大学生分配工作，而在校大学生勤工俭学不能算做分配工作。原劳动部是从维护国家利益和大学生合法权益的角度考虑才有了这一规定。

不将大学生勤工俭学视为就业，并非不承认在校大学生的劳动权。同时，"不视为就业"从另一个角度看，也恰恰说明在校大学生有劳动权，因为"不视为就业"说明在别的地方比如分配工作就视为就业，从侧面说明了在校大学生只要年龄符合条件，是具备劳动能力，享有劳动权利的。但这一规定最大的弊端就是，导致在目前国家对大学生不再包分配的情况下，未毕业大学生的劳动权益陷入了混沌状态，很多用人单位往往以此为借口否定在校大学生的劳动者身份，进而损害其合法权益。损害在校大学生合法劳动权益的劳动争议案时有发生。而争议发生后，往往面临"无法可依"的尴尬。

因此，建议国家以法律的形式明确在校大学生的劳动地位和劳动权益，或者撤销原劳动部的这条规定。这样不仅可以减少用人单位恶意损害未毕业大学生劳动权益的行为发生，即使发生纠纷后也不再面临"法律尴尬"，还可以在一定程度上引导大学生提前就业，分流就业压力。

二、在校大学生的工伤纠纷问题

即将毕业的大学生就业后的身份是在校学生还是劳动者？他们与用人单位签订的劳动合同是否合法？由于《劳动法》中并没有相关的规定，一旦双方发生工伤纠纷，大学生的权益如何保护成了引人关注的问题。

教学案例 10.2

在校大学生的工伤纠纷如何解决

  刘惠敏（化名）是江苏省徐州市一所职业技术学院计算机系即将毕业的大学生，2006年2月寒假的一天，她得知海门市一家机电设备公司招聘办公室文员，于是携带学校颁发的《2006届毕业生双向选择就业推荐表》前去应聘。机电设备公司对她非常满意，双方很快签订了《劳动合同协议书》，双方约定：合同自2006年2月27日至2006年5月27日止；试用期3个月，试用期月薪500元；试用期满后，公司根据刘惠敏的技术水平、劳动态度、工作效益评定级别或职务后确定月薪。

  2006年4月21日下午，刘惠敏下班后留下来打印一份材料，之后骑摩托车回家，途中被一小汽车撞倒。肇事司机急忙将她送到医院。经检查，刘惠敏的小腿骨折。2006年6月底，刘惠敏一瘸一拐地回校参加论文答辩，顺利通过评审，拿到了毕业证书。

  刘惠敏认为，根据《工伤保险条例》的规定，她是在单位工作下班途中遭遇车祸受伤，应当认定为工伤，于是要求机电设备公司给予工伤待遇。

  公司却认为，刘惠敏出车祸时还是在校大学生，双方签订的劳动合同是无效的。既然合同无效，公司就无法帮她办理工伤保险，刘惠敏也就不能享受工伤待遇。

  刘惠敏不服，于2006年11月8日向海门市劳动争议仲裁委员会申请工伤认定。与此同时，机电设备公司也向劳动争议仲裁委员会申请劳动仲裁，要求确认双方签订的劳动合同无效。

  仲裁委审理后认为，原劳动部于1995年颁布的《关于贯彻执行〈中华人民共和国劳动法〉若干问题的意见》（下简称《意见》）第12条规定："在校生利用业余时间勤工俭学，不视为就业，未建立劳动关系，可以不签订劳动合同。"刘惠敏应聘于机电设备公司，虽然不属于在校生利用业余时间勤工俭学，但是她在签订合同时的身份仍是在校大学生，不符合就业条件，不具备建立劳动关系的主体资格，因此其与机电设备公司签订的《劳动合同协议书》无效。

  2007年4月20日，仲裁委认定双方签订的《劳动合同协议书》无效，裁定驳回了刘惠敏的请求。

  刘惠敏不服，很快向海门市人民法院起诉，请求法院确认劳动合同合法有效。

  2007年6月19日，海门市人民法院开庭审理。刘惠敏称，双方签订合同时，她已满21周岁，具有就业的权利和签订合同的民事行为能力；学校已经向她发放了双向选择推荐表，她具有到社会上就业的资格；推荐表中已载明了大学尚未毕业的事实，公司录用时进行了审查，自己不存在隐瞒和欺诈。所以，她具有劳动主体资格，双方签订的劳动合同应合法有效。

  公司坚称，刘惠敏不具备签订劳动合同的主体资格，双方签订的劳动合同无效。

  法院审理后认为，刘惠敏在签订劳动合同时已经年满16周岁，并取得学校颁发的《2006届毕业生双向选择就业推荐表》，已具备面向社会求职和就业的条件。公司与刘惠敏签订合同时，对她的基本情况进行了审查和考核，在此基础之上，双方就应聘、录用达成一致意见而签订的劳动合同应是真实意思的表示。并且，我国现行的劳动法律法规并没有将在校大学生排除于《劳动法》意义上的劳动者之外，我国《劳动合同法》对在校大学生就业也没有禁止性规定，故双方签订的劳动合同合法有效，依法予以确认。

法院认为，刘惠敏不存在利用业余时间勤工俭学的情形，不适用《意见》第12条的规定，而且目前在校大学生就业是现实客观存在，如果扩大该条款的适用范围，势必使大学生的劳动权利处于无法保护的状态，从而无益于社会就业形势的客观需要，也有悖于劳动法侧重于保护劳动者合法权益的立法宗旨。海门市法院依法判决双方签订的《劳动合同协议书》合法有效。

机电设备公司不服，向南通市中级人民法院提出上诉称：我国《高等教育法》第56条规定，高等学校的学生在课余时间可以参加社会服务和勤工俭学活动，但不得影响学业任务的完成。刘惠敏在签订劳动合同时系在校大学生，其行为还需受所在学校的管理，完成学校交给的学习任务，与社会上的其他务工者是有差别的，因此并不具备劳动关系主体资格，她与机电设备公司之间的关系不是劳动关系，而是劳务关系，请求中院改判双方签订的劳动合同无效。

刘惠敏在答辩状中坚称，自己接受公司的管理，遵守公司的规章制度，与公司之间完全是劳动关系，并非劳务关系。

南通市中级法院审理后认为，只有在教育管理部门及高校本身为履行教育管理职责，督促学生圆满完成学业，明确禁止大学生在学习的同时与用人单位建立劳动关系的情况下，大学生才不得与用人单位订立劳动合同，建立劳动关系。在教育管理部门及高校本身因学生已完成或基本完成学业，从而对学生已不作此要求时，大学生参与劳动关系应不受限制。这是落实国家促进就业政策的需要，也是保障劳动者合法权益的需要。

《高等教育法》第56条虽然仅仅对高等学校在校学生利用课余时间参加社会服务和勤工俭学作了规定，但实际上，绝大多数临近毕业的大学生在毕业当年的1至5月就开始实习和联系工作甚至直接就业。这是客观存在的，也是与中央提倡鼓励就业的政策相符合的。本案刘惠敏已基本完成学业，并持有学校为促进学生就业而发给的《毕业生双向选择就业推荐表》，其应聘求职的行为受到管理部门与高校本身的鼓励，应认定为适格的劳动合同主体。

至于《意见》第12条所涉情形仅指在校学生不以就业为目的，参加短期或不定期劳务工作以获取一定劳务报酬的情况。而刘惠敏的情形不属于勤工助学或实习，而应属于就业。

法院同时认为，劳动关系是一种不平等的关系，用人单位和劳动者之间是管理和被管理，支配和被支配的关系，是在用人单位与劳动者之间产生的一种劳动者提供劳动，用人单位支付报酬的稳定关系；劳务关系是平等主体之间的契约关系，不存在管理与被管理的情况，劳务方只要按照约定完成工作任务即可，另一方无权提出额外要求。结合此案，机电设备公司在与刘惠敏签订的劳动合同中明确要求她接受公司的管理，遵守公司的纪律，完成公司交给的任务，显然是一种劳动关系。

2008年4月1日，南通市中级人民法院做出终审判决：驳回上诉，维持原判。

2008年6月，刘惠敏依据南通市中级人民法院已生效的终审判决，再次向海门市劳动争议仲裁委员会申请工伤认定。海门市劳动争议仲裁委员会最终认定了刘惠敏的工伤，并且将工伤认定文书送达到机电设备公司。依照劳动部门的认定，刘惠敏的伤情已经构成了伤残，按照《工伤保险条例》计算，她将获得医疗费、住院费、误工费、护理费以及伤残补助金等总计 10 余万元的赔偿。

然而，当刘惠敏要求机电设备公司支付赔偿款时，公司踢起了皮球，让刘惠敏向肇事司机索赔。刘惠敏拿出最高人民法院《关于审理人身损害赔偿案件适用法律若干问题的解释》理直气壮地说："工伤保险和肇事司机侵权赔偿是两回事，两个请求权均能独立存在。作为受害人，不仅可以向肇事司机提出侵权赔偿，还能要求单位给予工伤赔偿。"2009 年 5 月下旬，刘惠敏终于收到了机电设备公司支付的工伤赔偿金。

分析与点评

本案中的刘惠敏是幸运的，因为两级法院支持了她与单位签订的劳动合同合法有效的诉讼请求。如果刘惠敏当初与用人公司没有一纸劳动合同，她还能得到法律的保护吗？现实中实习或打工的大学生合法权益受侵害却得不到法律保护的事例屡见不鲜。

三、在校大学生签订劳动合同的效力问题

我国大学生在正式走上工作岗位前，绝大多数都有一个实习的过程。但是，对于准大学毕业生到用人单位实习，其身份是在校大学生还是劳动者，与实习单位之间的法律关系是不是劳动关系，我国现在没有一部专门法律来对此进行调整。如果界定为劳动者，享受我国《劳动法》的特殊保护；否则，只能是一种劳务关系，就不能在双方地位平等的前提下，依照民事法律，给予实习或就业的学生与用人单位同等的法律保护，实习或就业的大学生的工伤、劳动待遇（包括工资、试用期等的合法性）、医疗保险、社会保险缴纳就无法得到法律保护。由于没有明确的法律规定，打工学生要维权，只能上法庭。但打官司需耗费大量的时间、精力，尤其要花费不菲的诉讼费，这通常让贫寒的打工学子望而却步。

为了维护大学生的合法权益，首先要订立内容完备的实习协议。由实习生与企业、学校通过协商的方式签订协议来规范实习行为，特别是对实习大学生在实习期间发生人身伤害事故承担责任的问题进行明确约定，是弥补立法不足、及时进行救济的有效手段。即将大学毕业的学生，可以明确要求用人单位（实习单位）与其签订劳动合同。国家应尽快制定专门的法律、法规或修改现行的《劳动法》《劳动合同法》《工伤保险条例》《高等教育法》等，以明确规定实习生的合法权益，填补大学生实习、就业法律维权的空白。

教学案例 10.3

与在校大学生签订的劳动合同是否有效

卢某是某职业学院的大学生。2008 年 12 月 3 日，卢某在大学未毕业时就与某广播中心签订了劳动合同，成为该单位呼叫中心的客服代表。2009 年 2 月 1 日，正逢大年初六，卢某仍留在单位坚持春节值班。晚上 9 点半，卢某与来单位慰问的领导和同事一起喝酒。凌

晨两点半左右，在回宿舍的路上，卢某不慎从楼上摔下，导致全身多处骨折，被送往医院住院治疗。该广播中心先后为其垫付医药费22万多元。2009年6月30日，该广播中心与卢某解除了劳动合同。

卢某申诉至某区劳动争议仲裁委员会，要求确认与该单位存在劳动关系，并支付工伤保险。某区劳动争议仲裁委员会经审理后认为，卢某与该广播中心系雇用关系，不存在劳动关系，不属于劳动仲裁受理范围，故驳回了卢某的申请。

卢某不服仲裁裁决，起诉至法院。法院审理后认为，该广播中心明知其尚未毕业的事实，仍与其签订劳动合同，明确了双方的权利义务关系，并依据真实意愿确立了双方的劳动关系。且双方自2008年12月3日至2009年2月，实际履行了劳动合同。因此双方在形式上和事实上均明确确立了劳动关系。法院最后做出判决，支持卢某的诉讼请求。

分析与点评

本案是一起大学生在就业中适用《劳动合同法》保护自身合法权益的案例。大学生未毕业与用人单位签订劳动合同的效力如何认定？劳动部《关于贯彻执行中华人民共和国劳动法若干问题的意见》规定："在校生利用业余时间勤工俭学不视为就业。"这种勤工俭学是指在校学生不以就业为目的，利用学习空闲时间打工补贴学费、生活费的行为。

但本案中，卢某作为行将毕业的大四学生，持有学校发给的双向选择就业推荐表，与用人单位签订劳动合同。他到用人单位的目的，是为了毕业后就业。用人单位在对其未毕业的大学生身份全面了解且知晓其已完成学业，学校准许其工作的前提下，与其签订劳动合同，且合同内容不违反强制性法律规定，故该劳动合同应视为有效合同。

四、大学生考取村官的法律问题

（一）大学生考取村官后签劳动合同

"大学生村官"，一个看上去很美的工作。大学生村官不但能享受到省、市、县三级财政的补贴和支持，各地还免收大学生村官的人事代理费，并根据本人的要求及时为其办理落户手续。在保证合同有效执行的情况下，还要保证他们享受报考公务员、研究生等的优惠政策。待遇不错、受人尊敬，而且期满后还可以享受考研加分等优惠政策，因而在就业形势日益严峻的今天，"做一名村官"被越来越多的大学生们所接受。到农村任职的大学生村官符合国家助学贷款偿还政策规定的，他们在校期间的国家助学贷款也由国家偿还。这样的条件，吸引了很多大学生。用一些村官的话说，大学生村官的待遇，村里干部看着都眼馋。大学生在农村这个舞台上的发展道路将更宽广。

报名"村官"考试的毕业生经过统一考试、组织考察、集中体检、公示后将会予以聘用。最终选聘到村任职的毕业生一般会被安排担任村党组织书记助理或村委会主任助理职务，聘期为2年，工资水平比照本地乡镇从高校毕业生中新录取公务员试用期满后的工资水平，预计每人每年的工资总额将在15 600元左右。此外，选聘上的高校毕业生还将享受养老保险、医疗及人身意外伤害商业保险，如报考公务员或者研究生，还将得到相应加分。

（二）大学生村官期满后的权益保护问题

1. 合同期满，大学生"村官"依照劳动合同法可获经济补偿

根据《劳动合同法》的有关规定，大学生"村官"由于劳动合同期满终止劳动合同的，用人单位须向其支付一定额度的经济补偿。《劳动合同法》第四十六条第五项规定"除用人单位维持或者提高劳动合同约定条件续订劳动合同，劳动者不愿意续订的情形外，依照本法第四十四条第一项规定由于'劳动合同期满'而终止固定期限劳动合同的，用人单位应当向劳动者支付经济补偿。"依照此规定，对由于合同期满而终止劳动合同的大学生"村官"应给予经济补偿。

补偿标准按照《劳动合同法》第四十七条"经济补偿按劳动者在本单位工作的年限，每满一年支付一个月工资的标准向劳动者支付。六个月以上不满一年的，按一年计算；不满六个月的，向劳动者支付半个月工资的经济补偿。本条所称月工资是指劳动者在劳动合同解除或者终止前十二个月的平均工资。"以及第九十七条"本法实施之日存续的劳动合同在本法实施后解除或者终止，依照本法第四十六条规定应当支付经济补偿的，经济补偿年限自本法实施之日起计算；本法实施前按照当时有关规定，用人单位应当向劳动者支付经济补偿的，按照当时有关规定执行。"的有关规定计算补偿金额。

2. 合同期满后未就业的大学生"村官"可按有关规定领取失业保险金

2009年7月1日起，尚未落实就业岗位的合同期满大学生"村官"可以登记失业，并按照有关规定领取失业保险金。例如：根据《关于调整失业保险金发放标准的通知》（京劳社就发〔2008〕234号）精神，自2009年1月1日起，累计交费时间不满5年的，失业保险金月发放标准为562元。依照《北京市失业保险规定》的第十七条"失业人员领取失业保险金的期限，根据失业人员失业前累计缴费时间确定"中第（三）项"累计缴费时间3年以上不满4年的，可领取9个月失业保险金"。因此，尚未落实就业岗位的合同期满大学生"村官"登记失业，可领取9个月失业保险金共计5 058元。

3. 合同期满时处于孕期、产期、哺乳期的女性大学生"村官"的劳动保护问题

根据原劳动部《关于〈劳动法〉若干条文的说明》中的解释，第二十九条第（三）项规定的"女职工在孕期、产期、哺乳期"情形下劳动合同到期的，"应延续劳动合同到女职工'三期'届满为止。"根据《关于印发〈女职工劳动保护规定问题解答〉的通知》（劳安〔1989〕1号）中第十四条的规定，女职工哺乳期为1年，自婴儿出生之日起计算。因此，合同期满处于孕期、产期、哺乳期的女性大学生"村官"，其劳动合同将延续至哺乳期届满为止。

第二节　就业协议签订流程和注意事项

一、就业协议书的定义及意义

（一）定义

大学生就业协议是全国普通高校国家计划内全日制毕业本科生、研究生找到工作后，根据学校要求,与用人单位签订的协议或与用人单位和学校所签订的三方协议。就业协议涉及的主体主要有三方,即毕业生、用人单位和学校。对于学校在毕业协议中的地位,主要有两种做法。

第一种做法是"上海模式":学校不是就业协议的一方当事人,不再直接参与就业协议的签订。也就是说用人单位和毕业生是就业协议的当事人,学校仅仅作为签证登记方对就业协议进行鉴证。第二种做法则将学校直接作为合同第三方当事人。例如《山东省普通高等学校毕业生就业协议书》中合同主体为毕业生(甲方)、用人单位(乙方)、学校(丙方)。

(二)就业协议书的重要意义

就业协议书是毕业生和用人单位在正式确立劳动人事关系前,经双向选择,在规定期限内就确立就业关系、明确双方权利和义务的书面协议;是用人单位确认毕业生相关信息真实可靠以及接收毕业生的重要凭据;是高校进行毕业生就业管理、编制就业方案以及毕业生办理就业落户手续等有关事项的重要依据。

《生就业协议书》由国家教育部统一制表。作为学校列入派遣计划依据的《就业协议书》,由学校发给,毕业生签字,用人单位盖章,毕业生本人保存一份,毕业时做为就业派遣、签发《报到证》的依据,作为办理报到、接转行政和户口关系的依据。

二、教育部关于《就业协议书》的要求

(1)毕业生与用人单位达成一致意见后,均须签订《就业协议书》。

(2)《就业协议书》由教育部高校学生司制定,学校招生就业工作处统一翻印,由各学院集体到招生就业工作处领取,或者由毕业生持本人学生证到招生就业工作处领取。每位毕业生只有一套《就业协议书》,每套一式四份,省毕业生就业主管部门一份、毕业学校一份、用人单位一份、毕业生一份。

(3)任何单位或个人均不得复印、复制、翻印《就业协议书》;在签订《就业协议书》书时,如果《就业协议书》因破损等情况而不能使用时,可持原件到招生就业工作处申请更换;《就业协议书》不得挪用、转借、涂改,否则视为无效。

(4)毕业生在协议书上签署个人意见之后,用人单位或学校两方之中只要有一方在协议书上签字,毕业生即不得单方面终止协议的签订工作。毕业生违约时,必须办理完毕与原签约单位的解约手续,然后将原协议书交还招生就工作处,并换取新的协议书。

(5)毕业生如果不慎将协议书遗失,学校原则上不再补发,到毕业派遣时,毕业生回生源地参加二次分配。若因特殊情况需要补发时,毕业生必须以书面形式提出申请,由所在学院主管毕业生就业工作的负责人签署意见,经招生就业工作处调查并研究之后酌情处理。同时具备以下条件时,招生就业工作处方予受理:

①经核查,协议书确实属于遗失者;

②招生就业工作处收到毕业生的申请书两个星期以上。

③毕业生须交纳相当于违约金数额的费用。

(6)凡是通过地方或部委毕业生就业工作主管部门与用人单位签订《就业协议书》的毕业生,签约时可使用他们提供的《毕业生就业协议书》,但是毕业生回校后,必须与学校

补签《就业协议书》。毕业生如果另有选择，则必须与原签约单位解除所签订的协议。

三、《就业协议书》填写要求

（1）签订《就业协议书》时，毕业生必须将《就业协议书》中"毕业生情况及应聘意见"栏所有项目填写完整，特别是毕业生签名和签约日期。

（2）"用人单位情况及接收意见"栏信息尽量填写完整，"单位联系人"及"联系电话"为必填项。

（3）"用人单位意见""用人单位上级主管部门意见"和"用人单位所在地毕业生就业主管部门意见"栏均为签章栏，"用人单位意见"栏由用人单位盖章，"用人单位上级主管部门意见"栏由用人单位上级主管部门或人才交流服务中心盖章，"用人单位所在地毕业生就业主管部门意见"栏由就业单位所在地人事局（人力资源和社会保障局）或教育局盖章。

（4）人事局或教育局盖章的就业协议可以按协议派遣，签发报到证；人事局（人力资源和社会保障局）或教育局未盖章的就业协议，毕业生需确认当地是否可以给毕业生落户口，可以落户口的可以按协议签发报到证，不能落户口的不能按协议签发报到证，该就业协议书只作为毕业生已就业的证明。

（5）就业协议书上人事局或教育局未盖章的，毕业生要求按协议签发报到证，学校原则上同意。由于特殊原因签发的，办理报到落户手续时出现问题，由毕业生自行协调解决，学校不负责。

四、《就业协议书》签订程序和注意事项

（一）《就业协议书》签订程序

毕业生与用人单位达成一致后，签约程序是：

（1）毕业生认真如实填写基本情况及应聘意见，并签名；

（2）用人单位、主管部门及人事调配部门签署意见；

（3）用人单位将档案详细转递地址填好；

（4）各院系签意见；

（5）学校就业指导中心签意见；

（6）省就业指导中心签证。

需要说明的是：按程序最后到学校签章，由学校作最后把关，更有利于维护毕业生合法利益。有些毕业生图方便，要求学校先签章，再交用人单位，容易写上有损毕业生权益的条款，产生不利后果。学校把关，意义还在于确认签约手续是否完备，否则由于手续不齐等原因，导致报方案时通不过，或派走后到用人单位无法报到，会加大毕业生心理负担。

（二）注意事项

1. 查明用人单位主体资格是否合格

协议双方的资格是否合格是协议书是否具有法律效力的前提（这里主要是指用人单位的资格）。用人单位，不管是机关、事业单位还是企业（不包括私营企业），必须要有进人

的自主权力。如果其本身不具备进人的权力,则必须经其具有进人权力的上级主管部门批准同意。因此,毕业生签约前,一定要先审查用人单位的主体资格。

2. 有关协议条款明确合法

协议书的内容是整个协议书的关键部分,毕业生一定要认真审查。

（1）审查协议内容是否合法,是否符合国家相关法律和政策；

（2）审查和仔细推敲双方权利和义务是否合理；

（3）要审查清楚除协议本身外是否有附件即补充协议,并审查清楚其内容。

按照《劳动法》《合同法》及相关法律的规定,就业协议书协议内容至少应具备以下条款才能具有法律效力：服务期、工作岗位、工资报酬、福利待遇、协议变更和终止条款、违约责任等。

3. 五大风险须规避

大学毕业生签订协议过程中可能会面临五大风险须规避：

（1）就业协议的期限。就业协议约定的服务期限将成为双方的劳动合同期限。由于大学生是初次就业,缺乏明确的职业规划,不宜将第一次期限约定得非常长,以便在不合适的时候及时做出调整。

（2）改派成本。就业协议强调的是"三方签约",毕业生一旦违约必须承担违约责任,在征得用人单位同意并交纳违约金后才可重新签约。由于就业协议每个毕业生仅有一份,所以毕业生违约时,必须办理完毕与原签约单位的解约手续（有原签约单位的书面退函,交纳完毕违约金）,然后将原协议书交还高校就业工作处,并换取新的协议书。

（3）就业协议的违约金。违约金虽然是对双方的一个保障,也是一把双刃剑。一方面,双方的承诺需要通过违约金来保障,尤其对于企业来说,由于毕业生往往是先就业再择业,一遇到更好的工作就不惜毁约,极大地增加了企业的招聘成本。另一方面,也有一些单位利用毕业生急于就业的心理,漫天要价,趁机牟利。所以,毕业生在签订就业协议时要慎重考虑,量力而行,对于那些对违约金约定数额较高的企业,毕业生应该考量自己可能承受的风险及承受能力,而不要"病急乱投医"。

（4）工作内容。大学生能否在实际的工作中实现自己的价值是非常重要的,甚至超出了劳动报酬的重要性,因此对于日后的工作岗位以及工作内容等要有明确的约定。

（5）劳动报酬。劳动报酬是劳动合同的必备条款,也是大学生毕业后作为劳动者最大的权益,因此对于劳动报酬应当约定明确。

4. 签订就业协议的程序

毕业生和用人单位在签约时要注意完整地履行手续。

（1）毕业生要要签名并写清签字时间。

（2）用人单位及其上级主管部门必须加盖单位公章并注明时间,不能用个人签字代替单位公章。

（3）毕业生和用人单位签字后须将协议书交给学校毕业生分配主管部门履行相关手续,以便及时制订就业计划和顺利派遣。

（4）写明违约责任。违约责任是指协议当事人因过错而不履行或不完全履行协议规定的义务应承担的法律责任,它是保证协议履行的有效手段。鉴于实践中毕业生及用人单位违约率有所增加的状况，协议书中的违约条款就显得更为重要。因此，在协议内容中，应详细表述当事人双方的违约情形及违约后应负的责任，同时还应写明当事人违约后通过何种方式、途径来承担责任。

这样既有利于当事人双方履行协议，也有利于以后违约纠纷的解决。

毕业生到用人单位报到后，双方必须在1个月内订立劳动合同，并办理录用手续。记者近日获悉，2008年上海市《高校毕业生就业协议书》就有这样一条保障毕业生利益的规定。这一规定也正呼应了新劳动合同法的相关条例："用人单位自用工之日起超过1个月但不满1年未与劳动者订立书面劳动合同的，应当向劳动者每月支付2倍的工资"。不少毕业生对此表示欢迎，"以前曾经听说报到后单位很久都不给签合同的事情，我们今年就不用担心了"，同济大学大四毕业生小张告诉记者，自己拿到协议书就看到了这一新条款，感觉心里踏实了不少。

毕业生求职时"骑驴找马"绝对并非个别现象，因此，如果在签订就业协议后再找到更为好的发展机会的话，毕业生往往不惜以违反就业协议进而支付违约金为代价，解除就业协议。不少用人企业为了留住毕业生，往往规定很高的违约金，甚至出现过高达上万元甚至几万元的违约金。对毕业生违约金金额的建议上限为不高于毕业生第一年的月收入。规定违约金上限不仅将大学生的违约风险降低到合理范围内，同时也可使用人单位在签订就业协议书时更加负责地填写"工资"一栏。往常不少用人单位在就业协议书的"工资"一栏内随便填写一个数字，或者含糊写上"按国家相关规定"。当违约金与工资的数额挂钩之后，用人单位便不得不重视"工资"这一栏并认真填写，以免发生违约时不能明确违约金数额。

在毕业生求职的过程中，除了关注就业协议签订的风险外，大学生还应该注意哪些问题呢？以下建议或许值得考虑：不要轻易交保、不要虚假陈述、不要期望一劳永逸。

教学案例 10.4

李某是一名2006年毕业的大学生。2006年3月中旬，他和一家公司签订了《大学生就业协议书》，签订的协议内容约定：试用期为3个月，服务期2年，违约金2 000元。可是到了7月份，已经4个月了，公司还没有和他签订《劳动合同》，而公司的管理体制也让他觉得格格不入，于是在7月1日向公司打出了辞职报告，公司也同意李某在7月辞职，但是却在其办理手续时，告知他违约，要交2 000元的违约金。李某觉得这样很不合理，却又无可奈何。那么李某是否应该交纳违约金呢？

分析与点评

李某无须支付违约金。《就业协议》是基于毕业生的学生身份与用人单位、学校三方共同签订的民事合同，是三方关于将来依法建立劳动关系的约定，原则上自毕业生进入用人单位工作建立劳动关系起自动失效，毕业生转为劳动法意义上的劳动者，双方的劳动关系受劳动法律法规调整。

李某毕业后按照就业协议约定到公司工作，已经履行了就业协议，不存在违约行为。而公司却未按照劳动法规定及时与李某签订劳动合同，因此双方处于事实劳动关系状态。

按照《劳动法》规定，员工辞职可随时解除劳动关系。李某的行为完全符合法律规定，不存在违约行为，不应支付违约金。

教学案例 10.5

大学生张某，是外地在沪就读的大学生，成绩优异，被上海一家房产公司相中并签订了就业协议，约定：企业为其办理大学生毕业入沪手续，张某必须工作两年，违约金5 000元。报到后，张某很快在公司的帮助下办妥了户籍手续。待到公司要求签订劳动合同时，张某却不愿意签订为期两年的劳动合同，而只愿意签订一年，以至于协商不成，张某一怒之下辞职离开了公司。公司随即将张某诉至法院，法院在审理后认为张某不遵守就业协议的约定，无理拒绝签订劳动合同，构成违约行为，应当承担违约责任。

分析与点评

用人单位的要求应被支持。根据《就业协议》，公司已经按照约定履行了提供工作岗位、办理户籍的义务。而双方依法建立劳动关系需要签订书面劳动合同，公司有权要求张某签订书面劳动合同，并且书面劳动合同的内容并未超出双方在就业协议中的约定，是有约定依据的。但张某拒签，其行为客观上造成了双方无法签订劳动合同，使得劳动关系处于非法状态，并且其离职行为也违反了协议约定，应支付违约金。

教学案例 10.6

小冯毕业前与一家单位的市场部签了就业协议，并在7月份毕业后来到这家单位上班。但是工作了不久他就感觉自己的身体状况很难适应单位高强度的工作方式，而且现有工作也不适合其今后的发展定位，于是在8月底向单位提交了解除协议申请，虽然单位答应了他的离职要求，却以违约为由，要求其必须缴纳5 000元人民币的违约金。

小冯觉得很委屈，身体不好无法胜任工作是客观原因，再说现在还处于试用期，没有签订劳动合同，凭什么说自己违约？自己在公司已经工作了一个多月，一分钱的工资都没有拿到，反而还要交5 000元？由于小冯不肯交违约金，单位就拒绝帮助其办理离职手续，双方的僵持让小冯感觉损失很大。

分析与点评

单位要求不应得到支持。如前所述，就业协议是小冯与公司签订的约定将来建立劳动关系的民事合同。7月份毕业后小冯已按照约定与单位建立了劳动关系，原就业协议已经履行完毕，双方的劳动关系受劳动法律法规调整。如果小冯仍处于试用期内，依据劳动法规定，小冯随时可以解除劳动关系；若双方没有签订劳动合同，那么属事实劳动关系，小冯可以随时解除劳动关系而无须支付违约金。如果在报到后，毕业生因为发生疾病不能坚持正常工作的，用人单位则应该按照在职人员的有关规定处理，即使处于试用期，单位也不能将随意其辞退。

五、就业协议与劳动合同的区别

（一）法律适用不同及争议处理方式不同

《就业协议书》是毕业生在校时，由学校参与见证，与用人单位协商签订的，是编制毕业生就业计划方案和毕业生派遣的依据。劳动合同是毕业生到单位报到后，与用人单位确立劳动关系、明确双方权利和义务的协议。

《就业协议书》要解决的核心问题是毕业生正式毕业后到单位报到，单位在毕业生报到上班时无条件录用的问题。同时，单位应当提供《就业协议书》中约定的劳动报酬、工作岗位等内容。《就业协议书》属于普通的民事协议，因而受《民法》的调整。而劳动合同则受《劳动法》的调整。

因此，《就业协议书》签订后，学生和用人单位在就业过程中的争议，一般由市高校毕业生就业办公室协调，当事人也可以向人民法院起诉。而履行劳动合同所产生的争议，则需要先进行仲裁，对仲裁不服的，才可以向人民法院起诉。

（二）条款不同

根据《劳动合同法》的规定，劳动合同的必备条款主要有：

（1）用人单位的名称、住所和法定代表人或者主要负责人；
（2）劳动者的姓名、住址和居民身份证或者其他有效身份证件号码；
（3）劳动合同期限；
（4）工作内容和工作地点；
（5）工作时间和休息休假；
（6）劳动报酬；
（7）社会保险；
（8）劳动保护、劳动条件和职业危害防护；
（9）法律、法规规定应当纳入劳动合同的其他事项。

《就业协议书》中有关双方权利义务的内容很多与劳动合同一致，但也有不同。比如上海市在《上海普通高等学校学生就业工作管理办法》用专章规定了《就业协议书》，并规定《就业协议书》一般应包括以下条款：

（1）服务期；
（2）工作岗位和工作内容；
（3）劳动保护和工作条件；
（4）工资报酬和福利待遇；
（5）就业协议终止的条件；
（6）违反就业协议的责任。

（三）就业协议与劳动合同的效力衔接问题

在大学生毕业之前不具有签订劳动合同的主体资格，签订就业协议的身份是一个普通的民事主体。随着大学生的毕业，可以取得签订劳动合同的主体资格，因此，在大学生报到入职，用人单位接收后，就业协议实际上便已失效，双方应当签订《劳动合同》，并依照

《劳动合同》的约定履行。

教学案例 10.7

小张在大四时到一家广告公司实习。由于实习表现突出，小张与该公司达成就业意向，并签订了《就业协议书》。双方约定，服务期为3年，如果小张提前解约必须赔偿公司1万元。至于协议中的待遇、福利等条款暂为空白。公司人事部门让他先签名，具体条款过几天再补上。小张觉得自己是经熟人介绍来的，不好意思提待遇的事。"找个工作不容易，不敢要求太多。反正别人有啥咱有啥呗，差不了事儿。"小张便在协议上签上了自己的名字。

正式上班后，公司与他签订了劳动合同，合同的有效期仅1年，而且也没有提前解除合同的赔偿条款。由于待遇与其他员工相差较大，小张在工作第二年便向公司提出辞职。公司提出，必须按就业协议的规定赔偿1万元。小张不服，准备通过法律手段维权。那么小张是否需要向公司赔偿这1万元费用呢？

分析与点评

本案中，在小张毕业后到广告公司入职时，双方早先签订的《就业协议书》实际上会自行失效。因此，公司要求小张支付就业协议中约定的费用是没有法律依据的，不能得到支持。

《就业协议书》与《劳动合同》是用人单位录用毕业生时所订立的书面协议，但两者分处两个相互联系的不同阶段，表现在：

《劳动合同》是毕业生与用人单位明确劳动关系中权利义务关系的协议，学校不是劳动合同的主体，也不是劳动合同的见证方。《劳动合同》是上岗毕业生从事何种岗位、享受何种待遇等权利和义务的依据。

一般来说《就业协议书》签订在前，《劳动合同》订立在后，如果毕业生与用人单位就工资待遇、住房等有事先约定，亦可在《就业协议书》备注条款中予以注明，日后订立《劳动合同》时应对此内容予以认可。

六、违约责任及毕业生违约的后果

《就业协议书》一经毕业生、用人单位、学校签名即具有法律效力，任何一方不得擅自解除，否则违约方应向权利受损方支付协议条款所规定的违约金。从实际情况来看，就业违约多为毕业生违约。

（一）毕业生违约的后果

毕业生违约，除本人应承担违约责任、支付违约金外，往往还会造成其他不良的后果，主要表现在：

（1）用人单位通过花费大量人力、物力、财力，参加人才交流会等，做了大量工作，并考虑了录用人员的工作安排，毕业生一旦违约，用人单位的一切工作将付诸东流，还要重新招聘人员，工作被动。

（2）用人单位往往将毕业生违约当成是学校管理不严的后果，毕业生违约后会影响学校和用人单位的长期合作关系。由于对学校有怀疑，以后可能不会再到学校挑选毕业生。现在买方市场竞争激烈，没有需求，也就没有毕业生的就业。

(3) 对其他毕业生有影响。一个单位，你不去，别人可以去，用人单位不录用你，完全可录用别人，录用你，就不能录用其他毕业生。如果日后违约，当初想去的毕业生也不一定能补缺，造成信息浪费。高校大学生应是讲诚信、讲法制的践行者，因此学校再次强调毕业生在签约过程中要做到慎重选择，认真履约。

(二) 对违约毕业生的处理规定

学校强调毕业生要讲诚信、讲法治、认真履约。毕业生一旦违约必须承担违约责任，在征得用人单位同意并交纳违约金后才可重新签约。毕业生违约时，必须办理完毕与原签约单位的解约手续，然后将原协议书交还招生就业工作处，并换取新的协议书。

教学案例 10.8

慎签《就业协议书》

毕业生琳琳，寒假期间在某地就业市场与某企业签订《就业协议书》，当地人事部门也盖章进行签证，随后将协议书寄到学校，学校毕办盖章同意。后来琳琳又参加某银行组织的面试。该银行表示同意接收。她向学校毕业办索要就业协议，毕业办的老师解释，因她已和某企业签协议，如要再和银行签协议，则应先承担违约责任。琳琳表示很不理解。

分析与点评

本案例就是对《就业协议书》的法律性质缺少真正的了解，因此不明确自己对所签协议的用人单位负有何种责任的情形。这种情形的发生在应届大学毕业生求职中屡见不鲜。的确，《就业协议书》和《劳动合同》并不是完全相同的。

教学案例 10.9

大学毕业生想退工作 面临 2 000 元违约金

德阳某职业学校的应届毕业生魏敏（化名）向龙泉驿一家单位提出离开时，被要求支付 2 000 元的违约金。这让魏敏陷入了两难的境地。

2005 年 11 月，龙泉驿这家单位到学校招聘时，她就在这份空白的协议书上写下了自己的简介，随后交给学校。2006 年 1 月，学校将盖有用人单位和学校就业指导办印章的协议书分发给她，并告诉她毕业后就到这家单位去就职。

由于当时并不清楚这个岗位的性质，直到 7 月到单位后，她才发现这家单位与她的专业不对口。于是在正式签订《劳动合同》时，她提出要离开。谁知，人力资源部的工作人员却告诉她，除非支付 2 000 元违约金，否则她将无法领到户口及档案资料。

魏敏认为，她与单位签的只是就业协议，并非正式的劳动合同，因此不存在违约一说。

同时，协议备注栏写明的"违约则支付违约金2 000元"是在她不知情的情况下，由外人填写的。所以，魏敏认为，如果要为此支付违约金，实在是有点"冤"。

2006年下午，记者和随行律师赶到了位于龙泉驿的该用人单位，人力资源部的樊副经理解释称："当时公司与魏敏及学校签订的是三方就业协议，并写明，若魏不到该单位就职，应支付违约金2 000元。7月份，到公司报到并培训几天后，魏突然觉得这个岗位不合适，于是提出离开。"樊副经理接着说："魏作为大学生，应对自己的行为负责。若魏坚持要离开，公司将在9月1日把魏的档案和户口退回学校，而魏应支付违约金200元。

分析与点评

大中专毕业生签订的就业协议是国家教育部门制订的用以约束学校、用人单位、毕业生之间的三方合同，若其中一方违约，就应承担相应的法律责任。对于魏敏所称她并不知情约定违约金金额一事，她在发现这一问题时，就应及时向校方反映，并了解情况采取措施，或拒绝到用人单位报到。

对于毕业生的人事档案和户籍，应按相应的法律程序办理，用人单位无权扣留。用人单位如果最终将户口和档案退回学校，学生可与学校联系，并可与学校或用人单位协商支付违约金的额度。

提醒广大毕业生，在就业形势日益严峻的今天，大中专学生在签就业协议或劳动合同时，一定要慎重，最好事先对用人单位进行深入细致的考察，不要盲目跟风，草率签约。

教学案例 10.10

签订就业协议后又考取了研究生的违约问题

有一个大学生王某在2009年年初的时候，和一个单位曾经签署过就业协议，那个时候他不知道自己能考上研究生。过了春节以后，他考上研究生了。现在他面对的一个问题就是，如果他去读研究生的话，算不算违约。如果说要是算违约的话，他应该承担什么样的责任？

分析与点评

就业协议签署完毕即产生法律效力，对各方主体均有约束力，任何一方违约都要承担违约责任。对于有可能考取研究生的学生，在签署就业协议的时候可以这么做：在与用人单位签订就业协议的备注栏中加上"如本人考取研究生，凭录取通知书，该协议效力终止，不承担违约责任。"这种约定可从根本上避免因违约而产生经济损失或者其他争议。

第三节　劳动合同法与劳动合同

 一、大学生就业需要掌握的法律

从对在校大学生的调查中发现，几乎没有一人看过《劳动合同法》全文，也没有一人听过有关《劳动合同法》的讲座，近八成毕业生对《劳动合同法》的具体内容一问三不知。一部对中国影响深远的法律，连许多农民工都知道用新法来维权，"象牙塔"里的大学毕业生竟然对新法毫无认识，这种现象发人深省。

一些不良的用人单位在招聘大学生的时候，都要求先试用再签订劳动合同。很多应届毕业生生因为没有工作经验，在正式入职前都要实习或见习，在此期间一些单位不会跟应届毕业生者订立任何书面合同或协议，有时只是一个口头约定。一些应届生在试用期满后，被企业无理地辞退。应届毕业生拿不到任何报酬不说，还失去了寻找其他工作的机会，陷入两难的局面。其实这些情况可以在学习《劳动合同法》等系列法规中得到解决办法。因为在《劳动合同法》中与毕业生紧密相关的劳动合同的订立、社会保险的购买、试用期的规定与工资、劳务派遣等内容都有明确的体现。

所以，大学生不仅要通读《劳动合同法》，还要对其中某些条款有清晰的理解，这既是一种自我保护的需要，也是大学生必修的就业素质。下面，我们列出大学生就业需要掌握的法律，按法律渊源排列。

（一）由全国人大及常委会制定的关于劳动权益保护的法律

《中华人民共和国劳动法》（必须通读）；

《中华人民共和国劳动合同法》（必须通读）；

《中华人民共和国就业促进法》（一般了解）；

《中华人民共和国安全生产法》（一般了解）；

《中华人民共和国妇女权益保障法》（女生必须通读）；

《中华人民共和国劳动争议调解仲裁法》（必须通读）。

（二）由国务院制定的关于劳动权益保护的行政法规

《劳动部关于贯彻执行〈中华人民共和国劳动法〉若干问题的意见》（必须通读）；

《国务院关于职工工作时间的规定》（必须通读）；

《职工带薪年休假条例》（一般了解）；

《女职工劳动保护规定》（女生必须通读）；

《工伤保险条例》（必须通读）；

《集体合同规定》（一般了解）；

《企业职工患病或非因公负伤医疗期规定》（一般了解）；

《工资支付暂行规定》（必须通读）；

《违反和解除劳动合同的经济补偿办法》（必须通读）。

（三）由最高人民法院制定的关于劳动权益保护的司法解释

《关于审理劳动争议案件适用法律若干问题的解释》（一）（一般了解）；

《关于审理劳动争议案件适用法律若干问题的解释》（二）（一般了解）。

二、劳动合同法

（一）《劳动合同法》概述

《劳动合同法》由全国人民代表大会常务委员会于2007年6月29日通过，并于2008年1月1日施行。这是我国劳动法制建设的又一里程碑。相对于现行劳动法律法规，《劳动合同法》更倾向于保护劳动者的合法权益，因此，对用人单位提出了更大的挑战和要求。本法适用范围：中华人民共和国境内的企业、个体经济组织、民办非企业单位等组织（以下称用人单位）与劳动者建立劳动关系，订立、履行、变更、解除或者终止劳动合同，适用本法。国家机关、事业单位、社会团体和与其建立劳动关系的劳动者，订立、履行、变更、解除或者终止劳动合同，依照本法执行。

（二）劳动合同的定义及特点

1. 劳动合同定义

根据《劳动法》第十六条的规定，所谓劳动合同，是劳动者与用人单位确立劳动关系、明确双方权利和义务的协议。

2. 劳动合同的特点

（1）国家干预下的当事人意思自治。

劳动合同是在国家干预下的当事人意思自治，而民事合同是没有国家干预的，体现的是当事人意思自治。也就是说，当两个人在签订民事合同的时候，只要合同的内容不侵犯国家利益、公共利益，也不侵害第三者的利益，基本上都不受国家的干预。但是劳动合同却不同，尽管用人单位和劳动者之间约定的是他们双方之间的事，有时他们也不可以随便任意约定合同内容。比如说，用人单位在与劳动者约定工资条款的时候，就不可以把工资约定在当地政府规定的最低工资以下；在约定时间条款的时候，对于标准工时制的劳动者，用人单位不可以与劳动者协商约定让其每天工作时间超过八小时。八小时之内可以允许当事人随便约定，但八小时以上就不可以。

（2）合同双方当事人强弱对比悬殊。

在民事合同中，当事人之间一般没有强弱之分，而劳动合同的双方当事人之间强弱对比则比较悬殊。在劳动合同当事人中，一方当事人是非常弱小的个体，即劳动者；而另一方则是无论从资本实力还是其他方面来看都较强大的组织，即用人单位。针对这一特点，《劳动合同法》应是一部着重保护劳动者权益的"倾斜法"，因为在劳资双方不对等的条件下，只有倾斜于弱势群体才能达到公平。

（3）劳动合同具有人身性。

用人单位与劳动者建立劳动合同关系，目的是使用劳动力。马克思曾经说过："我们把劳动力或劳动能力，理解为人的身体即活的人体中存在的，每当人生产某种使用价值时就运用的体力和智力的总和。"因此可以说，劳动力蕴涵在劳动者的肌肉和大脑里，与劳动者人身密不可分。这样一来，劳动合同的履行，对于劳动者来说，就具有了所谓的人身性。

教学案例 10.11

柳某是某国有企业的职工，与该企业签有无固定期限劳动合同。几年前，由于行业不景气，企业生产任务不重，柳某作为销售部的司机像其他工人一样，没有多少活儿，经常是早上来厂里转一圈就走，有时甚至根本不来。企业领导考虑到厂里的事又不多，工人的收入较低，于是对此现象听之任之，未进行严格管理。

去年下半年，企业效益开始好转，生产逐步走上了正轨。为了严格执行劳动纪律，企业向所有职工发出通知："以前由于管理不严，一些职工有违反企业考勤和管理规定的行为，我们对此既往不咎。但从今以后，我们要严格考勤纪律，要求每个职工都必须按时上下班。如有违者，将按有关规定处理，绝不手软。"

柳某接到通知后的第一个星期，每天还能坚持出勤，并完成企业交给的送货任务，即驾车将产品送到客户手里。但一周后，他的懒惰性又上来了，时常让有驾照的弟弟驾车替他为客户送货，而他自己却有时闲逛，有时在另外一家企业兼职做推销产品的工作，以从中获得兼职收入。后来，柳某请他人代自己上班的情况被企业发现了。企业经过调查，获得了柳某在一个月内让其弟替班送货10天的证据。按照该企业关于考勤制度的规定，柳某的行为应按旷工处理。最后，根据该企业规章制度第六章第二条的规定："犯有下列严重违纪行为之一的，予以解除劳动合同：……2. 旷工累计三天以上；……5. 擅自从事第二职业或为其他企业从事兼职工作的。"做出了解除柳某劳动合同的决定。

柳某对企业解除劳动合同的决定十分不满，两天后就向劳动争议仲裁委员会提出了仲裁申请。要求撤销企业以严重违纪为理由做出的解除劳动合同的决定，并支付解除劳动合同的经济补偿金8 000元（相当于柳某四个月的工资），同时另支付违约金10万元。柳某的请求能够得到仲裁机构的支持吗？

分析与点评

当然不能。理由如下：

劳动合同是一种具有身份性质的合同，劳动者以外的其他人不能代劳动者完成劳动任务。劳动力是存在于劳动者肌体内的，劳动力的存在和支出与劳动者的人身不可分离。劳动关系的人身性决定了劳动合同的专属性，即劳动者未经用人单位同意不得由第三人代其向用人单位履行劳动义务。劳动是劳动者谋生的手段。劳动者以让渡劳动力使用权来获取生活资料，用人单位通过向劳动者支付工资等来使用劳动力。在此基础上形成的社会关系表现为一种财产关系。但是在处理劳动法律关系中的财产关系时，不能完全适用民法关于调整平等主体间财产关系的原则，而要考虑其人身性。劳动合同的人身性是指，作为劳动合同关系一方当事人的劳动者在与用人单位建立劳动关系后，必须亲自履行劳动义务，不可以将自己的劳动义务通过授权委托的形式让其他人代为履行。在本案中，劳动合同的当事人是柳某和其所在的企业。劳动合同关系只能发生在柳某和其所在的企业之间。《劳动法》第三条中规定的"劳动者应当完成劳动任务"，是指劳动者应当亲自完成劳动任务，而不是由其他人代为完成。

本案中，柳某无视其应遵守的劳动纪律和应亲自履行的劳动义务，擅自让自己的弟弟替自己完成送货的劳动义务。虽然每次当班都因请弟弟替班而未影响工作，但是，劳动关系是一种特定主体之间的关系，在实现劳动的过程中，相关的权利与义务只能由特定主体——劳动者本人亲自承担。柳某没有亲自履行劳动合同义务，违反了劳动合同的基本原则，属于违约行为。同时，柳某利用其弟代为工作期间到其他单位兼职从事第二职业的行为也严重违反了其所在单位的规章制度。

《劳动法》第二十五条规定：劳动者有下列情形之一的，用人单位可以解除劳动合同：

（1）在试用期间被证明不符合录用条件的；

（2）严重违反劳动纪律或者用人单位规章制度的；

（3）严重失职，营私舞弊，对用人单位利益造成重大损害的；

（4）被依法追究刑事责任的。

既然柳某的行为构成了该企业规章制度中所列明的严重违纪行为，那么，该企业完全可以依据上述《劳动法》第二十五条的规定，解除柳某的劳动合同。同时按照《劳动法》的有关规定，这种解除劳动合同的行为是不需要向柳某支付任何经济补偿金的。另外，由于企业做出的与柳某解除劳动合同的决定完全是合法有效的，因此更谈不上支付柳某违约金的问题。

（4）劳动合同同时具有平等性和隶属性。

劳动合同关系的平等性主要表现为双方权利义务的表面上的对等。在市场经济条件下，这主要体现在以下两个方面：

①管理方和劳动者双方都是劳动力市场的主体，双方都要遵循平等自愿协商的原则订立劳动合同，缔结劳动关系。任何一方在单方决定与对方解除劳动关系时，都要遵循一定的法律规定。

②双方各自遵守自己的权利与义务，发生争议时法律地位平等。劳动合同关系具有人身让渡的特征。劳动者同用人单位签订劳动合同，缔结劳动关系之后，就有义务在工作场所接受用人单位的管理和监督，按照用人单位所规定的纪律或要求付出劳动。《劳动合同法》第四条规定，"用人单位应当依法建立和完善劳动规章制度"；《劳动法》第三条中规定，劳动者应当遵守劳动纪律和职业道德。换句话说，对于企业依法制定的规章制度和劳动纪律，劳动者都应当遵守和执行。这就形成了所谓的隶属性，也就是不平等性。

三、劳动合同的订立

（一）知情权

劳动合同的订立是指劳动合同双方经过相互选择，确定劳动合同当事人，并就劳动合同的条款进行充分协商，达成一致，从而明确双方权利、义务和责任的法律行为。为了使劳动合同当事人在缔结劳动合同时，能够对对方有一个比较全面的了解，避免或减少今后劳动争议的发生，当事人在缔约过程中均应享有知情权，并对对方进行充分了解。

劳动者作为弱者，与用人单位相比，本身就有着相对的弱势，再加上目前我国的劳动力市场是个买方市场，即劳动力的供给远远大于需求，这样就使劳动者的弱势特征更加明显。比如，劳动者在求职时，为了得到一份工作来挣钱维持自己的生计，一方面要同众多其他求职者竞争，另一方面对用人单位提出的对自己不利的要求还得委曲求全。这种情况长期存在的话，就会使用人单位滋生出一种对求职者居高临下的心态，不能平等地对待求职者。通常情况下，求职者在招聘单位的追问下，把自己全部情况如实说出后，招聘单位也应把自己的情况详细地告诉求职者。但实际情况并非如此，招聘单位的情况、信息对求职者的透明度往往是极低的，有时甚至会拒绝告诉求职者。更有甚者，有些单位还故意发布虚假信息，非法欺骗或非法聘用求职者。

教学案例 10.12

小刚今年大学毕业，正赶上就业形势异常严峻的时候。他好不容易获得了一个面试的机会，于是准备妥当后，来参加面试。面试的过程很紧张，面试官问了他很多问题，小刚都一一作答了。他看面试官好像很满意。等到面试官问完所有的问题后，小刚也想了解一下这家公司的情况，比如，公司的业务情况、办公条件等。可是他一张嘴，面试官就一副不耐烦的样子，冷冷地对小刚说："我没有时间回答你的问题，你要是不想来我们公司，就请另谋高就，要是想在我们公司干，就回家等通知。你后边还有20多个人等着面试呢，我今天上午必须面试完，怎么可能有时间回答你的问题。"小刚只好知趣地告辞了。

分析与点评

《劳动合同法》中进一步明确和强化了劳动者在订立劳动合同方面的知情权，即该法第八条规定，用人单位招用劳动者时，应当如实告知劳动者工作内容、工作条件、工作地点、职业危害、安全生产状况、劳动报酬，以及劳动者要求了解的其他情况。

综上所述，保证劳动者在就业时，充分地了解用人单位的情况，保证劳动者在与用人单位签订劳动合同时，真正享受平等、自愿、协商一致的待遇，这对劳动者和用人单位今后履行劳动合同，建立稳定和谐的劳动关系是十分必要的。

用人单位在让求职者享受知情权时应注意下列问题：
(1) 知情权行使的时间是在缔约过程之中；
(2) 知情权的范围是与缔结劳动合同有关的信息，用人单位的商业秘密则不属于知情权的范围；
(3) 用人单位对其提供的信息，应负有保证信息真实性的义务。
(二) 用人单位不得扣押劳动者的居民身份证

教学案例 10.13

中南大学毕业的林同学和5名同学到长沙爱森特贸易有限公司应聘业务员的岗位。公司承诺给他们丰厚的薪水：每月2 000元底薪加提成。他们没有社会经验，进入公司时也未查看公司的有关证件就开始参加公司举办的业务培训班。公司的业务培训非常严格。业务培训三天后，工作人员就要扣留他们的手机、身份证、学位证和毕业证的原件。由于缺乏社会经验，他们没有多想就将证件交给了公司。

接着公司硬性要求他们不准和陌生人说话，不准和外界联系，也不准与同事进行交流，并逐渐开始限制他们的人身自由，不准他们外出。而公司经理给出的理由竟是为了他们的人身安全。他觉得事有蹊跷，于是趁工作人员不备从公司跑了出来，但其证件和行李还留在了公司。

跑出公司后，他试图和另5个同学取得联系，但他们的手机还一直处于关机状态。他非常担心另5名同学被公司扣押，因为公司像人间蒸发一样没有任何消息，经理的手机号码也换了。

分析与点评

公司提出要扣留身份证、学位证、毕业证等原件时，学生要向公司指出这种做法违反了法律的规定。身份证除了公安机关外，任何单位和个人都没有权利扣留。任何单位和个人扣留都是违法的。

而根据用人单位的需要，应聘者可以向用人单位提供相关证件的复印件，由用人单位有关责任人确认身份证复印件和原件相符就可以了。大学生在找工作时一定要保持清醒的头脑，一定要有法律意识，不要让一些违规的用人单位钻了法律的空子。

《劳动合同法》第九条明确规定：用人单位招用劳动者，不得扣押劳动者的居民身份证和其他证件，不得要求劳动者提供担保或者以其他名义向劳动者收取财物。

四、劳动合同的解除

劳动者有下列情形之一的，用人单位可以随时解除劳动合同：

（1）在试用期间被证明不符合录用条件的；
（2）严重违反用人单位的规章制度的；
（3）严重失职，营私舞弊，给用人单位造成重大损害的；
（4）劳动者同时与其他用人单位建立劳动关系，对完成本单位的工作任务造成严重影响，或者经用人单位提出，拒不改正的；
（5）劳动者以欺诈、胁迫的手段或者乘人之危，使用人单位在违背真实意思的情况下订立或者变更劳动合同的；

劳动合同可以写进双方约定的条款。可以约定试用期。试用期是用人单位与劳动者在劳动合同中协商约定的对对方的考查期。

关于试用期期限的规定：劳动合同期限三个月以上不满一年的，试用期不得超过一个月；劳动合同期限一年以上不满三年的，试用期不得超过两个月；三年以上固定期限和无固定期限的劳动合同，试用期不得超过六个月。

不得约定试用期的情形：以完成一定工作任务为期限的劳动合同或者劳动合同期限不满三个月的，不得约定试用期。同一用人单位与同一劳动者只能约定一次试用期。

试用期工资规定：劳动者在试用期的工资不得低于本单位同岗位最低档工资或者劳动合同约定工资的百分之八十，并重申试用期工资不得低于用人单位所在地的最低工资标准。

教学案例 10.14

大学生应聘者提供假学历，企业欲解除合同

甲公司录用了工程师乙，录用条件中明确了研究生学历要求。乙在应聘时也提供了相应学历证件，并在登记表中注明学历层次。双方签订了5年劳动合同。半年后甲公司偶然得知乙的研究生学历系假的。公司要求与乙解除劳动关系。

分析与点评

《劳动合同法》规定，凭借假学历签订劳动合同，可导致劳动合同无效。在这种情况下，用人单位可以解除劳动合同，并且不用支付经济补偿金。但应注意，甲公司需要有充分的证据证明在录用乙时，并不知道其研究生学历是假的，并且是据此录用了他。

教学案例 10.15

用人单位试用期满后不得以不符合录用条件为由解除合同

公司招聘录用了王某，且双方签订了两年的劳动合同，约定试用期3个月。一个半月后，王某的考核结果为不合格。公司车间主任将考核的依据和材料于当月底转到人力资源部。人力资源部考虑解除合同。在第3个月的第2天，公司通知王某以不符合录用条件为由解除劳动合同。王某不服提起仲裁要求继续履行劳动合同。仲裁庭裁定王某继续履行劳动合同。

分析与点评

试用期内不符合录用条件的，用人单位可以解除劳动合同。但两年的劳动合同试用期不得超过两个月，超过部分无效。虽然在两个月内公司已经证明王某不符合录用条件，但公司的解除决定是第3个月做出的，此时已经不在试用期内。如要解除与王某的劳动合同，必须证明王某不能胜任工作岗位，且经培训或调整工作岗位后仍不胜任。

法律依据：《劳动合同法》第十九条、二十一条、三十九条。

五、劳务派遣问题

劳务派遣又称人才派遣、人才租赁、劳动派遣、劳动力租赁，是指由劳务派遣机构与派遣劳工订立劳动合同，由派遣劳工向要派企业（实际用工单位）给付劳务。劳动合同关系存在于劳务派遣机构与派遣劳工之间，但劳动力给付的事实则发生于派遣劳工与要派企业（实际用工单位）之间。总而言之，作为市场经济产物的劳务派遣，不但满足了我国在市场经济条件下市场主体的需要，也为我国的经济体制改革实践提供了服务，体现出具有

中国特色的与国际市场接轨的特点。

劳务派遣型就业是一种非正规就业形式。劳动者是劳务派遣企业的职工，与派遣机构是雇用关系。但是，劳动者在用人单位工作，并接受相关的管理，用人单位与劳动者是使用和被使用的关系。与各类就业形式相比，劳务派遣型就业的特点是，它是固定期限的依附性就业。劳务派遣的优点和好处主要表现在以下几点。

（一）"不求所有，但求所用"

"不求所有，但求所用"是劳务派遣制的一个显著特征。在我国旧的计划经济体制下，工人归单位所有，都是单位的人，工作是终身制，端的是铁饭碗，人员能进不能出。工人闲置浪费现象很普遍。目前在我国市场经济条件下，知识经济正在兴起，工人要流动，"单位人"变成"社会人"已经是大势所趋。我国著名劳务学家、中国劳动科学院副院长王通讯教授提出"对工人，不养而用是上上之策。"他说："对于工人的使用，现在有三种现象：一是养人用人；二是养人不用人；三是不养人而用人。对用人单位来说'工人不养而用'是上上之策，追求工人'为我所用'要比'为我所有'有利得多。"实行劳务派遣制，使用人单位在工人使用上"不求所有，但求所用"这种新的用人理念得以实现。用人单位只需与劳务派遣机构签订一份劳务派遣协议，然后由劳务派遣机构把合适人员派到用人单位工作。用人单位只负责对工人的使用，不与工人本人发生任何隶属关系。应当说，以"不求所有，但求所用"为特征的劳务派遣制，特别适合于那些非公有制企业，国企改制企业和那些经营发展变化比较快，不同发展阶段或不同发展时期对人才需求又不尽相同的单位。

（二）"你用人，我管人"

"你用人，我管人"是人才派遣制的又一个显著特征。人才派遣制的用人模式实际上形成的是三种关系，也就是以人才派遣机构为中间行为主体形成的派遣机构与被派遣人才之间的隶属关系、派遣机构与用人单位之间的合作关系，以及被派遣人才与用人单位之间的工作关系。很显然，用人单位对人才只管使用和使用中的工作考核，剩下的一切管理工作，包括工资薪酬的发放，社会保险的代收代缴，合同的签订、续订和解除，相关问题和争议的处理，日常一系列的人事管理等，全部由人才的派遣机构负责。这样，用人单位用人，派遣机构管人，这种用人模式对用人单位来说省了很多事，减少了大批因管理工作带来的工作量和相关的麻烦，可以使用人单位的经营管理者能够更专心于事业的发展和企业的生产经营。

（三）劳务派遣机构"一手托两家"

劳务派遣机构"一手托两家"，更有利于劳务供需双方的双向选择和有关各方责权利的保障，这是劳务派遣制的一个带有根本性的好处，也是这种用人模式独特的机制。

劳务派遣三方的权益缺乏保障。目前，凡是从事劳务派遣的，一般都能做到以下几点：劳务派遣机构与用人单位都签订有《劳务派遣协议书》，劳务派遣机构与部分劳动者签订有《劳动合同》，实行行业自律规范。但是，由于我国劳动保障的总体法制还不健全，使得劳务派遣在实际运作中无法可依、无章可循，导致出现以下问题：一是各派遣机构在具体协议内容和标准上做法不一；二是一些责任问题没有解决办法；三是发生争议也无法解决。结果，劳务派遣机构、用人单位和劳动者的权益都无法完全得到保障。具体问题有：劳动合同问题；参加社会保险问题；跨地区就业的政策衔接问题；劳动者的其他权益问题；容

第十章 就业权益保护

易发生争议的问题。

 六、劳动合同的无效

（一）无效合同

《劳动法》规定了两种无效的劳动合同：一种是违反法律和行政法规的劳动合同；另一种是采用胁迫、欺诈等手段订立的劳动合同。《劳动合同法》里除了保留这两种无效合同的界定外，又增加了对无效合同的规定。

第十八条规定下列劳动合同无效：

（1）违反法律、行政法规的劳动合同；

（2）采取欺诈、威胁等手段订立的劳动合同。

无效的劳动合同，从订立的时候起，就没有法律约束力。确认劳动合同部分无效的，如果不影响其余部分的效力，其余部分仍然有效。劳动合同的无效，由劳动争议仲裁委员会或者人民法院确认。

第二十六条规定下列劳动合同无效或者部分无效：

（1）以欺诈、胁迫的手段或者乘人之危，使对方在违背真实意思的情况下订立或者变更劳动合同的；

（2）用人单位免除自己的法定责任、排除劳动者权利的；

（3）违反法律、行政法规强制性规定的。

对劳动合同的无效或者部分无效有争议的，由劳动争议仲裁机构或者人民法院确认。

《劳动法》施行的时间较长，人们对它的条款比较熟悉，在此只阐述一下《劳动合同法》新增的两种无效的劳动合同。

《劳动合同法》新增加的另一种无效合同是"乘人之危，使对方在违背真实意思的情况下订立或者变更"的劳动合同。

教学案例 10.16

小黄是个技术型人才，其技术水平非常高。他去一家公司应聘的时候，该公司人事经理比较看好小黄，打算录用他，于是跟他谈到了工资的问题。人事经理问小黄："假如我们录用你，你希望在我们公司一个月拿多少钱？"小黄如实地说："我在上一家公司月薪是1万元，在来你们这里应聘之前，我也去过很多其他的公司应聘，有的公司愿意给我1万，有的给我1.2万，有的则给我更多，总而言之，没有低于1万的。我想我要1万你们应该可以接受。"人事经理一听，觉得小黄要的工资确实不高，凭他的条件，公司可以给他月薪1万元。

但是，小黄又说："不过，我到你们公司，月薪不到1万也行，只要给我月薪8 000，并满足我的下列条件，我也可以接受：在与贵公司签订劳动合同以后，贵公司一次性预支给我5个月的工资，即4万元。如果答应我这个条件，我就可以跟你们公司签三年的合同。"

人事经理听了很为难，对小黄说："这事我做不了主，因为风险性较高。万一我们支付

你4万元工资后,你不来上班怎么办?"确实,小黄之前去别的公司应聘时,也曾提出这样的条件,很多公司都不敢接受。但是人事经理比较好奇,就问小黄为什么提出这样的条件。小黄说:"因为我母亲正在住院,她的病必须要马上做手术,但是我还没有凑够手术费,目前差4万元。所以我想尽快赚到4万元,让我母亲能及时做手术。否则时间稍微一长,她可能就会有生命危险。"

人事经理听完以后说:"我挺同情你,但是我决定不了,要跟总经理请示一下。"

该公司总经理也是一个孝子,而且也非常爱才,看了小黄的求职简历以后,认为他很符合公司的需要,就对人事经理说:"咱们能不能冒点风险,万一他的情况是真的呢。咱们应该帮他一下,这样既做了好事,又得到一个人才,岂不是一举两得?"但是总经理又说:"不过,你再跟他商量一下,他的月薪还得再降低一些,降到5 000,我们一次性支付他8个月的工资,还是保证他能拿到4万元。我想,为了救他母亲,这个条件他也不得不答应。"

小黄听了人事经理的转述后,心里很不愿意:明明可以拿到的每月1万元工资,怎么转眼就变成5000元了?简直难以接受。但是母亲正等着用钱做手术,没有办法,小黄无奈地同这家公司签订了劳动合同。公司也如约向他预支了8个月的工资4万元。

有了钱后,小黄母亲的手术很成功地做完了。小黄也在这家公司努力工作了一年。但是在劳动合同履行到第二年的时候,小黄与公司就劳动合同中的某个条款发生了争议。为了寻求法律救济,小黄来到某律师事务所,向律师咨询有关劳动合同的问题。负责为小黄提供咨询的律师听小黄叙述了劳动合同的签订过程后认为,小黄与公司之间签订的劳动合同是无效的。"为什么是无效的劳动合同?"小黄感到有点纳闷。

分析与点评

案例中的公司在得知小黄目前遇到紧急情况急需用钱,也就是小黄因替母亲治病,急需用钱后,巧妙地利用了小黄急需解决自己家中危难这一点,把他的薪酬降到了明显不合理的地步。小黄虽不情愿,但也不得不接受这个条件。因此,这种劳动合同在劳动争议仲裁或诉讼时,就可能被认定为是"乘人之危,使对方在违背真实意思的情况下订立"的无效合同。

(二) 无效合同的处理

在目前的司法实践中,处理无效劳动合同,首先要区分劳动合同全部无效和部分无效两种情况。对于部分无效的劳动合同,因不影响劳动合同的整体效力,处理时应根据劳动法和集体合同的规定对该无效部分条款做出调整。如关于劳动报酬条款,如果合同规定的劳动报酬低于最低工资标准,应当认定该条款无效,而按最低工资标准执行或由当事人另行约定。对于全部无效的劳动合同,所引发的法律后果主要有以下两个方面:

(1) 劳动者在劳动关系存续期间提供劳动力的,用人单位应当支付相应的劳动报酬,并应按照国家的有关规定为劳动者缴纳社会保险等费用。用人单位未支付报酬或所支付的报酬低于《劳动法》及集体合同规定的最低标准时,应按相应的标准补足。除此之外,因用人单位的原因导致合同无效的,用人单位还应按照《劳动法》的有关规定承担赔偿责任。

(2) 在劳动合同有效,双方存在劳动法律关系的情况下,用人单位如果想要提前终止劳动合同，除了要遵守《劳动法》规定的条件外，还必须支付劳动者一定的经济补偿金。劳动合同被确认为无效后，对双方业已存在的劳动关系按有效处理，因用人单位的原因导致合同无效，劳动关系终止的，应视为用人单位提前终止合同，也应向劳动者支付相应的经济补偿金。最高人民法院在《关于审理劳动争议案件适用法律若干问题的解释》中也规定，因用人单位原因订立无效合同，给劳动者造成损害的，应当比照违反和解除劳动合同经济补偿金的支付标准，赔偿劳动者因合同无效所造成的经济损失，其中即包括用人单位所应支付的经济补偿金。

如果用人单位与劳动者订立的劳动合同被认定为无效，那么应该怎样处理呢？

教学案例 10.17

蒋某因受私营公司老板的欺诈，在不知公司具体情况的前提下，与该公司签订了三年期的劳动合同。进入公司工作一个月后，蒋某发现了老板的骗术，明白了当初劳动合同的签订，都是因自己受到老板的欺诈而形成的事实。于是，蒋某向老板提出要解除劳动合同，老板不同意，双方为此发生纠纷，诉至当地劳动争议仲裁委员会。经劳动争议仲裁委员会审理后认定，双方签署的合同为无效劳动合同。此时，蒋某对自己一个月劳动所应得到的工资又提出了异议。

原来，双方在劳动合同中给蒋某约定的工资数额很低，只有 690 元（相当于当地最低工资标准）。但蒋某在工作中发现，与他在同工种、同岗位的员工工资标准均在 2 500 元以上。

因此，蒋某在劳动合同被认定为无效后，又提出了要求按 2 500 元的标准享受工资的请求。老板不同意，认为：蒋某所工作的一个月，其工资应该按双方事先在劳动合同中的约定进行支付。因此，蒋某要求按 2 500 元的标准享受工资的请求没有任何依据。

那么，蒋某的工资应该怎样支付呢？

分析与点评

这是一个无效劳动合同的处理问题。《劳动法》就此所做规定仅是明确了合同自始无效、全部无效和部分无效的区分，以及用人单位对造成合同无效应负的赔偿责任，但对案件的具体处理这一权利义务分配的关键事项并未涉及。应当说，在劳动合同无效处理上，真正的难点是全部无效的劳动合同的处理。合同部分无效的处理相对简单。一方面，无效部分之外按劳动合同的约定确定权利义务；另一方面，对无效部分，应按照法律、行政法规的规定确定当事人之间的权利义务。同时，在合同部分无效与全部无效的关系上，一般而言，涉及合同基本关系和主体资质导致合同无效的，应属于合同的全部无效，其他问题上的无效约定则通常只导致相应条款或部分的无效。

在无效劳动合同的基本处理方法上，审判实践中通行的观点是，无效劳动合同应按劳务关系处理。理论界一种较常见的观点则是，无效劳动合同应属事实劳动关系。其理由是，劳动力一旦付出，就无法恢复到合同订立前的状态，对因劳动合同无效而发生的权利义务关系，应视为一种事实劳动关系。在更具体的层面上，有观点认为，无效劳动合同因无法返还，故其处理不适用《劳动合同法》关于合同无效处理的规定。有的人则认为，无效劳动合同适用返还财产。但在适用返还财产的权利依据上又存在着不同认识。有的认为这种返还财产请求权的基础是返还不当得利，有的则认为是所有物返还，而非返还不当得利。也有人提出，应调整合同无效的溯及力，即合同无效只对未来发生效力，而对已提供的劳务不发生法律效力。

为了解决上述问题和分歧，最高人民法院关于《审理劳动争议案件适用法律若干问题的解释》（法释［2001］14号）第十四条中做了明确规定："劳动合同被确认为无效后，用人单位对劳动者付出的劳动，一般可参照本单位同期、同工种、同岗位的工资标准支付劳动报酬。"最新出台的《劳动合同法》在第二十八条中也做了类似的规定："劳动合同被确认无效，劳动者已付出劳动的，用人单位应当向劳动者支付劳动报酬。劳动报酬的数额，参照本单位相同或者相近岗位劳动者的劳动报酬确定。"

根据上述规定，对于蒋某所工作的一个月，公司应参照本单位相同或者相近岗位劳动者的劳动报酬标准，向蒋某支付2 500元作为劳动报酬。

七、大学生签订劳动合同应注意的问题

（一）劳动合同的内容要全面

劳动合同应当具备的内容有用人单位的名称、住所、法定代表人以及主要负责人等基本的用人单位信息以及劳动者本人的信息，包括姓名、住址和居民身份证号或者其他的有效证件号码等。除此之外，劳动合同所必备的重要内容，包括劳动合同的期限、工作内容、工作地点、工作时间和休息休假以及劳动报酬、社会保险、劳动保护、劳动条件和职业危害的防护。除了这些必要的条款之外，用人单位还可以和劳动者约定试用期、培训、保守商业秘密、补充保险和福利待遇等其他事项。在劳动合同中，有一个条款需要提醒劳动者：工作内容和工作地点。希望所有大学生签订劳动合同的时候都要注意，你的工作岗位是什么，包括有什么样的工作内容，这个工作会不会给你本人带来一定的人身损害，比如说有污染或者对眼睛有损害，或者有辐射，或可能对人体产生其他的危害，等等。这些内容需要在劳动合同或岗位描述中有必要的说明。大学生还可以在用工时要求由用人单位主持做一个体检（健康检查），日后一旦发现自己的身体有与工作岗位有关的受损或异常，就应立即再做检查。如果能够检查出身体受损的确切情况，还可以申请做职业病的鉴定。可能的话，会获得职业病的待遇。

大学生在签订劳动合同之前，还要注意一点，就是知情权。在签订劳动合同时，对用人单位的规章制度、劳动条件和报酬等这些关键信息都要进行充分的了解。如果用人单位在签订合同过程中，没有明确告知这些关键性信息，比如工作条件、劳动报酬、你的一些劳动条件还有企业的相关制度等，那么，就可能产生劳动者不受用人单位规章制度约束的法律后果。

（二）要警惕"陷阱"合同

毕业生在签订劳动合同的过程中，应该注意提防以下四种"陷阱"合同：

1. 口头合同

口头约定并不签订书面正式文本。一有"风吹草动"，这些口头许诺就会化为泡影。

2. 格式合同

用人单位按照国家有关法律规定和劳动部门制定的合同示范文本事先打印好的聘用合同从表面上看似乎无可挑剔，但在具体条款的制定上却表述含糊，甚至有多种解释，一旦发生劳动纠纷，用人方就会借此为自己辩护。

3. 单方合同

又称一边倒合同。一些用人单位利用应聘者求职心切的心理，只约定应聘方有哪些义务，违反约定要承担怎样的责任，毁约要交纳违约金等，而关于应聘者的权利几乎一字不提。

4. 生死合同

一些危险行业的用人单位为逃避应该承担的责任，常常要求应聘方接受合同中的"生死协议"，即一旦发生意外，企业不承担任何责任。如果签订了这种合同，真的发生意外事故后，用人单位就有理由给自己开脱了。

5. 抵押合同

即用人单位在劳动合同中写明：就业者在工作期间要交付相当数量的风险抵押金或抵押身份证，就业者如自行辞退工作，用人单位就有权利没收抵押金或身份证。这既侵犯了就业者的权利，又违反了劳动法的相关规定。

第四节 社会保险的有关知识

一、社会保险概述

（一）社会保险概述

《中华人民共和国社会保险法》（以下简称《社会保险法》）于2007年年底提请全国人大常委会初次审议，历时三年多，经过四次审议，最终于2010年10月28日经十一届全国人大常委会第十七次会议表决通过，自2011年7月1日起实行。

从理论上讲，社会保险是以国家为主体，对有工资收入的劳动者在暂时或者永久丧失劳动能力，或虽有能力而无工作，亦即丧失生活来源的时期内，通过立法手段，运用社会力量给其一定程度的损失补偿，保障其基本生活的社会保障制度。

1. 劳动者暂时失去劳动能力

这种情况主要包括三个方面：第一，员工在工作中病得很严重，需要住院治疗或者在家休养；第二，女职工休产假期间暂时没有办法工作；第三，员工在工作中发生工伤事故，导致伤残比较严重，需要救治。

2. 劳动者永久丧失劳动能力

永久丧失劳动能力是指劳动者到了退休年龄。"退休"就意味着劳动者到了法定退休年龄以后就丧失了劳动权利能力。

（二）《社会保险法》出台的目的

（1）维护公民的社会保障权益，保障基本生活。

我国《宪法》规定了公民的社会保障权，《劳动法》第三条也明确规定了劳动者"享受社会保险和福利的权利"，因此，《社会保险法》的重要目的之一就在于保障公民的社会保险权益。

（2）保障民生，实现共享发展成果。

改革开放30年来，我国的社会经济取得了举世瞩目的成绩，但也暴露出诸多社会问题，如贫富差距拉大、社会保障体系不完善等，因此如何解决社会矛盾，让全体国民分享到经济社会发展的成果，使得改革开放能够真正地惠及全民，成为我国目前所面临的重要议题。而《社会保险法》的通过以及社会保险制度的建立和完善，其本身就是让国民分享发展成果，因为社会保险制度的建立和完善需要国家财政的支持，从而确保社会保险基金的可持续性。

（3）预防社会风险，促进社会和谐。

由于社会保险制度的不健全，在部分地方引发了较多的群体性事件。从其根源来讲，当劳动者遭遇到年龄、疾病、工伤、失业等风险时，无法享受到相应的保障，则只有向政府表达相应的诉求。若处理不好，就会演变为社会突发事件。因此《社会保险法》的通过，将有利于社会保险制度的完善，帮助公民化解社会风险，避免冲突，促进社会和谐。

（三）我国社会保险的发展历程

从1949年开始，我国的社会保险经历了坎坷的发展历程，也在历史教训中总结到了宝贵经验。总的来说，我国社会保险制度大体经历了四个发展时期：初创时期、调整和发展时期、停滞时期、重建和改革时期。

1. 初创时期

1951—1957年是我国社会保险制度的第一个时期，称为初创时期。1951年2月26日，国务院颁布了《中华人民共和国劳动保险条例》，简称《劳保条例》。条例规定：当员工发生疾病、工伤、生育、年老时，劳动者应该享受的劳动保险待遇全部由用人单位承担。这段时间内，我国构建了一个社会保险体系。比如，职工在一个企业里连续工作8年，休病假时就不会被扣太多工资，甚至一分钱都不扣，这就是所谓的"病假待遇"。按照劳保条例规定，企业要负担员工的医药费，所以很多企业跟大医院签订了合作协议，被称为"合同医院"。员工拿着医院和单位共同出具的三联单到医院看病时，只需支付挂号费。看完病之后企业会跟医院结账。职工发生工伤以后，在休工伤假期间，企业全额支付职工上班期间的工资和工伤医疗费。即使在此期间调整工资，也不受任何影响。

2. 调整和发展时期

1958—1966年，我国社会保险有了一些调整和发展，完善了很多方面的内容，包括职工死亡应该享受的丧葬费、直系供养亲属的抚恤金；职工到了退休年龄，可以由所在单位发放退休金直到职工死亡。退休金的多少跟员工连续工龄的时间长短相关，工龄越长，退休金就越高。在这段时期内，我国的社会保险制度比较完善，但是员工的待遇相对较低，而且当时没有失业保险。如果员工被企业开除或辞退，其档案就会被退回到街道，员工是领不到失业金的。

3. 停滞时期

1967—1978年，我国的社会保险基本延续过去的制度，没有什么变化。1978年之前，我国实行的是计划体制下的计划经济，虽然没有社会上的统筹保险，但并不意味着员工不享受保险待遇。企业内实行固定工，员工的生老病死全部由企业负责，这给企业造成了很大的负担。例如，有的企业有800名职工，但可能会有1 000多名退休人员都要依靠企业生活。退休职工越多，企业的成本就越高。因此，当时的新企业很轻松，老企业却因为退休人员太多而难堪重负。

4. 重建和改革时期

1978年以后，我国形成了一套新的以社会统筹为基本的社会保险。其必要性有两个：第一，我国从计划体制过渡到市场经济体制以后，老企业背着沉重的包袱，无法与新企业在同一起跑线上竞争。国家建立社会统筹的保险可以保证企业竞争环境的公平性。第二，员工在计划体制下无法流动，调走时必须经过单位同意。员工在企业中是固定工，不犯大错就不会被开除。没有人辞职，因为辞职后工龄待遇会受影响。以社会统筹为基本的社会保险可以打破这种固定模式。职工在不同的单位工作，只要单位缴纳保险，职工就有了缴费工龄，即便更换工作单位也不会受影响。社保经办机构会把职工所有的缴费工龄记录备案，职工到了退休年龄，社保经办机构就会按照职工缴费工龄的长短和缴费额的多少来计算养老金。这样既解决了市场经济企业用人的灵活性、员工的流动性问题，也解决了老企业的包袱问题。

二、我国社会保险制度的主要内容

（一）社会保险制度的建立原则

《社会保险法》的立法原则为12字方针：广覆盖、保基本、多层次、可持续。

1. 广覆盖

广覆盖主要解决覆盖面比较小的问题。现有的社会保险主要以在职职工为保障对象，对没有工作的农民或者城镇居民来说，社会保险是不完善的，这次立法则要求社会保险覆盖所有人。

2. 保基本

我国的生产力水平比较低，社会保险也一直没有得到太多重视，企业和员工的承受能力有限。在这种情况下，只能先保基本才能做到可持续。

3. 多层次

目前，社会保险的缴费基数控制在一定范围内，在未来的老龄化社会里就可能出现问题。比如，缴纳养老保险不是按照员工的工资额度为标准，而是有一个上限和下限——下限是社平工资（社会职工的平均工资）的60%，上限是社平工资的3倍。也就是说，如果员工的工资高出社平工资3倍，就按上限缴纳养老保险。这样的结果是员工缴纳的钱较少，工资高的员工退休之后养老金会比工资低很多，生活水平也会下降太多；工资低的员工将来享受到的养老保险待遇跟上班工资差别不是很大，生活水平不会下降太多。所以，企业只给员工保基本是不够的，还要注重多层次。鼓励职工进行个人储蓄的商业养老保险。

4. 可持续

我国过去的社会保险制度主要强调企业缴费和员工缴费，例如，在20世纪90年代中期，社会保险刚建立的时候，有些地方的社会保险完全依靠企业和职工缴纳的钱。由于退休职工较多，这些钱根本不够发放退休金，于是就出现了企业拖欠职工养老金的情况。这次立法从经费上强调国家要多渠道筹集社会保险资金，县级以上人民政府对社会保险事业给予必要的经费支持，有效地解决了这个问题，实现了社会保险的可持续发展。

（二）社会保险的主要内容

1. 养老保险

养老保险是劳动者在达到法定退休年龄退休后，从政府和社会得到一定的经济补偿物质帮助和服务的一项社会保险制度。

国有企业、集体企业、外商投资企业、私营企业和其他城镇企业及其职工，实行企业化管理的事业单位及其职工必须参加基本养老保险。

新的参统单位（指各类企业）的单位缴费费率确定为10%，个人缴费费率确定为8%，个体工商户及其雇工、灵活就业人员及以个人形式参保的其他各类人员，根据缴费年限实行的是差别费率。参加基本养老保险的个人劳动者，缴费基数在规定范围内可高可低，多交多受益。职工按月领取养老金必须达到法定退休年龄，并且已经办理退休手续；所在单位和个人依法参加了养老保险并履行了养老保险的缴费义务；个人缴费至少满15年。

中国的企业职工法定退休年龄为：男职工60岁；从事管理和科研工作的女干部55岁；女职工50岁。基本养老金由基础养老金和个人账户养老金组成。职工达到法定退休年龄且个人缴费满15年的，基础养老金月标准为省（自治区、直辖市）或市（地）上年度职工月平均工资的20%。个人账户养老金由个人账户基金支付，月发放标准根据本人账户储存额除以120。个人账户基金用完后，由社会统筹基金支付。

2. 医疗保险

医疗保险分三种：职工基本医疗保险、新型农村合作医疗和城镇居民基本医疗保险。

（1）城镇职工基本医疗保险。城镇职工基本医疗保险制度是根据财政、企业和个人的承受能力所建立的保障职工基本医疗需求的社会保险制度。城镇居民基本医疗保险实行个人缴费和政府补贴相结合。所有用人单位，包括企业（国有企业、集体企业、外商投资企业和私营企业等）、机关、事业单位、社会团体、民办非企业单位及其职工，都要参加基本医疗保险。城镇职工基本医疗保险基金由基本医疗保险社会统筹基金和个人账户构成。基本医疗保险费由用人单位和职工个人账户构成。基本医疗保险费由用人单位和职工个人共同缴纳，其中：单位按8%比例缴纳，个人缴纳2%。用人单位所缴纳的医疗保险费一部分用于建立基本医疗保险社会统筹基金，这部分基金主要用于支付参保职工住院和特殊慢性病门诊及抢救、急救。发生的基本医疗保险起付标准以上、最高支付限额以下符合规定的医疗费，其中个人也要按规定负担一定比例的费用。个人账户资金主要用于支付参保人员在定点医疗机构和定点零售药店就医购药符合规定的费用，个人账户资金用完或不足部分，由参保人员个人用现金支付。个人账户可以结转使用和依法继承。参保职工因病住院先自付住院起付额，再进入统筹基金和职工个人共付段。参加基本医疗保险的单位及个人，必须同时参加大额医疗保险，并按规定按时足额缴纳基本医疗保险费和大额医疗保险费，才能享受医疗保险的相关待遇。享受最低生活保障的人、丧失劳动能力的残疾人、低收入家庭六十周岁以上的老年人和未成年人等所需个人缴费部分，由政府给予补贴。

（2）新型农村合作医疗的管理办法，由国务院规定。

（3）城镇居民基本医疗保险。城镇居民基本医疗保险实行个人缴费和政府补贴相结合。享受最低生活保障的人、丧失劳动能力的残疾人、低收入家庭六十周岁以上的老年人和未成年人等所需个人缴费部分,由政府给予补贴。

3. 工伤保险

工伤保险也称职业伤害保险。劳动者由于工作原因并在工作过程中受意外伤害,或因接触粉尘、放射线、有毒害物质等职业危害因素引起职业病后,由国家和社会给负伤、致残者以及死亡者生前供养亲属提供必要物质帮助。工伤保险费由用人单位缴纳。对于工伤事故发生率较高的行业,工伤保险费的征收费率高于一般标准。这一方面是为了保障这些行业的职工发生工伤时,工伤保险基金可以足额支付工伤职工的工伤保险待遇;另一方面,通过高费率征收,使企业有风险意识,加强工伤预防工作,使伤亡事故率降低。

职工上了工伤保险后,职工住院治疗工伤的,由所在单位按照本单位因公出差伙食补助标准的70%发给住院伙食补助费;经医疗机构出具证明,报经办机构同意,工伤职工到统筹地区以外就医的,所需交通、食宿费用由所在单位按照本单位职工因公出差标准报销。另外,工伤职工因日常生活或者就业需要,经劳动能力鉴定委员会确认可以安装假肢、矫形器、假眼、假牙和配置轮椅等辅助器具的,所需费用按照国家规定的标准从工伤保险基金中支付。工伤参保职工的工伤医疗费一至四级工伤人员伤残津贴、一次性伤残补助金、生活护理费、丧葬补助金、供养亲属抚恤金、辅助器具费、工伤康复费、劳动能力鉴定费等都应从工伤保险基金中支付。

4. 失业保险

失业保险是国家通过立法强制实行的,由社会集中建立基金,对因失业而暂时中断生活来源的劳动者提供物质帮助的制度。

各类企业及其职工、事业单位及其职工、社会团体及其职工、民办非企业单位及其职工、国家机关与之建立劳动合同关系的职工都应办理失业保险。失业保险基金主要用于保障失业人员的基本生活。城镇企业、事业单位、社会团体和民办非企业单位按照本单位工资总额的2‰缴纳失业保险费,其职工按照本人工资的1‰缴纳失业保险费。无固定工资额的单位以统筹地区上年度社会平均工资为基数缴纳失业保险费。单位招用农牧民合同制工人的本人不缴纳失业保险费。

当前中国失业保险参保职工的范围包括:在岗职工;停薪留职、请长假、外借外聘、内退等在册不在岗职工;进入再就业服务中心的下岗职工;其他与本单位建立劳动关系的职工(包括建立劳动关系的临时工和农村用工)。城镇企业事业单位失业人员按照有关规定具备以下条件的失业职工可享受失业保险待遇:按照规定参加失业保险,所在单位和本人已按照规定履行缴费义务满1年的,其次不是因本人意愿中断就业的,还有已经办理失业登记,并有求职要求的。

5. 生育保险

生育保险是针对生育行为的生理特点,根据法律规定,在职女性因生育子女而导致劳动者暂时中断工作、失去正常收入来源时,由国家或社会提供的物质帮助。生育保险待遇包括生育津贴和生育医疗服务两项内容。生育保险基金由用人单位缴纳的生育保险费及其利息以及滞纳金组成。女职工产假期间的生育津贴、生育发生的医疗费用、职工计划生育手术费及国家规定的与生育保险有关的其他费用都应该从生育保险基金中支出。

所有用人单位(包括各类机关、社会团体、企业、事业、民办非企业单位)及其职工都要参加生育保险。生育保险由用人单位统一缴纳,职工个人不缴纳生育保险费。生育保险费由用人单位按照本单位上年度职工工资总额的 0.7% 缴纳。享受生育保险待遇的职工，必须符合以下三个条件：用人单位参加生育保险在 6 个月以上，并按时足额缴纳了生育保险费；计划生育政策有关规定生育或流产的；在本市城镇生育保险定点医疗服务机构，或经批准转入有产科医疗服务机构生产或流产的（包括自然流产和人工流产）。

本章小结

大学生的就业权益问题主要包括求职过程中常见的侵权、违法行为，就业协议书的签订流程和注意事项，大学生签订劳动合同应注意的问题，社会保险的有关知识。设立本章的目的是让大学生认识就业权益，学会保护自己。通过对本章的学习使学生对即将到来的就业中可能涉及的问题如何从法律上去思考有一个概括的了解，从而提高学生的就业权益保护的法律意识。

复习思考题

1. 常见的就业侵权、违法行为有哪些？
2. 就业协议书的签订流程和注意事项有哪些？
3. 大学生签订劳动合同应注意的问题？
4. 什么是社会保险？社会保险的主要内容是什么？

附录一　心理测试

一　气质类型测试

气质量表用来判断人的气质类型。下面是有关气质的60道问答题，没有对错之分，回答时不要猜测什么是正确答案，请根据你的实际情况与真实想法作答。每题设有五个选项：

A. 很符合　　B. 比较符合　　C. 介于中间　　D. 不太符合

E. 很不符合

1. 做事力求稳妥，一般不做无把握的事。
2. 遇到可气的事就怒不可遏，只有把心里话全说出来才痛快。
3. 宁可一人做事，不愿很多人在一起。
4. 很快就能适应一个新环境。
5. 厌恶那些强烈的刺激，如尖叫、噪声、危险镜头等。
6. 和人争吵时，总是先发制人，喜欢挑衅。
7. 喜欢安静的环境。
8. 善于和人交往。
9. 羡慕那种善于克制自己感情的人。
10. 生活有规律，很少违反作息制度。
11. 在多数情况下，情绪是乐观的。
12. 碰到陌生人会觉得很拘束。
13. 遇到令人气愤的事，能很好地自我控制。
14. 做事总是有旺盛的精力。
15. 遇到问题时常常举棋不定，优柔寡断。
16. 在人群中从不觉得过分拘束。
17. 情绪高昂时觉得干什么都有趣；情绪低落时觉得干什么都没意思。
18. 当注意力集中于某一事物时，别的事物很难让自己分心。
19. 理解问题总比别人快。
20. 碰到危险情况时，常有一种极度恐惧感。
21. 对学习、工作、事业抱有极大的热情。
22. 能够长时间做枯燥、单调的工作。
23. 符合兴趣的事，干起来劲头十足，否则就不想干。
24. 一点小事就会引起情绪波动。

25. 讨厌做那种需要耐心、细心的工作。
26. 与人交往不卑不亢。
27. 喜欢参加热烈的活动。
28. 爱看感情细腻、描写人物内心活动的文学作品。
29. 工作学习时间长时，常感到厌倦。
30. 不喜欢长时间讨论一个问题，愿意实际动手干。
31. 宁愿侃侃而谈，不愿窃窃私语。
32. 别人说我总是闷闷不乐。
33. 理解问题常比别人慢一些。
34. 疲倦时只要经过短暂的休息就能精神抖擞，重新投入工作。
35. 心里有话时，宁愿自己想，不愿说出来。
36. 认准一个目标就希望尽快实现，不达目的，誓不罢休。
37. 同样和别人学习、工作一段时间后，常比别人更疲倦。
38. 做事有些莽撞，常常不考虑后果。
39. 老师和师傅讲授新知识、新技术时，总希望他讲慢些，多重复几遍。
40. 能够很快忘记不愉快的事情。
41. 做作业或完成一件工作总比别人花的时间多。
42. 喜欢运动量大的剧烈活动，或各种娱乐活动。
43. 不能很快地把注意力从一件事上转移到另一件事上去。
44. 接受一个任务后，就希望迅速完成。
45. 认为墨守成规比冒风险好一些。
46. 能够同时注意几件事。
47. 当我烦闷的时候，别人很难让我高兴。
48. 爱看情节起伏跌宕、激动人心的小说。
49. 对工作认真严谨，具有始终如一的态度。
50. 和周围人的关系总是处不好。
51. 喜欢复习学过的知识，重复检查已经完成的工作。
52. 希望做变化大、花样多的工作。
53. 小时候会背许多首诗歌，似乎比别人记得清楚。
54. 别人说我"出语伤人"，可我并不觉得这样。
55. 在体育活动中，常因反应慢而落后。
56. 反应敏捷，头脑机智灵活。
57. 喜欢有条理而不麻烦的工作。
58. 兴奋的事常常使我失眠。
59. 老师讲新的概念，常常听不懂，但是弄懂以后就很难忘记。
60. 如果工作枯燥无味，马上情绪就会低落。

计分标准：选A得2分，选B得1分，选C得0分，选D得－1分，选E得－2分。然后计算总分。

测试结果：

1. 将每题得分填入附表1相应的"得分"栏内。
2. 计算每种气质类型的总分数。
3. 气质类型的确定：如果某类气质得分明显高出其他三种，且均高出 4 分以上，则可定为该类气质。此外，如果某类气质得分超过 20 分，则为典型型；如果某类得分在 10～20 分，则为一般型。如果两种气质类型得分接近，其差异低于 3 分，而且又明显高于其他两种，高出 4 分以上，则可定为两种气质的混合型。

如果三种气质得分均高于第四种，而且相互接近，则为三种气质的混合型。

附表1

	题号	2	6	9	14	17	21	27	31	36	38	42	48	50	54	58	总分
胆汁质	得分																
多血质	题号	4	8	11	16	19	23	25	29	34	40	44	46	52	56	60	总分
	得分																
黏液质	题号	1	7	10	13	18	22	26	30	33	39	43	45	49	55	57	总分
	得分																
抑郁质	题号	3	5	12	15	20	24	28	32	35	37	41	47	51	53	59	总分
	得分																

心理评析：气质是心理活动的动态特征，与日常生活中所说的"脾气""秉性"相近。气质是人格特征的自然风貌，它的成因主要与大脑的神经活动类型及后天习惯有关。气质类型本身在社会价值评价方面无好坏优劣之分。可以说每一种气质类型中都有积极或消极的成分，在人格的自我完善过程中，应扬长避短。气质不能决定人的思想道德素养和活动成就的高低。各种气质类型的人都可以对社会做出贡献，当然其消极成分也会对人的行为产生负面影响。

在人群中，典型的气质类型者较少，更多的人是综合型。多血质和胆汁质的气质类型易形成外向性格；黏液质和抑郁质的气质类型的人一般较文静和内向。

1. 多血质

神经特点：感受性低；耐受性高；不随意反应性强；具有可塑性；情绪兴奋性高；反应速度快而灵活。

心理特点：活泼好动，善于交际；思维敏捷；容易接受新鲜事物；情绪和情感容易产生也容易变化和消失，同时容易外露；体验不深刻。

典型表现：多血质又称活泼型，敏捷好动，善于交际，在新的环境里不会感到拘束。在工作、学习上富有精力而且效率高，表现出机敏的工作能力，善于适应环境变化。在集体中精神愉快，朝气蓬勃，愿意从事合乎实际的事业，会对事业心向神往，能迅速地把握新事物，在有充分自制能力和纪律性的情况下，会表现出巨大的积极性。兴趣广泛，但情感易变，如果事业上不顺利，热情可能消失，其速度与投身事业一样迅速。从事多样化的工作往往成绩卓越。

合适的职业：导游、推销员、节目主持人、演讲者、外事接待人员、演员、市场调查员、监督员等。

2. 胆汁质

神经特点：感受性低；耐受性高；不随意反应性强；外倾性明显；情绪兴奋性高；控制力弱；反应速度快但不灵活。

心理特点：坦率热情；精力旺盛，容易冲动；脾气暴躁；思维敏捷，但准确性差；情感外露，但持续时间不长。

典型表现：胆汁质又称不可遏止型或战斗型。具有强烈的兴奋过程和比较弱的抑郁过程，情绪易激动，反应迅速，行动敏捷，暴躁而有力；在语言上、表情上、姿态上都有一种强烈而迅速的情感表现；在克服困难上有不可遏止和坚忍不拔的劲头，但不善于考虑；性急，情感易爆发而不能自制。这种人的工作特点带有明显的周期性，埋头于事业，也准备去克服通向目标的重重困难和障碍。但是当精力耗尽时，易失去信心。

适合职业：管理工作、外交工作、驾驶员、服装纺织业、餐饮服务业、医生、律师、运动员、冒险家、新闻记者、演员、军人、公安干警等。

3. 黏液质

神经特点：感受性低；耐受性高；不随意反应性低；外部表现少；情绪具有稳定性；反应速度快但不灵活。

心理特点：稳重，考虑问题全面；安静，沉默，善于克制自己；善于忍耐；情绪不易外露；注意力稳定而不容易转移，外部动作少而缓慢。

典型表现：这种人又称为安静型，在生活中是一个坚定而稳健的辛勤工作者。由于这种人具有与兴奋过程相均衡的强的抑制，所以行动缓慢而沉着，严格恪守既定的生活秩序和工作制度，不会为无谓的事而分心。黏液质的人态度持重，交际适度，不做空泛的清谈，情感上不易激动，不易发脾气，也不易流露情感，能自制，也不常常显露自己的才能。这种人能长时间坚持不懈，有条不紊地从事自己的工作。其不足之处在于不够灵活，不善于转移自己的注意力。惰性使他因循守旧，固定性有余，而灵活性不足。具有从容不迫和严肃认真的品德，性格上表现出一贯性和确定性。

适合职业：外科医生、法官、管理人员、出纳员、会计、播音员、话务员、调解员、教师、人力人事管理主管等。

4. 抑郁质

神经特点：感受性高；耐受性低；随意反应性低；情绪兴奋性高；反应速度慢，刻板固执。

心理特点：沉静、对问题感受和体验深刻、持久；情绪不容易表露；反应迟缓但深刻；准确性高。

典型表现：有较强的感受能力，易感情，情绪体验的方式较少，但是体验时持久且有力，能观察到别人不易察觉的细节，对外部环境变化敏感，内心体验深刻，外表行为非常迟缓、忸怩、怯懦、怀疑、孤僻、优柔寡断，容易恐惧。

适合职业：校对、打字、排版、检察员、雕刻工作、刺绣工作、保管员、机要秘书、艺术工作者、哲学家、科学家等。

二 MBTI职业性格类型测试

MBTI测试前须知：

1. 参加测试的人员请务必诚实、独立地回答问题，只有如此，才能得到有效的结果。

2. 《性格分析报告》展示的是你的性格倾向，而不是你的知识、技能、经验。

3. MBTI提供的性格类型描述仅供测试者确定自己的性格类型之用。性格类型没有好坏，只有不同。每一种性格特征都有其价值和优点，也有缺点和需要注意的地方。清楚地了解自己的性格优劣势，有利于更好地发挥自己的特长，而尽可能地在为人处事中避免自己性格中的劣势，更好地和他人相处，更好地作重要的决策。

4. 本测试分为四部分，共93题，需时约18分钟。所有题目没有对错之分，请根据自己的实际情况选择。将你选择的A或B所在的○涂黑，例如：●。

只要你是认真、真实地填写了测试问卷，那么通常情况下你都能得到一个确实和你的性格相匹配的类型。希望你能从中或多或少地获得一些有益的信息。

一、哪一个答案最能贴切地描绘你一般的感受或行为？

序号	问题描述	选项	E	I	S	N	T	F	J	P
1	当你要外出一整天，你会 A 计划你要做什么和在什么时候做，B 说去就去	A							○	
		B								○
2	你认为自己是一个 A 较为随兴所至的人，B 较为有条理的人	A								○
		B							○	
3	假如你是一位老师，你会选教 A 以事实为主的课程，B 涉及理论的课程	A			○					
		B				○				
4	你通常 A 与人容易混熟，B 比较沉静或矜持	A	○							
		B		○						
5	一般来说，你和哪些人比较合得来？ A 富于想象力的人，B 现实的人	A				○				
		B			○					
6	你是否经常让 A 你的情感支配你的理智，B 你的理智主宰你的情感	A						○		
		B					○			
7	处理许多事情上，你会喜欢 A 凭兴所至行事，B 按照计划行事	A								○
		B							○	
8	你是否 A 容易让人了解，B 难以让人了解	A	○							
		B		○						

续表

序号	问题描述	选项	E	I	S	N	T	F	J	P
9	按照程序表做事， A 合你心意，B 令你感到束缚	A							○	
		B								○
10	当你有一份特别的任务，你会喜欢 A 开始前小心组织计划，B 边做边找须做什么	A							○	
		B								○
11	在大多数情况下，你会选择 A 顺其自然，B 按程序表做事	A								○
		B							○	
12	大多数人会说你是一个 A 重视自我隐私的人，B 非常坦率开放的人	A		○						
		B	○							
13	你宁愿被人认为是一个 A 实事求是的人，B 机灵的人	A			○					
		B				○				
14	在一大群人当中，通常是 A 你介绍大家认识，B 别人介绍你	A	○							
		B		○						
15	你会跟哪些人做朋友？ A 常提出新主意的，B 脚踏实地的	A				○				
		B			○					
16	你倾向 A 重视感情多于逻辑，B 重视逻辑多于感情	A						○		
		B					○			
17	你比较喜欢 A 坐观事情发展才作计划，B 很早就作计划	A								○
		B							○	
18	你喜欢花很多的时间 A 一个人独处，B 和别人在一起	A		○						
		B	○							
19	与很多人一起会 A 令你活力倍增，B 常常令你心力交瘁	A	○							
		B		○						
20	你比较喜欢 A 很早便把约会、社交聚集等事情安排妥当，B 无拘无束，看当时有什么好玩就做什么	A							○	
		B								○
21	计划一个旅程时，你较喜欢 A 大部分的时间都是随当天的感觉行事，B 事先知道大部分的日子会做什么	A								○
		B							○	

续表

序号	问题描述	选项	E	I	S	N	T	F	J	P
22	在社交聚会中，你 A 有时感到郁闷，B 常常乐在其中	A		○						
		B	○							
23	你通常 A 和别人容易混熟，B 趋向自处一隅	A	○							
		B		○						
24	哪些人会更吸引你？ A 一个思维敏捷及非常聪颖的人，B 实事求是，具丰富常识的人	A				○				
		B			○					
25	在日常工作中，你会 A 颇为喜欢处理迫使你分秒必争的突发事件，B 通常预先计划，以免要在压力下工作	A								○
		B							○	
26	你认为别人一般 A 要花很长时间才能认识你，B 用很短的时间便可以认识你	A		○						
		B	○							

二、在下列每一对词语中，哪一个词语更合你心意？请仔细想想这些词语的意义，而不要理会他们的字形或读音。

序号	问题描述	选项	E	I	S	N	T	F	J	P
27	A 注重隐私　B 坦率开放	A		○						
		B	○							
28	A 预先安排的　B 无计划的	A							○	
		B								○
29	A 抽象　B 具体	A				○				
		B			○					
30	A 温柔　B 坚定	A						○		
		B					○			
31	A 思考　B 感受	A					○			
		B						○		
32	A 事实　B 意念	A			○					
		B				○				
33	A 冲动　B 决定	A								○
		B							○	
34	A 热衷　B 文静	A	○							
		B		○						

续表

序号	问题描述	选项	E	I	S	N	T	F	J	P
35	A 文静 B 外向	A		○						
		B	○							
36	A 有系统 B 随意	A							○	
		B								○
37	A 理论 B 肯定	A				○				
		B			○					
38	A 敏感 B 公正	A						○		
		B					○			
39	A 令人信服 B 感人的	A					○			
		B						○		
40	A 声明 B 概念	A			○					
		B				○				
41	A 不受约束 B 预先安排	A								○
		B							○	
42	A 矜持 B 健谈	A		○						
		B	○							
43	A 有条不紊 B 不拘小节	A							○	
		B								○
44	A 意念 B 实况	A				○				
		B			○					
45	A 同情怜悯 B 远见	A						○		
		B				○				
46	A 利益 B 祝福	A					○			
		B						○		
47	A 务实的 B 理论的	A			○					
		B				○				
48	A 朋友不多 B 朋友众多	A		○						
		B	○							
49	A 有系统 B 即兴	A							○	
		B								○
50	A 富想象的 B 以事论事	A				○				
		B			○					

续表

序号	问题描述	选项	E	I	S	N	T	F	J	P
51	A 亲切的　B 客观的	A						○		
		B					○			
52	A 客观的　B 热情的	A					○			
		B						○		
53	A 建造　B 发明	A			○					
		B				○				
54	A 文静　B 爱合群	A		○						
		B	○							
55	A 理论　B 事实	A				○				
		B			○					
56	A 富同情　B 合逻辑	A						○		
		B					○			
57	A 具分析力　B 多愁善感	A					○			
		B						○		
58	A 合情合理　B 令人着迷	A			○					
		B				○				

三、哪一个答案最能贴切地描绘你一般的感受或行为？

序号	问题描述	选项	E	I	S	N	T	F	J	P
59	如果你要在一个星期内完成一个大项目，你在开始的时候会 A 把要做的不同工作依次列出　B 马上动工	A							○	
		B								○
60	在社交场合中，你经常会感到 A 与某些人很难打开话匣儿和保持对话，B 与多数人都能从容地长谈	A		○						
		B	○							
61	要做许多人也做的事，你比较喜欢 A 按照一般认可的方法去做，B 构想一个自己的想法	A			○					
		B				○				
62	你刚认识的朋友能否说出你的兴趣？ A 马上可以，B 要待他们真正了解你之后才可以	A	○							
		B		○						
63	你通常较喜欢的科目是 A 讲授概念和原则的，B 讲授事实和数据的	A				○				
		B			○					

续表

序号	问题描述	选项	E	I	S	N	T	F	J	P
64	哪个是较高的赞誉或称许 A一贯感性的人，B一贯理性的人	A						○		
		B					○			
65	你认为按照程序表做事 A 有时是需要的，但一般来说你不大喜欢这样做，B 大多数情况下是有帮助而且是你喜欢做的	A								○
		B							○	
66	和一群人在一起，你通常会选 A 跟你很熟悉的个别人谈话，B 参与大伙的谈话	A		○						
		B	○							
67	在社交聚会上，你会 A 是说话很多的一个，B 让别人多说话	A	○							
		B		○						
68	把周末期间要完成的事列成清单，这个主意会 A 合你意，B 使你提不起劲	A							○	
		B								○
69	哪个是较高的赞誉或称许 A 能干的，B 富有同情心	A					○			
		B						○		
70	你通常喜欢 A 事先安排你的社交约会，B 随兴之所至做事	A							○	
		B								○
71	总的说来，要做一个大型作业时，你会选 A 边做边想该做什么，B 首先把工作按步细分	A								○
		B							○	
72	你能否滔滔不绝地与人聊天 A 只限于跟你有共同兴趣的人，B 几乎跟任何人都可以	A		○						
		B	○							
73	你会 A 跟随一些证明有效的方法，B 分析还有什么毛病，及针对尚未解决的难题	A			○					
		B				○				
74	为乐趣而阅读时，你会 A 喜欢奇特或创新的表达方式，B 喜欢作者直话直说	A				○				
		B			○					
75	你宁愿替哪一类上司（或者老师）工作？ A 天性纯良，但常常前后不一的，B 言词尖锐但永远合乎逻辑的	A						○		
		B					○			
76	你做事多数是 A 按当天心情去做，B 照拟好的程序表去做	A								○
		B							○	

续表

序号	问题描述	选项	E	I	S	N	T	F	J	P
77	你是 A 可以和任何人按需求从容地交谈，B 只是对某些人或在某种情况下才可以畅所欲言	A	○							
		B		○						
78	要作决定时，你认为比较重要的是 A 据事实衡量，B 考虑他人的感受和意见	A					○			
		B						○		

四、在下列每一对词语中，哪一个词语更合你心意？

序号	问题描述	选项	E	I	S	N	T	F	J	P
79	A 想象的 B 真实的	A				○				
		B			○					
80	A 仁慈慷慨的 B 意志坚定的	A						○		
		B					○			
81	A 公正的 B 有关怀心	A					○			
		B						○		
82	A 制作 B 设计	A			○					
		B				○				
83	A 可能性 B 必然性	A				○				
		B			○					
84	A 温柔 B 力量	A						○		
		B					○			
85	A 实际 B 多愁善感	A					○			
		B						○		
86	A 制造 B 创造	A			○					
		B			○					
87	A 新颖的 B 已知的	A				○				
		B			○					
88	A 同情 B 分析	A						○		
		B				○				
89	A 坚持己见 B 温柔有爱心	A					○			
		B						○		
90	A 具体的 B 抽象的	A			○					
		B				○				

续表

序号	问题描述	选项	E	I	S	N	T	F	J	P
91	A 全心投入　B 有决心的	A						○		
		B					○			
92	A 能干　B 仁慈	A					○			
		B						○		
93	A 实际　B 创新	A			○					
		B				○				
每项总分			E	I	S	N	T	F	J	P

五、评分规则

1. 当你将●涂好后，把 8 项（E、I、S、N、T、F、J、P）分别加起来，并将总和填在每项最下方的方格内。

2. 请复查你的计算是否准确，然后将各项总分填在下面对应的方格内。

每项总分

外向	E			I	内向
实感	S			N	直觉
思考	T			F	情感
判断	J			P	认知

六、确定类型的规则

1. MBTI 以四个组别来评估你的性格类型倾向：

"E—I""S—N""T—F"和"J—P"。请你比较四个组别的得分。每个组别中，获得较高分数的那个类型，就是你的性格类型倾向。例如：你的得分是：E（外向）12 分，I（内向）9 分，那你的类型倾向便是 E（外向）了。

2. 将代表获得较高分数的类型的英文字母填在下方的方格内。如果在一个组别中，两个类型得分相同，则依据下边表格中的规则来决定你的类型倾向。

评估类型				
同分处理规则	假如　E＝I	请填上 I		
	假如　S＝N	请填上 N		
	假如　T＝F	请填上 F		
	假如　J＝P	请填上 P		

性格解析：

"性格"是一种个体内部的行为倾向，它具有整体性、结构性、持久稳定性等特点，是每个人特有的，可以对个人外显的行为、态度提供统一的、内在的解释。

E 外向	or	I 内向
S 感觉	or	N 直觉
T 思考	or	F 情感
J 判断	or	P 感知

MBTI 把性格分为 4 个维度，每个维度上包含相互对立的两种偏好，其中，"外向 E—内向 I"代表着各人不同的精力（Energy）来源；"感觉 S—直觉 N""思考 T—情感 F"分别表示人们在进行感知（Perception）和判断（Judgement）时不同的用脑偏好；"判断 J—感知 P"是针对人们的生活方式（Life Style）而言的，它表明我们如何适应外部环境——在我们适应外部环境的活动中，究竟是感知还是判断发挥了主导作用。

ISTJ	ISFJ	INFJ	INTJ
ISTP	ISFP	INFP	INTP
ESTP	ESFP	ENFP	ENTP
ESTJ	ESFJ	ENFJ	ENTJ

注：根据 1978—MBTI—K 量表，以上每种类型中又分 625 个小类型。

每一种性格类型都具有独特的行为表现和价值取向。了解性格类型是寻求个人发展、探索人际关系的重要开端。

MBTI 十六种人格类型：

ISTJ

1. 严肃、安静，借由集中心志与全力投入及可被信赖获得成功。
2. 行事务实、有序、实际、逻辑、真实及可信赖。
3. 十分留意且乐于任何事（工作、居家、生活）均有良好组织及秩序。
4. 负责任。
5. 照设定成效来做出决策且不畏阻挠与闲言，会坚定为之。
6. 重视传统与忠诚。

7. 传统性的思考者或经理。

ISFJ

1. 安静、和善、负责任且有良心。
2. 行事尽责投入。
3. 安定性高，常居项目工作或团体之安定力量。
4. 愿投入、吃苦及力求精确。
5. 兴趣通常不在于科技方面，对细节事务有耐心。
6. 忠诚、考虑周到、知性且会关切他人感受。
7. 致力于创构有序及和谐的工作与家庭环境。

INFJ

1. 因为坚忍、创意及必须达成的意图而能成功。
2. 会在工作中投注最大的努力。
3. 默默强力地、诚挚地及用心地关切他人。
4. 因坚守原则而受敬重。
5. 提出造福大众利益的明确远景而为人所尊敬与追随。
6. 追求创见、关系及物质财物的意义及关联。
7. 想了解什么能激励别人及对他人具洞察力。
8. 光明正大且坚信其价值观。
9. 有组织且果断地履行其愿景。

INTJ

1. 具强大动力与本意来达成目的与创意——固执顽固者。
2. 有宏大的愿景且能快速在众多外界事件中找出有意义的模范。
3. 对所承负职务，具良好能力于策划工作并完成。
4. 具怀疑心、挑剔性、独立性、果决，对专业水准及绩效要求高。

ISTP

1. 冷静旁观者，安静、预留余地、弹性及会以无偏见的好奇心与未预期原始的幽默观察与分析。
2. 有兴趣于探索原因及效果，技术事件是为何及如何运作且使用逻辑的原理组构事实、重视效能。
3. 擅长于掌握问题核心及找出解决方式。
4. 分析成事的缘由且能实时由大量资料中找出实际问题的核心。

ISFP

1. 羞怯的、安宁和善的、敏感的、亲切的，且行事谦虚。
2. 喜于避开争论，不对他人强加己见或价值观。
3. 无意于领导却常是忠诚的追随者。
4. 办事不急躁，安于现状，无意于以过度的急切或努力破坏现况，且非成果导向。
5. 喜欢有自由的空间及照自定的时程办事。

INFP

1. 安静观察者，具理想性，对其价值观及重要之人具忠诚心。

2. 希望外在生活形态与内在价值观相吻合。
3. 具好奇心且能很快看出机会所在。常担负开发创意的触媒者。
4. 除非价值观受侵犯，行事会具弹性，适应力高且承受力强。
5. 具想了解及发展他人潜能的企图。想做太多且做事全神贯注。
6. 对所处境遇及拥有不太在意。
7. 具适应力、有弹性，除非价值观受到威胁。

INTP
1. 安静、自持、弹性及具适应力。
2. 特别喜爱追求理论与科学事理。
3. 习于以逻辑及分析来解决问题——问题解决者。
4. 最有兴趣于创意事务及特定工作，对聚会与闲聊无大兴趣。
5. 追求可发挥个人强烈兴趣的生涯。
6. 追求发展对有兴趣事务之逻辑解释。

ESTP
1. 擅长现场实时解决问题——解决问题者。
2. 喜欢办事并乐于其中及过程。
3. 倾向于喜好技术事务及运动，交结同好友人。
4. 具适应性、容忍度、务实性；投注心力于会很快具成效的工作。
5. 不喜欢冗长概念的解释及理论。
6. 最专精于可操作、处理、分解或组合的真实事务。

ESFP
1. 外向、和善、接受性、乐于分享喜乐于他人。
2. 喜欢与他人一起行动且促成事件发生，在学习时亦然。
3. 知晓事件未来的发展并会热烈参与。
5. 最擅长于人际相处能力及具备完备常识，很有弹性，能立即适应他人与环境。
6. 对生命、人、物质享受的热爱者。

ENFP
1. 充满热忱、活力充沛、聪明的、富想象力的，视生命充满机会但期能得到他人肯定与支持。
2. 几乎能达成所有有兴趣的事。
3. 对难题很快就有对策并能对有困难的人施予援手。
4. 依赖能改善的能力而无须预作规划准备。
5. 为达目的常能找出强制自己为之的理由。
6. 即兴执行者。

ENTP
1. 反应快、聪明、长于多样事务。
2. 具激励伙伴、敏捷及直言不讳的专长。
3. 会为了有趣而对问题的两面加以争辩。
4. 对解决新的及具有挑战性的问题富有策略，但会轻视或厌烦经常的任务与细节。

5. 兴趣多元，易倾向于转移至新生的兴趣。

6. 对所想要的会有技巧地找出富有逻辑的理由。

7. 长于看清楚他人，有智能去解决新的或具有挑战的问题。

ESTJ

1. 务实、真实、事实倾向，具企业或技术天分。

2. 不喜欢抽象理论，最喜欢学习可立即运用的事理。

3. 喜好组织与管理活动且专注于以最有效率方式行事以达至成效。

4. 具决断力、关注细节且很快做出决策——优秀行政者。

5. 会忽略他人感受。

6. 喜做领导者或企业主管。

ESFJ

1. 诚挚、爱说话、合作性高、受欢迎、光明正大的——天生的合作者及活跃的组织成员。

2. 重和谐且长于创造和谐。

3. 常做对他人有益的事务。

4. 给予鼓励及称许会有更佳工作成效。

5. 最有兴趣于会直接及有形影响人们生活的事务。

6. 喜欢通过与他人共事去精确且准时地完成工作。

ENFJ

1. 热忱、易感应及负责任的，具能鼓励他人的领导风格。

2. 对别人所想或希求会表达真正关切且切实用心去处理。

3. 能怡然且技巧性地带领团体讨论或演示文稿提案。

4. 爱交际、受欢迎及富同情心。

5. 对称许及批评很在意。

6. 喜欢带引别人且能使别人或团体发挥潜能。

ENTJ

1. 坦诚、具决策力的活动领导者。

2. 长于发展与实施广泛的系统以解决组织的问题。

3. 专精于具内涵与智能的谈话如对公众演讲。

4. 乐于经常吸收新知且能广开信息管道。

5. 易生过度自信，会强于表达自己的创见。

6. 喜于长程策划及目标设定

三　霍兰德职业兴趣类型测试

本测试将帮助您发现和确定自己的职业兴趣和能力特长，从而更好地做出求职择业的决策。如果您已经考虑好或选择好了自己的职业，本测验将使您的这种考虑或选择具有理论基础，或向您展示其他合适的职业；如果您至今尚未确定职业方向，本测验将帮助您根据自己的情况选择一个恰当的职业目标。本测验共有七个部分，每部分测验都没有时间限制但请您尽快按要求完成。

第一部分　您心目中的理想职业（专业）

对于未来的职业（或升学进修的专业），您得早有考虑，它可能很抽象、很朦胧，也可能很具体、很清晰。不论是哪种情况，现在都请您把自己最想干的3种工作或最想读的3种专业按顺序写下来。

第二部分　您所感兴趣的活动

下面列举了若干种活动，请就这些活动判断你的好恶。喜欢的打√；不喜欢的×。请按顺序回答全部问题。

R：实际型活动

1. 装配修理电器或玩具
2. 修理自行车
3. 用木头做东西
4. 开汽车或摩托车
5. 用机器做东西
6. 参加木工技术学习班
7. 参加制图描图学习班
8. 驾驶卡车或拖拉机
9. 参加机械和电气学习班
10. 装配修理机器

统计答"是"的项目总数：

I：调查型活动

1. 读科技图书和杂志
2. 在实验室工作
3. 改良水果品种，培育新的水果
4. 调查了解土和金属等物质的成分
5. 研究自己选择的特殊问题
6. 解算术或玩数学游戏
7. 物理课
8. 化学课
9. 几何课
10. 生物课

统计答"是"的项目总数：

A：艺术型活动

1. 素描/制图或绘画
2. 参加话剧/戏剧
3. 设计家具/布置室内
4. 练习乐器/参加乐队
5. 欣赏音乐或戏剧

6. 看小说/读剧本
7. 从事摄影创作
8. 写诗或吟诗
9. 参加艺术（美术/音乐）培训
10. 练习书法

统计答"是"的项目总数：

S：社会型活动

1. 学校或单位组织的正式活动
2. 参加某个社会团体或俱乐部活动
3. 帮助别人解决困难
4. 照顾儿童
5. 出席晚会、联欢会、茶话会
6. 和大家一起出去郊游
7. 想获得关于心理方面的知识
8. 参加讲座会或辩论会
9. 观看或参加体育比赛和运动会
10. 结交新朋友

统计答"是"的项目总数：

E：事业型活动

1. 说服鼓动他人
2. 卖东西
3. 谈论政治
4. 制订计划、参加会议
5. 以自己的意志影响别人的行为
6. 在社会团体中担任职务
7. 检查与评价别人的工作
8. 结交名流
9. 指导有某种目标的团体
10. 参与政治活动

统计答"是"的项目总数：

C：常规型（传统型）活动

1. 整理好桌面和房间
2. 抄写文件和信件
3. 为领导写报告或公务信函
4. 检查个人收支情况
5. 参加打字培训班
6. 参加算盘、文秘等实务培训
7. 参加商业会计培训班
8. 参加情报处理培训班

9. 整理信件、报告、记录等

10. 写商业贸易信

统计答"是"的项目总数：

第三部分　您所擅长获胜的活动

下面列举了若干种活动，其中你能做或大概能做的事，请打√或打×。请回答全部问题。

R：实际型活动

1. 能使用电锯、电钻和锉刀等木工工具
2. 知道万用表的使用方法
3. 能够修理自行车或其他机械
4. 能够使用电钻床、磨床或缝纫机
5. 能给家具和木制品刷漆
6. 能看建筑设计图
7. 能够修理简单的电气用品
8. 能修理家具
9. 能修理收录机
10. 能简单地修理水管

统计答"是"的项目总数：

I：调研型能力

1. 懂得真空管或晶体管的作用
2. 能够列举三种含蛋白质多的食品
3. 理解铀的裂变
4. 能用计算尺、计算器、对数表
5. 会使用显微镜
6. 能找到三个星座
7. 能独立进行调查研究
8. 能解释简单的化学
9. 理解人造卫星为什么不落地
10. 经常参加学术会议

统计答"是"的项目总数：

A：艺术型能力

1. 能演奏乐器
2. 能参加二部或四部合唱
3. 独唱或独奏
4. 扮演剧中角色
5. 能创作简单的乐曲
6. 会跳舞
7. 能绘画、素描或书法
8. 能雕刻、剪纸或泥塑

9. 能设计板报、服装或家具

10. 写得一手好文章

统计答"是"的项目总数：

S：社会型能力

1. 有向各种人说明解释的能力

2. 常参加社会福利活动

3. 能和大家一起友好相处地工作

4. 善于与年长者相处

5. 会邀请人、招待人

6. 能简单易懂地教育儿童

7. 能安排会议等活动顺序

8. 善于体察人心和帮助他人

9. 帮助护理病人和伤员

10. 安排社团组织的各种事务

统计答"是"的项目总数：

E：事业型能力

1. 担任过学生干部并且干得不错

2. 工作上能指导和监督他人

3. 做事充满活力和热情

4. 有效利用自身的做法调动他人

5. 销售能力强

6. 曾作为俱乐部或社团的负责人

7. 向领导提出建议或反映意见

8. 有开创事业的能力

9. 知道怎样做能成为一个优秀的领导者

10. 健谈善辩

统计答"是"的项目总数：

C：常规型能力

1. 会熟练地打印中文

2. 会用外文打字机或复印机

3. 能快速记笔记和抄写文章

4. 善于整理保管文件和资料

5. 善于从事事务性的工作

6. 会用算盘

7. 能在短时间内分类和处理大量文件

8. 能使用计算机

9. 能搜集数据

10. 善于为自己或集体做财务预算表

统计答"是"的项目总数：

第四部分　你所喜欢的职业

下面列举了多种职业，请逐一认真地看，如果是你有兴趣的工作，请打√；如果是你不太喜欢、不关心的工作，请打×。请回答全部问题。

R：实际型活动

1. 飞机机械师
2. 野生动物专家
3. 汽车维修工
4. 木匠
5. 测量工程师
6. 无线电报务员
7. 园艺师
8. 火车司机
9. 长途公共汽车司机
10. 电工

统计答"是"的项目总数：

I：调研型职业

1. 气象学或天文学者
2. 生物学者
3. 医学实验室的技术人员
4. 人类学者
5. 动物学者
6. 化学学者
7. 数学学者
8. 科学杂志的编辑或作家
9. 地质学者
10. 物理学者

统计答"是"的项目总数：

A：艺术型职业

1. 乐队指挥
2. 演奏家
3. 作家
4. 摄影家
5. 记者
6. 画家、书法家
7. 歌唱家
8. 作曲家
9. 电影电视演员

统计答"是"的项目总数：

S：社会型职业

1. 街道、工会或妇联干部
2. 小学、中学教师
3. 精神病医生
4. 婚姻介绍所工作人员
5. 体育教练
6. 福利机构负责人
7. 心理咨询员
8. 共青团干部
9. 导游
10. 国家机关工作人员

统计答"是"的项目总数：

E：事业型职业

1. 厂长
2. 电视片编制人
3. 公司经理
4. 销售员
5. 不动产推销员
6. 广告部长
7. 体育活动主办者
8. 销售部长
9. 个体工商业者
10. 企业管理咨询人员

统计答"是"的项目总数：

C：常规型职业

1. 会计师
2. 银行出纳员
3. 税收管理员
4. 计算机操作员
5. 簿记人员
6. 成本核算员
7. 文书档案管理员
8. 打字员
9. 法庭书记员
10. 人口普查登记员

统计答"是"的项目总数：

第五部分　您的能力类型简评

附表 2 和 3 是您在 6 个职业能力方面的自我评定表。您可以先与同龄者比较自己在每一方面的能力，然后经斟酌后对自己的能力作评估。请在表中适当的数字上画圈。数字越大，表示你的能力越强。注意，请勿全部画同样的数字，因为人的每项能力不可能完全一样。

附表 2

R 型	I 型	A 型	S 型	E 型	C 型
机械操作能力	学习研究能力	艺术创作能力	解释表达能力	商业洽谈能力	事务执行能力
7654321	7654321	7654321	7654321	7654321	7654321

附表 3

R 型	I 型	A 型	S 型	E 型	C 型
体育技能	数学技能	音乐技能	交际技能	领导技能	办公技能
7654321	7654321	7654321	7654321	7654321	7654321

如果你没看懂，看下面一段文字：

这个部分的主要目的是看你的哪个能力较其他能力更为突出，所以你可以把六个能力排队然后让能力度不同的能力有不同的数值就好了。

比如一个人觉得自己最强是数学技能，接着是办公技能，然后觉得领导技能、交际技能差不多，再然后是体育技能，最后是音乐技能，音乐技能特别差，它比体育能力差好多；那就可以评分为 7，6，5，5，4，2 或者 6，5，4，4，3，1，都不会影响得到的结果。

能力之间的差额好好感觉一下，能力差距大的两种能力的数值差距可以隔一个数字，比如体育和音乐之间。

第六部分　统计和确定您的职业倾向

请将第二部分至第五部分的全部测验分数按前面已统计好的 6 种职业倾向（R 型、I 型、A 型、S 型、E 型和 C 型）得分填入下表，并作纵向累加。

测试　　R 型　I 型　A 型　S 型　E 型　C 型

第二部分

第三部分

第四部分

第五部分 A

第五部分 B

总分　　___　___　___　___　___　___

请将上表中的 6 种职业倾向总分按大小顺序依次从左到右排列：

___型、___型、___型、___型、___型、___型

最高分____您的职业倾向性得分____最低分____

第七部分　您所看重的东西——职业价值观

这一部分测验列出了人们在选择工作时通常会考虑的 9 种因素（见所附工作价值标准）。现在请您在其中选出最重要的两项因素，并将序号填入下边相应空格上。

最重要：____　次重要：____　最不重要：____　次不重要：____

附：工作价值标准：

1. 工资高、福利好
2. 工作环境（物质方面）舒适
3. 人际关系良好
4. 工作稳定有保障
5. 能提供较好的受教育机会
6. 有较高的社会地位
7. 工作不太紧张、外部压力少
8. 能充分发挥自己的能力特长
9. 社会需要与社会贡献大

以上全部测验完毕。

现在，将你测验得分居第一位的职业类型找出来，对照附表4，判断一下自己适合的职业类型。

附表4　职业索引——职业兴趣代号与其相应的职业对照表

代号	相应职业
R（实际型）	木匠、农民、操作X光的技师、工程师、飞机机械师、鱼类和野生动物专家、自动化技师、机械工（车工、钳工等）、电工、无线电报务员、火车司机、长途公共汽车司机、机械制图员、修理机器师、电器师
I（调查型）	气象学者、生物学者、天文学家、药剂师、动物学者、化学家、科学报刊编辑、地质学者、植物学者、物理学者、数学家、实验员、科研人员、科技作者
A（艺术型）	室内装饰专家、图书管理专家、摄影师、音乐教师、作家、演员、记者、诗人、作曲家、编剧、雕刻家、漫画家
S（社会型）	社会学者、导游、福利机构工作者、咨询人员、社会工作者、社会科学教师、学校领导、精神病工作者、公共保健护士
E（事业型）	推销员、进货员、商品批发员、旅馆经理、饭店经理、广告宣传员、调度员、律师、政治家、零售商
C（常规型）	记账员、会计、银行出纳、法庭速记员、成本估算员、税务员、核算员、打字员、办公室职员、统计员、计算机操作员、秘书

下面介绍与你3个代号的职业兴趣类型一致的职业表，对照的方法如下：

首先根据你的职业兴趣代号，（即分居前三位的）在下表中找出相应的职业，例如你的职业兴趣代号是RIA，那么牙科技术人员、陶工等是适合你兴趣的职业。然后寻找与你职业兴趣代号相近的职业，如你的职业兴趣代号是RIA，那么，其他由这三个字母组合成的编号（如IRA、IAR、ARI等）对应的职业，也较适合你的兴趣。

RIA：牙科技术员、陶工、建筑设计员、模型工、细木工、制作链条人员。

RIS：厨师、林务员、跳水员、潜水员、染色员、电器修理、眼镜制作、电工、纺织机器装配工、服务员、装玻璃工人、发电厂工人、焊接工。

RIE：建筑和桥梁工程、环境工程、航空工程、公路工程、电力工程、信号工程、电话工程、一般机械工程、自动工程、矿业工程、海洋工程、交通工程技术人员、制图员、家政经济人员、计量员、农民、农场工人、农业机械操作、清洁工、无线电修理、汽车修理、手表修理、管工、线路装配工、工具仓库管理员。

RIC：船上工作人员、接待员、杂志保管员、牙医助手、制帽工、磨坊工、石匠、机器制造、机车（火车头）制造、农业机器装配、汽车装配工、缝纫机装配工、钟表装配和检验、电动器具装配、鞋匠、锁匠、货物检验员、电梯机修工、托儿所所长、钢琴调音师、装配工、印刷工、建筑钢铁工、卡车司机。

RAI：手工雕刻、玻璃雕刻、制作模型人员、家具木工、制作皮革品、手工绣花、手工钩针纺织、排字工作、印刷工作、图画雕刻、装订工。

RSE：消防员、交通巡警、警察、门卫、理发师、房间清洁工、屠夫、锻工、开凿工人、管道安装工、出租汽车驾驶员、货物搬运工、送报员、勘探员、娱乐场所的服务员、起卸机操作工、灭害虫者、电梯操作工、厨房助手。

RSI：纺织工、编织工、农业学校教师、某些职业课程教师（诸如艺术、商业、技术、工艺课程）、雨衣上胶工。

REC：抄水表员、保姆、实验室动物饲养员、动物管理员。

REI：轮船船长、航海领航员、大副、试管实验员。

RES：旅馆服务员、家畜饲养员、渔民、渔网修补工、水手长、收割机操作工、搬运行李工人、公园服务员、救生员、登山导游、火车工程技术员、建筑工作、铺轨工人。

RCI：测量员、勘测员、仪表操作者、农业工程技术、化学工程技师、民用工程技师、石油工程技师、资料室管理员、探矿工、煅烧工、烧窑工、矿工、保养工、磨床工、取样工、样品检验员、纺纱工、炮手、漂洗工、电焊工、锯木工、刨床工、制帽工、手工缝纫工、油漆工、染色工、按摩工、木匠、农民建筑工作、电影放映员、勘测员助手。

RCS：公共汽车驾驶员、一等水手、游泳池服务员、裁缝、建筑工作、石匠、烟囱修建工、混凝土工、电话修理工、爆炸手、邮递员、矿工、裱糊工人、纺纱工。

RCE：打井工、吊车驾驶员、农场工人、邮件分类员、铲车司机、拖拉机司机。

IAS：普通经济学家、农场经济学家、财政经济学家、国际贸易经济学家、实验心理学家、工程心理学家、心理学家、哲学家、内科医生、数学家。

IAR：人类学家、天文学家、化学家、物理学家、医学病理制作者、动物标本制作者、化石修复者、艺术品管理者。

ISE：营养学家、饮食顾问、火灾检查员、邮政服务检查员。

ISC：侦察员、电视播音室修理员、电视修理服务员、验尸室人员、编目录者、医学实验技师、调查研究者。

ISR：水生生物学者、昆虫学者、微生物学家、配镜师、矫正视力者、细菌学家、牙科医生、骨科医生。

ISA：实验心理学家、普通心理学家、发展心理学家、教育心理学家、社会心理学家、临床心理学家、目标学家、皮肤病学家、精神病学家、妇产科医师、眼科医生、五官科医生、医学实验室技术专家、民航医务人员、护士。

IES：细菌学家、生理学家、化学专家、地质专家、地理物理学专家、纺织技术专家、医院药剂师、工业药剂师、药房营业员。

IEC：档案保管员、保险统计员。

ICR：质量检验技术员、地质学技师、工程师、法官、图书馆技术辅导员、计算机操作员、医院听诊员、家禽检查员。

IRA：地理学家、地质学家、声学物理学家、矿物学家、古生物学家、石油学家、地震学家、声学物理学家、原子和分子物理学家、电学和磁学物理学家、气象学家、设计审核员、人口统计学家、数学统计学家、外科医生、城市规划家、气象员。

IRS：流体物理学家、物理海洋学家、等离子体物理学家、农业科学家、动物学家、食品科学家、园艺学家、植物学家、细菌学家、解剖学家、动物病理学家、作物病理学家、药物学家、生物化学家、生物物理学家、细胞生物学家、临床化学家、遗传学家、分子生物学家、质量控制工程师、地理学家、兽医、放射性治疗技师。

IRE：化验员、化学工程师、纺织工程师、食品技师、渔业技术专家、材料和测试工程师、电气工程师、土木工程师、航空工程师、行政官员、冶金专家、原子核工程师、陶瓷工程师、地质工程师、电力工程师、口腔科医生、牙科医生。

IRC：飞机领航员、飞行员、物理实验室技师、文献检查员、农业技术专家、动植物技术专家、生物技师、油管检查员、工商业规划者、矿藏安全检查员、纺织品检验员、照相机修理者、工程技术员、编计算程序者、工具设计者、仪器维修工。

CRI：簿记员、会计、记时员、铸造机操作工、打字员、按键操作工、复印机操作工。

CRS：仓库保管员、档案管理员、缝纫工、讲述员、收款人。

CRE：标价员、实验室工作者、广告管理员、自动打字机操作员、电动机装配工、缝纫机操作工。

CIS：记账员、顾客服务员、报刊发行员、土地测量员、保险公司职员、会计师、估价员、邮政检查员、外贸检查员。

CIE：打字员、统计员、支票记录员、订货员、校对员、办公室工作人员。

CIR：校对员、工程职员、海底电报员、检修计划员、发单员。

CSE：接待员、通信员、电话接线员、卖票员、旅馆服务员、私人职员、商学教师、旅游办事员。

CSR：运货代理商、铁路职员、交通检查员、办公室通信员、簿记员、出纳员、银行财务职员。

CSA：秘书、图书管理员、办公室办事员。

CER：邮递员、数据处理员、办公室办事员。

CEI：推销员、经济分析家。

CES：银行会计、记账员、法人秘书、速记员、法院报告人。

ECI：银行行长、审计员、信用管理员、地产管理员、商业管理员。

ECS：信用办事员、保险人员、各类进货员、海关服务经理、售货员、购买员、会计。

ERI：建筑物管理员、工业工程师、农场管理员、护士长、农业经营管理人员。

ERS：仓库管理员、房屋管理员、货栈监督管理员。

ERC：邮政局长、渔船船长、机械操作领班、木工领班、瓦工领班、驾驶员领班。

EIR：科学、技术和有关周期出版物的管理员。

EIC：专利代理人、鉴定人、运输服务检查员、安全检查员、废品收购人员。

EIS：警官、侦察员、交通检验员、安全咨询员、合同管理者、商人。

EAS：法官、律师、公证人。

EAR：展览室管理员、舞台管理员、播音员、驯兽员。

ESC：理发师、裁判员、政府行政管理员、财政管理员、工程管理员、职业病防治员、售货员、商业经理、办公室主任、人事负责人、调度员。

ESR：家具售货员、书店售货员、公共汽车的驾驶员、日用品售货员、护士长、自然科学和工程的行政领导。

ESI：博物馆管理员、图书馆管理员、古迹管理员、饮食业经理、地区安全服务管理员、技术服务咨询者、超级市场管理员、零售商品店店员、批发商、出租汽车服务站调度。

ESA：博物馆馆长、报刊管理员、音乐器材售货员、广告营业员、导游、（轮船或班机上的）事务长、飞机上的服务员、船员、法官、律师。

ASE：戏剧导演、舞蹈教师、广告撰稿人、报刊、专栏作者、记者、演员、英语翻译。

ASI：音乐教师、乐器教师、美术教师、管弦乐指挥、合唱队指挥、歌星、演奏家、哲学家、作家、广告经理、时装模特。

AER：新闻摄影师、电视摄影师、艺术指导、录音指导、丑角演员、魔术师、木偶戏演员、骑士、跳水员。

AEI：音乐指挥、舞台指导、电影导演。

AES：流行歌手、舞蹈演员、电影导演、广播节目主持人、舞蹈教师、口技表演者、喜剧演员、模特。

AIS：画家、剧作家、编辑、评论家、时装艺术大师、新闻摄影师、男演员、文学作者。

AIE：花匠、皮衣设计师、工业产品设计师、剪影艺术家、复制雕刻品大师。

AIR：建筑师、画家、摄影师、绘图员、环境美化工、雕刻家、包装设计师、陶器设计师、绣花工、漫画工。

SEC：社会活动家、退伍军人服务官员、工商会事务代表、教育咨询者、宿舍管理员、旅馆经理、饮食服务管理员。

SER：体育教练、游泳指导。

SEI：大学校长、学院院长、医院行政管理员、历史学家、家政经济学家、职业学校教师、资料员。

SEA：娱乐活动管理员、国外服务办事员、社会服务助理、一般咨询者、宗教教育工作者。

SCE：部长助理、福利机构职员、生产协调人、环境卫生管理人员、戏院经理、餐馆经理、售票员。

SRI：外科医师助手、医院服务员。

SRE：体育教师、职业病治疗者、体育教练、专业运动员、房管员、儿童家庭教师、警察、引座员、传达员、保姆。

SRC：护理员、护理助理、医院勤杂工、理发师、学校儿童服务人员。

SIA：社会学家、心理咨询者、学校心理学家、政治科学家、大学或学院的系主任、大学或学院的教育学教师、大学农业教师、大学工程和建筑课程的教师、大学法律教师、大学数学、医学、物理、社会科学和生命科学的教师、研究生助教、成人教育教师。

SIE：营养学家、饮食学家、海关检查员、安全检查员、税务稽查员、校长。

SIC：描图员、兽医助手、诊所助理、体检检查员、监督缓刑犯的工作者、娱乐指导者、咨询人员、社会科学教师。

SIR：理疗员、救护队工作人员、手足病医生、职业病治疗助手。

霍兰德的职业理论，其核心假设是——人可以分为六大类：

R：现实型（Realistic）

I：研究型（Investigative）

A：艺术型（Artistic）

S：社会型（Social）

E：企业型（Enterprise）

C：传统型（Conventional）

R：现实型（Realistic）（技能现实）

【共同特点】愿意使用工具从事操作性工作，动手能力强，做事手脚灵活，动作协调。好于具体任务，不善言辞，做事保守，较为谦虚。缺乏社交能力，通常喜欢独立做事。

【性格特点】感觉迟钝、不讲究、谦逊的，踏实稳重、诚实可靠。

【职业建议】喜欢使用工具、机器，需要基本操作技能的工作。要求具备机械方面才能、体力、或从事与物件、机器、工具、运动器材、植物、动物相关的职业有兴趣，并具备相应能力。

如：技术性职业（计算机硬件人员、摄影师、制图员、机械装配工），技能性职业（木匠、厨师、技工、修理工、农民、一般劳动）

I：研究型（Investigative）

【共同特点】思想家而非实干家，抽象思维能力强，求知欲强，肯动脑，善思考，不愿动手。喜欢独立的和富有创造性的工作。知识渊博，有学识才能，不善于领导他人。考虑问题理性，做事喜欢精确，喜欢逻辑分析和推理，不断探讨未知的领域。

【性格特点】坚持性强，有韧性，喜欢钻研。为人好奇，独立性强。

【职业建议】喜欢智力的、抽象的、分析的、独立的定向任务，要求具备智力或分析才能，并将其用于观察、估测、衡量、形成理论、最终解决问题的工作，并具备相应的能力。

如：科学研究人员、教师、工程师、电脑编程人员、医生、系统分析员。

注：工作中调研兴趣强的人做事较为坚持，有韧性，善始善终，调研兴趣弱的（<20%）通常做事容易浅尝辄止，常性也弱。

A：艺术型（Artistic）

【共同特点】有创造力，乐于创造新颖、与众不同的成果，渴望表现自己的个性，实现自身的价值。做事理想化，追求完美，不重实际。具有一定的艺术才能和个性。善于表达，怀旧，心态较为复杂。

【性格特点】有创造性，非传统的，敏感，容易情绪化，较冲动，不服从指挥。

【职业建议】喜欢的工作要求具备艺术修养、创造力、表达能力和直觉，并将其用于语言、行为、声音、颜色和形式的审美、思索和感受，具备相应的能力。不善于事务性工作。

如：艺术方面（演员、导演、艺术设计师、雕刻家、建筑师、摄影家、广告制作人）、音乐方面（歌唱家、作曲家、乐队指挥）文学方面（小说家、诗人、剧作家）。

注：艺术兴趣高的人倾向于理想化，做事追求完美。在平常生活中，艺术的测试不指做艺术工作，而是工作中的艺术，倾向于将事情做得漂亮、有美感、有情调、锦上添花，追求完美。

S：社会型（Social）

【共同特点】喜欢与人交往、不断结交新的朋友、善言谈、愿意教导别人。关心社会问题、渴望发挥自己的社会作用。寻求广泛的人际关系，比较看重社会义务和社会道德。

【性格特点】为人友好、热情、善解人意、乐于助人。

【职业建议】喜欢要求与人打交道的工作，能够不断结交新的朋友，从事提供信息、启迪、帮助、培训、开发或治疗等事务，并具备相应能力。

如：教育工作者（教师、教育行政人员）、社会工作者（咨询人员、公关人员）。

E：企业型（Enterprise）

【共同特点】追求权力、权威和物质财富，具有领导才能。喜欢竞争、敢冒风险、有野心/抱负。为人务实，习惯以利益得失、权利、地位、金钱等来衡量做事的价值，做事有较强的目的性。

【性格特点】善辩、精力旺盛、独断、乐观、自信、好交际、机敏、有支配愿望。

【职业建议】喜欢要求具备经营、管理、劝服、监督和领导才能，以实现机构、政治/社会及经济目标的工作，并具备相应的能力。

如：项目经理、销售人员，营销管理人员、政府官员、企业领导、法官、律师。

注：工作中通常要求管理人员和销售人员要有较强的企业兴趣，企业兴趣强则做事目的性强，务实，推动性也较强，若企业兴趣弱（<40%）则做事的推动性较弱，速度较慢。

C：传统型（Conventional）

【共同特点】尊重权威和规章制度，喜欢按计划办事，细心、有条理，习惯接受他人的指挥和领导，自己不谋求领导职务。喜欢关注实际和细节情况，通常较为谨慎和保守，缺乏创造性，不喜欢冒险和竞争，富有自我牺牲精神。

【性格特点】有责任心、依赖性强、高效率、稳重踏实、细致、有耐心。

【职业建议】喜欢要求注意细节、精确度、有系统、有条理，具有记录、归档、据特定要求或程序组织数据和文字信息的职业，并具备相应能力。

如：秘书、办公室人员、记事员、会计、行政助理、图书馆管理员、出纳员、打字员、投资分析员。

注：常规型的人做事有耐心、细致，如果人的常规兴趣弱（<20%）通常表现为做事较为粗心，容易丢三落四，不够踏实

相邻关系：RI IR IA AI AS SA SE ES EC CE RC CR，属于相邻关系的两种类型的个体间共同点较多。

相隔关系：RA RE IC IS AR AE SI SC EA ER CI CS，属于相隔关系的两种类型个的体之间共同点比相邻关系少。

相对关系：RS IE AC SR EI CA，属于相对关系的人格类型共同点少，一个人同时对处于相对关系的两种职业环境都兴趣很浓的情况较为少。

四　职业价值观测试

说明：下面有52道题目，每个题目都有5个备选答案，请根据自己的实际情况或想法，在题目后面写出相应字母，每题只能选择一个答案。通过测验，你可以大致了解自己的职业价值观念倾向。

A. 非常重要　　B. 比较重要　　C. 一般　　D. 较不重要　　E. 很不重要

1. 你的工作必须经常解决新的问题。
2. 你的工作能为社会福利带来看得见的效果。
3. 你的工作奖金很高。
4. 你的工作内容经常变换。
5. 你能在你的工作范围内自由发挥。
6. 工作能使你的同学、朋友非常羡慕你。
7. 工作带有艺术性。
8. 你的工作能使人感觉到你是团体中的一分子。
9. 不论你怎么干，你总能和大多数人一样晋级和长工资。
10. 你的工作使你有可能经常变换工作地点、场所或方式。
11. 在工作中你能接触到各种不同的人。
12. 你的工作上下班时间比较随便、自由。
13. 你的工作使你不断获得成功的感觉。
14. 你的工作赋予你高于别人的权力。
15. 在工作中，你能试行一些自己的新想法。
16. 在工作中你不会因为身体或能力等因素，被人瞧不起。
17. 你能从工作的成果中，知道自己做得不错。
18. 你的工作经常要外出参加各种集会和活动。
19. 只要你干上这份工作，就不再被调到其他意想不到的单位和工种上去。
20. 你的工作能使世界更美丽。
21. 在你的工作中，不会有人常来打扰你。
22. 只要努力，你的工资会高于其他同年龄的人，升级或长工资的可能性比干其他工作大得多。
23. 你的工作是一项对智力的挑战。
24. 你的工作要求你把一些事务管理得井井有条。
25. 你的工作单位有舒适的休息室、更衣室、浴室及其他设备。
26. 你的工作有可能结识各行各业的知名人物。
27. 在你的工作中，能和同事建立良好的关系。
28. 在别人眼中，你的工作是很重要的。
29. 在工作中你经常接触到新鲜的事物。
30. 你的工作使你能常常帮助别人。

31. 你在工作单位中，有可能经常变换工作。
32. 你的作风使你被别人尊重。
33. 同事和领导人品较好，相处比较随便。
34. 你的工作会使许多人认识你。
35. 你的工作场所很好，比如有适度的灯光、安静、清洁的工作环境，甚至恒温、恒湿等优越的条件。
36. 在工作中，你为他人服务，使他人感到很满意，你自己也很高兴。
37. 你的工作需要计划和组织别人的工作。
38. 你的工作需要敏锐的思考。
39. 你的工作可以使你获得较多的额外收入，比如：常发实物、常购买打折扣的商品、常发商品的提货券、有机会购买进口货等。
40. 在工作中你是不受别人差遣的。
41. 你的工作结果应该是一种艺术而不是一般的产品。
42. 在工作中不必担心会因为所做的事情领导不满意，而受到训斥或经济惩罚。
43. 在你的工作中能和领导有融洽的关系。
44. 你可以看见你的努力工作的成果。
45. 在工作中常常要你提出许多新的想法。
46. 由于你的工作，经常有许多人来感谢你。
47. 你的工作成果常常能得到上级、同事或社会的肯定。
48. 在工作中，你可能做一个负责人，虽然可能只领导很少几个人，你信奉"宁做兵头，不做将尾"的俗语。
49. 你从事的那种工作，经常在报刊、电视中被提到，因而在人们的心目中很有地位。
50. 你的工作有数量可观的夜班费、加班费、保健费或营养费。
51. 你的工作比较轻松，精神上也不紧张。
52. 你的工作需要和影视、戏剧、音乐、美术、文学等艺术打交道。

评分与评价：

上面的52道题分别代表13项工作价值观。每个A得5分、B得4分、C得3分、D得2分、E得1分。请你根据附表5中每一项前面的题号，计算一下每一项的得分总数，并把它填在每一项的得分栏上。然后在表格下面依次列出得分最高和最低的三项。

附表5　得分题号与价值观说明

利他主义	2，30，36，46	工作的目的和价值，在于直接为大众的幸福和利益尽一份力
美感	7，20，41，52	工作的目的和价值，在于能不断地追求美的东西，得到美感的享受
智力刺激	1，23，38，45	工作的目的和价值，在于不断进行智力的操作，动脑思考、学习以及探索新事物，解决新问题
成就感	13，17，44，47	工作的目的和价值，在于不断创新，不断取得成就，不断得到领导与同事的赞扬，或不断实现自己想要做的事
独立性	5，15，21，40	工作的目的和价值，在于能充分发挥自己的独立性和主动性，按自己的方式、步调或想法去做，不受他人的干扰

续表

社会地位	6，28，32，49	工作的目的和价值，在于所从事的工作在人们的心目中有较高的社会地位，从而使自己得到人的重视与尊敬
管理	14，24，37，48	工作的目的和价值，在于获得对他人或某事物的管理支配权，能指挥和调遣一定范围内的人或事物
经济报酬	3，22，39，50	工作的目的和价值，在于获得优厚的报酬，使自己有足够的财力去获得自己想要的东西，使生活过得较为富足
社会交际	11，18，26，34	工作的目的和价值，在于能和各种人交往，建立比较广泛的社会联系和关系，甚至能和知名人物结识
安全感	9，16，19，42	不管自己能力怎样，希望在工作中有一个安稳局面，不会因为奖金、长工资、调动工作或领导训斥等经常提心吊胆、心烦意乱
舒适	12，25，35，51	希望能将工作作为一种消遣、休息或享受的形式，追求比较舒适、轻松、自由、优越的工作条件和环境
人际关系	8，27，33，43	希望一起工作的大多数同事和领导人品较好，相处在一起感到愉快、自然，认为这就是很有价值的事，是一种极大的满足
变异性或追求新意	4，10，29，31	希望工作的内容经常变换，使工作和生活显得丰富多彩，不单调枯燥

得分最高的三项是：1. _____；2. _____；3. _____。
得分最低的三项是：1. _____；2. _____；3. _____。

从得分最高和最低的三项中，可以大致看出你的价值倾向，在选择职业时就可以加以考虑。

日常生活和职业活动的观察和研究都证明，人的职业能力各不相同，有人善于言语交谈，有人善于操作，有人善于理论分析，有人善于事务性工作。每个人都有自己独特的能力结构。社会上的职业也是多种多样的，各种职业对从业者的能力要求亦各不同，有的需要言语能力，有的需要计算能力，有的需要动手能力，大多数职业需要几种能力的综合。

五　职业能力测试五级量表

职业能力的评定采用"五级量表"：强、较强、一般、较弱、弱。每级评定都有相应的权重参数，将评定等级乘以权重参数，然后把六项数值加起来，再除以六，就得到一组评定的等级分数。

例如：第一组
　　强　较强　一般　较弱　弱
（1）善于表达自己的观点（对）（　　）（　　）（　　）（　　）
（2）阅读速度快，并能抓住中心内容（　　）（　　）（对）（　　）（　　）
（3）清楚地向别人解释难懂的概念（　　）（对）（　　）（　　）（　　）

(4) 对文章中的字、词、段落和篇章的理解、分析和综合的能力（　　）（　　）（对）（　　）（　　）

(5) 掌握词汇量的程度（　　）（对）（　　）（　　）（　　）

(6) 中学时你的语文成绩（　　）（对）（　　）（　　）（　　）

各等级次数累计×1×2×3×4×5

总计次数Σ＝（13）

评定等级（2.2）＝总计次数（13）除以6

根据自己实际情况，对下面的每一种活动做出评定。

第一组

强　较强　一般　较弱　弱

(1) 善于表达自己的观点（　　）（　　）（　　）（　　）（　　）

(2) 阅读速度快，并能抓住中心内容（　　）（　　）（　　）（　　）（　　）

(3) 清楚地向别人解释难懂的概念（　　）（　　）（　　）（　　）（　　）

(4) 对文章中的字、词、段落和篇章的理解、分析和综合的能力（　　）（　　）（　　）（　　）（　　）

(5) 掌握词汇量的程度（　　）（　　）（　　）（　　）（　　）

(6) 中学时你的语言成绩（　　）（　　）（　　）（　　）（　　）

各等级次数累计×1×2×3×4×5

总计次数Σ＝（　　）

评定等级（　　）＝总计次数（　　）除以6

第二组

强　较强　一般　较弱　弱

(1) 做出精确的测量（如测长、宽、高等）（　　）（　　）（　　）（　　）（　　）

(2) 解算术应用题（　　）（　　）（　　）（　　）（　　）

(3) 笔算能力（　　）（　　）（　　）（　　）（　　）

(4) 心算能力（　　）（　　）（　　）（　　）（　　）

(5) 使用工具（如计算器）的计算能力（　　）（　　）（　　）（　　）（　　）

(6) 中学时你的数学成绩（　　）（　　）（　　）（　　）（　　）

各等级次数累计×1×2×3×4×5

总计次数Σ＝（　　）

评定等级（　　）＝总计次数（　　）除以6

第三组

强　较强　一般　较弱　弱

(1) 美术素描画的水平（　　）（　　）（　　）（　　）（　　）

(2) 画三维度的立体图形（　　）（　　）（　　）（　　）（　　）

(3) 看几何图形的立体感（　　）（　　）（　　）（　　）（　　）

(4) 想象盒子展开后平面形状（　　）（　　）（　　）（　　）（　　）

(5) 玩拼板（图）游戏（　　）（　　）（　　）（　　）（　　）

各等级次数累计×1×2×3×4×5

总计次数∑＝（　　）

评定等级（　　）＝总计次数（　　）除以6

第四组

强　较强　一般　较弱　弱

(1) 发现相似图形中的细微差异（　）（　）（　）（　）（　）

(2) 识别物体的差异（　）（　）（　）（　）（　）

(3) 注意到多数人所忽视的物体的细节部分（　）（　）（　）（　）（　）

(4) 检查物体的细节（　）（　）（　）（　）（　）

(5) 观察图案是否正确（　）（　）（　）（　）（　）

(6) 学习时善于找出数学作业的细小错误（　）（　）（　）（　）（　）

各等级次数累计×1×2×3×4×5

总计次数∑＝（　　）

评定等级（　　）＝总计次数（　　）除以6

第五组

强　较强　一般　较弱　弱

(1) 快而正确地抄写资料？（诸如姓名、日期、电话号码等）（　）（　）（　）（　）（　）

(2) 阅读中发现错别字（　）（　）（　）（　）（　）

(3) 发现计算错误（　）（　）（　）（　）（　）

(4) 在图书馆很快地查找编码卡片（　）（　）（　）（　）（　）

(5) 发现图表中的细小错误（　）（　）（　）（　）（　）

(6) 自我控制能力（如较长时间地进行抄写资料工作）（　）（　）（　）（　）（　）

各等级次数累计×1×2×3×4×5

总计次数∑＝（　　）

评定等级（　　）＝总计次数（　　）除以6

第六组

强　较强　一般　较弱　弱

(1) 劳动技术中做操纵机器一类活动（　）（　）（　）（　）（　）

(2) 玩电子游戏工瞄准打靶（　）（　）（　）（　）（　）

(3) 在体操、广播操一类活动中身体的灵活性（　）（　）（　）（　）（　）

(4) 打球的姿势的水平度（　）（　）（　）（　）（　）

(5) 打字比赛或算盘比赛（　）（　）（　）（　）（　）

(6) 闭眼单脚站立的平衡能力（　）（　）（　）（　）（　）

各等级次数累计×1×2×3×4×5

总计次数∑＝（　　）

评定等级（　　）＝总计次数（　　）除以6

第七组

强　较强　一般　较弱　弱

(1) 灵巧地使用手工工具（如榔头、锤子）（ ）（ ）（ ）（ ）（ ）

(2) 灵巧地使用很小的工具（如镊子、缝衣针等）（ ）（ ）（ ）（ ）（ ）

(3) 弹乐器时手指的灵活度（ ）（ ）（ ）（ ）（ ）

(4) 动手做一件小手工品（ ）（ ）（ ）（ ）（ ）

(5) 很快地削水果（如苹果、梨子）（ ）（ ）（ ）（ ）（ ）

(6) 修理、装配、拆卸、纺织、缝补等一类活动（ ）（ ）（ ）（ ）（ ）

各等级次数累计×1×2×3×4×5

总计次数∑＝（ ）

评定等级（ ）＝总计次数（ ）除以6

第八组

强 较强 一般 较弱 弱

(1) 善于在陌生的场合发表自己的意见（ ）（ ）（ ）（ ）（ ）

(2) 善于在新场合结交新朋友（ ）（ ）（ ）（ ）（ ）

(3) 口头表达力（ ）（ ）（ ）（ ）（ ）

(4) 善于与人友好交往，并协同工作（ ）（ ）（ ）（ ）（ ）

(5) 善于帮助别人（ ）（ ）（ ）（ ）（ ）

(6) 擅长做别人的思想工作（ ）（ ）（ ）（ ）（ ）

各等级次数累计×1×2×3×4×5

总计次数∑＝（ ）

评定等级（ ）＝总计次数（ ）除以6

第九组

强 较强 一般 较弱 弱

(1) 擅长单位或班级的集体活动（ ）（ ）（ ）（ ）（ ）

(2) 在集体活动或学习中，时常关心他人的情况（ ）（ ）（ ）（ ）（ ）

(3) 在日常能经常动脑筋，想出与别人不一样的好点子（ ）（ ）（ ）（ ）（ ）

(4) 冷静果断地处理突然发生的事情（ ）（ ）（ ）（ ）（ ）

(5) 在你曾做过的组织工作中，你认为自己的能力属于哪一水平（ ）（ ）（ ）（ ）（ ）

(6) 善于解决同事或同学之间的矛盾（ ）（ ）（ ）（ ）（ ）

各等级次数累计×1×2×3×4×5

总计次数∑＝（ ）

评定等级（ ）＝总计次数（ ）除以6

统计和确定你的职业能力类型

把每一组的评定等级填入附表6：

组	评定等级	相应的职业能力
第一组	（　）	言语能力
第二组	（　）	数理能力
第三组	（　）	空间判断能力
第四组	（　）	察觉细节能力
第五组	（　）	书写能力
第六组	（　）	运动协调能力
第七组	（　）	动手能力
第八组	（　）	社会交往能力
第九组	（　）	组织管理能力

五个等级含义："1"为强；"2"为较强；"3"为一般；"4"为较弱；"5"为弱。评定等级可有小数点，如：等级2.2，表示此种能力水平稍低于较强水平，高于一般水平。

各种职业能力的特点。

言语能力：指对词及其含义的理解和使用能力，对词、句子、段落篇章的理解能力，以及善于清楚正确地表达自己的观念和向别人介绍信息的能力。

数理能力：指迅速而准确地运算以及在准确的同时，能推理、解决应用问题的能力。

空间判断能力：指对立体图形以及平面图形与立体图形之间关系的理解能力，包括能看懂几何图形，对立体图形的三个面的理解力，识别物体在空间运动中的联系，解决几何问题。

察觉细节能力：指对物体或图形的有关细节具有正确的知觉能力，对于图形的明暗、线的宽度和长度做出区别和比较，看出其细微的差异。

书写能力：对词、印刷物、账目、表格等材料的细微部分具有正确知觉的能力，迅速发现错字和正确地校对数字的能力。

运动协调：指眼、手、脚、身体迅速准确地随活动做出精确的动作和运动反应，手能跟随眼所看到的东西迅速行动，进行正确控制的能力。

动手能力：指手、手指、手腕能迅速而准确地活动和操作小的物体，在拿取、放置、换、翻转物体时手能做出精巧运动和腕的自由运动能力。

社会交往能力：指善于人与人之间的相互交往，相互联系，相互帮助，相互影响。从而协同工作或建立良好的人际关系。

组织管理能力：指擅长组织上和安排各种活动，协调参加活动中人的人际关系的能力。

各种常见职业与其相应的职业能力要求如附表7所示。

言语	数理	空间判断	察觉细节	书写	运动协调	动手	社会交往	管理
水利工程师	3	3	4	4	3	3	3	4
自来水工人	4	3	4	4	4	2	2	4	4
供水工程师	3	2	2	2	3	3	3	3

续表

	言语	数理	空间判断	察觉细节	书写	运动协调	动手	社会交往	管理	
食品饮料工人		4	3	4	4	4	4	2	2	4
食品饮料工程师		3	2	2	2	3	3	3	3	3
服装工人		3	3	3	3	3	3	2	2	4
服装设计师		3	2	2	2	3	3	2	3	3
家具工人		4	2	3	3	3	2	2	4	4
家具设计师		4	2	2	2	3	3	3	3	3
印刷工人		4	3	3	3	3	3	3	2	4
工艺设计师		4	2	2	2	3	3	3	3	3
化学工程师		3	2	2	2	3	3	3	3	3
冶金工程师		4	3	3	3	4	3	2	4	3
机械工程师		3	2	2	2	3	3	3	3	3
电工		3	3	3	3	3	3	2	3	4
电气工程师		3	2	2	2	3	3	3	3	3
仪器仪表工程师		3	2	2	2	3	3	3	3	3
电气安装工人		4	3	3	2	4	2	2	4	4
勘察设计工程师		3	2	2	2	3	3	3	3	3
城建规划工程师		3	2	2	2	3	3	3	3	3
市政管理员		3	2	2	2	3	3	3	3	3
汽车驾驶员		3	2	2	3	3	2	2	3	4
调度员		2	2	4	3	3	3	3	2	1
电讯业务员		2	2	3	3	2	3	2	3	3
零售商业从业者		2	2	4	3	2	3	2	3	3
商业管理人员		2	2	4	3	2	4	3	2	2
售货员		2	2	4	4	3	3	2	3	2
商业采购员、供销员		2	2	4	3	3	3	3	1	2
外贸职员		1	2	4	3	3	3	3	1	2
厨师		4	3	4	4	4	2	2	3	2
餐厅服务员		2	2	4	4	3	2	2	2	2
保管员		3	2	3	3	3	3	2	3	3
房屋维修工		3	3	2	3	3	2	2	3	3
公交服务员		2	2	4	4	3	3	2	2	2
园林绿化验室作者		3	3	3	4	4	2	2	4	4

续表

	言语	数理	空间判断	察觉细节	书写	运动协调	动手	社会交往	管理
美容、美发师	3	3	4	3	4	2	2	3	3
导游	1	3	4	4	3	2	3	2	1
宾馆服务员	2	3	4	4	3	3	2	2	2
摄影师	3	2	2	2	3	3	2	3	3
殡葬业服务员	3	3	4	4	4	3	3	3	3
家电修人员	3	3	2	2	3	3	3	3	3
科技咨询工作者	2	3	3	2	2	3	3	3	2
心理咨询工作者	2	3	3	3	2	4	3	2	3
职业咨询工作者	2	3	3	3	3	4	3	3	2
社会工作者	2	3	4	4	3	3	2	3	2
银行信贷职员	2	1	4	1	2	4	3	2	3
税收员	2	2	4	3	3	4	3	2	2
会计、出纳、统计	3	1	4	1	2	4	3	2	3
保险职员	2	1	4	3	2	4	3	3	3
医生	2	2	3	3	3	2	1	3	3
护士	2	3	3	3	3	2	1	3	3
药剂师	3	2	3	3	3	2	1	3	3
运动员	3	3	3	2	4	1	1	3	3
教练员	2	3	3	2	4	1	1	3	1
演员、演员	1	3	3	3	4	1	2	2	3
导演	1	3	3	2	2	2	3	2	1
编辑	1	2	3	1	2	3	3	1	1
图书馆员	3	2	4	2	2	3	3	3	3
播音员	1	2	3	1	3	3	3	2	3
广播、电视工程师	3	3	2	2	3	3	2		
幼儿园教师	1	3	3	2	2	3	2	2	2
中小学教师	1	2	3	2	1	3	2	2	1
中小学管理员	2	2	4	2	2	3	3	2	1
教学辅助人员	2	2	4	3	2	3	3	2	1
自然科学家	3	1	2	1	2	3	1	2	3
社会科学家	2	3	3	2	1	3	3	2	2
科技情报人员	2	2	3	2	2	3	2	2	3

续表

言语	数理	空间判断	察觉细节	书写	运动协调	动手	社会交往	管理	
气象、地震预报员	2	2	3	2	2	3	3	3	3
业务员	2	2	3	2	1	3	3	2	2
打字员	3	3	4	2	2	3	2	3	4
秘书	2	2	3	2	1	3	3	2	2
警察	2	2	3	3	3	2	2	2	2
律师	1	2	3	2	3	3	3	2	2
审判员	1	3	3	2	3	3	3	2	2

附录二 就业政策百问

高校毕业生就业政策百问

1. 什么是基层就业？

基层就业就是到城乡基层工作。国家近几年出台了一系列优惠政策鼓励高校毕业生积极参加社会主义新农村建设、城市社区建设和应征入伍。一般来讲，基层既包括广大农村，也包括城市街道社区；既涵盖县级以下党政机关、企事业单位，也包括社会团体、非公有制组织和中小企业；既包含自主创业、自谋职业，也包括艰苦行业和艰苦岗位。

2. 国家鼓励毕业生到基层就业的主要优惠政策包括哪些？

（1）对到农村基层和城市社区从事社会管理和公共服务工作的高校毕业生，符合公益性岗位就业条件并在公益性岗位就业的，按照国家现行促进就业政策的规定，给予社会保险补贴和公益性岗位补贴。

（2）对到农村基层和城市社区其他社会管理和公共服务岗位就业的，给予薪酬或生活补贴，同时按规定参加有关社会保险。

（3）对到中西部地区和艰苦边远地区县以下农村基层单位就业、并履行一定服务期限的高校毕业生，以及应征入伍服义务兵役的高校毕业生，按规定实施相应的学费补偿和国家助学贷款代偿。

（4）对具有基层工作经历的高校毕业生，在研究生招录和事业单位选聘时实行优先，在地市级以上党政机关考录公务员时也要进一步扩大招考录用的比例。

3. 什么是基层社会管理和公共服务岗位？

所谓基层社会管理和公共服务岗位，包括村官、支教、支农、支医、乡村扶贫，以及城市社区的法律援助、就业援助、社会保障协理、文化科技服务、养老服务、残疾人居家服务、廉租房配套服务等岗位。

4. 什么是其他基层社会管理和公共服务岗位？

在街道社区、乡镇等基层开发或设立的相应的社会管理和公共服务岗位。部分由政府出资，或由相关组织和单位出资。所安排使用的人员按规定享受相关补贴。

5. 什么是公益性岗位？

由政府出资开发，以满足社区及居民公共利益为目的的管理和服务岗位。公益性岗位优先安排困难人员或特殊群体，并从就业专项资金中给予社会保险补贴和岗位补贴。

6. 什么是公益性岗位社会保险补贴？

符合公益性岗位条件的用人单位招用就业困难和零就业家庭的高校毕业生并按规定为

其缴纳社会保险费后，政府从当地财政再就业资金中给予用人单位的资金补助。

7. 什么是公益性岗位补贴？

街道（社区）或其他经批准的劳务派遣组织安排就业困难和零就业家庭的高校毕业生从事公益性岗位工作，并对聘用人员实行统一管理、统一发放工资、统一缴纳社会保险费、签订半年以上劳动合同，由当地财政对用人单位给予补贴。

8. 学费补偿和助学贷款代偿的政策内容主要是什么？

中央部门高校应届毕业生（全日制本专科、高职生、研究生、第二学士学位毕业生）到中西部地区和艰苦边远地区基层单位就业、服务期在3年以上（含3年）的，其学费由国家实行补偿。在校学习期间获得国家助学贷款（含高校国家助学贷款和生源地信用助学贷款，下同）的，补偿的学费优先用于偿还国家助学贷款本金及其全部偿还之前产生的利息。定向、委培以及在校期间已享受免除全部学费政策的学生除外。

9. 国家实施补偿学费和代偿助学贷款的就业地域范围包括哪些？

国家对到中西部地区和艰苦边远地区基层单位就业、并履行一定服务期限的中央部门所属高校毕业生，按规定实施相应的学费补偿和助学贷款代偿。这里涉及的地域范围主要包括：

（1）西部地区：西藏、内蒙古、广西、重庆、四川、贵州、云南、陕西、甘肃、青海、宁夏、新疆等12个省（自治区、直辖市）；

（2）中部地区：河北、山西、吉林、黑龙江、安徽、江西、河南、湖北、湖南、海南等10个省；

（3）艰苦边远地区：由国务院确定的经济水平和条件较差的一些州、县和少数民族地区。（详情可登录中国政府网查询：http：//www.gov.cn；或登录北大法律信息网查询：http：//www.chinalawinfo.com）

（4）基层单位：①中西部地区和艰苦边远地区县以下机关、企事业单位，包括乡（镇）政府机关、农村中小学、国有农（牧、林）场、农业技术推广站、畜牧兽医站、乡镇卫生院、计划生育服务站、乡镇文化站、乡镇劳动就业服务站等；②工作现场地处以上地区县以下的气象、地震、地质、水电施工、煤炭、石油、航海、核工业等中央单位艰苦行业生产第一线。

10. 学费补偿和助学贷款代偿的标准和年限是多少？

每生每学年补偿学费和代偿国家助学贷款的金额最高不超过6000元。在校学习期间每年实际缴纳的学费或获得的国家助学贷款低于6000元的，按照实际缴纳的学费或获得的国家助学贷款金额实行补偿或代偿。每年实际缴纳的学费高于6000元的，按照每年6000元的金额实行补偿或者代偿。

本科、专科（高职）、研究生和第二学士学位毕业生补偿学费或代偿国家助学贷款的年限，分别按照国家规定的相应学制计算。在校学习的时间低于相应学制规定年限的，按照实际学习时间计算补偿学费或代偿助学贷款年限。在校学习时间高于相应学制年限的，按照学制规定年限计算。

每年代偿学费或国家助学贷款总额的三分之一，3年代偿完毕。

11. 中央部门所属高校毕业生如何申请学费补偿和助学贷款代偿？

在办理离校手续时向学校递交《学费和国家助学贷款代偿申请表》和毕业生本人、就业单位与学校三方签署的到中西部地区和艰苦边远地区基层单位服务3年以上的就业协议；在校学习期间获得国家助学贷款的，在与国家助学贷款经办银行签订毕业后还款计划时，注明已申请国家助学贷款代偿，如获得国家助学贷款代偿资格，不需自行向银行还款；高校负责审查申请资格并上报全国学生资助管理中心。

12. 地方所属高校毕业生到基层就业如何获得学费补偿和助学贷款代偿？

财政部、教育部印发的《高等学校毕业生学费和国家助学贷款代偿暂行办法》要求，各地要抓紧研究制订本地所属高校毕业生面向本辖区艰苦边远地区基层单位就业的学费补偿和助学贷款代偿办法。地方所属高校毕业生到基层就业是否可以获得学费补偿或国家助学贷款代偿，以及如何申请办理补偿或代偿等，请向学校所在地政府有关部门查询。

13. 到基层就业如何办理户口、档案、党团关系等手续？

对到西部县以下基层单位和艰苦边远地区就业的高校毕业生，实行来去自由的政策，户口可留在原籍或根据本人意愿迁往就业地区；人事档案原则上统一转至服务单位所在地的县级政府人事部门，由政府主管部门所属的人才交流机构提供免费人事代理服务；党团组织关系转至服务单位，对服务期间积极要求入党的，由乡镇一级党组织按规定程序办理。

14. 中央有关部门实施了哪些基层就业项目？

近年来，中央各有关部门主要组织实施了4个引导高校毕业生到基层就业的专门项目，包括：团中央、教育部等四部门从2003年起组织实施的"大学生志愿服务西部计划"；中组部、原人事部、教育部等八部门从2006年开始组织实施的"三支一扶"（支教、支农、支医和扶贫）计划；教育部等四部门从2006年开始组织实施的"农村义务教育阶段学校教师特设岗位计划"；中组部、教育部等四部门从2008年起组织实施的"选聘高校毕业生到村任职工作"计划。

15. 什么是农村义务教育阶段学校教师特设岗位计划？

2006年，教育部、财政部、原人事部、中央编办下发《关于实施农村义务教育阶段学校教师特设岗位计划的通知》，联合启动实施"特岗计划"，公开招聘高校毕业生到"两基"攻坚县农村义务教育阶段学校任教。特岗教师聘期3年。

16. 农村教师特岗计划实施的地区范围包括哪些？

2006—2008年"特岗计划"的实施范围以国家西部地区"两基"攻坚县为主（含新疆生产建设兵团的部分团场），包括纳入国家西部开发计划的部分中部省份的少数民族自治州，适当兼顾西部地区一些有特殊困难的边境县、少数民族自治县和少小民族县。2009年，实施范围扩大到中西部地区国家扶贫开发工作重点县。

17. 农村教师特岗计划招聘对象和条件是什么？

以高等师范院校和其他全日制普通高校应届本科毕业生为主，可招少量应届师范类专业专科毕业生。取得教师资格，具有一定教育教学实践经验，年龄在30岁以下的全日制普通高校往届本科毕业生。参加过"大学生志愿服务西部计划"、有从教经历的志愿者和参加过半年以上实习支教的师范院校毕业生同等条件下优先。报名者应同时符合教师资格条件要求和招聘岗位要求。

18. 农村教师特岗计划的招聘程序有哪些？

特岗教师实行公开招聘，合同管理。合同规定用人单位和应聘人员双方的权利和义务。招聘工作由省级教育、人力资源和社会保障、财政、编办等相关部门共同负责，遵循

"公开、公平、自愿、择优"和"三定"(定县、定校、定岗)原则,按下列程序进行:公布需求,自愿报名,资格审查,考试考核,集中培训,资格认定,签订合同,上岗任教。

19. 什么是选聘高校毕业生到村任职?

2008年,中组部、教育部、财政部、人力资源和社会保障部出台了《关于印发〈关于选聘高校毕业生到村任职工作的意见(试行)〉的通知》,用5年时间选聘10万名高校毕业生到农村担任村委会主任助理、村党支部书记助理或团支部书记、副书记等职务。选聘的高校毕业生在村工作期限一般为2—3年。

20. 选聘到村任职的对象是什么?要满足哪些条件?

选聘对象为30岁以下应届和往届毕业的全日制普通高校专科以上学历的毕业生,重点是应届毕业和毕业1至2年的本科生、研究生,原则上为中共党员(含预备党员),非中共党员的优秀团干部、优秀学生干部也可以选聘。

基本条件是:思想政治素质好,作风踏实,吃苦耐劳,组织纪律观念强。学习成绩良好,具备一定的组织协调能力。自愿到农村基层工作。身体健康。此外,参加人力资源和社会保障部、团中央等部门组织的到农村基层服务的"三支一扶"、"志愿服务西部计划"等活动期满的高校毕业生,本人自愿且具备选聘条件的,经组织推荐可作为选聘对象。

21. 选聘到村任职的程序是什么?

选聘工作一般通过个人报名、资格审查、组织考察、体检、公示、决定聘用、培训上岗等程序进行。

22. 什么是"三支一扶"计划?

"三支一扶"是支教、支医、支农、扶贫的简称。2006年,中组部、人事部等八部门下发《关于组织开展高校毕业生到农村基层从事支教、支农、支医和扶贫工作的通知》,以公开招募、自愿报名、组织选拔、统一派遣的方式,从2006年开始连续5年,每年招募2万名高校毕业生,主要安排到乡镇从事支教、支农、支医和扶贫工作。服务期限一般为2—3年。招募对象主要为全国普通高校应届毕业生。

23. 什么是大学生志愿服务西部计划?

大学生志愿服务西部计划由共青团中央牵头,教育部、财政部、人力资源和社会保障部共同组织实施。从2003年开始,每年招募一定数量的普通高等学校应届毕业生,到西部贫困县的乡镇从事为期1—3年的教育、卫生、农技、扶贫以及青年中心建设和管理等方面的志愿服务工作。

24. 参加中央部门组织实施的基层就业项目,服务期满后享受哪些优惠政策?

参加"选聘高校毕业生到村任职"、"三支一扶"、"大学生志愿服务西部计划"、"农村义务教育阶段学校教师特设岗位计划"项目、服务期满的毕业生,享受以下优惠政策:

(1)公务员招录优惠:地(市)级以上党政机关录用公务员,要明确录用具有2年以上基层工作经历的人员比例;县及乡镇机关要拿出一定职位,专门招考到村任职等基层就业项目的大学生。

(2)事业单位招聘优惠:鼓励在项目结束后留在当地就业,参加各基层就业项目相对应的自然减员空岗,全部聘用服务期满的高校毕业生。从2009年起,到乡镇事业单位服务的高校毕业生服务满1年后,在现岗位空缺情况下,经考核合格,即可与所在单位签订不少于3年的聘用合同。同时,各省(区、市)县及县以上相关的事业单位公开招聘工作人员，应拿出不低于40%的比例，聘用各基层就业项目服务期满考核合格的毕业生。

（3）考学升学优惠：服务期满后3年内报考硕士研究生初试总分加10分；同等条件下优先录取；高职（高专）学生可免试入读成人本科。

（4）国家补偿学费和代偿助学贷款政策：参加各基层就业项目的毕业生，符合规定条件的，可享受相应的学费补偿和助学贷款代偿政策。

（5）服务期满自主创业的，可享受行政事业性收费减免、小额贷款担保和贴息等有关政策。

（6）其他：各基层就业项目服务年限计算工龄。服务期满到企业就业的，按照规定转接社会保险关系。

鼓励高校毕业生应征入伍报效祖国

25. 国家鼓励高校毕业生入伍，这里的"高校毕业生"如何界定？

指中央部门和地方所属全日制公办普通高等学校、民办普通高等学校和独立学院的全日制普通本专科（含高职）、研究生、第二学士学位应届毕业生。不包括往届毕业生及成人高等教育、高等教育自学考试类学生、各类非学历教育的学生。

26. 征兵工作由哪个部门负责？

《兵役法》规定，全国的兵役工作，在国务院、中央军委领导下，由国防部负责。

各军区按照国防部赋予的任务，负责办理本区域的兵役工作。

省军区（卫戍区、警备区）、军分区（警备区）和县、自治县、市、市辖区的人民武装部，兼各该级人民政府的兵役机关，在上级军事机关和同级人民政府领导下，负责办理本区域的兵役工作。

27. 公民应征入伍需要满足哪些政治条件？

征兵政治审查的内容包括：应征公民的年龄、户籍、职业、政治面貌、宗教信仰、文化程度、现实表现以及家庭主要成员和主要社会关系成员的政治情况等。征集服现役的公民必须热爱中国共产党，热爱社会主义祖国，热爱人民军队，遵纪守法，品德优良，决心为抵抗侵略、保卫祖国、保卫人民的和平劳动而英勇奋斗。

28. 公民应征入伍要满足哪些基本身体条件？

应征入伍的公民要身心健康、体魄强健。其中，有几项基本条件：

身高：男性162cm以上，女性160cm以上

体重：男性不超过标准体重的+20%、-10%

女性不超过标准体重的±15%

标准体重=（身高-110）kg

个别体格条件较为优秀的应征男青年，体重可放宽至不超过标准体重的25%，不低于标准体重的15%。

视力：路勤岗位视力标准，大学专科以上文化程度的青年入伍，右眼裸眼视力放宽至4.6，左眼裸眼视力放宽至4.5。

内科：乙型肝炎表面抗原呈阴性，等等。

29. 应征入伍高校毕业生的年龄条件是多少？

高职（专科）毕业生当年为18-23岁，本科以上学历的可以放宽到当年24岁。

30. 面向2009届高校毕业生的征兵预征工作何时开始？

全国征兵工作在每年冬季进行。从2009年起，对普通高等学校应届高校毕业生实行预征制度，5至6月份，高校所在地兵役机关会同有关部门进入高校，开展预征工作。

31. 高校毕业生应征入伍要经过哪些程序？

参加兵役登记和预征报名：高校所在地县级兵役机关会同有关部门到学校开展兵役登记，进行征兵普查工作，高校毕业生本人可向所在高校有关部门报名。

在高校参加预征：5至6月份，高校所在地县级兵役机关会同教育、公安、卫生等部门，到高校组织身体初检和政治初审，符合基本征集条件的确定为预征对象，并填写《应届高校毕业生预征对象登记表》。身体初检时对视力、肝功能等项目进行重点检查。

到户籍所在地报名应征：11至12月份，确定为预征对象的高校毕业生，冬季征兵开始前持《应届高校毕业生预征对象登记表》到入学前户籍所在地县（市、区）征兵办公室报名应征。通过体格检查、政治审查并符合其他征集条件的，由县（市、区）人民政府征兵办公室优先批准入伍。

32. 毕业生预征工作在高校由哪个部门负责？

高校设有武装部的由武装部牵头负责，没有设立武装部的由学生管理部门负责。有意向参军入伍的毕业生可向所在学校武装部或学生处咨询。

33. 毕业生应征入伍服义务兵役享受哪些优惠政策？

高校毕业生应征入伍服义务兵役，除享有优先报名应征、优先体检政审、优先审批定兵及其他优待安置政策外，还享受优先选拔使用、考学升学优惠、补偿学费或代偿国家助学贷款等优惠政策。

34. 如何理解毕业生"优先报名应征"？

征兵报名前，县级兵役机关通知预征对象报名时间、地点、注意事项等。高校毕业生本人持《应届高校毕业生预征对象登记表》到户籍所在地县级兵役机关报名应征。

35. 如何理解毕业生预征对象"优先体检、政审"？

高校毕业生预征对象体检由县级兵役机关直接办理。征兵前，县级兵役机关要通知预征对象体检时间、地点、注意事项，并全部安排其上站体检。除器质性或传染性疾病外，一般不得单科淘汰。

组织高校毕业生政审时，严格按照《征兵政治审查工作规定》进行。《应征公民政治审查表》中的"就读学校鉴定意见"栏的鉴定意见以《应届高校毕业生预征对象登记表》意见为准，不再填写鉴定意见。入伍前，《应届高校毕业生预征对象登记表》作为政审表的附件装入新兵档案。

36. 如何理解对高校毕业生预征对象"优先审批定兵"？

县级兵役机关召开定兵会议审批定兵时，优先批准体检、政审合格的应届高校毕业生入伍。

37. 如何理解对应征入伍的高校毕业生"优先选拔使用"？

同等条件下，高校毕业生士兵在选取士官、考军校、安排到技术岗位等方面优先；具有普通高等学校本科以上学历并取得相应学位的士兵，表现优秀、符合总政治部有关规定的，可以直接选拔为军官。

38. 什么是士官？与义务兵有什么区别？

我军现役士兵按兵役性质分为义务兵役制士兵和志愿兵役制士兵。义务兵役制士兵称为义务兵,志愿兵役制士兵称为士官。士官属于士兵军衔序列,但不同于义务兵役制士兵,是士兵中的骨干。义务兵实行供给制,发给津贴,士官实行工资制和定期增资制度。

39. 具有高等教育学历的士兵退役后,享受哪些升学考学优惠政策?

参加政法院校为基层公检法定向岗位招生时,优先录取;退役后三年内参加硕士研究生考试初试总分加10分;立二等功及以上的,退役后免试推荐入读硕士研究生;具有高职(高专)学历的,退役后免试入读成人本科或经过一定考核入读普通本科。

40. 什么是政法院校为基层公检法定向岗位招生?

2008年,政法院校开展招录培养体制改革试点工作,重点从军队退役士兵和普通高校毕业生中选拔人才,为西部和经济欠发达地区的基层公、检、法、司机关定向招录培养专科以上层次的各类人才。

41. 应征入伍给予学费补偿和助学贷款代偿的内容是什么?

从2009年起,国家对应征入伍服义务兵役的高校毕业生在校期间缴纳的学费实行补偿。在校期间获得国家助学贷款的,学费补偿款首先用于偿还助学贷款本金及其全部偿还之前产生的利息。

42. 高校毕业生应征入伍都可以享受学费补偿或助学贷款代偿政策吗?

在校期间已享受免除全部学费政策的学生、定向生、委培生、国防生、按部队生长干部条件招收的大学毕业生、从高校毕业生中直招的士官,不享受学费补偿和助学贷款代偿。

43. 学费补偿和助学贷款代偿的标准是多少?

国家对服义务兵役的毕业生每学年补偿学费或代偿国家助学贷款本息的金额,最高不超过6000元;毕业生在校期间每学年实际缴纳的学费或获得的国家助学贷款本息高于6000元的,按照每年6000元的金额实行补偿或者代偿;高校毕业生在校学习期间每年实际缴纳的学费或获得的国家助学贷款本息低于6000元的,按照学费和国家助学贷款本息两者就高的原则,实行补偿或代偿。

44. 实行学费补偿和助学贷款代偿的年限如何计算?

对本科、专科(高职)、研究生和第二学士学位毕业生补偿学费或代偿国家助学贷款本息的年限,不论服役时间长短,分别按照国家规定的相应学制计算,一次性给予补偿。在校学习时间低于相应学制规定年限的,按照实际学习时间计算。在校学习时间高于相应学制规定年限的,按照学制规定年限计算。专升本、本硕连读、中职高职连读、第二学士学位毕业生补偿学费或代偿国家助学贷款本息的年限,分别按照完成本科、硕士、高职和第二学士学位阶段学习任务的实际时间计算(即按完成最终学历学习任务的实际时间计算)。

45. 申请学费补偿或助学贷款代偿的程序是什么?

填写有关表格:预征工作开始后至6月15日前,被确定为预征对象的高校毕业生填写《应届毕业生预征对象登记表》,并向就读高校递交《应征入伍高校毕业生补偿学费代偿国家助学贷款申请表》。在校学习期间获得国家助学贷款的,还需提供与经办银行签订的还款计划书复印件。其中,应注明已申请国家助学贷款代偿。

高校初审盖章:6月30日前,高校对被确定为预征对象的毕业生补偿学费和代偿国家助学贷款本息的条件资格、具体金额及相关信息资料进行初审,确认无误后,在《补偿学费代偿国家助学贷款申请表》上加盖公章,连同《预征对象登记表》一起交给学生本人。

表格递交县征兵办:10月31日前,高校毕业生到入学前户籍所在地报名应征时将《预征对象登记表》及《补偿学费代偿国家助学贷款登记表》交县（市、区）人民政府征兵办公室。

县征兵办审批入伍、复核材料并盖章：12月31日前，县（市、区）人民政府征兵办公室批准高校毕业生应征入伍后，向其发放《应征入伍通知书》，并会同同级教育行政部门对应征入伍的高校毕业生申请补偿学费和代偿国家助学贷款本息等情况进行复核。确认无误后，分别在《补偿学费代偿国家助学贷款申请表》上加盖公章。

学生资助中心审核并确定最终名单：次年1月15日前，县（市、区）教育行政部门将户籍为本县（市、区）的应征高校毕业生的《应征入伍通知书》复印件及《补偿学费代偿国家助学贷款申请表》原件，寄送至应征入伍毕业生原就读高校学生资助管理机构。各高校按隶属关系，分别报各省（区、市）学生资助管理中心和全国学生资助管理中心审核。最终，汇总至全国学生资助管理中心复核、备案后，确定当年享受补偿学费和代偿国家助学贷款本息政策的最终名单及具体金额。

46. 补偿、代偿的经费如何发放到符合条件的毕业生手中？

各中央部门高校和地方高校在收到国家拨付的补偿学费和代偿国家助学贷款本息资金的15个工作日内，向毕业生补偿学费，汇至毕业生指定的地址或账户；对于申请助学贷款代偿的毕业生，由学校代替毕业生按照还款协议，向银行偿还其在本校办理的国家助学贷款本息，并将银行开具的偿还国家助学贷款本息的凭据交寄毕业生本人或家长，将余下的资金汇至毕业生指定的地址或账户。

入学前在户籍所在县（市、区）办理了生源地信用助学贷款的毕业生，到户籍所在县（市、区）学生资助中心领取代偿资金，并于领取代偿资金1个月内，根据与银行签订的还款协议，由学生本人或家长（或其他法定监护人）一次性向银行偿还贷款本息。

47. 因个人原因被部队退回，毕业生已获补偿、代偿的经费要被收回吗？

高校毕业生因本人思想原因、故意隐瞒病史或违法犯罪等行为被部队退回的，取消其补偿学费和代偿国家助学贷款的资格。已获补偿或代偿资金由毕业生户籍所在地县（市、区）教育行政部门会同同级征兵办公室收回，并逐级汇总上缴至全国学生资助管理中心。

48. 高校毕业生应征入伍服义务兵役，其户口档案存放在哪里，如何迁转？

高校毕业生在5—6月份参加预征，身体初检和政治初审合格，填写《应届毕业生预征对象登记表》，将户口迁回入学前户籍所在地，档案可转到入学前户籍所在地人才交流中心存放。

49. 没有参加预征的高校毕业生是否还可以应征入伍并享受有关优惠政策？

应届毕业生所在高校没有开展预征工作或没有参加预征、仍有参军意愿的，可在离校后户籍所在地县（市、区）级兵役机关报名应征，并与毕业学校联系，补办《预征对象登记表》、《补偿学费代偿国家助学贷款申请表》及相关手续后，按第45条程序办理，仍可享受第33条所列之优惠政策。

聘用高校毕业生参与国家和地方重大科研项目

50. 国家和地方重大科研项目包括哪些？

由高校、科研机构和企业所承担的民口科技重大专项、"973计划"、"863计划"、科技支撑计划项目以及国家自然科学基金会的重大重点项目等。这些项目可以聘用高校毕业生作为研究助理或辅助人员参与研究工作，此外的其他项目，承担研究的单位也可聘用。

51. 哪些毕业生可以被聘为研究助理或辅助人员？

聘用对象主要以优秀的应届毕业生为主，包括高校以及有学位授予权的科研机构培养的博士研究生、硕士研究生和本科生。

52. 科研项目聘用的毕业生是否为在编职工？

不是项目承担单位的正式在编职工，被聘毕业生须与项目承担单位签订服务协议，明确双方的权利、责任和义务。

53. 科研项目承担单位与被聘毕业生签订的服务协议应包含哪些内容？

项目承担单位的名称和地址；研究助理的姓名、居民身份证号码和住址；服务协议期限；工作内容；劳务性费用数额及支付方式；社会保险；双方协商约定的其他内容。

服务协议不得约定由毕业生承担违约金。

54. 服务协议的期限如何约定？

服务协议期限最多可签订3年，3年以下的服务协议期限已满而项目执行期未满的，根据工作需要可以协商续签至3年。3年期满后，毕业生有意继续在项目单位工作、项目承担单位同意接收的，则须按正式聘用手续办理。（下转第七版）

55. 服务协议履行期间可以解除协议吗？

服务协议履行期间，毕业生可以提出解除服务协议，但应提前15天书面通知项目承担单位。

项目承担单位提出解除服务协议的，应当提前30日书面通知毕业生本人。研究助理被解除服务协议或协议期满终止后，符合条件的毕业生可按规定享受失业保险待遇。

56. 被聘毕业生如何获取报酬？

由项目承担单位向毕业生支付劳务性费用，具体数额由双方协商确定。被聘为研究助理时间计算为工龄。

57. 项目承担单位是否给被聘用的毕业生上保险？

项目承担单位应当为毕业生办理社会保险，具体包括基本养老保险、基本医疗保险、失业保险、工伤保险、生育保险，并按时足额缴费。参保、缴费、待遇支付等具体办法参照各项社会保险有关规定执行。

58. 被聘用的毕业生户档如何迁转？

毕业生参与项目研究期间，根据当地情况，其户口、档案可存放在项目承担单位所在地或入学前家庭所在地人才交流中心。项目承担单位所在地人才交流中心或入学前家庭所在地人才交流中心应当免费为其提供户口、档案托管服务。

59. 服务协议期满后如何就业？

协议期满，如果项目承担单位无意续聘，则毕业生到其他岗位就业。同时，国家鼓励项目承担单位正式聘用（招用）人员时，优先聘用担任过研究助理的人员。项目承担单位或其他用人单位正式聘用（招用）担任过研究助理的人员，应当分别依据《劳动合同法》、《国务院办公厅转发人事部关于在事业单位试行人员聘用制度意见的通知》（国办发〔2002〕35号）等规定执行。

60. 毕业生服务协议期满被用人单位正式录（聘）用后，如何办理落户手续？工龄如何接续？

担任过研究助理的人员被正式聘用（招用）后，按照《国务院办公厅转发教育部等部门关于进一步深化普通高等学校毕业生就业制度改革有关问题意见的通知》（国办发[2002] 19号）有关规定，凭用人单位录（聘）用手续、劳动合同和《普通高等学校毕业证书》办理落户手续；工龄与参与项目研究期间的工作时间合并计算，社会保险缴费年限合并计算。

鼓励和支持高校毕业生到中小企业、服务外包企业就业和自主创业

61. 鼓励高校毕业生到中小企业就业有哪些政策措施？

各级政府要进一步清理影响高校毕业生就业的制度性障碍和限制，为到中小企业就业的高校毕业生提供户籍与档案管理、人事代理、社会保险办理和接续、职称评定以及权益保障等方面的服务。

62. 到中小企业就业可否在当地落户？

对各类企业招用非本地户籍的普通高校专科以上毕业生，各地城市应取消落户限制（直辖市按各自有关规定执行）。

63. 到中小企业就业档案如何管理？

目前我国对档案的管理主要有单位管理和社会管理两类：有档案管理权限的企事业单位可直接接收、管理档案；无档案管理权限的企事业单位，主要包括公有制和非公有制（个体、私营、外资）在内的中小企业，可以由各地的人才交流中心、政府批准的人才服务机构为高校毕业生提供档案管理、人事代理、社会保险办理和接续等方面的服务。档案不允许个人保存。

64. 什么是人事代理？

人事代理是指由政府批准的人事档案管理机构（各类人才服务机构），按照国家有关人事、劳动等政策法规要求，接受单位或个人委托，为多种所有制经济尤其是非公有制经济单位及各类人才办理：人事档案管理；因私出国政审在规定的范围内申报或组织评审专业技术职务任职资格；转正定级和工龄核定；大中专毕业生接收手续；其他需经授权的人事代理事项。

65. 高校毕业生怎样办理人事代理？

人事代理方式可由单位集体委托代理，也可由个人委托代理；可多项委托代理，也可单项委托代理；可单位全员委托代理，也可部分人员委托代理。

对于离校时已落实工作单位的高校毕业生，其人事代理由毕业生的接收单位统一负责委托管理；对于离校时未就业、自主创业和灵活就业的高校毕业生，可以个人委托政府批准的人事代理机构办理委托管理。

66. 什么是社会保险？包括哪些险种？

社会保险是指国家通过立法强制实行的，对劳动者因年老、工伤、疾病、生育、残废、失业、死亡等原因丧失劳动能力或暂时失去工作时，给予劳动者本人或供养直系亲属物质帮助的一种社会保障制度。

社会保险包括：养老保险、失业保险、医疗保险、工伤保险和生育保险。

67. 高校毕业生怎样办理社会保险？

高校毕业生一定要关心自己社会保险关系的建立、转移和接续。大学生毕业后就业，有用人单位的，其所在用人单位应按规定为其办理参保缴费手续，建立社会保险关系；灵活就业的，本人应到当地社会保险经办机构办理参保缴费手续。用人单位和个人应按规定

按时足额缴纳社会保险费。与单位解除劳动合同关系后，要按当地政府的规定，到社会保险经办机构办理社会保险关系的中断或转出等事宜。毕业生在与新单位重新确立劳动合同关系后，社会保险经办机构应为毕业生办理社会保险关系的转移和接续手续。

68. 什么是服务外包和服务外包企业？

服务外包是指企业将其非核心的业务外包出去，利用外部最优秀的专业化团队来承接该业务，从而使其专注核心业务，达到降低成本、提高效率、增强企业核心竞争力和对环境应变能力的一种管理模式。

服务外包企业系指其与服务外包发包商签订中长期服务合同，承接服务外包业务的企业。

69. 目前服务外包产业主要涉及哪些领域及地区？

服务外包产业主要涉及软件研发、产品技术研发、工业设计、信息技术研发、信息技术外包服务、技术性业务流程外包等领域。

我国目前有服务外包示范城市20个，分别是北京、天津、上海、重庆、大连、深圳、广州、武汉、哈尔滨、成都、南京、西安、济南、杭州、合肥、南昌、长沙、大庆、苏州、无锡。

70. 服务外包企业吸纳高校毕业生有哪些财政支持？

为了鼓励服务外包企业吸纳高校毕业生，对符合条件的技术先进型服务外包企业，每新录用1名大专以上毕业生从事服务外包工作并签订1年以上劳动合同的，中央财政给予企业每人4500元的经费支持。

71. 高校毕业生怎样提升自主创业的能力？

有意愿自主创业的大学生，可以参加创业培训和实践，接受普遍的创业教育，以系统学习创办企业的知识、完善创业计划、提高企业盈利能力、降低风险、促进创业成功。

目前，许多高校已经开设了创业培训方面的课程和创业实践活动，在校大学生可以选择参加；另外，各地人力资源社会保障部门也开办了创业培训班，离校未就业的高校毕业生可向当地人力资源社会保障部门申请，参加有补贴的培训。如"GYB"（产生你的企业想法）、"SYB"（创办你的企业）、"IYB"（改善你的企业）。

72. 高校毕业生自主创业，可以享受哪些优惠政策？

（1）小额担保贷款和贴息支持

①登记失业的高校毕业生自主创业，自筹资金不足的，可向当地指定银行申请不超过5万元的小额担保贷款；对从事微利项目的，还可获得贴息支持。

②自愿到西部地区及县以下的基层创业的高校毕业生，自筹资金不足时，也可向当地经办银行申请小额担保贷款；对从事微利项目的，可获得50%的贴息支持。

（2）收有关行政事业性收费

高校毕业生从事个体经营，且在工商部门注册登记日期在其毕业后2年内的，自其在工商部门首次注册登记之日起3年内免收管理类、登记类和证照类行政事业性收费。

（3）享受培训补贴

离校后登记失业的毕业生，参加人力资源社会保障部门举办的创业培训，可享受职业培训补贴。

（4）免费创业服务

有创业意愿的高校毕业生，可免费获得公共就业服务部门提供的创业指导服务，包括项目开发、方案设计、风险评估、开业指导、融资服务、跟踪扶持等内容。

73. 什么是小额担保贷款？小额担保贷款的用途是什么？

小额担保贷款是指通过政府出资设立担保基金，委托担保机构提供贷款担保，由经办商业银行发放，以解决符合一定条件的待就业人员从事个体经营自筹资金不足的一项贷款业务。

小额担保贷款主要用做自谋职业、自主创业或合伙经营和组织起来创业的开办经费和流动资金。

74. 申请小额担保贷款额度是多少？贷款期限有多长？

国家规定个人申请额度最高不超过5万元，各地区对申请小额担保贷款额度有不同规定，许多地区额度还高于5万元。合伙经营贷款额度更大。

小额担保贷款的期限一般不超过2年，可展期1年。

75. 怎样申请小额担保贷款？在哪些银行可以申请小额担保贷款？

小额担保贷款按照自愿申请、社区推荐、人力资源社会保障部门审查、贷款担保机构审核并承诺担保、商业银行核贷的程序，办理贷款手续。

各国有商业银行、股份制商业银行、城市商业银行和城乡信用社都可以开办小额担保贷款业务，各地区根据实际情况确定具体经办银行。在指定的具体经办银行可以办理小额担保贷款。

76. 哪些项目属于微利项目？

中国人民银行、财政部、原劳动和社会保障部等联合下发了《关于改进和完善小额担保贷款政策的通知》（银发〔2006〕5号），明确由各省、自治区、直辖市、计划单列市人民政府结合实际确定微利项目的范围。主要包括：家庭手工业、修理修配、图书借阅、旅店服务、餐饮服务、洗染缝补、复印打字、理发、小饭桌、小卖部、搬家、钟点服务、家庭清洁卫生服务、初级卫生保健服务、婴幼儿看护和教育服务、残疾儿童教育训练和寄托服务、养老服务、病人看护、幼儿和学生接送服务等。

对于从事微利项目的，贷款利息由财政承担50%（中央财政和地方财政各承担25%，展期不贴息）。

就业指导服务与就业援助

77. 在校期间高校毕业生可以获得哪些就业指导和服务？

高校毕业生在校期间，可以到学校就业指导中心等部门获得就业咨询、用人单位招聘及实习实训信息、求职技巧及实用技能培训、职业生涯辅导、毕业生推荐、实习实践能力培训和就业手续办理等多项就业指导和服务。目前，高校已普遍建立了毕业生就业指导机构。

78. 从哪些机构可获取就业信息？

（1）学校就业主管部门

作为学校毕业生就业工作的核心部门，是毕业生获取就业信息、顺利实现就业的主渠道。

（2）公共就业服务机构

包括省（区、市）毕业生就业指导中心、市（区、县、镇、街道）人才交流服务中心、职业介绍服务中心或人力资源市场、街道社区劳动服务站所等。

（3）市场经营性服务机构

主要包括从事人力资源服务的经营性企业或机构，如国有企业、民营企业、中外合资企业和原人事、劳动系统所属服务机构自办或以股份形式合办的企业等。

79．获取就业信息的主要渠道有哪些？

（1）浏览各类就业信息网站，包括中央有关部门主办的全国性就业信息网站、地方主管部门主办的就业信息网站、各高校就业信息网站及校内bbs求职版面、其他专业性就业网站等；

（2）参加各类招聘和双向选择活动，包括国家有关部门、各地、学校、用人单位等相关机构组织的各类现场或网络招聘活动；

（3）参与校企合作实习，包括社会实践、毕业实习等活动；

（4）查阅媒体广告，如报纸、刊物、电台、电视台、视频媒体等；

（5）他人推荐，如导师、校友、亲友等；

（6）主动到单位求职自荐等。

80．在校期间高校毕业生可以通过哪些途径提升就业能力？

在学好专业知识技能的同时，根据学校要求或安排，毕业生可以通过选修或必修就业指导课程、参与学校组织的就业实习、技巧辅导、模拟招聘等活动，学习和了解职业资料和信息，充分借助社会实践平台，全面提升就业能力。

高职院校毕业生还可通过学校实施的毕业证与职业资格证书"双证书"制度、组织到企业顶岗实习等工作，切实增强自身的岗位适应能力与就业竞争力，促进职业素养的养成。

81．困难家庭高校毕业生包括哪些？

困难家庭高校毕业生是指：来自城镇低保家庭、低保边缘户家庭、农村贫困家庭和残疾人家庭的普通高校毕业生。

82．就业困难高校毕业生包括哪些？

一般认为，就业困难高校毕业生是指在心理、身体、学业、经济、综合素质等方面处于弱势的毕业生。

83．机关、事业单位对招录（聘）困难家庭毕业生有何优惠？

各级机关考录公务员、事业单位招聘工作人员时，免收困难家庭高校毕业生的报名费和体检费。

84．困难家庭高校毕业生如何向学校申请求职补贴？

为帮助困难家庭的高校毕业生求职就业，高校一般都会安排经费作为困难家庭毕业生的求职补助，或对已成功就业的困难家庭毕业生给予奖励。困难家庭的毕业生可向所在院系书面申请。学校也应根据平时掌握的情况，对困难家庭的毕业生给予主动帮助。

85．面对求职困难，毕业生该如何应对？

主动了解国家促进就业的相关政策，努力争取各方支持；主动联系学校就业指导老师和专业教师，并保持经常沟通；通过网络等各种渠道，广泛搜集社会需求信息；参加校园招聘会和各类人才洽谈会；充分利用亲友、校友、学校社团等资源，积极获取就业信息；了解社会动态，合理调整求职预期。

86．离校后未就业高校毕业生如何获得相应的就业指导和服务？

回到原户籍所在地报到的未就业高校毕业生,能够享受当地政府部门所属的公共就业服务机构、人才交流服务机构和高校毕业生就业指导服务机构提供的就业指导和服务。

就业指导与服务内容包括:就业政策法规咨询、职业岗位供求信息、市场工资指导价位信息、职业培训信息、职业指导和职业介绍、办理求职登记、失业登记等。

87. 离校未就业高校毕业生在哪里可以办理求职登记和失业登记?

未就业的高校毕业生可以在户籍所在地县及县以上公共就业服务机构办理求职登记和失业登记,具体办理办法可咨询当地公共就业服务机构。

88. 离校未就业高校毕业生登记失业后,可以享受哪些服务和政策?

在就业服务方面,可免费享受职业介绍、职业指导、就业政策法规咨询;参加职业培训的,可以按规定申请职业培训补贴;通过职业技能鉴定的还可以按规定申请职业鉴定补贴。

在创业扶持方面,可以享受获得小额担保贷款和贴息支持、免收有关行政事业性收费、培训补贴和免费的创业服务。(具体见第72问)

符合条件的还可以享受社会保险补贴政策和公益性岗位补贴政策。

89. 什么是社会保险补贴政策?

社会保险补贴政策是指,为鼓励就业困难人员灵活就业,减轻其以个人身份缴纳社会保险费用的压力,或为降低企业的用人成本,鼓励其吸纳就业困难人员就业,对上述个人或单位在缴纳社会保险费用后实行先缴后补,给予一定费用补贴。属于就业困难人员的高校毕业生,在灵活就业后申报就业并以个人身份缴纳社会保险费的,可以享受一定数额的社会保险补贴,补贴数额原则上不超过其实际缴费的2/3。具体补贴标准由省级财政、人力资源社会保障部门确定。

就业困难人员实现灵活就业后,要向街道(社区)申报就业。灵活就业人员应按规定按时足额缴纳社会保险费。每季度终了后,按规定向当地人力资源社会保障部门申请对上季度已缴纳的社会保险费给予补贴。

社会保险补贴资金申请材料应附:由本人签字、人力资源社会保障部门盖章确认的、注明具体从事灵活就业的单位、岗位、地址等内容的相关证明材料,本人居民身份证复印件、登记证复印件、社会保险征缴机构出具的上季度社会保险费缴费单据等凭证材料,经人力资源社会保障部门审核、财政部门复核后,按规定将资金支付给申请者本人。

90. 什么是公益性岗位补贴政策?

公益性岗位补贴政策是指,由政府或其他用人单位开发的符合社会公共利益需要的服务性岗位或协助管理岗位,安置就业困难人员和属于就业困难人员的高校毕业生就业的,给予一定期限、一定额度的工资性补贴。该补贴拨付给在公益性岗位安排就业困难人员就业的单位,目的在于降低用人单位的成本,帮助就业困难人员尽快实现就业和稳定就业。

91. 什么是职业技能鉴定补贴政策?

职业技能鉴定补贴政策是指,对就业困难人员、务工劳动者通过初次技能鉴定(限国家规定实行就业准入制度的指定工种)、取得职业资格证书的,给予一定费用补贴。属于就业困难人员的高校毕业生参加职业技能鉴定可按此规定向职业技能鉴定所在地人力资源社会保障部门申请一次性补贴。

职业技能鉴定补贴资金申请材料应附:本人居民身份证复印件、登记证复印件、职业资格证书复印件、职业技能鉴定机构开具的行政事业性收费票据（或税务发票）等凭证材料，经人力资源社会保障部门审核、财政部门复核后，按规定将资金支付给申请者本人。

职业技能鉴定补贴的具体标准由省级财政、人力资源社会保障部门确定。

92. 什么是职业培训补贴政策？如何申请职业培训补贴？

职业培训补贴政策是指，对登记失业人员参加职业培训的，据其参加培训情况给予一定费用的补贴。登记失业的高校毕业生按此规定，可凭借职业培训补贴申请材料，向职业培训所在地人力资源社会保障部门申请补贴。

职业培训补贴资金申请材料应附：本人居民身份证、登记证等复印件、职业培训合格证书（职业技能资格证书）或劳动合同复印件等培训或就业证明等材料、职业培训机构开具的行政事业性收费票据（或税务发票）等。

对登记失业人员参加职业培训后，取得职业培训合格证书（职业技能资格证书），6个月内没有实现就业的，按最高不超过职业培训补贴标准的60%给予补贴；对6个月内实现就业的，按职业培训补贴标准的100%给予补贴。职业培训补贴具体办法和标准由省级财政、人力资源社会保障部门确定。

93. 离校后未就业高校毕业生如何申请参加职业培训？

职业培训由各地政府公共就业服务机构组织。离校后未就业回原籍的高校毕业生可到当地人力资源社会保障或相关部门咨询了解职业培训开展情况，选择适宜的培训项目参加。

培训工作主要由各类职业培训机构承担（职业培训由就业训练中心、技工学校、职业中等专业学校、职业技术学院、企业职工培训中心实施）。

94. 离校后未就业高校毕业生如何获取职业资格证书？

高校毕业生个人可向职业技能鉴定所（站）自主申请职业技能鉴定。职业技能鉴定要参加知识考试和操作技能考核。经鉴定合格者，由人力资源社会保障部门核发相应的职业资格证书。

95. 什么是就业见习？

就业见习是指由各级政府有关部门组织对离校后未就业毕业生到企事业单位实践训练的就业扶持措施。

为促进高校毕业生就业，人力资源和社会保障部、教育部、工业和信息化部、国资委、工商总局、全国工商联和共青团中央联合下发《关于印发三年百万高校毕业生就业见习计划的通知》(人社部发〔2009〕38号)，决定自2009年至2011年，拓展和规范一批用人单位作为高校毕业生见习基地，用3年时间组织100万离校未就业高校毕业生参加就业见习。2009年，全国将组织30万离校未就业高校毕业生参加就业见习。

未就业高校毕业生如参加就业见习可向当地人力资源和社会保障部门咨询，当地人力资源和社会保障部门是就业见习的组织单位。

96. 离校后未就业高校毕业生如何参加就业见习？

人力资源社会保障部门通过媒体以及公共就业服务机构、人才服务机构以及电视、网络、报纸等多种渠道，发布就业见习信息，公布见习单位名单、岗位数量、期限、人员要求等有关内容，或者组织开展见习单位和高校毕业生的双向选择活动，帮助离校未就业高校毕业生和见习单位对接。离校后未就业回到原籍的高校毕业生可与原籍所在地人力资源社会保障部门联系，参加就业见习。

97. 就业见习期限有多长？

高校毕业生就业见习期限一般为6个月，最长不超过1年。

高校毕业生就业见习活动结束后，见习单位对高校毕业生进行考核鉴定，出具见习证明，作为用人单位招聘和选用见习高校毕业生的依据之一。在见习期间被见习单位正式录（聘）用的，在该单位的见习期可以作为工龄计算。

98. 就业见习单位给毕业生上保险吗？

见习期间所在见习单位为毕业生办理人身意外伤害保险。

99. 离校未就业高校毕业生参加就业见习享受哪些政策和服务？

（1）获得基本生活补助；

（2）免费办理人事代理；

（3）办理人身意外伤害保险；

见习期满未被录用可继续享受就业指导与服务。

100. 公共就业服务免费提供哪些服务内容？

公共就业服务机构为离校后未就业回到原籍的毕业生免费提供下列服务：

（1）就业政策法规咨询；

（2）职业岗位供求信息；

（3）市场工资指导价位信息；

（4）职业培训信息；

（5）职业指导和职业介绍；

（6）对就业困难人员实施就业援助；

（7）办理就业登记、失业登记；

（8）其他公共就业服务。

参 考 文 献

[1] 周波. 大学生就业指导 [M]. 北京：北京师范大学出版社，2011.
[2] 张长保. 当代大学生就业指导手册. 陕西师范大学出版社，2010.
[3] 高桥. 大学生就业指导. 北京：清华大学出版社，2009.
[4] 严冬跟. 面试技巧与训练. 杭州：浙江大学出版社，2012.
[5] 劳动和社会保障部培训就业司. 创新职业指导. 北京：中国劳动社会保障出版社，2005.
[6] 劳动和社会保障部培训就业司. 职业生涯. 北京：中国劳动社会保障出版社，2006.
[7] 张彦军. 大学生就业指导与实战. 北京：北京工业大学出版社，2011.
[8] 王琳娜，黄昭彦. 大学生就业指导. 北京：北京理工大学出版社，2012.
[9] 周湘浙. 大学生就业指导. 杭州：浙江大学出版社，2013.
[10] 杨军，万建国，刘保谦. 大学生全称就业指导教程. 北京：北京师范大学出版社，2012.
[11] 应届生求职网. 应届生求职简历全攻略. 上海：上海交通大学出版社，2009.
[12] 凯恩斯. 就业、利息与货币通论 [M]. 北京：商务印书馆，2004.
[13] 姚裕群，傅志明. 发展与就业 [M]. 北京：中国劳动社会保障出版社，2010.
[14] 马于军. 大学生就业问题研究 [M]. 长沙：湖南人民出版社，2007.
[15] 孙长缨. 当代大学生就业研究 [M]. 北京：高等教育出版社，2008.
[16] 田明. 中国就业结构转变与城市化 [M]. 北京：科学出版社，2008.
[17] 夏杰长，李勇坚，姚战琪. 增长就业与公共政策 [M]. 北京：社会科学文献出版社，2005.
[18] 杨伟国. 大学生就业选择与政策激励 [J]. 中国高教研究，2004（10）.
[19] 郭强. 国家整体就业视角下的我国大学生就业政策导向探讨 [J]. 中国成人教育，2012（1）.
[20] 张凌云. 扩招以来我国大学生就业政策回顾与展望——基于理性选择制度主义的分析 [J]. 武汉职业技术学院学报，2013（2）.
[21] 教育部关于做好 2015 年全国普通高等学校毕业生就业创业工作的通知. http://www.moe.edu.cn/publicfiles/business/htmlfiles/moe/s3265/201412/xxgk_180810.html.
[22] 关于继续从辽西北地区选调优秀大学生志愿者到基层培养锻炼的通知 http://www.lnyouthvolunteers.org.cn/html/2015/20151/2015120_1814_1.html.
[23] 高校毕业生"三支一扶"计划. http://www.ncss.org.cn/jc/szyf/index.shtml.